LINDA LAEL MILLER

Die Macht der Sehnsucht

ROMAN

Ins Deutsche übertragen
von Katharina Braun

BASTEI LÜBBE TASCHENBUCH
Band 18 183

Erste Auflage: September 1998

© Copyright 1997 by Linda Lael Miller
Published by arrangement with
the Original Publisher, Pocket Books, New York
All rights reserved
Deutsche Lizenzausgabe 1998 by
Bastei-Verlag Gustav H. Lübbe GmbH & Co.,
Bergisch Gladbach
Originaltitel: My Outlaw
Lektorat: Katharina Woicke
Titelbild: Pino Daeni / Agentur Thomas Schlück GmbH
Umschlaggestaltung: QuadroGrafik, Bensberg
Satz: KCS GmbH, Buchholz / Hamburg
Druck und Verarbeitung: 43526
Groupe Hérissey, Évreux, Frankreich
Printed in France
ISBN 3–404–18183-2

Der Preis dieses Bandes versteht sich einschließlich der gesetzlichen Mehrwertsteuer

Prolog

Redemption, Nevada, 1974

Keighly Barrow war sieben Jahre alt, als sie in der Spiegelwand im Ballsaal des Hauses ihrer Großmutter zum ersten
Mal Darby Elder erblickte, obwohl sie damals natürlich
noch nicht wußte, wer er war. Sie war verblüfft über das
Erlebnis, aber keineswegs erschrocken.

Es war ihr Geburtstag, und er war groß gefeiert worden
mit all ihren Cousins, Hunderten von Luftballons, Bergen
von Geschenken und einem riesigen Geburtstagskuchen,
der die Form eines Teddybären hatte. Keighly trug ein
Rüschenkleid, ein weißes Satinband hielt ihr langes Haar
zusammen. Ihr liebstes Geschenk, eine Puppe, die sprach,
wenn man eine Schnur an ihrem Rücken zog, hielt sie in
den Armen.

Die anderen Kinder fanden den Ballsaal mit seinen altmodischen Möbeln, den riesigen Kronleuchtern, der
stummen Harfe und den uralten, schon fast blinden Spiegeln ziemlich unheimlich. Obwohl der große Raum sau-
bergehalten wurde wie der Rest des Hauses, wurde er nie
benutzt und blieb verschlossen wie ein Andenken an
längst vergangene Zeiten oder Menschen.

Keighly liebte diesen Saal, aus demselben Grund vielleicht, aus dem ihre Cousins ihn mieden, und benutzte ihn
als Zufluchtsort, wann immer sie allein sein wollte.

Als sie das Bild des Jungen sah, glitt sie mit großen
Augen von der Bank vor dem Piano und näherte sich neugierig der Spiegelwand. Der Junge, der unter seinen Sommersprossen blaß geworden war, starrte sie wie durch ein
riesiges Fenster an.

Hinter ihm sah Keighly einen großen Raum mit säge-
mehlbestreutem Boden, einer langen Bar und einem
Piano. Frauen in schimmernden, tiefausgeschnittenen
Kleidern bewegten sich zwischen Tischen, an denen Cowboys saßen. Es war wie eine Szene aus einem Wildwest-

film, nur daß die Leute sehr viel unsauberer waren und es keinen Ton in diesem Film gab.

Der Junge schaute sich einen Moment um, als ob er sehen wolle, ob noch jemand Keighly bemerkt hatte, und wandte ihr dann wieder seinen Blick zu. Er war etwa in ihrem Alter, schätzte sie, nur ein bißchen größer, und sehr sonderbar gekleidet. Zu knielangen Hosen aus irgendeinem groben Stoff trug er dunkle Strümpfe, schwarze Schnürstiefel mit abgerissenen Riemchen und ein weites, schmutzig-graues Baumwollhemd. Er hatte ungebärdiges dunkles Haar und bernsteinfarbene Augen, die vor Mutwillen zu funkeln schienen, obwohl sein Gesichtsausdruck jetzt ernst war und mehr als nur ein bißchen Mißtrauen verriet.

Keighly lächelte, trotz des seltsamen, kribbelnden Gefühls in ihrem Magen. »Hallo«, sagte sie.

Er runzelte die Stirn, und seine Lippen formten eine stumme Antwort. Zaghaft hob er eine Hand ans Glas. Keighly legte ihre Handfläche dagegen, fühlte aber nur den glatten, kalten Spiegel. Eine überwältigende Trauer erfaßte sie, die sie beim besten Willen nicht begreifen konnte, obwohl sie eins der aufgewecktesten Kinder ihrer Klasse war.

So standen sie eine ganze Weile – wie lange, hätte Keighly nicht sagen können – und dann, von einer Sekunde auf die andere, war die Vision verschwunden. Keighly sah jetzt nur noch sich selbst, die Harfe, die einst der Schwester ihrer Großmutter gehört hatte, und all die gespenstischen alten Möbel hinter ihr.

Keighly war ein ziemlich unbeschwertes Kind, der einzige Abkömmling intelligenter Eltern, die sie liebten, und heute war ihr Geburtstag, ein Anlaß, der in der Familie Barrow fast so groß gefeiert wurde wie das Weihnachtsfest. Dennoch verspürte Keighly eine merkwürdige, tiefgehende Enttäuschung, weil der Junge fort war. Denn daß das, was sie gesehen hatte, Wirklichkeit war, daran hegte sie nicht den geringsten Zweifel.

Da ihre Eltern an jenem Abend mit Freunden ausgegangen waren, kam Keighlys Großmutter zu ihr ins Zimmer, um sie zu Bett zu bringen. Audrey Barrow war eine imponierende alte Dame, die bis zu ihrer Pensionierung vor einem Jahr als Anwältin praktiziert hatte. Sie hatte dichtes rotes Haar, mit Grau durchsetzt, das sie stets in einem lockeren Knoten im Nacken trug, und ihre Augen waren haselnußbraun.

Sie seien ›verwandte Seelen‹, pflegte ihre Großmutter zu sagen, und ›aus dem gleichen Holz geschnitzt‹.

»Der Spiegel im Ballsaal ist verzaubert«, verkündete Keighly. Bei Gram sagte man einfach, was man zu sagen hatte, ohne lange darum herumzureden. Wenn nicht, befahl sie einem, zu sprechen und nicht wie die Katze um den heißen Brei zu schleichen.

Gram zog eine Augenbraue hoch. Sie hatte Altersflecken auf der Haut und viele Falten, aber für Keighly war sie schön. »Wieso?« fragte sie.

»Ich habe einen Jungen darin gesehen. Und Tänzerinnen. Und Cowboys.«

»Hm«, meinte Gram.

»Und das ist kein Märchen«, fügte Keighly rasch hinzu, um jedem Widerspruch zuvorzukommen.

»Das habe ich auch nicht behauptet«, erwiderte Gram. Sie war vor etwa vierzig Jahren in dieses Haus gekommen, als junge Braut, hatte Keighlys Vater ihr erzählt. Der Ballsaal war damals noch benutzt worden, und Gram hatte dort getanzt, in ihrem Hochzeitskleid und mit ihrem gutaussehenden jungen Bräutigam. Keighly hatte Bilder von der Hochzeit gesehen, in einem der vielen Fotoalben in den Regalen in der Bibliothek.

»Aber du hast auch nicht gesagt, es wäre keins«, wandte Keighly ein. Immerhin entstammte sie einer Familie von Anwälten, ihre Mutter war Staatsanwältin in Los Angeles, und ihr Vater, das jüngste von Grams vier Kindern, war gerade einer angesehenen Kanzlei für Immobilienrecht als Partner beigetreten.

Gram lächelte ein wenig wehmütig. »Nein«, gab sie zu und strich die spitzenbesetzte weiße Decke auf Keighlys

Bett glatt. »Das habe ich wirklich nicht.« Sie schwieg einen Moment und seufzte dann leise. »Ich habe im Laufe der Jahre selbst Dinge in diesem Spiegel gesehen – nur flüchtig, aus dem Augenwinkel sozusagen. Es war immer so schnell vorbei, daß ich glaubte, es sei nur Einbildung gewesen.«

»Ich habe einen Saloon gesehen«, vertraute ihre Enkelin ihr an. »Wie im Fernsehen, aber schmutziger.«

Gram schien nicht einmal erstaunt darüber. »Soweit ich in Erfahrung bringen konnte, wurde dieses Haus auf den Ruinen eines Lokals erbaut, das sich ›Blue Garter‹ nannte. Der Ballsaal war ein Teil des ursprünglichen Gebäudes.«

Keighly gähnte und kuschelte sich tiefer in die Kissen, müde von dem langen, ereignisreichen Tag. In stummer Übereinkunft war beschlossen worden, daß das, was sie nachmittags im Spiegel gesehen hatte, ihr und Grams Geheimnis bleiben würde. Keighlys Eltern waren beide ohnehin der Ansicht, sie besäße zuviel Phantasie, und behaupteten, sie nutze sie, um die Wahrheit zu verdrehen.

Im Jahr darauf verbrachte Keighly den Sommer bei ihrer Großmutter, weil ihre Eltern beide mit wichtigen Fällen beschäftigt waren. Sobald Keighlys Sachen ausgepackt waren und sie sich umgezogen hatte, schrieb sie rückwärts ihren Namen auf ein Blatt Papier und lief zum Ballsaal.

Der kräftige, ein bißchen verwahrlost aussehende Junge erschien sofort, als habe er nur auf sie gewartet. Mit zusammengekniffenen Augen las er die Buchstaben auf dem Blatt, das Keighly an den Spiegel hielt, lief dann zu einem nahen Tisch und kam mit einer altmodischen Schiefertafel und einem Stück Kreide wieder. Rasch schrieb er Y B R A D, und sämtliche Buchstaben zeigten in die falsche Richtung.

Keighly war zunächst verwirrt, doch dann übersetzte sie. D A R B Y.

Er hieß Darby.

Das Wissen erfüllte sie mit einer eigentümlichen Freude.

Sie sah ihn noch sehr oft danach – tatsächlich sogar jeden Tag. Manchmal allerdings – was Keighly sehr verärgerte – war die Sicht nur einseitig. Dann sah sie Darby, wie er mit den auffällig gekleideten und grell geschminkten Frauen Karten spielte oder die Bar abwischte, doch wenn sein Blick zum Spiegel glitt, war sein gleichgültiger Gesichtsausdruck der Beweis dafür, daß er Keighly nicht erkennen konnte.

Es gefiel ihr nicht, unsichtbar zu sein, und erst recht nicht für Darby Elder. Es war fast, als existierte sie gar nicht, wenn er sie nicht sehen konnte.

Das, ermahnte Keighly sich dann streng, war blanker Unsinn. Und dennoch war es während jener heißen, trägen Sommertage, daß sie zum ersten Mal die Erfahrung machte, die sie bis in ihr Erwachsensein begleiten sollte – das beunruhigende Gefühl, ohne Substanz zu sein, unwirklich, nichts weiter als die Projektion einer anderen, stärkeren und besseren Keighly.

Obwohl es ihr sehr zu schaffen machte, vertraute Keighly sich ihrer Großmutter nicht mehr an und sprach auch mit niemand anderem darüber. Und den Jungen im Spiegel erwähnte sie ebenfalls nicht mehr.

In jenem Herbst beschlossen ihre Eltern, sich zu trennen. Keighlys Mutter zog nach Paris, um für einen internationalen Konzern zu arbeiten, und ihr Vater ging nach Oregon, wo er eine Kanzlei eröffnete und mit einer Frau zusammenlebte, die sich ›Rainbow‹ nannte, Wahrsagerin war und vier Kinder aus einer früheren Ehe hatte.

Keighly wurde auf ein teures Internat in New England geschickt, fern von ihren Freunden und Verwandten in Los Angeles, und war sehr, sehr unglücklich. Das schreckliche Gefühl, nicht mehr Wirklichkeit und Substanz zu besitzen als ein Schatten auf windgepeitschtem Wasser, setzte sich tief in ihr fest und ließ sie nicht mehr los.

Als die Ferien nahten, lehnte Keighly die Einladungen ihrer Eltern ab und erklärte, statt dessen lieber zu ihrer

Großmutter nach Redemption fahren zu wollen. Ein Kompromiß wurde geschlossen: Sie verbrachte Thanksgiving in New York mit ihrer Mutter, einer Tante und einem Onkel und flog zu Weihnachten nach Nevada, wo sie sich mit ihrem Vater, Rainbow und den Kindern treffen würde.

Ihre Großmutter holte sie am Flughafen in Las Vegas ab, allein, und als sie an einer Raststätte anhielten, um etwas zu essen, teilte sie ihr behutsam mit, ihr Vater käme nicht, Rainbow leide unter Migräne und müsse einige Tage in einem dunklen Zimmer liegen.

Keighly ließ sich nicht anmerken, wie froh sie über diese Veränderung in ihren Weihnachtsplänen war. Aber ihre Großmutter wußte es vermutlich ohnehin, denn Gram entging nicht viel.

Als sie das Haus erreichten, das Keighly inzwischen als ihr Zuhause ansah, entdeckte sie eine drei Meter hohe Silbertanne im Ballsaal, die noch den würzigen Duft der Wälder ausströmte, aus denen sie gekommen war. Grams Gärtner, Mr. Kingsley, hatte Tausende von winzigen Lichtern in dem Baum befestigt, aber die Aufgabe, ihn mit den kostbaren Kugeln, Glocken und Sternen zu schmücken, die seit Generationen in der Familie weitergegeben wurden, war verschoben worden, bis Keighly eintraf, um zu helfen.

Am folgenden Abend, als sie gegessen hatten und der Baum geschmückt war, saß sie allein im dunklen Ballsaal, betrachtete die funkelnden Lichter und glitzernden Dekorationen und dachte, daß sie gern bei Gram leben würde, bis sie erwachsen war. Aber die Gesundheit der alten Dame war nicht mehr die beste, und es gab Tage, an denen sie ihrer Arthritis wegen nicht das Bett verlassen konnte.

Niemand schien Keighlys Argument, sie wäre ihrer Großmutter vielleicht sogar eine Hilfe, auch wenn sie erst neun Jahre alt war, so richtig ernstzunehmen, und so hörte sie schließlich auf, davon zu reden.

Sie dachte gerade darüber nach, daß sie im Grunde genommen nirgendwo so richtig hingehörte, und fühlte sich durchsichtiger und unwirklicher als je zuvor, als sie ihn erblickte, ganz flüchtig nur am Rande ihrer Wahrneh-mung. Rasch wandte sie den Kopf, ihr Herz machte einen Sprung und klopfte schneller vor lauter Freude und Erleichterung. Darby war dort, auf der anderen Seite des Spiegels, und schaute verwundert von ihr zum Baum und wieder zu ihr zurück.

Er war größer geworden. Sein Haar war länger und ein bißchen zottelig, und auf seiner linken Wange war ein tie-fer roter Kratzer.

Seine Lippen formten ihren Namen; sie spürte, wie seine Seele nach der ihren rief.

Keighly erhob sich aus dem Sessel, durchquerte den großen Raum und drückte die Stirn an das kühle Glas, als könne sie es damit zwingen, sie hindurchzulassen, so stark war die Faszination, die der Junge auf sie ausübte. Sie legte die Hände an den Spiegel, und nur mit Mühe gelang es ihr, sie nicht zu Fäusten zu ballen und gegen die Barriere zu schlagen, die sie von Darby trennte, der das gleiche tat. Es lag kein Spott in seinen Gesten; nur eine gewisse ungeschickte Zärtlichkeit.

»Darby«, wisperte Keighly. »O Darby – die Welt bricht auseinander, und ich bin nur eine Illusion und existiere gar nicht wirklich!« Sie redete und redete, schüttete ihm ihr ganzes Herz aus, ohne sich vom Fleck zu rühren, und fühlte sich viel besser, als alles heraus war. Obwohl Darby sie nicht hören konnte, schien er zu verstehen, schien er zu wissen, wie bekümmert sie sich fühlte und wie einsam.

Aber das Wichtigste für Keighly war, daß es ihn wirk-lich *interessierte*.

So standen sie endlos lange da, berührten sich und berührten sich doch nicht. Dann, als Gram hereinkam und das Deckenlicht anschaltete, verschwand Darby.

Keighly blinzelte, geblendet von der jähen Helligkeit und ihren Tränen, und wandte sich dann langsam um. Ihre Großmutter kam zu ihr, nahm sie tröstend in die Arme und küßte sie aufs Haar.

»Ach, Liebes«, wisperte Gram. »Es tut mir so leid für dich.«

Sie fragte nicht, warum Keighly am Spiegel lehnte und weinte – sie hatte natürlich ihre eigene Theorie dazu –, und Keighly versuchte nicht, ihr etwas zu erklären. Es war zu privat, zu kostbar, dieses Erlebnis, um es mit jemandem zu teilen, nicht einmal mit Gram.

In den kommenden Jahren besuchte Keighly ihre Großmutter, wann immer es ihr möglich war, und als sie älter wurde, begann sie häufig und sehr lebhaft von Darby zu träumen, ob sie nun in Redemption war oder weit entfernt davon, doch sein Bild im Spiegel sah sie zu ihrem großen Bedauern immer seltener.

Als Keighly zwanzig war und die Kunsthochschule besuchte, starb ihre Mutter bei einem Autounfall in Europa. Ein knappes Jahr später nur erlag ihr Vater einer schweren Grippe, und sechs Monate darauf verschied auch ihre Großmutter. Das Haus in Redemption wurde abgeschlossen und versiegelt bis zur Klärung der umfangreichen, komplizierten Hinterlassenschaft.

Der Spiegel wurde zu einem bloßen Spiegel, leer und düster, in einem Haus, das weit entfernt war. Und Keighly, die in Los Angeles lebte und mit einem Mann verlobt war, den sie hätte lieben sollen, was ihr aber nicht gelang, tat ihr Bestes, um Darby Elder und alles, was sie einst für ihn empfunden hatte, zu vergessen.

Noch immer rief er sie, im Wachsein und im Schlafen, bei der Arbeit und in der Freizeit, und je länger Keighly Redemption fernblieb, desto ätherischer begann sie sich zu fühlen.

1. Kapitel

Redemption, heute

Das elegante alte Haus, das die anderen Erben leergeräumt hatten bis auf ein Bett, einige Kartons mit Büchern und Großtante Marthes Harfe, kam Keighly Barrow unglaublich leer und düster vor, als sie mit ihrem Koffer in der Eingangshalle stand.

Sie biß sich auf die Lippen und unterdrückte ihre Tränen, während sie versuchte, sich mit dem Gedanken anzufreunden, daß sie nun die alleinige Besitzerin dieses großen alten Hauses war. Denn ihre Gefühle waren ausgesprochen zwiespältiger Natur: Sie hatte dieses Haus einst sehr geliebt, und ihre Erfahrungen hier waren immer glückliche gewesen. Aber seine Leere war eine schmerzliche Erinnerung daran, daß ihre Großmutter und ihre Eltern nicht mehr lebten.

Keighly seufzte. Sie besaß eine kleine Kunstgalerie in Los Angeles, wo sie Gemälde und Skulpturen anderer Künstler verkaufte, und sie und Julian hatten seit fünf Jahren eine feste Beziehung. Sie besaß genügend Geld – von ihren Eltern geerbt und günstig angelegt –, um sich um nichts mehr sorgen zu müssen, so daß eigentlich kein Grund bestand, das riesige alte Haus in Redemption, Nevada, das mit den Jahren immer mehr zu einer Geisterstadt geworden war, zu behalten. Und dennoch wollte Keighly nicht verkaufen.

Tatsache war, daß das alte Herrenhaus zunehmend verfiel und es an der Zeit war, etwas zu unternehmen – es entweder zu renovieren und zu verkaufen, oder aber, es in eine Art Heim, Stiftung oder Museum zu verwandeln …

Oder selbst hier einziehen, um sich in Ruhe ihrer Bildhauerei zu widmen.

Keighly schüttelte den Kopf. Diese letzte Idee war natürlich völlig unsinnig. In Los Angeles hatte sie ihre Galerie, ihren Freundeskreis … und Julian. Von einem erfolgreichen Kinderarzt konnte man nicht erwarten, daß er eine gutgehende Praxis aufgab, um sich in einem Städtchen niederzulassen, in dem es kaum noch Einwohner gab.

Der Gedanke irritierte sie ein wenig, aber sie unterdrückte ihren Ärger rasch. Sie war immerhin schon dreißig Jahre alt und wollte Kinder. Aber dazu brauchte man einen Ehemann, und das war der Punkt, wo Julian mit ins Spiel kam.

Seufzend hob Keighly ihren Koffer auf. Das Problem war nicht etwa, daß sie Julian nicht liebte – er war nett, zuverlässig und sogar ziemlich attraktiv, wenn auch vielleicht zu bieder. Es war nur – nun ja –, wo war die Leidenschaft, die sie eigentlich für ihn empfinden müßte? Und wo die Poesie und die Romantik?

Wo war Darby?

Am Fuß der breiten Treppe, die in den ersten Stock hinaufführte, schaute Keighly sich nach den halb offenen Flügeltüren des Ballsaals um und dachte an die Fotografien ihrer Großeltern, die an deren Hochzeitstag dort aufgenommen worden waren, als sie dort tanzten, Gram in ihrem Brautkleid und Großvater im schwarzen Frack mit Fliege.

Seltsamerweise bewegte just in diesem Augenblick eine leichte Brise Tante Marthes Harfensaiten, und Keighly war, als höre sie die Noten eines kurzen, munteren Lieds.

Stirnrunzelnd stellte sie den Koffer wieder ab. Sie machte einen tiefen Atemzug, straffte die Schultern und ging dann in den Ballsaal weiter. Nachdenklich starrte sie die Harfe an, ein großes, altmodisches Instrument, das einst imponierend wie das Haus gewesen war, aber jetzt genauso alt und reparaturbedürftig wirkte.

Keighly wußte, daß sie nur kostbare Zeit verschwendete, indem sie untätig hier herumstand. Aber sie hatte sehr oft an diesen Raum und die Spiegelwand gedacht, vor allem seit ihrem letzten Besuch vor einigen Jahren, als sie versucht gewesen war, es zu verkaufen. Zum Schluß hatte sie es dann doch nicht übers Herz gebracht, obwohl der Immobilienmarkt damals gerade blühte und ihre Onkel und Cousins sie alle ermutigt hatten, zu verkaufen.

Darby hatte sie während jenes Besuches nicht gesehen, was sie aber eigentlich nicht hätte überraschen dürfen. Am Tag, als ihr Vater begraben wurde, hatte sie ihn ebensowenig gesehen wie nach der Beerdigung ihrer Großmutter. Seine Abwesenheit war ihr wie Verrat erschienen und hatte ihre ohnehin schon grenzenlose Trauer noch vertieft.

Sie zwang sich, über den staubigen Marmorboden zu der Spiegelwand zu gehen und an der Stelle stehenzubleiben, wo sie Darby an ihrem siebten Geburtstag zum ersten Mal gesehen hatte.

Nichts.

Keighly spürte, wie ihr die Tränen kamen. »Wo bist du?« wisperte sie.

Die Harfensaiten bewegten sich, und über ihr klimperten die Glastränen des Kristallüsters wie in einer leisen Antwort. Ein wohliges Erschauern durchzuckte Keighly.

Sie war allein. Natürlich.

Mit einem wehmütigen Lächeln wandte sie sich erneut zum Spiegel um, und was sie sah, ließ sie zusammenfahren.

Darby war noch immer nicht zu sehen, aber der Saloon war wieder da, randvoll mit zwielichtigen Gestalten in langen Staubmänteln, abgegriffenen Cowboyhüten und schlammbedeckten Stiefeln. Viele hatten wirres, ungepflegtes Haar und pockennarbige Gesichter. Auf einer kleinen Bühne an einem Ende des Raums führten drei spärlich bekleidete und grell geschminkte Frauen einen frivolen Tanz auf, während ein kleiner Mann mit Schlägermütze, aufgekrempelten Hemdsärmeln und viel zu kurzen Hosen die Tasten eines alten Pianos malträtierte. Ein fetter, schnurrbärtiger Barkeeper polierte Gläser, und andere Männer spielten an verschiedenen Tischen Karten, die meisten von ihnen mit langläufigen Pistolen bewaffnet, die in abgeschabten Halftern steckten.

Das Bild blieb stumm, und dennoch war es Keighly, als spürte sie wie aus weiter Ferne die Schwingungen der

Töne und Bewegungen. Die Farben waren lebhaft; die Frauen, die den Männern Bier und Whisky brachten, bunt und schillernd wie Paradiesvögel aus irgendeinem bisher unentdeckten Dschungel.

Keighly wünschte plötzlich, durch den Spiegel gehen zu können wie Alice im Wunderland und jene andere, fremde Welt dort zu betreten.

Unwillkürlich trat sie einen Schritt zurück und schluckte. Ihr eigenes Bild, das einer großen, schlanken blonden Frau in Jeans, einer weißen Baumwollbluse und einem leichten Blazer, war verschwommen und transparent. Als wäre *sie* das Gespenst, und nicht die seit langem toten Menschen auf der anderen Seite dieses Glases.

Das unangenehme Gefühl, gar nicht zu existieren, das sie so oft beherrschte, verstärkte sich, und sie begann einen leisen Schwindel zu verspüren.

Mit angehaltenem Atem starrte sie durch ihr eigenes Spiegelbild auf die Szene, die sich dahinter bot.

Wieder trat sie einen Schritt zurück. Ihr Instinkt sagte ihr, daß die Cowboys, die Tänzerinnen und der Barkeeper keine Gespenster oder Halluzinationen waren; sie waren echt und gingen in ihrer eigenen Nische in der Zeit ihren Geschäften nach, ohne sich ihrer Anwesenheit bewußt zu sein.

Nur Darby, dachte sie traurig, hat mich sehen können. Wo war er?

Keighly wischte sich mit dem Handrücken die Tränen ab. Vielleicht ist er gestorben, dachte sie. Was sie sah, war offenbar das neunzehnte Jahrhundert, und die Todesquoten waren damals hoch gewesen. Die Bevölkerung wurde von lebensbedrohenden Krankheiten wie Typhus, Pocken, Cholera und Tuberkulose heimgesucht, um nur ein paar davon zu nennen. Die Leute trugen Waffen und zögerten nicht, sie zu benutzen.

Aber das taten sie in Los Angeles auch.

Unwillkürlich schüttelte sie den Kopf, weil sie nicht glauben wollte, daß Darby tot sein könnte, und beschloß, sich auf dem alten Teil des Friedhofs umzusehen, einen

Ort, den sie bisher bewußt gemieden hatte, wann immer sie das Grab ihres Vaters und ihrer Großmutter besuchte. Falls Darby Redemption nicht verlassen hatte, um nie wieder zurückzukehren – was durchaus möglich war –, gab es dort vielleicht einen Stein oder ein Grabmal mit seinem Namen und dem Datum seines Tods.

Das Bild im Spiegel begann zu verblassen, und Keighly trat unwillkürlich wieder vor und legte die Hände an das Glas, als könne sie so die Szene festhalten und all diese geschäftigen Fremden daran hindern, sie alleinzulassen. Als sie merkte, was sie tat, trat sie jedoch rasch zurück und wischte sich beschämt die Hände an den Hosen ab.

Dann, mit soviel Würde, wie sie aufzubringen vermochte, wandte sie sich ab und ging hinaus.

In Los Angeles hatte sie einmal einen Psychiater aufgesucht und ihm von dem Spiegel erzählt, worauf er das Phänomen als ›autogene Halluzination‹ bezeichnete, die angeblich in Verbindung mit Migräne häufig auftrat. Obwohl Keighly ihm erklärt hatte, daß sie noch nie in ihrem Leben unter Migräne gelitten hatte, hatte er ihr ein Rezept für ein Schmerzmittel gegeben.

Sie hatte das Stück Papier noch im Wartezimmer des Arztes fortgeworfen.

Auch jetzt zweifelte sie nicht an ihrem Geisteszustand. Sicher, sie war Bildhauerin und damit Künstlerin – Julian sagte, ihre rechte Hälfte des Gehirns sei viel stärker entwickelt als die linke – und hatte immer eine sehr rege Phantasie gehabt. Aber Darby und der ›Blue Garter‹ waren keine Einbildung.

Oder doch?

Sie war in ihrem früheren Zimmer und betrachtete angewidert die unbezogene Matratze auf dem schmalen Bett, als das Handy in ihrer Tasche klingelte. Da Keighly wußte, daß es Julian war, zögerte sie, doch dann zog sie das elektronische Wunder aus der Tasche und hielt es an ihr Ohr.

»Hallo, Julian«, sagte sie. Klang sie ein bißchen unwirsch? Sie hoffte nicht, denn das verdiente Julian nicht. Er meinte es nur gut. Er meinte es *immer* gut, ganz gleich, was er auch sagte oder tat.

Er lachte, und sie stellte ihn sich vor, wie er auf dem Gang des Mercy Hospitals stand, in seinem Arztkittel und mit einem Stethoskop über seinem frischen weißen Hemd und den perfekt sitzenden Hosen. Sein dunkles Haar würde tadellos frisiert sein, ganz gleich, wie hektisch auch sein Tag gewesen war. Nichts, aber auch wirklich gar nichts konnte Dr. Julian Drury aus der Ruhe bringen.

»Wahrscheinlich müßte ich froh sein, daß du keinen Anruf von einem anderen Mann erwartet hast«, sagte er.

Keighly unterdrückte einen Seufzer und strich sich mit der freien Hand durchs Haar. »Ich gehöre zu den monogamen Frauen«, erwiderte sie ein bißchen schnippisch. *Bis auf diese seltsame Faszination für Darby Elder*, fügte sie bei sich hinzu.

»Wie war die Reise, Liebling?«

»Lang«, antwortete Keighly. »Ich werde mich besser fühlen, wenn ich geduscht und etwas gegessen habe.« Sie schaute auf die Uhr – es war fast vier Uhr nachmittags – und dann zum Bett, wo ihr Koffer noch ungeöffnet lag. Vielleicht sollte sie in ein Motel ziehen, nur für ein paar Tage, bis Wasser und Strom wieder angeschlossen waren und sie Gelegenheit gehabt hatte, Kissen, Decken und Bettzeug zu besorgen. Sie hatte es so eilig gehabt, zurückzukehren, daß ihr gar nicht in den Sinn gekommen war, sich um eine vorübergehende Bleibe zu bemühen.

Julian hätte natürlich daran gedacht. *Er* hätte ein Zimmer reserviert.

Nein, dachte Keighly wehmütig. Für ihn war die ganze Reise pure Zeitverschwendung; *er* wäre erst gar nicht hergekommen, wenn er an ihrer Stelle gewesen wäre.

»Weißt du, was du tun solltest?« fragte er.

Ja, dachte Keighly und verdrehte die Augen. Julian meinte es gut, aber er konnte so pedantisch sein. *Du hast es mir schon tausendmal gesagt und wirst es mir jetzt wieder sagen. Und ich werde zuhören, weil ich dich so furchtbar gerne lieben würde.* »Was?« fragte sie ergeben.

»Schlaf dich richtig aus, beauftrage einen Makler mit dem Verkauf dieses Ungetüms von einem Haus und komm nach Los Angeles zurück. Dein Leben ist hier, Keighly. Bei mir.«

Sie bekam Kopfschmerzen, und es ärgerte sie, daß Julian das Haus ihrer Großmutter als ›Ungetüm‹ bezeichnete, obwohl er es nicht einmal gesehen hatte, aber sie war zu müde, um die Angelegenheit zu debattieren. »So einfach ist es nicht, Julian«, erwiderte sie ruhig. »Das Haus muß dringend renoviert werden, und außerdem ist Redemption alles andere als die Straßenkreuzung der Nation. Die Leute reißen sich nicht gerade darum, hier etwas zu kaufen.«

»Dann such dir einen Bauunternehmer, der es renoviert, und komm zurück«, erwiderte Julian gereizt. »Schenk es der Stadt für eine Bibliothek oder ein Krankenhaus, jag es in die Luft oder brenn es nieder. Aber sieh zu, daß du es los wirst.«

Keighly wartete einen Moment mit ihrer Antwort. Sie haßte es, wenn sie sich stritten, und die Entfernung zwischen ihnen würde alles nur noch schlimmer machen. »Wieso stört es dich, wenn ich ein altes Haus in der Wüste besitze?« fragte sie so ruhig wie möglich. »Du hast schließlich auch im ganzen Land in Immobilien investiert.«

»Das ist es ja«, erwiderte Julian in nachsichtigem Ton. »Ich habe *investiert*. An einem baufälligen alten Mausoleum in einer Geisterstadt festzuhalten, ist keine gute Kapitalanlage, Keighly.«

Sie biß sich auf die Lippen. »Ich glaube, wir sollten ein andermal darüber reden.«

»Wann denn, wenn nicht jetzt?«

»Julian, ich habe Kopfschmerzen und bin müde und schlecht gelaunt. Deshalb lege ich jetzt auf. Wiederhören, Julian. Ich rufe dich in ein paar Tagen an.«

Sein Seufzer stieg zu irgendeinem Satelliten auf und kam wieder zurück zu Keighlys Ohr. Als sie es sich bildlich vorstellte, kam es ihr vor wie Zeitlupe. »Entschuldige, Liebling. Du hast recht – dies ist nicht der richtige

Moment, etwas Wichtiges zu besprechen. Und mein Pager sagt mir, daß ich gebraucht werde. Ruh dich aus, Keighly.«

Und damit war er fort.

Mehr verärgert über sich selbst als über Julian, stellte Keighly das Handy ab und legte es zurück in ihre Tasche. Dann nahm sie den Koffer, verließ ihr früheres Kinderzimmer und ging zu ihrem Wagen. Als sie auf dem Weg zum Friedhof am Shady Lane Motel vorbeikam, lächelte sie im stillen. Keine Rezeption, dachte sie, kein Zimmerservice, keine Minibar. Aber wenigstens würde es dort sauber sein, und das ›Zimmer frei‹-Schild war erleuchtet.

Auf dem Friedhof von Redemption besuchte Keighly zuerst die Gräber ihres Vaters und ihrer Großmutter, bevor sie zu dem unkrautüberwucherten Teil des Geländes weiterging, wo die ältesten Gräber lagen. Hier fand sie schiefe Grabmale, verwitterte Kreuze und gelegentlich auch schlichte Bronzeplatten mit Namen, die unter Gras und Schmutz fast nicht mehr zu erkennen waren.

Einige Gräber waren mit weißem Granit oder zerbrochenen Backsteinen eingefaßt, und viele waren ganz verschwunden. Über eine Stunde verging, bis Keighly Darby Elders Grab gefunden hatte, innerhalb einer Grabstelle, die einer Familie namens Kavanagh gehörte, und markiert durch eine Sonnenuhr aus Bronze, die fast ganz mit Moos bewachsen war.

Es überraschte sie nicht, den greifbaren Beweis dafür zu finden, daß ein Mensch namens Darby Elder tatsächlich einmal existiert hatte.

Es war das Familiengrab, das sie beunruhigte.

Vielleicht hatte Darby eine Frau dieses Namens geheiratet, dachte Keighly, und wunderte sich über den scharfen Stich, den der Gedanke ihr versetzte. Oder vielleicht war seine Mutter eine Kavanagh gewesen. Aber ihre Großmutter hatte eine Familie dieses Namens nie erwähnt, und das war eigentlich merkwürdig, weil Gram sich in Redemptions bewegter Geschichte sehr gut auskannte.

Fast ehrfürchtig strich Keighly mit den Fingerspitzen über Darbys Namen. Er stand in großen Lettern da, schlicht und schmucklos. Seufzend kratzte sie Moos und Erde ab, um die Jahreszahlen unter dem Namen lesen zu können.

Geboren 1857. Gestorben 1887.

Keighlys Kehle wurde eng, ein Seufzer entschlüpfte ihr, und wieder brannten Tränen in ihren Augen. Es war vollkommen unsinnig, vor einem uralten Grab zu knien und um einen Mann zu trauern, der seit über einem Jahrhundert tot war – aber so war es, und sie konnte nichts dagegen tun.

Was würde Julian sagen, wenn er sie jetzt sehen könnte?

Sie lächelte ein wenig, obwohl sie traurig war, erhob sich und wischte ihre schmutzigen Hände an den Jeans ab. Vermutlich würde Julian ihr augenzwinkernd raten, über die Möglichkeit einer Transplantation der linken Gehirnhälfte nachzudenken, da ihre eigene nicht zu funktionieren schien.

Sie verließ den Friedhof in großer Eile und hielt nur kurz an einer Tankstelle, um sich die Hände zu waschen und ihr Haar zu kämmen, bevor sie sich ein Zimmer im Shady Lane Motel nahm. Nachdem sie in der Snackbar auf der anderen Straßenseite ein Käsesandwich gegessen hatte, kehrte sie zu ihrem Zimmer zurück, verschloß die Tür, zog sich aus und trat unter die Dusche.

Danach zog sie ein frisches Nachthemd an, putzte ihre Zähne und legte sich ins Bett, um fernzusehen. Aber sie fand nichts anders als alte Serien oder Talkshows über Themen, die längst zerredet waren.

Gähnend stellte sie den Apparat ab und schlief ein, aber ihr Schlaf war ziemlich unruhig und gequält von Träumen, an die sie sich am nächsten Morgen nicht erinnern würde.

San Miguel, Nord-Mexiko, 1887

Als sie Darby Felder endlich fanden, spielte er Strip-Poker mit drei Prostituierten und einem Vertreter für Damenunterwäsche, und er verlor. Tatsächlich trug er nur noch Stiefel und Unterhosen, was jedoch keinen seiner beiden aufgebrachten, reisemüden Brüder überraschte.

»Gottverdammt, Darby«, knurrte Will Kavanagh, seinen Hut abnehmend und ihn ärgerlich an seinen Schenkel klatschend, »warum, zum Teufel, müssen wir diesen Mist ertragen? Es ist ja schließlich nicht so, als wollten wir dich zurückschleppen, um dich aufzuhängen!«

Darbys Augen wurden schmal, aber er hob den Blick nicht von seinen Karten. Er hatte eine Menge zu verlieren. Der Handelsvertreter bluffte wahrscheinlich, doch das Funkeln in Marias dunklen Augen verriet, daß *ihre* Glückssträhne noch nicht zu Ende war. Und sie würde ganz gewiß nicht seine Stiefel haben wollen, wenn er verlor.

»Was ist mit dir, Simon?« fragte er, ohne die Zigarre aus dem Mund zu nehmen. »Hast du nichts zu sagen?«

Dem ältesten der drei, Simon, der an der Ostküste studiert hatte und daher sehr gebildet war, war anzusehen, daß er es leid war, dem Bastard seines Vaters durch den ganzen Westen nachzujagen, um ihm ein unerwünschtes Geburtsrecht aufzuzwingen.

»Wenn es nach mir ginge«, erwiderte Simon, »würde ich dich gleich hier aufhängen.«

Darby lachte und rieb sich die Bartstoppeln an seinem Kinn. Maria schien sich ihrer Sache völlig sicher.

»Ich passe«, sagte der Vertreter, den Will und Simons unerwartetes Erscheinen und ihre grimmigen Gesichter zu entnerven schien. Er warf die Karten auf den Tisch, hob seinen Musterkoffer auf, aus dem er einen Strumpfgürtel und ein spitzenbesetztes Hemd verloren hatte, und machte, daß er fortkam.

Marias Blick glitt zu Angus Kavanaghs Söhnen und Erben. Ein schwaches Lächeln spielte um ihre Lippen, als sie ihre Aufmerksamkeit wieder dem Spiel zuwandte. Die beiden anderen Spielerinnen, Agnes und Consuela, legten wortlos ihre Karten nieder.

Maria schob einen Stapel Pokerchips in die Tischmitte. »Laß sehen«, sagte sie schmunzelnd, weil sie verdammt gut wußte, daß Darby seinen Einsatz nicht erhöhen konnte.

Eine nach der anderen deckte Darby seine Karten auf. Drei Zehner und zwei Zweier.

Maria grinste und legte offen ihre Karten hin.

Vier Buben.

»Mist«, sagte Darby.

»Warum verschwenden wir bloß unsere Zeit mit dir?« bemerkte Simon.

»Ich liebe dich auch«, erwiderte Darby spöttisch. Bisher hatte er noch keinen von ihnen angesehen. Vielleicht, wenn er sie lange genug warten ließ, würden sie ein paar Drinks nehmen und sich dann wieder auf ihre Pferde setzen und nach Nevada heimreiten.

Doch während er sich auf die Aussicht freute, war ihm bereits klar, daß das ebenso unwahrscheinlich war wie der Gedanke, daß Maria seine Stiefel als Gewinn fordern würde. Bevor sie jedoch etwas sagen konnte, warf Simon eine Handvoll Silbermünzen auf den Tisch vor ihr.

»Das Spiel ist aus«, sagte er. »Nimm deinen Gewinn und verschwinde.«

Maria betrachtete das Geld, das aus ihrer Sicht eine ansehnliche Summe war, und richtete dann den Blick auf Darby. Mit einem weiteren verschmitzten Lächeln und einem Zwinkern ihrer dunklen Augen hob sie schließlich ihre Beute auf, gab den Mädchen ein Zeichen, zu verschwinden, und verließ den Raum.

Was Darby mit seinen Brüdern allein zurückließ, in dem kleinen, privaten Hinterzimmer und nur mit Unterhosen und Stiefeln bekleidet. Er rieb sich den Nacken – das Spiel hatte sich über Stunden hingezogen, und er war müde und wund vom Sitzen – und wandte sich dann endlich Will und Simon zu.

Will, der blauäugige, blonde, gutmütige Will, lehnte an der Wand, die kräftigen Arme über der Brust verschränkt, und schaute zur Tür, durch die Maria und ihre Kolleginnen eben erst verschwunden waren. Es war nicht schwer zu erraten, was er dachte.

Simon hingegen stand angriffslustig wie ein Kampf-hahn da, den langen Staubmantel zurückgeschlagen, weil seine Hände auf den Hüften ruhten. Er hatte dunkles Haar, das lang genug war, um seinen Kragen zu bedecken, und eigenartig silbergraue Augen, die imstande waren, einen Mann so sicher an die Wand zu nageln wie die Klinge eines Schwerts. Es hieß, daß er seiner Mutter ähnelte, einer legendären Südstaatenschönheit, die den harten Anforderungen des Siedlerlebens im Wilden Westen jedoch längst erlegen war.

Will sah wie Angus aus – oder zumindest wie das jugendliche Porträt des alten Mannes, das über dem Kamin in der Bibliothek der Triple K hing –, aber was die Persön-lichkeit betraf, so hätten Vater und Sohn nicht unterschied-licher sein können. Angus war ungefähr so gutmütig wie ein Grizzlybär mit einem Dorn in seiner Tatze.

Darby seufzte und griff nach seinen Hosen. Was ihn selbst betraf, so glaubte er nicht, irgend etwas mit einem der Kavanaghs gemein zu haben.

»Du mußt zurückkehren«, sagte Will.

Darby knöpfte seine Hose zu. »Den Teufel tue ich«, ant-wortete er knapp.

»Der alte Mann ist krank«, warf Simon ein. Da war etwas in seiner Stimme – Müdigkeit, Trauer? –, was Darby aufhorchen ließ.

»Was soll das heißen, er ist krank?« fragte er, gegen sei-nen eigenen Willen plötzlich stark beunruhigt. Irgendwie hatte er wohl erwartet, Angus würde ewig leben.

»Pa möchte dich sehen«, sagte Will. Er wirkte blaß unter all dem Straßenstaub, und von seiner sonst so gesunden, jungenhaften Ausstrahlung war nichts mehr zu erkennen. »Er ist seit etwa zehn Tagen bettlägerig. Die meiste Zeit kann er nicht atmen, und er hat schlimme Schmerzen in der Brust.«

Darby schnappte sich sein Hemd und kehrte Angus Ka-vanaghs legitimen Söhnen den Rücken zu, um es zuzu-knöpfen. Als er sprach, klang seine Stimme heiser. »Ihr hättet ihn nicht allein lassen sollen«, sagte er, während er seinen Waffengurt umlegte und das Halfter mit einem Lederriemen am Bein befestigte. »Was ich nicht verstehe, ist, was er von mir will. Wir haben alles geregelt, was zu regeln war, er und ich.«

Er hatte die Worte kaum ausgesprochen, als starke Hände seine Schultern packten, ihn herumrissen und an die Wand stießen. Die 45er war in seiner Hand, bevor er einen klaren Gedanken fassen konnte, eine automatische Reaktion, geboren aus Jahren der Übung, und seine Hand zitterte ein wenig, als er den Revolver wieder einsteckte.

Darby und Will hatten oft gerauft, als Jungen und als Männer, doch jetzt war es Simon, dem er gegenüberstand, Simon, den er fast erschossen hätte. Sein ältester Bruder, der Gewalt gewöhnlich ablehnte, stand jetzt so dicht vor ihm, daß ihre Gesichter sich fast berührten, und seine silbergrauen Augen funkelten vor Zorn.

»Das wenigstens bist du ihm schuldig! Verdammt, Darby, wenn du nicht freiwillig mitkommst, schwöre ich dir bei Gott, daß ich dich vom Bestattungsunternehmer in einen Sack nähen lasse und dich auf dem Packpferd mit nach Hause schleppe!«

Nach Hause. Für Darby war ›Zuhause‹ der *Blue Garter Saloon*, das Bordell seiner verstorbenen Mutter. Das einzige, was ihm hier fehlte, war das Bild des Mädchens, das er in den Spiegeln gesehen hatte, die eine Wand des Tanzsaals säumten. Er hatte lange Zeit geglaubt, sie sei ein Engel mit ihren großen, sanften Augen und dem glänzenden Haar –, doch heute dachte er, daß sie eine Illusion gewesen war, schlicht und einfach. Irgendein Bild, das ein einsames Kind sich ausgedacht hatte.

Trotz allem jedoch trauerte er um sie.

»Du meinst, zurück auf die Triple K«, sagte er. Die Bedeutung des Namens der Ranch war ihm nie entgangen: er stand für die drei Kavanaghs, Angus, Will und Simon. Für den Bastard einer Prostituierten war kein Platz in dieser Gleichung.

Simon stieß einen tiefempfundenen Seufzer aus und fuhr sich mit der Hand durchs Haar. Sein schwarzer Hut lag auf dem Pokertisch, wo eben noch Marias unverhoffter Gewinn gelegen hatte. »Ja«, sagte er mit übertriebener Geduld, »das ist es, was ich meine.«

Will stand mit gesenktem Kopf da. »Pa stirbt«, sagte er, so traurig, daß Darby ihn gern getröstet hätte. Das Problem war nur, daß nichts, was er tun oder sagen konnte, etwas geändert hätte. Angus war ein großer, breitschultriger Mann, mit einer dichten Mähne weißen Haars und der Kraft eines Bullen, aber Menschen wurden eben alt. Was in diesem Teil des Landes an und für sich schon eine Leistung war.

»Du solltest ihm auch den Rest erzählen«, fügte Will hinzu, als Darby immer noch nicht nachgab und nichts sagte.

»Den Rest wovon?« fragte Darby scharf und stieß seinem Bruder den Zeigefinger in die Brust.

Wieder fuhr Simon sich mit der Hand durchs Haar. »Es handelt sich um deine Mutter.«

»Was ist mit ihr?«

Es war Will, der die Frage beantwortete, und seine Stimme klang jetzt noch müder als zuvor. »Sie ist tot, Darby – es geschah einige Tage, bevor Pa erkrankte. Irgendein Fieber.« Er hielt inne, holte tief Luft und stieß sie hörbar wieder aus. »Es tut mir leid.«

Zorn und irgend etwas, das Darby nicht als Trauer akzeptieren wollte, erfaßte ihn und ließ die Wirkung des mexikanischen Whiskys, den er den ganzen Tag getrunken hatte, verblassen. Grob stieß er mit den Händen gegen Simons Brust und riß ihn damit beinahe von den Füßen.

Simon versuchte nicht einmal, sich zu verteidigen.

»Du wußtest, daß Harmony tot war, als du hier hereinkamst, *und hast es mir nicht gesagt?*«

»Beruhige dich«, bat Will. »Das ist eine Nachricht, auf die man einen Menschen vorbereiten muß. Man kann nicht so einfach damit herausplatzen – das gehört sich nicht.«

Darby ließ die Hände sinken und wandte einen Moment den Kopf ab. Harmony Elder war eine Hure gewesen, das war nicht abzustreiten. Aber sie war auch eine gute Mutter gewesen, auf ihre Weise, und eine stolze Frau. Sie hatte ein gutgehendes Geschäft gegründet und es mit Erfolg geführt.

»Es muß etwas unternommen werden wegen des Saloons«, sagte Simon ruhig. »Selbst wenn du nicht auf die Ranch hinauskommen willst, um Pa zu sehen, mußt du den Nachlaß deiner Mutter regeln.«

Darbys Augen brannten; er sagte sich, es sei der Rauch seiner Zigarre, der noch immer im Raum spürbar war. Er stieß einen unterdrückten Fluch aus, und nicht etwa, weil er wußte, daß er nach Redemption zurückkehren mußte. Er hatte Harmony vor langer Zeit versprochen, daß er sich, wenn es soweit war, um die Erfüllung der Bedingungen ihres letzten Willens kümmern würde.

Worin diese Bedingungen bestanden, war ihm unbekannt und kümmerte ihn auch nicht.

»Na schön«, sagte er. »Laßt mich nur meine Sachen holen und ein paar Rechnungen begleichen.«

»Morgen ist noch früh genug«, sagte Simon mit ganz ungewohnter Sanftheit und streckte die Hand aus, als wolle er sie Darby auf die Schulter legen.

»Es gibt Regen«, meinte Will, der im Gegensatz zu seinem Bruder nie den Wunsch verspürt hatte, im Osten zu studieren und sich eine gepflegte Sprache anzueignen. Der jüngere von Angus Kavanaghs zwei Söhnen liebte die Ranch zu sehr, um sie zu verlassen, und Darby konnte es verstehen. Sie war ein wundervoller Ort, die Triple K. Fast siebzigtausend Hektar Wald- und Weideflächen, mit zwei sehr ergiebigen Silberminen. Das Wohnhaus war groß, ein richtiger Palast fast, gemessen an den anderen Häusern der näheren Umgebung, aber sowohl Simon wie auch Will besaßen eigenes Land und lebten unter ihrem eigenen Dach.

Will war verheiratet, Simon war Witwer und hatte eine kleine Tochter.

Darby beneidete sie weit mehr um ihr Heim und ihre Familie, als um ihr Geld oder die väterliche Liebe des alten Kavanagh.

»Ja«, stimmte Darby etwas verspätet zu. »Es gibt Regen, du hast recht. Ihr solltet euch im Hotel unten an der Straße Zimmer nehmen. Es ist sauber, und man bekommt dort etwas Anständiges zu essen.«

»Wir reiten morgen los«, sagte Simon. Obwohl er es wie eine Feststellung klingen ließ, wußte Darby, daß es in Wirklichkeit eine Frage war.

Er nickte zustimmend.

»Du könntest mit uns essen«, schlug Will vor. Er war immer der Friedensstifter gewesen, und obwohl Darby sich die größte Mühe gab, es nicht zu tun, mochte er seinen Halbbruder.

»Ich will und brauche eure Almosen nicht«, sagte er kalt.

»Wieso? Wir dachten, du bezahlst«, warf Simon grinsend ein. »Ich habe fast mein ganzes Geld dieser Hure gegeben – sie hat dich übrigens beschummelt – und Wills Betsey kennst du ja. Sie läßt ihn nie mit mehr als ein, zwei Dollar in der Tasche aus ihren Augen.«

Unter anderen Umständen hätte Darby jetzt vielleicht gelächelt. Aber das einzige, worauf er sich zu diesem Zeitpunkt freuen konnte, war die ziemlich aussichtslose Möglichkeit, daß er Keighly Barrow im Spiegel wiedersehen würde, wenn er in den *Blue Garter Saloon* zurückkehrte.

Er hatte Keighly hin und wieder gesehen, seit er ein Kind gewesen war, doch vor einigen Jahren hatte sie aufgehört, sich ihm zu zeigen. Ungefähr zur gleichen Zeit etwa, als er sich den Shingler-Brüdern angeschlossen hatte. Sie war eine Illusion und weiter nichts, so sehr er auch gewünscht hätte, es wäre anders, und dennoch war die Sehnsucht, sie wiederzusehen, tief in ihm verwurzelt und schmerzte, wann immer er daran dachte.

Selbst jetzt, nachdem er eben erst erfahren hatte, daß seine Mutter tot war und der Mann, der ihn gezeugt hatte, ihr bald folgen würde, war es Keighly, bei der er gerne Trost gesucht hätte.

Es hat drei Tage gedauert, bis Keighly wieder Strom und Wasser in dem alten Haus hatte, und seitdem schlief sie im Ballsaal auf einer Luftmatratze aus der Campingabteilung des Warenhauses in Redemption.

Sie war glücklicher, als sie es seit langer Zeit gewesen war.

Die Stille und der Frieden waren wundervoll, und sie wäre vielleicht sogar so weit gegangen, ihr Handy abzuschalten und die Batterie nicht wieder aufzuladen, wenn sie nicht gewußt hätte, daß Julian sehr verärgert sein würde, wenn er sie nicht erreichte. Wahrscheinlich hätte er dann entweder eine Suchmannschaft geschickt oder wäre selbst erschienen, um sie abzuholen.

Sie wollte nirgendwohin, außer vielleicht nach Las Vegas, der nächsten großen Stadt, um Ton und Werkzeuge zu kaufen. Ihre Hände fieberten danach, etwas Neues zu formen, etwas aus ihrer eigenen Seele Geborenes.

Ein Gewitter braute sich über der Wüste zusammen, mit fernem Donnergrollen und grellen Blitzen, als Julian anrief. Keighly stand an den Terrassentüren am fernen Ende des Ballsaals, aß Chili aus einem Pappbehälter und beobachtete das Spektakel draußen, als das Telefon summte.

Widerstrebend meldete sie sich. Die Verbindung war schlecht, und Julians Stimme klang seltsam hohl, als käme sie von einem anderen Planeten statt aus dem nächsten Bundesstaat.

»Hallo«, sagte sie, den Apparat zwischen Schulter und Ohr balancierend.

»Ich kann dich kaum verstehen!« brüllte Julian.

Keighly zuckte zusammen und zwang sich zu einem Lächeln. »Wir haben ein Gewitter«, sagte sie und aß noch einen Löffel Chili.

»Was hast du gesagt?«

Sie kaute rasch und schluckte. »Ich sagte, WIR HABEN EIN GEWITTER!«

»Wann kommst du nach Hause?«

Keighly unterdrückte einen Seufzer. »Ich weiß es

nicht«, antwortete sie. »Ich muß noch eine Weile bleiben, Julian. Ich kann es dir nicht erklären. Ich muß einfach bleiben.«

Julian schwieg so lange, daß Keighly schon glaubte, die Verbindung sei unterbrochen. Dann sagte er resigniert: »Ich komme.«

»Nein!« rief Keighly rasch und mit einer Entschiedenheit, die sie selbst erstaunte.

»Was hast du gesagt?«

Blitze zuckten am dunklen Himmel auf und erfüllten den großen Saal mit Licht. Die Harfe ertönte, und der Kronleuchter klimperte leise. Und dann erlosch das Licht.

»Ich will nicht, daß du herkommst, Julian«, sagte Keighly. Das Haus war groß und leer, aber selbst ohne Strom war es nicht unheimlich. Sie verspürte ein seltsames, erwartungsvolles Kribbeln in der Magengrube, als würde gleich etwas Wichtiges geschehen, und ging langsam auf den Spiegel zu.

Keine Spur von Darby oder dem *Blue Garter Saloon*.

»Keighly, was ist los?« fragte Julian verblüfft. »Das soll doch wohl nicht heißen, daß du mich nicht mehr sehen willst?«

»Nein!« entgegnete Keighly, so heftig, daß sie sich fast ein wenig schämte. Ohne Julian würde es keine Familie geben, keine Kinder, kein Haus voller Lachen, Licht und Wärme. »Nein«, wiederholte sie etwas ruhiger, »das will ich damit ganz bestimmt nicht sagen. Es ist nur ... nun ja ... es ist so still hier, und Los Angeles ist so hektisch. Ich möchte mich einfach ein bißchen von all dem Smog und Lärm erholen.«

»Und von mir«, sagte Julian bitter.

»Nein«, beharrte Keighly. Aber diesmal war sie sich dessen nicht so sicher, und sie wußte, daß Julian einfühlsam genug war, um das zu spüren, trotz der miserablen elektronischen Verbindung.

»Vielleicht tut es uns beiden gut.« Er klang ein wenig steif und abweisend. Sie hatte ihn gekränkt und haßte sich dafür.

»Es ist ja nicht so, als ob ich jemand anderen sähe«, sagte sie schnell.

Julian erwiderte nichts darauf. Er hatte ihr bei früheren Auseinandersetzungen vorgeworfen, sie hielte einen Teil von sich vor ihm zurück, und sie wußte, daß er das auch jetzt dachte. »Ruf mich an, wenn du bereit zu reden bist«, erwiderte er nach einer kurzen Pause. »Du hast die Nummer meines Pagers.« Und damit unterbrach er die Verbindung.

Keighly starrte das kleine Gerät in ihrer Hand an und sah ihre Wunschkinder verschwinden, eins nach dem anderen, aus dem eingebildeten Familienfoto, das sie in ihrem Kopf herumtrug. Fast hätte sie Julian zurückgerufen, um ihm zu sagen, daß sie ihre Sachen packen würde, um auf der Stelle nach Los Angeles zurückzukehren, aber irgend etwas hielt sie davon ab.

Es war der schwache Ton einer Zugpfeife.

Stirnrunzelnd legte Keighly das Telefon auf ein Fensterbrett, zu dem Plastiklöffel und dem halbgeleerten Pappbehälter mit dem Chili. Sie wartete und horchte gespannt – und dann, zwischen lautem Donnergrollen, hörte sie wieder das schrille Pfeifen.

Erschüttert ging sie zu ihrer Luftmatratze, zog sie etwas näher an die Spiegelwand und setzte sich, um abzuwarten. Es ist nichts Ungewöhnliches, einen Zug pfeifen zu hören, überlegte sie, während ihr Herz wie wild gegen ihre Rippen hämmerte – *außer, man weiß, daß der alte Bahnhof neunzehnhundertzweiundfünfzig abgebrannt ist und es im Umkreis von dreißig Meilen keine Schienen gibt!*

2. Kapitel

Obwohl Keighly vorgehabt hatte wachzubleiben, mußte sie irgendwann auf der Luftmatratze eingenickt sein, in ihren Jeans, dem T-Shirt und den Schuhen. Sie fuhr erschrocken auf, geweckt von lautem Donnergrollen über ihr, und starrte in den Spiegel.

Darby war da.

Darby, ein hochaufgeschossener, magerer Junge, als sie ihn zum letzten Mal gesehen hatte, war nun ein Mann, im wahrsten Sinne dieses Wortes, obwohl er ziemlich ungepflegt wirkte und dringend eine Rasur benötigt hätte, ganz zu schweigen von einem Bad. Sein dunkelblondes, von der Sonne gebleichtes Haar war lang und im Nacken zusammengebunden wie bei einem Indianer, und er schien sich in seinem kräftigen, breitschultrigen Körper ausgesprochen wohlzufühlen.

Keighlys Herz begann wie wild zu pochen und stieg dann auf in ihre Kehle, wo es einen großen Klumpen formte. Langsam erhob sie sich von der Matratze, ging zum Spiegel und legte ihre rechte Hand ans Glas.

Darby, der ein kragenloses Hemd trug, das am Hals weit offenstand, außerdem eine Weste und eine schmutzige Hose, tat das gleiche. In einem Halfter tief an seiner rechten Hüfte steckte ein sechsschüssiger Revolver; seinen alten, verbeulten Hut und den schmutzig-grauen Staubmantel hatte er auf einen der nahen Tische geworfen.

Lange Zeit blieben sie so stehen, sich berührend und ohne sich doch wirklich zu berühren. Keiner versuchte, etwas zu sagen, aus Erfahrung wußten sie, daß Worte die Barriere zwischen ihnen nicht durchbrechen konnten. Vielleicht konnten ihre Herzen die Kluft überbrücken oder ihre Träume.

Im Moment genügte es Keighly zu wissen, daß Darby noch am Leben war. Daß er wieder zurück war, von wo auch immer er sich aufgehalten haben mochte.

Es lag ein Ausdruck solcher Trauer in seinen Augen,

daß sie auch die andere Hand hob, in einem sinnlosen Versuch, seine Wange zu berühren. Dann, ganz plötzlich von einer überwältigenden Verlegenheit erfaßt, trat sie zurück. Darby lächelte ein wenig, als er ihrem Rückzug mit einem Schritt nach vorn begegnete und beide Hände an den Spiegel legte.

Keighly widerstand dem schon vertrauten Wunsch, sich gegen das Glas zu werfen, so groß war ihr Verlangen, die andere Seite zu erreichen. Tränen der Frustration und Einsamkeit stiegen ihr in die Augen; sie wandte sich ab und wischte mit dem Handrücken ihre Tränen ab.

Dann, von einer Sekunde auf die andere, verschwand Darby, zusammen mit dem Saloon, und alles, was Keighly jetzt noch sehen konnte, war ihr eigenes Spiegelbild.

Seufzend lehnte sie die Stirn ans kühle Glas und fragte sich, wieso ihr Herz brach, wenn Julian Drury doch so eindeutig für sie bestimmt war und sie für ihn. Julian war wenigstens ein Mann aus Fleisch und Blut, der in der Lage war, mit ihr zu schlafen, Kinder mit ihr zu zeugen und an ihren Träumen teilzuhaben. Darby hätte genausogut ein Schatten sein können oder eine Glasfigur.

Und sie hatte am Nachmittag sein Grab gesehen.

1887. Er war 1887 gestorben. Wieder beschleunigte sich ihr Herzschlag, diesmal aus Angst um Darby. Sie hatte ihn gerade gesehen, doch welches Jahr war das gewesen? Wie nahe mochte er dem Tode sein – eine Woche, einen Tag, eine Stunde vielleicht nur?

Zitternd wandte sie sich vom Spiegel ab und verließ den Ballsaal. Oben badete sie, zog ein Nachthemd an und putzte gründlich ihre Zähne. Als Keighly zu ihrer Luftmatratze zurückkehrte, streckte sie sich aus und schloß die Augen, aber der Schlaf wollte sich nicht mehr einstellen.

Er hatte sie gesehen.

Darby saß allein im Saloon seiner Mutter, ein unberührtes Glas Whisky vor sich, und starrte traurig in den leeren Spiegel.

Er war erst seit einer knappen Stunde wieder in Redemption, und schon hatte er sie gesehen.

Als er daran dachte, wie zärtlich sie ihn angeblickt hatte, wie sie versucht hatte, ihm Trost zu spenden, schluckte Darby. Er war so unendlich müde und traurig, daß er in jenen Momenten seine Seele geopfert hätte, um die Distanz zwischen ihnen zu überbrücken und sie in die Arme zu nehmen. Obwohl er mehr als genug Frauen in den letzten Jahren gekannt hatte, hatte er noch nie eine derartige Sehnsucht erfahren, wie Keighly sie in ihm entfachte.

Er seufzte. Vielleicht würde er sie wiedersehen, vielleicht auch nicht. Letztlich war es auch nicht wichtig, weil sie ja doch niemals zusammensein würden. Gefühle zu entwickeln für jemanden, den man niemals haben konnte, hieß Schmerz herauszufordern, und davon gab es in seiner Welt bereits genug. Man brauchte nicht erst loszuziehen, um ihn zu suchen.

Darby hob das Glas an die Lippen, runzelte die Stirn und stellte es wieder ab. Morgen früh würde er zur Triple K hinausreiten und Angus Kavanagh einen Besuch abstatten. Dann würde er den Anwalt seiner verstorbenen Mutter aufsuchen, Jack Ryerson, der in Darbys Augen ebensosehr ein Dieb war wie Jessie James oder Billy the Kid. Der einzige Unterschied war, daß Ryerson keine Waffe zu ziehen brauchte, um jemanden zu berauben, er tat es mit Feder, Tinte und einem unterwürfigen Lächeln.

Sobald Harmonys Nachlaß geregelt war, wollte Darby Redemption verlassen und nie wieder zurückkehren. Wahrscheinlich würde er nach Mexiko gehen, um ein bißchen Poker mit Maria zu spielen und sich mit dem Erlös aus dem Verkauf des Blue Garter ein gewisses Stückchen Land zu kaufen, das ihm sehr gefallen hatte.

Er grinste flüchtig bei dem Gedanken. Er und Harmony hatten sich nicht gerade sehr liebevoll getrennt – er war in schlechte Gesellschaft geraten, bevor er die Stadt vor zwei Jahren verließ, und sie hatte ihn einen Banditen und Gesetzlosen geschimpft. Es war also durchaus möglich, daß sie ihm nicht einmal einen bronzenen Spucknapf hinterlassen hatte.

Gott, er vermißte sie ... und wünschte, er wäre zurückgekehrt, bevor es zu spät war, sich mit ihr auszusprechen. Ihre letzte Unterredung war von Zorn und Bitterkeit geprägt gewesen, und Darby wußte, daß er dieses bis an sein Lebensende bereuen würde.

Vielleicht hatte Harmony ja recht gehabt. Vielleicht war er ja tatsächlich nichts Besseres als ein Gesetzloser.

Sanfte Hände legten sich auf Darbys Schultern, und verblüfft hob er den Kopf. Da er niemand hatte kommen hören, hatte er fast erwartet, daß es Keighly wäre, die hinter ihm erschienen war. Doch es war nur Oralee, eins von Hartungs ›Mädchen‹. Sie war nicht besonders hübsch, die arme Oralee, daran konnten auch das gefärbte blonde Haar und die dick aufgetragene Schminke in ihrem Gesicht nichts ändern. Ihre Haut war von Pockennarben verunstaltet und sie hatte viel zu dünne Beine, aber sie war ein nettes Mädchen, und Darby hatte sie immer sehr gemocht.

Sanft begann sie seine Schultern zu massieren. »Komm mit nach oben, Darby«, sagte sie freundlich. »Ich kann es dir erleichtern, wenigstens für eine Nacht.«

Darby hob die Hand und berührte ihre. Normalerweise hätte er das Angebot nicht ausgeschlagen, aber er war zu müde. Oder zumindest redete er sich ein, daß das der Grund war. In Wirklichkeit war er jedoch noch viel zu stark von dem Wiedersehen mit Keighly erschüttert. Mit Oralee oder irgendeiner anderen Frau zu schlafen, wäre ihm unter diesen Umständen wie Verrat erschienen. »Das ist ein großzügiges Angebot, Oralee«, erwiderte er, »aber ich glaube nicht, daß ich dir viel nützen würde.«

Sie bückte sich und küßte seinen Scheitel. Es war eine solch liebevolle, fast mütterliche Geste, daß Darbys Kehle eng wurde und seine Augen brannten. Oralees Hände ruhten leicht auf seinen Schultern. »Deine Mama war dir nicht mehr böse, als sie starb«, versicherte sie ihm leise. »Sie hat es nicht ernst gemeint, als sie dich einen Gesetzlosen nannte – sie war nur wütend, weil du dich mit den Shingler-Brüdern eingelassen hattest.«

Die Shinglers hatten während ihrer schlimmsten Zeit Züge, Banken und Postkutschen überfallen. Darby, der niemals an ihren Verbrechen teilgenommen hatte, war nicht stolz auf seine Verbindung zu den Brüdern, und sie hatte auch nicht lange gedauert. Sein Ruf war ohnehin nie gut gewesen in Redemption, als Sohn einer Prostituierten, und sich mit Duke und Jarvis Shingler zusammenzutun, hatte ihm natürlich noch viel mehr geschadet. Heute war ihm allerdings klar, daß er es damals nur getan hatte, um Angus Kavanagh zu ärgern.

Darby drückte Oralees Hand und zog das Mädchen auf den Stuhl an seiner Seite. »Will und Simon sagten, Harmony sei an einem Fieber gestorben«, sagte er. Sie war bereits begraben, seine Mutter, irgendwo auf der Triple K, er würde ihr Grab besuchen, bevor er nach Mexiko aufbrach, und in aller Stille von ihr Abschied nehmen. Wieder wünschte er, er wäre Harmony ein besserer Sohn gewesen.

»Es ging sehr schnell«, erwiderte Oralee, griff nach Darbys vergessenem Glas und trank einen Schluck Whisky. »Sie hat nicht gelitten.«

Darby schloß für einen Moment die Augen. Gott, wie müde und erschöpft er war!

»Sie hat natürlich nach dir gefragt«, vertraute Oralee ihm an, während sie das Glas auffüllte. »Das kann ich dir nicht verschweigen. Sie wollte auch Angus sehen, und keine halbe Stunde später war er da.«

Darby starrte sie an. »Angus ist *hierher* gekommen?« Der alte Kavanagh und Harmony waren seit vielen Jahren Liebende gewesen, und alle wußten es, aber Darby konnte sich nicht entsinnen, daß der allmächtige Mr. Kavanagh den *Blue Garter* je betreten hätte. Er und Harmony hatten ein kleines Häuschen irgendwo in den Bergen gehabt, und niemand hätte gewagt, ihnen dorthin zu folgen oder zu fragen, wo es war.

Oralee begann sich für das Thema zu erwärmen. »Er brachte sogar Blumen mit«, berichtete sie stolz. »Ging ein-

fach durch den Saloon die Treppe dort hinauf.« Mit dem
Daumen deutete sie auf die Stufen. »Natürlich gingen wir
ihm alle aus dem Weg, um nicht zu stören. Er blieb stundenlang bei der armen Harmony – Mabel Ann hat ein
paarmal durchs Schlüsselloch geschaut und sagte, er hätte
ihre Hand gehalten und geweint.«

Angus war ein einschüchternder Mann mit seiner kräftigen Statur, seinem Land und seinem Geld. Oder zumindest war er es gewesen – denn wenn Will und Simon die
Wahrheit sagten, hatte das Alter ihn nun endlich eingeholt. Aber Darby verspürte wenig oder so gut wie gar kein
Mitleid für den Rancher. Angus hatte Harmony benutzt
und war sich zu fein gewesen, ihr seinen Namen zu geben,
selbst nachdem sie ihm ein Kind geboren hatte.

»Mag sein, daß er sie auf seine Art geliebt hat«, räumte
Darby widerwillig ein.

»Und jetzt heißt es, Mr. Kavanagh läge selbst im Sterben«, beharrte Oralee. »Glaubst du nicht, es könnte daran
liegen, daß er deine Mutter so sehr geliebt hat, daß er ohne
sie nicht weiterleben will?«

»Ich glaube, es liegt daran, daß er alt geworden ist«,
sagte Darby scharf und bereute es sofort, denn Oralee verdiente keine harten Worte. Abrupt erhob er sich. »Ich gehe
schlafen«, fügte er hinzu und griff nach seinem Hut und
Mantel.

»Was soll jetzt aus uns werden, Darby? Aus uns Mädchen, meine ich? Wirst du den *Blue Garter* schließen und
wieder fortgehen?«

Er blieb stehen und legte eine Hand auf ihre nackte
Schulter. Sie trug noch immer ihr butterblumengelbes
Tanzkleid, aber der Träger war auf einer Seite herabge-
rutscht. »Ich werde nicht eher gehen, bis ich sicher sein
kann, daß ihr versorgt seid«, antwortete er ruhig. »Das
kannst du den anderen sagen.«

Oralee seufzte. »Danke, Darby.«

Er nickte und ging über den unbeleuchteten Gang hinter dem Saloon zu einem kleinen Zimmer neben der
Küche. Es war weder groß noch sehr gemütlich, aber dafür

37

ruhig und weit entfernt vom Lärm der Bar. Die oberen Räume, wo Oralee und die anderen ihr Metier betrieben, befanden sich auf der anderen Seite des Gebäudes.

Beinahe verwundert schaute Darby sich im Zimmer um, denn erst in diesem Moment begriff er, daß Harmony versucht hatte, ihn so gut sie konnte von einigen der grimmigeren Realitäten ihres Alltags abzuschirmen. Dann, nachdem er Hut und Mantel auf einen Stuhl geworfen hatte, zog er seine Stiefel aus. Die Federn quietschten, als er sich auf das schmale Bett neben der Wand legte und, die Hände hinter dem Kopf verschränkt, über seine Zukunft nachdachte.

Tatsache war, daß diese nicht sehr vielversprechend aussah. Er hatte jetzt niemanden mehr, außer Keighly, der Frau im Spiegel, und sie war vermutlich nichts als Einbildung.

Aus purer Erschöpfung schlief er schließlich ein, und als er erwachte, hörte er nebenan in der Küche Pfannen klappern und nahm das köstliche Aroma frischaufgebrühten Kaffees und brutzelnden Specks wahr. Mit einem etwas wehmütigen Lächeln erhob sich Darby.

Ein Blick in den Spiegel über seiner Waschkommode ließ ihn das Gesicht verziehen. Er war ungefähr so sauber wie der Boden einer Postkutsche am Ende einer langen Fahrt.

Darby ging zur Tür und riß sie auf, um nach der Köchin zu rufen. Tessie, eine schwarze Frau mit ausladenden Hüften und einem warmen Lächeln, stand bereits auf dem Flur, bevor ihr Name über seine Lippen kam.

»Sieh dich an«, sagte sie mit liebevollem Vorwurf. »So, wie du aussiehst, setzt du dich nicht an meinen Tisch, Darby.« Sie zog eine Grimasse. »Und so, wie du riechst, schon gar nicht. Ich hole dir einen Teller, weil ich dich nicht verhungern lassen will, und der alte Burris wird dir eine Badewanne bringen. Hast du etwas Sauberes zum Anziehen?«

Darby grinste. Er war Tessies Vorwürfe gewöhnt; sie hatte ihn sein ganzes Leben lang wegen diesem oder jenem ausgescholten. Sie war aber auch diejenige gewesen, die ihn getröstet hatte, wenn ihn als kleiner Junge böse Träume plagten, und wenn er krank gewesen war, hatte sie ihn gepflegt. Aber die Hauptsache war, daß sie sich bemüht hatte, ihm klarzumachen, daß es nicht wichtig war, was andere Leute über einen Menschen sagten – daß nur die inneren Werte dieses Menschen zählten. Was er tat und was er dachte. Wie er sich verhielt und was er sagte.

»Ich habe sicher noch ein Hemd und eine Hose dort«, antwortete er und deutete auf den kleinen Einbauschrank in einer Zimmerecke.

»Nun, dann mach ein Fenster auf«, befahl Tessie, aber ihre dunklen Augen zwinkerten, als sie sich abwandte, um in die Küche zurückzukehren.

Darby setzte sich auf die Bettkante, um sein Frühstück zu verspeisen, während Burris, ein schüchterner kleiner Mann, der im Saloon saubermachte, eine große Kupferwanne brachte, gefolgt von sieben oder acht Eimern heißen Wassers, die er nach und nach hereinschleppte. Als Burris endlich fort war und Darby Eier und Speck, Toast und Bratkartoffeln aufgegessen hatte, verriegelte er die Tür, zog sich aus und stieg in die Badewanne.

Es erforderte gute zwanzig Minuten ausgiebigen Schrubbens, bis er richtig sauber war, aber danach fühlte er sich besser. In der Waschschüssel auf der Kommode war noch etwas warmes Wasser, und nachdem Darby sein Rasiermesser an einem Lederband geschärft hatte, seifte er sein Kinn ein und begann sich zu rasieren.

Die Kleider in den Schrankregalen rochen etwas muffig, aber sie waren sauber. Darby zog sich an und bürstete sein nasses Haar, bevor er es mit einem Lederriemen zusammenband. Als er die Küche betrat, wusch Tessie das Geschirr ab.

»Du siehst schon viel besser aus«, räumte sie widerwillig ein.

Darby lachte und küßte sie auf die Wange. »Es ist schön, wieder daheim zu sein.«

»Es wurde auch langsam Zeit«, erwiderte Tessie.

Ihre scharfen Worte verfehlten ihre Wirkung nicht. »Ich werde es den Rest meines Lebens bereuen, nicht hier gewesen zu sein, als Ma gestorben ist«, sagte Darby leise und hob in einer stummen Bitte um Verzeihung beide Hände.

»Sie wußte, daß du sie geliebt hast«, antwortete Tessie und strich ihm sanft über die Wange.

Darby war sich dessen nicht so sicher, würde sich wahrscheinlich *niemals* sicher sein. Er konnte nur hoffen, daß Tessie recht hatte, und Trost aus der Gewißheit schöpfen, daß sie sich nur selten irrte.

»Hatte sie wenigstens ein anständiges Begräbnis?« fragte er.

Tessie nickte ernst. Obwohl sie im *Blue Garter* arbeitete und für Burris, Harmony und eine ganze Schar wenig tugendhafter Frauen kochte, war sie fromm und gläubig, und es verging kein Sonntagmorgen, an dem sie nicht im Hintergrund der Kirche von Redemption stand, dicht bei der Tür, und an der Messe teilnahm. Man erlaubte ihr nicht, sich zu den anderen Gläubigen zu setzen – ob ihrer Hautfarbe wegen oder weil sie Köchin in einem Bordell war, das wußte Darby nicht. Aber für ihn war es eine Ungerechtigkeit, ganz gleich, aus welchem Grund.

»Mr. Kavanagh hat das Begräbnis ausgerichtet«, antwortete sie, und ihre Augen wurden feucht bei der Erinnerung daran. »Es war allerdings eine sehr kleine Feier, und statt eines Priesters sprach er selbst an ihrem Grab. Er hat auch aus der Bibel vorgelesen und ein marmornes Grabmal an der Ostküste bestellt.«

Ein Klumpen bildete sich in Darbys Kehle. Er nahm einen Becher aus dem Regal und füllte ihn mit Kaffee aus der großen Kanne auf dem Herd, nur um ihn dann wieder fortzustellen. »Ich hörte, Angus sei sehr krank«, sagte er. Er wollte den alten Mann nicht sehen, wollte nie wieder einen Fuß in dieses große, leere Haus setzen, das sich etwa eine Viertelmeile hinter den Toren der Triple K erhob.

Tessie legte eine Hand auf Darbys Arm. »Du wirst ihn

besuchen, nicht?« fragte sie. »Das ist eine gute Idee, Darby. Das ist wirklich wunderbar.«

Er seufzte. Wenn es so eine gute Idee war, wie kam es dann, daß er sich lieber die Zehen abgeschossen hätte, eine nach der anderen, als sie zu verwirklichen? »Ja«, sagte er. »Und am besten bringe ich es so schnell wie möglich hinter mich.«

Tessie setzte eine strenge Miene auf, und das konnte sie sehr gut, weil sie auch darin jahrelange Übung hatte, aber Darby wußte natürlich, was für eine Schwindlerin sie war. Sie war eine große Frau, aber ihr Herz war noch viel größer – so groß, daß es keine Grenzen zu besitzen schien.

»Du mußt nett zu diesem alten Mann sein, Darby. Er hat versucht, dir ein Vater zu sein, aber du hast es nie zugelassen. Bevor du ihn verurteilst, solltest du bedenken, wie du dich selbst verhalten hast.«

Darby erwiderte nichts darauf, nahm bloß seinen Hut und verließ die Küche durch die Hintertür.

Sein Pferd, ein magerer Fuchs, den er Ragbone nannte, befand sich in einem Mietstall auf der anderen Straßenseite. Darby hatte den Wallach in Texas bei einer Partie Poker gewonnen. Angesichts des übellaunigen Temperaments des Tiers war er sich jedoch gar nicht sicher, ob er das Spiel nicht doch verloren hatte.

Nachdem er dem Stallburschen eine Münze in die Hand gedrückt hatte, sattelte Darby den Wallach und machte sich auf den Weg zur Triple K. Er würde sich von Angus verabschieden, herausfinden, wo seine Mutter begraben war, und auch ihr einen Besuch abstatten. Und dann würde er den Anwalt aufsuchen, Ryerson, und sich vergewissern, daß Harmony Tessie, Oralee und die anderen gut versorgt hatte, obwohl er eigentlich keinen Zweifel daran hegte, daß sie es getan hatte.

Obwohl es gut fünf Meilen bis zur Triple K waren und Darby Ragbone nie schneller als in einem leichten Trab gehen ließ, erreichte er sein Ziel erheblich schneller, als ihm lieb war.

Stirnrunzelnd passierte er das hohe Tor und ritt weiter

41

über den kurzen, kurvigen Weg, der zum Ranchhaus führte.

Die Stille war entnervend. Bei den wenigen Besuchen in seiner Kindheit, zu denen Harmony ihn hatte zwingen müssen, war dieser Ort mit sehr viel Leben und den verschiedenartigsten Geräuschen erfüllt gewesen – dem Hämmern aus der Schmiede, den Rufen der Cowboys, die auf der Koppel Pferde einritten, und dem Geplapper der Mägde in der Küche.

Darby blinzelte und schaute sich noch einmal um, bevor er absaß und Ragbone an einen der Pfosten vor dem Haus anband.

Das Gebäude war zweistöckig, mit großen Glasfenstern und Wänden aus Holzbalken und Mörtel. Eine breite Veranda erstreckte sich über die gesamte Vorderfront und an der Seite vorbei zur Küche. Darby hatte einen Sommer hier gelebt, als Harmony in irgendeiner mysteriösen Angelegenheit nach San Francisco reisen mußte, und er und Will hatten es sich zur Gewohnheit gemacht, Zuckerstückchen, Orangen, Plätzchen und alles andere, was sie tragen konnten, aus der Speisekammer zu entwenden. Simon, älter und weiser, war ihnen im wahrsten Sinne des Wortes überlegen gewesen; er hatte die meiste Zeit hoch in den Ästen einer alten Eiche hinter dem Pumpenhaus verbracht und Bücher über Piraten, Ritter und arabische Scheichs gelesen.

Will und Darby hatten es vorgezogen, all das zu *sein*, anstatt darüber zu lesen, und hatten ganze Tage damit verbracht, Schiffe zu entern, Burgmauern zu stürmen und blonde Jungfern in ihre Zelte in der Wüste zu verschleppen.

Das Öffnen der Eingangstür versetzte Darby in die Gegenwart zurück. Simon trat auf die Veranda hinaus und stützte die Hände auf das Geländer, an dem Darby lehnte.

»Wenn das nicht der verlorene Sohn ist«, sagte er. Obwohl seine Stimme weder Freude noch Begeisterung über den Besuch verriet, lag auch kein Groll darin. Hätte Darby nicht gewußt, daß Simon halb Mexiko abgesucht hatte, um ihn zu finden, wäre er jetzt überzeugt gewesen, daß es Simon nicht im geringsten interessierte, ob er rechtzeitig zurückkehrte, um Angus ein letztes Mal zu sehen.

Darby nahm seinen Hut ab und klatschte ihn an seinen Schenkel. »Ich verschwinde wieder, sobald ich kann«, sagte er und erwiderte ruhig Simons Blick. »Ist er in der Lage, mich zu sehen?«

Simon neigte leicht den Kopf. »Er wird es schaffen«, antwortete er. Damit wandte er sich um und kehrte ins Haus zurück.

Darby folgte ihm.

Sie durchquerten die große, düstere Eingangshalle, den kühlsten Raum im ganzen Haus an einem heißen Sommertag. Eine alte Standuhr tickte am Fuß der breiten Treppe. Angus' Arbeitszimmer mit den hohen Flügeltüren lag zur Rechten, der Salon zur Linken.

Darby begann eine eigenartige Sehnsucht zu verspüren, ähnlich jener, die Keighly in ihm weckte, aber es wäre sinnlos gewesen, dem einen wie dem anderen einen Namen zu verleihen. Er gehörte genausowenig auf die Triple K, wie er in den *Blue Garter Saloon* gehörte.

Wie Tausende anderer Männer, die durch den Westen zogen, besaß er kein richtiges Zuhause.

Er sagte sich, daß er auch gar keins wollte.

Angus' Schlafzimmer war groß, erstreckte sich fast über die ganze hintere Länge des Hauses, und durch die Fenster bot sich ein phantastischer Ausblick auf die bewaldeten Hügel und die ausgedehnten Weiden, wo Pferde und Rinder grasten. An einer Seite des Raums befand sich ein mächtiger Kamin aus weißem Stein, der an diesem warmen Sommertag natürlich sauber ausgefegt und kalt war.

Der alte Mann saß in einem Rollstuhl an einem der großen Fenster, eine leichte Decke über den Knien. Sein weißes Haar war tadellos frisiert und glänzte im Sonnenschein, der durch das Fenster fiel. Er wandte sich nicht zu Darby und Simon um, ließ durch nichts erkennen, daß er ihre Anwesenheit bemerkt hatte.

Darby blieb dicht an der Tür stehen, den Hut in beiden

Händen, während Simon hinausging und leise die Tür hinter sich zuzog.

Ein langes, eigensinniges Schweigen breitete sich im Zimmer aus. Weder Darby noch Angus rührten sich. Wahrscheinlich werde ich für immer so dastehen dachte Darby, wenn nicht bald irgend jemand etwas sagte, und er wollte gerade nachgeben, als sein Vater eine Handbewegung machte.

»Komm hierher, Junge«, sagte Angus. »Wo ich dich sehen kann.«

Darby gehorchte, blieb ein paar Schritte entfernt von Angus stehen und drehte seinen Hut in seinen Händen. »Ich glaube, ich muß mich jetzt bei dir bedanken«, erwiderte er schroff.

»Ja, das solltest du«, stimmte Angus zu. Darby sah, daß die Hände des alten Mannes, die in seinem Schoß lagen, verformt und knotig waren. »Aber ich denke, das wirst du wohl nicht tun.«

»Es war das mindeste, was du tun konntest, meine Mutter zu begraben.«

Angus schloß für einen Moment die Augen, seufzte schwer und hob den Blick zu Darby. »Du hättest dir gewünscht, daß ich sie heirate?«

»Ja«, antwortete Darby,

»Das war nicht möglich.« Angus deutete mit dem Kopf auf einen Sessel. »Setz dich. Mein Nacken schmerzt, wenn ich zu dir aufsehen muß.«

Darby setzte sich und legte seinen Hut beiseite. »Warum war es nicht möglich?« fragte er ruhig. »Weil sie eine Hure war?«

Eine heftige Röte stieg von Angus' Nacken bis zu seinem Kinn auf. Der Rest seines Gesichts war leichenblaß geworden. »Bei Gott, dafür würde ich dich niederschlagen, wenn ich die Kraft besäße!« rief der alte Mann zornig aus. »Harmony Elder war keine Hure.«

»Warum hast du sie dann nicht geheiratet?«

»Ich muß sie tausendmal darum gebeten haben. Sie hat mich immer abgewiesen.«

Darby stand auf und kehrte Angus den Rücken zu, aus Angst, seinen niederen Instinkten nachzugeben und ihn mit bloßen Händen zu erwürgen. »Das glaube ich dir nicht. Sie liebte dich.«

»Ja«, stimmte Angus zu, und tiefer Schmerz klang in seiner Stimme mit. »Und das war der Grund, warum sie sich weigerte, meine Frau zu werden. Sie sagte, es wäre für uns alle der Ruin – für sie und mich und meine Söhne.« Er hielt inne, doch bevor Darby etwas einwenden konnte, fügte er hinzu: »Dich eingeschlossen.«

Darby erinnerte sich an zahlreiche Prügeleien in der Schule, von denen er einige gewonnen und andere verloren hatte. Es waren immer seine Illegitimität und die Beschäftigung seiner Mutter gewesen, was diese Kämpfe ausgelöst hatte. Er hatte nie vergessen, wie die anständigen Frauen der Stadt ihre Röcke gerafft hatten, um ihn nicht zu streifen, wenn er an ihnen vorbeiging, und wie ihre Töchter ihn im Geheimen angehimmelt hatten, während sie ihn in der Öffentlichkeit ignorierten. Im Grunde genommen war er sein ganzes Leben lang ein Ausgestoßener gewesen, weil er nie irgendwohin zu gehören schien.

»Simon sagte mir, du würdest sterben«, sagte Darby, als er seiner Stimme wieder traute.

»Er hat recht«, erwiderte Angus ruhig.

Darby setzte sich wieder und verschränkte die Hände. »Es tut mir leid«, sagte er dem alten Mann und meinte es auch so.

Angus schaute ihn lange an und legte dann eine Hand an seine einst so breite Brust. »Du brauchst dich nicht zu entschuldigen«, erwiderte er. »Es ist mein Herz. Manchmal geht es einfach durch, wie ein wilder Hengst, der versucht, die Koppel einzureißen.«

Darbys Lippen kräuselten sich bei dem Vergleich, aber es war ein Lächeln, das neben Humor auch Wehmut ausdrückte. »Das muß sehr schmerzhaft sein.« Er wußte nicht, was er sonst dazu sagen sollte.

Angus nickte und lächelte stolz. Für Männer wie ihn war Schmerz – gekoppelt mit der Fähigkeit, ihn ohne

Klage zu ertragen – wie eine Art ehrenvoller Auszeichnung. »Ein paarmal haben sie mir eine Wunde mit einem heißen Eisen ausgebrannt. Das war schlimmer.«

Ein kurzes, unangenehmes Schweigen folgte. »Und jetzt denkst du, du wirst bald sterben«, sagte Darby schließlich.

Wieder errötete Angus ärgerlich. »Es ist nicht so, als ob ich es beschlossen hätte. Ich bin ein alter Mann – ich habe mein Leben gelebt und ein Vermögen zusammengetragen, und jetzt wird es Zeit, daß ich alles an meine Söhne übergebe.«

»Will und Simon sind anständige Männer«, sagte Darby. »Sie werden die Ranch gut weiterführen.«

»Sie brauchen dazu deine Hilfe.«

»Den Teufel tun sie«, entgegnete Darby ruhig. »Ich wäre ihnen bloß im Weg, und das weißt du so gut wie ich.«

Ein Muskel zuckte an Angus' Wange, und einen Moment lang wirkte der tyrannische alte Schotte wieder jung und vital. »Du bist dir selbst im Weg, Darby, und sonst niemandem. Dieser gottverdammte Stolz wird eines Tages dein Ruin sein!«

»Ich muß ihn von dir geerbt haben«, sagte Darby.

»Er ist nicht alles, was du von mir geerbt hast«, beharrte Angus. »Ein Drittel dieser Ranch, einschließlich dieses Hauses, werden dir nach meinem Tod gehören.«

»Und wenn ich verkaufe?« gab Darby, der eine Falle spürte, zu bedenken.

»Das wirst du nicht«, erklärte Angus zuversichtlich. »Weil nämlich deine Mutter hier auf diesem Land ruht.«

Darby wäre am liebsten gegangen, um nie wieder zurückzukehren, aber er schaffte es nicht einmal, aufzustehen. Seine Knie waren weich wie Butter. »Das hast du absichtlich getan!« beschuldigte er seinen Vater.

»Da hast du verdammt recht, mein Junge«, antwortete Angus lächelnd.

»Ich könnte ihren Sarg umbetten lassen.« Doch der bloße Gedanke, Harmonys Ruhe zu stören, verursachte ihm Übelkeit.

46

»Wohin?« entgegnete Angus schlicht. »Ich garantiere dir, daß sie Harmony keinen Platz auf dem Friedhof geben werden. Willst du sie irgendwo dort draußen in der Prärie begraben?«

Darby schlug beide Hände vors Gesicht und stieß einen müden, frustrierten Seufzer aus. »Verdammt, Angus!« murmelte er. »Warum tust du das? Warum läßt du mich nicht einfach fortreiten und ein für allemal vergessen, daß diese elende Ranch je existiert hat?«

»Weil du mein Sohn bist«, erwiderte Angus. »Genausosehr wie Will und Simon. Aber vielleicht habe ich einen Fehler gemacht. Vielleicht bist du ja gar nicht in der Lage, mit dieser Art von Land und Reichtum umzugehen. Doch sollte das der Fall sein, dann ist es dein Problem, Darby. Deins und das deiner Brüder. Ich bin müde und krank, und alles, was ich jetzt noch will, ist, neben Harmony zu liegen.«

Darby fragte sich, warum Angus nicht neben seiner ersten Frau, Lavinia, bestattet werden wollte, die Simons Mutter war. Oder neben seiner zweiten, Ellen, die Will geboren hatte und dabei gestorben war, doch es erschien ihm nicht angebracht, diese Frage zu stellen. »Ich will nichts«, antwortete er. »Weder Geld noch Land.«

»Und wie ist es mit der letzten Ruhestätte deiner Mutter? Willst du die?«

Darby biß die Zähne zusammen. Es war bloß ein Stück Erde, das Grab seiner Mutter, aber genug, um ihn in der Nähe zu behalten, zumindest eine Zeitlang. »Du würdest nicht zulassen, daß es entweiht wird«, sagte er.

»Das ist wahr«, gab Angus zu. Er sah von Minute zu Minute schlechter aus. »Aber ich werde nicht mehr lange leben. Und obwohl Will und Simon beide sehr anständige Jungen sind, war Harmony nicht ihre Mutter. Es ist daher nicht anzunehmen, daß sie ihr Grab so würdigen wie du und ich.«

Darby nahm seinen Hut und erhob sich. »Ich muß darüber nachdenken. Ich werde noch einige Tage in der Stadt sein, falls du mich erreichen willst.«

»Warte«, bat Angus. Langsam drehte er seinen Rollstuhl und bewegte ihn zu einem Sekretär. Aus einer Schublade nahm er einen kleinen roten Samtbeutel. »Das ist der Verlobungsring, den ich deiner Mutter geben wollte. Sie hat ihn nie getragen, bat mich aber, ihn dir zu hinterlassen. Sie sagte, was du brauchtest, sei vor allem eine Frau, die dich lieben würde.«

Darby nahm den Beutel und steckte ihn in seine Westentasche – Angus war nicht in der Verfassung für weitere Auseinandersetzungen –, und aus irgendeinem Grund kam ihm plötzlich Keighly, die Frau im Spiegel, in den Sinn. Er würde den Ring Will oder Simon geben, nahm er sich vor, sobald der alte Mann gestorben war. Es war sinnlos, Angus jetzt mit einer solchen Antwort aufzuregen.

»Danke«, sagte Darby leise.

»Bring mich ins Bett«, befahl Angus. »Ich fühle mich nicht wohl.«

Darby half seinem Vater aufzustehen und stützte ihn, indem er einen Arm des alten Mannes über seine Schulter zog. Langsam führte er ihn zum Bett und deckte ihn dann zu. »Soll ich den Arzt holen?«

Angus schüttelte den Kopf »Um Himmels willen, nein. Dieser alte Knochenklempner hat nicht mehr Ahnung davon, wie man Kranke heilt, als ich über die Rückseite des Mondes weiß.«

»Ich komme wieder«, sagte Darby und wandte sich zur Tür, wo er noch einmal stehenblieb und sich umschaute.

Angus lächelte. »Das ist gut«, erwiderte er und schloß die Augen.

Simon wartete am Fuß der Treppe, müßig lehnte er am Geländer, als hätte er nichts anderes zu tun. »Nun?«

»Es war genau wie immer«, sagte Darby. »Wir sind keinen Schritt weitergekommen.«

Simon fuhr sich mit der Hand durchs Haar und unterdrückte einen Seufzer. »Komm«, forderte er seinen jüngsten Bruder auf. »Ich werde dir zeigen, wo Harmony begraben ist.«

Ein provisorischer Grabstein zierte den kleinen Hügel auf der Weide hinter dem Haus. Ein Zaun umgab das Grab, um Rinder und Pferde abzuhalten, und der ganze Erdhügel war mit Wiesenblumen bestreut. Der Himmel über Nevada war wolkenlos und blau, so blau, daß es Darbys müdem Herz einen schmerzhaften Stich versetzte.

Simon klopfte ihm auf die Schulter und wandte sich wortlos ab.

Den Hut in der Hand, stand Darby da, die Augen feucht von ungeweinten Tränen. Da es keine Worte gab für das, was er empfand, überließ er sich schweigend seiner Trauer, die ihn wie eine Ozeanwelle überwältigte und er hoffte, daß seine Mutter wußte, wie sehr er sie geliebt hatte, und daß es vieles gab, was er bereute.

Er war nicht sicher, wieviel Zeit verstrichen war, bis er Harmonys Grab verließ und zum Haus zurückkehrte, um sein Pferd zu holen.

Eigentlich hätte er jetzt an das bevorstehende Gespräch mit Ryerson, dem Anwalt, denken oder den Erinnerungen an seine Mutter nachhängen sollen – statt dessen konnte er an nichts anderes denken als an die Frau im Spiegel. Verzweifelt fragte Darby sich, wie er sie wohl erreichen konnte.

3. Kapitel

Julian rief Keighly nicht an, und es störte sie nicht im geringsten.

Anstatt sich um ihre Beziehung zu sorgen, stürzte sie sich mit Elan in die Aufgabe, das Haus zu renovieren, beauftragte eine ortsansässige Baufirma mit den dringendsten Reparaturen wie dem Anbringen neuer Schlösser an Fenstern und Türen, dem Befestigen loser Dielenbretter und dem Auswechseln des Moskitogitters der Veranda.

Keighly wollte Redemption nicht verlassen – vielleicht war es dieser einzige verlockende Blick auf Darby, der sie davon abhielt –, und so rief sie verschiedene Geschäfte in Las Vegas an und bestellte einen Kühlschrank, einen Mikrowellenherd und einen größeren Vorrat an Ton und Werkzeugen, die sie für ihre Bildhauerei benötigte. Sie ließ sich in der Leihbibliothek eintragen und suchte sich einen Stapel Bücher aus, kaufte Lebensmittel im Supermarkt und kehrte in das große, einsame Haus zurück, um darauf zu warten, daß Darby sich wieder zeigte.

Jack Ryerson saß am Schreibtisch, die Füße auf der Tischplatte, als Darby sein Büro betrat, ohne den aufgeregten Bürodiener zu beachten, der offensichtlich an der Tür Wache hielt. Der kleine Mann mit dem hohen, steifen Kragen folgte Darby dann auch protestierend in den Raum.

»Schon gut, Clyde«, meinte Ryerson und winkte ab. »Einige Klienten haben Manieren und andere nicht. Elder hier gehört zur zweiten Gruppe.«

Clyde ging stirnrunzelnd hinaus und schloß die Tür. Darby fragte sich, ob das kleine Wiesel glaubte, er könne seinen Schatten hinter der Milchglastür nicht sehen. Es war nur allzu offensichtlich, daß er lauschte.

»Bringen wir es hinter uns«, sagte Darby. »Sie wissen, warum ich hier bin.«

Der Anwalt, der die Füße inzwischen vom Tisch genommen hatte, nahm eine Zigarre aus einer Blechdose und biß das Ende ab. Er bot auch Darby eine an, doch der schüttelte den Kopf und zog sich einen Stuhl heran.

Umständlich zündete der Anwalt die Zigarre an und blies eine Wolke blauen Rauchs aus, während er sich bequem zurücklehnte. »Ihre Mutter hat ein beträchtliches Vermögen hinterlassen«, begann er schließlich. »Burris und der Barkeeper erhalten nichts – Harmony war der Ansicht, daß sie sich ihren Anteil längst gestohlen hätten. Aber für die Köchin und die Mädchen hat sie sehr großzügige Vorsorge getroffen. Doc Bellkins untersucht sie jede Woche, um sicherzugehen, daß sie gesund sind, und Harmonys Wunsch war, daß er das auch in Zukunft tut.«

Darby seufzte. »Ich habe nicht vor, den *Blue Garter* weiterzuführen«, sagte er. »Ich werde verkaufen, sobald ich kann, und dann weiterziehen.« Er verspürte ein leises Bedauern, als er dies laut aussprach, weil er wußte, daß er Tessie, Oralee und einige der anderen vermissen würde. Aber vor allem haßte er den Gedanken, Keighlys Bild zurückzulassen, das nicht aus diesem Spiegel zu entfernen war.

Ryerson erlaubte sich einen Seufzer und ein Lächeln, für das Darby ihm am liebsten alle Zähne ausgeschlagen hätte. »Das wird nicht möglich sein«, sagte er, »es sei denn, Sie wären bereit, auf alles zu verzichten und mit anzusehen, wie diese alte Negerin und die Mädchen ihr Heim verlieren und auf der Straße enden.«

Darby beugte sich vor. Seine Langeweile und Ungeduld verwandelten sich in Alarm. »Sie sagten, es sei großzügig für alle vorgesorgt worden!« entgegnete er scharf.

»Ja, das habe ich gesagt«, erwiderte Ryerson, legte die beringten Hände an den Fingerspitzen zusammen, stützte sein Kinn darauf und lächelte. Er schien es zu genießen, dieser Schuft. »Was ich allerdings bisher noch nicht erwähnte, war die Klausel.«

Darbys Nackenhaare richteten sich auf, und etwas verkrampfte sich in seinem Magen. Er wußte, daß er im

Begriff war, in eine Falle zu tappen, und allmählich dämmerte ihm, wie diese Falle aussah. »Zeigen Sie mir das Testament«, forderte er ärgerlich. »Ich will es sehen.«

Ryerson zog ein umfangreiches Dokument aus einer Schublade und warf es auf den Schreibtisch.

Stirnrunzelnd erbrach Darby das kunstvolle rote Wachssiegel und klappte das Testament und Vermächtnis seiner verstorbenen Mutter auf. Obwohl er in der Schule nie besonders gut gewesen war – er hatte mehr Zeit mit Raufereien verbracht als mit dem Lernen – hatte er die meisten Bücher in Angus' Bibliothek gelesen und Harmonys Begabung für Zahlen geerbt, so daß er den Kern des Problems sofort erkannte.

Harmony hatte ihm den Saloon hinterlassen, zusammen mit verschiedenen Grundstücken, zwei ansehnlichen Bankkonten, eins in Redemption und eins in San Francisco, und ihren gesamten persönlichen Besitz. Die Klausel, die Ryerson erwähnt hatte, bestand darin, daß er sein Erbe nur dann antreten konnte, wenn er auch sein Geburtsrecht als einer von Angus' Söhnen akzeptierte. Falls er es nicht tat, würden Tessie und die Mädchen sich allein ihren Weg im Leben suchen müssen, und das gesamte Vermögen würde Harmonys Halbbruder zufallen, einem gewissen Stuart Mainwaring aus dem Osten, der Harmony schon vor langer Zeit enterbt hatte.

Darby biß die Zähne zusammen.

»Es sieht ganz so aus, als ob Sie nun Ihr Banditenleben aufgeben und ein solider Bürger werden müßten«, sagte Ryerson. Er hatte nichts zu verlieren, sein Honorar würde er so oder so bekommen; er konnte es sich leisten, Harmony Elders unehelichen Sohn und unwilligen Erben zu verärgern – zumindest, was das Testament betraf.

Darby warf dem Anwalt einen vernichtenden Blick zu. Er war nie ein Bandit gewesen, aber er dachte nicht daran, diesem stiefelleckenden Rechtsverdreher irgend etwas zu erklären.

Darby schwieg und starrte Ryerson an, solange, bis diesem schließlich das Lächeln verging. »Ich sitze in der Falle, das ist wahr«, gab Darby schließlich zu, doch seine Gedanken gingen schon in eine andere Richtung. Wer könnte ihn schon daran hindern, sein Erbe anzutreten, Angus' Forderungen zuzustimmen und die alte Tessie und Harmonys Mädchen anständig zu versorgen? Sobald die Aufregung sich dann gelegt hatte, würde er einfach Ragbone satteln und nach Mexiko zurückkehren.

Nach Angus' Tod würden Will und Simon gewiß nicht mehr so begierig sein, den verlorenen Sohn in den Schoß der Familie zurückzuholen. Wahrscheinlich würden sie sich sogar freuen, wenn er ihnen seinen Anteil des Familienbesitzes überschrieb, um dann auf Nimmerwiedersehen zu verschwinden ...

»Unterschreiben Sie hier«, sagte Ryerson und schob ihm ein Blatt, ein Fläschchen Tinte und eine Feder zu.

Als Darby das Geschriebene las, erkannte er, warum Ryerson so erpicht darauf gewesen war, die Angelegenheit zu Ende zu bringen. Dem Anwalt stand eine beträchtliche Summe aus dem Vermögen zu, falls es ihm gelang, Miss Harmony Elders Erben zu überreden, ihre Forderungen zu akzeptieren.

Darby zögerte nur kurz, bevor er unterschrieb. Während Oralee und die anderen Mädchen vermutlich ›auf den Füßen landen würden‹ – sozusagen –, war Tessie eine alte Frau und ganz allein in einer feindseligen Umgebung. Nicht auszudenken, was mit ihr geschehen würde, wenn sie ihr kleines Zimmer im *Blue Garter* verlöre und buchstäblich ohne einen Penny auf der Straße stünde!

»Ausgezeichnet«, sagte Ryerson. »Sie können nun über die Hinterlassenschaft Ihrer lieben Mutter frei verfügen.«

Darby glaubte, eine gewisse Ironie in Ryersons Worten wahrzunehmen, doch im Augenblick war er viel zu irritiert, um sich zu ihrer Verteidigung aufzuschwingen. Sie hatte es geschafft, ihn Angus Kavanagh zu verpflichten, und obwohl Darby sie geliebt hatte, würde er ihr diesen Verrat nicht so schnell verzeihen. Es war auf schmerzliche Weise offensichtlich, daß Angus' Wünsche ihr wichtiger als die ihres Sohnes gewesen waren.

Darby schob den Stuhl zurück, nahm die Kopie des Testaments an sich, zusammen mit verschiedenen Sparbüchern und einigen anderen Papieren, und verließ das Büro, ohne ein weiteres Wort an Ryerson zu richten.

Von einer eigenartigen Mischung aus Trauer und Verbitterung beherrscht, band er sein Pferd los und ritt zum *Blue Garter*. Burris wartete draußen; er nahm ihm die Zügel ab und brachte Ragbone in den Mietstall hinter dem Saloon.

Der *Blue Garter* war selbst am frühen Nachmittag schon gut besetzt; Cowboys, Spieler und Tanzmädchen begrüßten Darby fröhlich, als er eintrat. Aber er ignorierte sie alle, ging zu seinem gewohnten Tisch, der zum Glück noch frei war, und setzte sich vor den Spiegel.

Zu seiner unendlichen Verblüffung konnte er Keighly klar erkennen, obwohl sie sich seiner Anwesenheit nicht bewußt zu sein schien. Sie lag auf der Seite auf ihrer Matratze, ihre komischen, männerähnlichen Kleider zerknittert, ihr Haar zerzaust und ihre Augen im Schlaf geschlossen. Obwohl sie helles Haar hatte, waren ihre Wimpern lang und dunkel.

Darby war so verdutzt, daß er sich nicht rühren konnte. Er rechnete damit, daß die Vision wieder verschwinden würde, aber das war nicht der Fall. Sein eigenes Spiegelbild war undeutlicher als Keighlys und so transparent, daß es nicht viel mehr als ein Schatten auf dem Glas war.

Oralee trat hinter ihn und legte ihm die Hände auf die Schultern. Er erkannte sie an ihrem Duft; ihr Bild war im Spiegel nicht zu sehen.

»Was siehst du dort?« fragte er rauh und ohne sich nach dem Mädchen umzusehen.

»Wo, Liebling?« fragte Oralee und küßte ihn aufs Haar.

Sie war nicht besonders intelligent, was viel erklärte.

»Im Spiegel«, sagte Darby, um Geduld bemüht. »Was siehst du dort?«

»Dich, Süßer«, erwiderte Oralee zärtlich, aber auch eine Spur besorgt. »Dich und mich und einen Raum voller Leute.«

Darby beugte sich vor. Keighly. Sie schlief. Er versuchte, sie mit seinen Blicken zum Aufwachen zu zwingen, weil er ihre schönen, so unendlich tröstlichen Augen sehen wollte. Aber vor allem jedoch wollte er sie berühren, mit ihr reden und sie lachen sehen. Ob ihre Stimme wohl so kehlig klang wie Oralees? War sie weich und melodisch wie die Stimme seiner Mutter – oder sanft, aber entschieden wie die der alten Tessie?

Keighly rührte sich nicht, aber sie verschwand auch nicht.

»Hol mir einen Drink«, sagte Darby zu Oralee.

Das Mädchen ging und kam kurz darauf mit einer Flasche wieder.

»Du hast Mr. Kavanagh besucht«, sagte sie. »Wie ging es ihm?«

»Ich habe keine Lust zu reden«, erwiderte Darby so sanft wie möglich, doch er blickte Oralee dabei nicht an.

»Vielleicht sollte ich doch Doc Bellkin holen«, meinte sie nach langem Schweigen. »Für dich, meine ich. Dir scheint es nicht besonders gut zu gehen, Darby. Wie du diesen Spiegel anstarrst … Vielleicht bist du krank.«

»Geh«, befahl er knapp, denn Keighly bewegte sich jetzt im Schlaf – unter dem dünnen Stoff des weißen Hemds zeichneten sich deutlich ihre wohlgeformten Brüste ab.

Darbys Mund war plötzlich wie ausgetrocknet.

»Aber Darby …« protestierte Oralee.

»Verschwinde«, entgegnete er kühl.

Das Gefühl, beobachtet zu werden, weckte Keighly langsam aus den Tiefen eines dumpfen, traumlosen Schlafs. Nach einem Vormittag mit Zimmerleuten, Maurern und Anstreichern hatte sie sich gegen zwei Uhr zu einem kurzen Mittagsschläfchen auf der Luftmatratze ausgestreckt, war aber anscheinend so müde gewesen, daß sie stundenlang geschlafen hatte.

Im Ballsaal war es dunkel bis auf ein Licht im Korridor, aber aus dem Spiegel kam ein Leuchten.

Keighly sah zuerst die Petroleumlampe auf dem groben Holztisch des Saloons, bevor sie Darby entdeckte, der dort saß, ein volles Glas vor sich, das er jedoch offensichtlich noch nicht angerührt hatte. Er beugte sich vor, und sein gutgeschnittenes Gesicht mit den dunklen Bartstoppeln schien beunruhigt und verwirrt. Außer ihm schien niemand im Saloon zu sein.

Hastig ergriff Keighly den Block, den sie zu diesem Zweck bereitgelegt und auf dem sie vorher rückwärts eine Frage aufgeschrieben hatte. Die Worte, die Darby sehen würde, waren: »Welches Jahr ist es? Wo bist du?«

Er bückte sich und schrieb in das Sägemehl zu seinen Füßen. »1887. Und bei dir?«

Keighlys Herz klopfte zum Zerspringen, als sie an den Grabstein dachte, aber sie nahm sich zusammen und schrieb rasch eine Antwort auf den Block. Dann blätterte sie um und schrieb: »Ich möchte zu dir kommen.«

Er schloß für einen Moment die Augen und formte mit den Lippen eine Antwort. »Das möchte ich auch.« Aber sein Gesichtsausdruck verriet nur Hoffnungslosigkeit.

»Ich werde einen Weg finden«, schrieb Keighly. »Das schwöre ich.«

Erst Momente später, als Darbys Bild verblaßt war, fragte sie sich, was sie dazu veranlaßt haben mochte, ein derartiges Versprechen abzugeben, obwohl sie doch keine Möglichkeit besaß, es zu erfüllen.

Am nächsten Morgen wartete sie schon eine ganze Weile vor der städtischen Leihbibliothek, als die Tür geöffnet wurde.

»Haben Sie die Bücher schon gelesen?« fragte Miss Pierce, die Bibliothekarin, die ihr ganzes Leben in Redemption verbracht und Keighlys Großeltern gut gekannt hatte. Keighly legte die Bücher, die sie zwei Tage zuvor ausgeliehen hatte, auf die Theke und nickte. »Sie lesen schnell«, sagte Miss Pierce anerkennend. »Meine Audrey war auch so. Sie hatte sich durch alle Regale gelesen, bevor sie die Grundschule verließ, und wir mußten uns bei anderen Bibliotheken Bücher ausleihen, um mit ihr Schritt zu halten.«

Keighly lächelte, »Ich wüßte gern, ob Sie irgendwelche alten Archive aufbewahren – über Todesfälle, Geburten und so weiter?« Redemption war zu klein, um ein städtisches Archiv zu haben oder eine Tageszeitung, obwohl es laut Gram früher eine gegeben hatte.

Miss Pierce strahlte. »Wir haben eine Mikrofilmmaschine – gebraucht, natürlich – mit etwa hundert Ausgaben der *Trumpet*. Suchen Sie etwas Bestimmtes?«

Keighly räusperte sich. »Ich möchte etwas über einen Mann herausfinden, der Darby Elder hieß. Er starb achtzehnhundertsiebenundachtzig und wurde hier begraben ...«

»Bei den Kavanaghs«, unterbrach Miss Pierce sie. Leichte Mißbilligung klang in ihrer Stimme mit, auch wenn sie lächelte. Obwohl außer ihnen niemand in der Bibliothek war, beugte sie sich vor und senkte ihre Stimme. »Seine Mutter führte ein Bordell!«

Keighly bemühte sich, schockiert zu wirken, obwohl Miss Pierce' Enthüllung sie nicht überraschte. Darby hatte ihr im Laufe der Jahre viel von sich erzählt, wenn auch natürlich nicht in Worten.

»Ich ... ich wüßte gern, wie er gestorben ist.«

»Dazu brauchen wir uns die Mikrofilme nicht anzusehen«, sagte die Bibliothekarin ein wenig enttäuscht. »Wir haben die Tagebücher von Simon Kavanaghs Tochter, Etta Lee. Sie war eine richtige kleine Schriftstellerin. Die Ranch befindet sich auch heute noch im Besitz der Familie Kavanagh. Eine von ihnen, ich glaube, ihr Name ist Francine Stephens, kam vorige Woche her und machte sich Fotokopien von allem, was wir über ihre Verwandten haben.«

Das schloß von vornherein die Bitte aus, Etta Lee Kavanaghs Tagebücher auszuleihen – wenn Miss Pierce sie einer nahen Verwandten der Verfasserin nicht geliehen hatte, würde sie sie ganz bestimmt nicht einer Fremden geben. »Wissen Sie, wo Miss Stephens wohnt?« fragte

57

Keighly. Es drängte sie, die Tagebücher zu lesen, aber ihr Instinkt sagte ihr, daß sich Francines Besuch in Redemption als noch wichtiger für ihre Nachforschungen erweisen könnte.

Miss Pierce nickte lächelnd. »Aber natürlich – sie lebt im Herrenhaus der alten Triple K. Ich finde es wunderbar, daß ihr Kinder in unsere kleine Stadt zurückgekehrt seid, um historisch wichtigen Häusern ihre frühere Pracht zurückzugeben!«

»Ist das der Grund, warum sie hier ist? Um das Herrenhaus der Ranch zu restaurieren?«

Miss Pierce nickte. »Ist das nicht wunderbar? Sie arbeitet in Chicago – oder war es New York? –, wo sie leitende Angestellte in irgendeiner Firma ist. Sie möchte die Ranch als Feriensitz. Sie sagte, sie würde vielleicht auch Pferde züchten – das liegt in der Familie, wissen Sie.«

Keighly nahm sich vor, Miss Stephens zu besuchen, und fragte dann nach Etta Lees Tagebüchern. Miss Pierce holte sie, einen Stapel kleiner Hefte, deren vergilbte Seiten sich teilweise schon aus dem Einband lösten. Keighly blätterte sie behutsam um und lächelte hier und da, als sie die typischen Eintragungen eines jungen Mädchens las. Würde sie *je* hübsch sein? Hatte Jimmy Wilson *ihr* während des Unterrichts zugezwinkert oder – der Himmel möge es verhüten! – Molly Robbins, die neben ihr in der Bank saß?

Keighly fand enttäuschend wenig über das Leben auf der Triple K, ganz zu schweigen von deren Bewohnern oder Darby Elder, dem illegitimen Sohn von Etta Lees Großvater, Angus Kavanagh. Etta Lee schrieb, sie wünschte, ihr Vater möge wieder heiraten, weil er dann vielleicht mehr zu Hause sein würde, und sprach mit tiefer Zuneigung von ihrem Onkel Will und ihrer Tante Betsey, bei denen sie häufig zu Besuch war.

Keighlys Magen knurrte – und Miss Pierce klimperte schon mit den Schlüsseln, um die Bibliothek zu schließen –, als Keighly endlich eine Eintragung entdeckte, die Darby betraf, der für die junge Etta Lee im besten Fall eine ziemlich unbekannte und reichlich fragwürdige Gestalt gewesen sein mußte. Angesichts der viktorianischen Prüderie in solchen Dingen war anzunehmen, daß sie nicht viel über diesen zweiten Onkel und die Umstände seiner Geburt erfahren hatte.

Etta Lee hatte kein Datum auf dieser Seite eingetragen, wie sie es im allgemeinen tat, sondern einfach zu schreiben angefangen. *Papa und Onkel Will sind in die Stadt geritten, obwohl es schon nach Mitternacht ist, und ich bin hier ganz allein, bis auf Gloria, Großvaters Köchin. Ich hörte Onkel Will sagen, Darby Elder sei erschossen worden, im Blue Carter ... Ich weiß nicht, wie die arme Keighly ohne ihn zurechtkommen soll ...*

Keighly stockte der Atem; sie war wie gelähmt.

Die Nachricht von Darbys Tod war schlimm genug, aber ihren eigenen Namen von der Hand eines längst verstorbenen Mädchens geschrieben zu sehen, versetzte ihr einen Schock, der sie buchstäblich zu Stein erstarren ließ.

Es war Miss Pierce, die sie aus dieser Starre riß. Sie legte ihre Hand auf Keighlys Schulter und stellte eine Tasse dampfend heißen Tee vor sie. »Fühlen Sie sich nicht wohl, meine Liebe? Sie sind blaß wie eine Leiche. Hier – trinken Sie das, das wird Ihnen guttun.«

Keighly brauchte beide Hände, um die Tasse an ihre Lippen zu heben, und sie zitterten so stark, daß Miss Pierce diskret die Tagebücher nahm und sie in Sicherheit brachte. Etta Lees Worte hallten erbarmungslos in Keighlys Kopf wider.

»... erschossen ... weiß nicht, wie die arme Keighly ohne ihn zurechtkommen soll..«

»... die arme Keighly ...

Es hätte natürlich auch Zufall sein können, aber der Name Keighly war recht ungewöhnlich.

Erschüttert nippte sie an ihrem heißen Tee. O Gott, war so etwas tatsächlich möglich? Hatte sie es irgendwie geschafft – oder *würde* sie es schaffen –, in Darbys Welt hinüberzugelangen?

»Fühlen Sie sich besser?« erkundigte sich Miss Pierce besorgt.

Keighly nickte und versuchte aufzustehen, damit die Bibliothekarin schließen und heimgehen konnte, aber ihre Beine wollten ihr Gewicht nicht tragen. Hilflos sank sie auf den Stuhl zurück. »Ich ... ich weiß, Sie wollen schließen ...«

»Unsinn«, sagte Miss Pierce. »Zu Hause erwartet mich niemand außer meinem Kater Milton, und der kommt auch gut allein zurecht.«

Keighly lächelte dankbar. Sie war sehr erschüttert und wollte nicht allein sein. Noch nicht. »Haben Sie meinen Namen je zuvor gehört, Miss Pierce?« fragte sie leise.

»Früher, wenn Sie bei Ihrer Großmutter waren, kamen Sie oft, um sich Nancy Drew-Romane auszuleihen«, erwiderte Miss Pierce in einem Ton, der verriet, daß sie stolz auf ihr gutes Gedächtnis war. »Und ich erinnere mich, daß Sie *Jane Eyre* in einem Sommer mindestens ein halbes dutzendmal gelesen haben.«

»Gab es jemals eine andere Keighly hier – oder eine Familie dieses Namens?«

Miss Pierce, Hüterin der literarischen Begeisterung, schürzte nachdenklich die Lippen. »Ich erinnere mich nicht, meine Liebe«, antwortete sie nach kurzem Schweigen. »Aber ich könnte versuchen, etwas darüber herauszufinden, und Sie anrufen, sobald ich etwas weiß.«

Keighly warf einen sehnsüchtigen Blick auf die Tagebücher, die jetzt in einem Schrank mit anderen alten Schriften lagen. »Ich weiß, daß es schon spät ist«, sagte sie rasch, »aber wenn ich mir nur schnell ein paar Kopien von einem dieser Tagebücher machen könnte ...?«

»Tut mir leid, meine Liebe«, lehnte Miss Pierce entschieden ab. »Das ist nicht möglich, zumindest heute abend nicht. Unser Kopierer ist alt und braucht sehr lange, um warm zu werden. Leider habe ich ihn schon ausgeschaltet.«

Keighly nickte. Sie würde morgen wiederkommen, um die Tagebücher zu fotokopieren. Die einzige Frage war, wie sie den Rest des Abends überstehen sollte, ohne zu wissen, ob Etta Lee sie noch an anderer Stelle in ihren Aufzeichnungen erwähnt hatte. Das Schlimmste jedoch war, daß sie sich den Kopf zerbrechen würde über die Frage, warum und von wem Darby erschossen worden war; ob er gelitten oder sofort gestorben war ...

Diese Gedanken verursachten ihr Übelkeit.

»Nehmen Sie einfach die Bücher mit«, wisperte Miss Pierce verschwörerisch. »Sie haben anständiges Blut in Ihren Adern, und es ist ja nicht, als ob Sie eine Fremde wären. Ich brauche sie allerdings gleich morgen früh, wenn ich wieder öffne. Falls diese Miss Stephens käme, um sie sich noch einmal anzusehen, wüßte ich nicht, wie ich ihr erklären sollte, wo sie sind.«

Keighly hätte die alte Dame am liebsten vor lauter Dankbarkeit umarmt, aber sie wollte Miss Pierce, die ein bißchen schüchtern war, nicht beunruhigen, und so nahm sie sich zusammen. »Ich verspreche, sehr vorsichtig damit umzugehen«, antwortete sie.

Nachdem sie ihren Tee getrunken hatte, verließ sie zusammen mit Miss Pierce die Bibliothek.

»Danke«, sagte Keighly, als sie draußen auf dem Bürgersteig standen und Miss Pierce sorgfältig die Tür abschloß. »Für alles.«

Miss Pierce drückte ihre Hand. »Ich weiß nicht, was Sie suchen«, meinte sie, »aber falls Sie je das Bedürfnis haben sollten, mit jemandem darüber zu reden, können Sie sich mir anvertrauen.« Damit wandte sich die reizende alte Dame ab und begann auf ihr weißes Häuschen zuzugehen, das am Ende der Straße stand, im Schatten einer riesigen alten Trauerweide.

Keighly legte die Tagebücher vorsichtig auf den Beifahrersitz ihres Wagens und setzte sich dann ans Steuer. Sie hielt noch kurz am Supermarkt, um Brot und Käse einzukaufen, damit sie den Abend in Ruhe mit den Tagebüchern verbringen konnte. Als sie jedoch in ihre Einfahrt bog, stellte sie überrascht und sehr verärgert fest, daß Julians weißer Jaguar vor dem Haus parkte.

Julian selbst stand auf dem frischgemähten Rasen vor dem Haus und plauderte mit einem der Malergehilfen, der die Farbe von den alten Schindeln kratzte, um sie für einen neuen weißen Anstrich vorzubereiten. Der Lehrling lauschte höflich, während er sein Werkzeug einpackte.

»Was machst du hier?« fragte Keighly, als sie Julian erreichte, und wünschte, sie wäre etwas diplomatischer gewesen. Aber die Frage war ihr einfach so herausgerutscht.

»Ich dachte, du würdest dich freuen, mich zu sehen«, erwiderte Julian gekränkt. Der Malergehilfe war auffällig bemüht, nicht hinzuhören, als er seinen Werkzeugkasten aufhob und davoneilte.

Keighly atmete tief ein und wieder aus. »Ich dachte, wir hätten uns darauf geeinigt, daß du in Kalifornien bleibst, bis ich dich bitte zu kommen«, sagte sie, noch immer in einem ziemlich scharfen Ton, obwohl sie sich bemühte, ruhig zu bleiben. In einer Hand hielt sie die Einkaufstüte, in der anderen Etta Lees Tagebücher.

Julian seufzte. Er sah phantastisch aus in seinem blütenweißen Hemd und den maßgeschneiderten schwarzen Hosen. Er machte einen genauso makellosen Eindruck wie sein Wagen. Wie hat er das geschafft, fragte Keighly sich – wieso war der Jaguar nicht staubig nach der weiten Fahrt von Los Angeles nach Redemption?

»Laß mich dich wenigstens zum Essen ausführen«, sagte er. »Ich werde nicht einmal bei dir übernachten – ich habe schon ein Zimmer im hiesigen Motel genommen.« Er hielt inne, um ein Erschaudern zu unterdrücken, was ihm jedoch nicht ganz gelang. »Sei vernünftig, Keighly. Wir müssen reden.«

Während sie ihn anschaute, dachte Keighly an all die schönen, intelligenten, talentierten Kinder, die sie zusammen hätten haben können, und der Gedanke stimmte sie sehr traurig. Aber so sehr sie sich auch Kinder wünschte, sie konnte sie nicht mit Julian haben. Es wäre unfair, ihm Hoffnungen zu machen, wenn sie doch im Grunde ihres Herzens wußte, daß sie sowohl seine wie auch ihre eigene

Zeit verschwendete. Sie hatte sich und Julian etwas vorgemacht, und das schon viel zu lange.

Sie hob die Einkaufstüte hoch. »Ich habe alles für Sandwiches eingekauft«, antwortete sie. »Komm herein. Ich mache uns etwas zu essen, und dann können wir bereden, was zu bereden ist.«

Er hielt sie am Arm zurück, als sie zur Veranda gehen wollte. »Keighly, es tut mir leid. Ich hätte anrufen sollen ...«

Sie bemühte sich, ein Lächeln aufzusetzen. Immerhin war sie seit fünf Jahren mit diesem Mann zusammen, und er war ein guter Freund, selbst wenn sie ihn nicht liebte ... »Schon gut.« Sie winkte ab und fürchtete den Augenblick, wenn sie ihm sagen mußte, daß sie ihre Verlobung lösen wollte. »Komm herein, Julian – du bist doch sicher hungrig.«

Sie hatten ihre Sandwiches gegessen und sich ein bißchen unterhalten, über banale, alltägliche Dinge, als Julian endlich das eigentliche Thema anschnitt. »Ist es aus mit uns, Keighly?«

Keighly blinzelte, um nicht zu weinen. Abschied zu nehmen war immer schwer, selbst wenn es das einzig Richtige war. An dem neuerstandenen Eßtisch in der Küche ihrer Großmutter nahm sie den kostspieligen Diamantring ab, den Julian ihr gegeben hatte. »Ja«, sagte sie. »Es ist vorbei mit uns.«

»Warum?«

Das war eine vernünftige Frage und doch so schwierig zu beantworten. »Weil ich dich nicht liebe, Julian«, antwortete sie leise. »Und weil du mich nicht liebst.«

Er nahm den Ring, wenn auch widerstrebend, und steckte ihn in die Hosentasche. Keighly wußte, daß er dort Wechselgeld und eine Ersatzbatterie für seinen Pager aufbewahrte. Warum kommen einem in derartigen Momenten bloß immer so unwichtige Einzelheiten in den Sinn? fragte sie sich flüchtig.

»Ich verstehe«, meinte Julian.

Sie wollte ihn berühren und ihm sagen, daß es ihr leid

tat, wenn sie ihn verletzte, aber sie brachte es nicht über die Lippen. Sie saß einfach da, biß sich auf die Unterlippe und versuchte, ihre Tränen zurückzudrängen.

»Ich glaube nicht, daß ich im Augenblick in der Lage bin, vernünftig darüber zu reden«, fuhr Julian schließlich fort und erhob sich. Fast wäre es Keighly lieber gewesen, wenn er wütend geworden wäre, sie angeschrien und herumgetobt hätte. Dann wäre sie sich wenigstens nicht so herzlos vorgekommen. »Ich fahre nach Los Angeles zurück.«

Und damit wandte er sich ab und ging hinaus.

Die Wangen ganz naß von Tränen, folgte Keighly ihm zur Eingangstür. »Auf Wiedersehen, Julian«, war alles, was sie herausbrachte.

Er küßte ihre Stirn. »Auf Wiedersehen«, sagte er rauh, und dann ging er, und Keighly schloß die Tür. Am liebsten hätte sie sich gleich dort in der Eingangshalle hingehockt und ihren Tränen freien Lauf gelassen. Doch dann nahm sie sich zusammen und ging in die Küche. Nachdem sie ihr Gesicht mit kaltem Wasser gewaschen hatte, machte sie sich eine Tasse heißen Tee, stark und mit viel Zucker, wie sie ihn liebte, und ging mit Etta Lees Tagebüchern in den Ballsaal.

Der Spiegel war leer, und Keighly blieb lange davor stehen, die Stirn an das kühle Glas gelehnt, einsamer als je zuvor in ihrem Leben.

Irgendwann setzte sie sich auf ihre Matratze und begann die Tagebücher noch einmal durchzublättern. Sie fand jedoch keine weitere Erwähnung der Namen Keighly und Darby Elder und war darüber so enttäuscht, daß sie ein Bad nahm und zu Bett ging. Doch heute, anstatt im Ballsaal zu schlafen, trug sie ihre Matratze in den ersten Stock und richtete sich in ihrem alten Zimmer ein.

Wenn sie im Ballsaal geblieben wäre, hätte sie die ganze Nacht kein Auge zugetan.

Gleich nach dem Frühstück am nächsten Morgen setzte Keighly sich in ihren Wagen, um Miss Pierce Etta Lees Tagebücher zurückzubringen. Als das erledigt war, machte sie sich auf den Weg zur alten Triple K. Sie war nicht mehr dort gewesen, seit sie ein Kind gewesen war, und damals war das Haus verschlossen und unbewohnt gewesen. Ihre Großmutter hatte ihr nicht viel über die Familie Kavanagh erzählt, nur, daß jene Familienmitglieder, die den Ersten Weltkrieg überlebt hatten, in andere Gegenden gezogen waren.

Nun, wie in Keighlys eigenem Haus in Redemption, wimmelte es auf der Triple K von Bauarbeitern, Malern und Gehilfen. Eine junge Frau mit lebhaften grauen Augen und dunklem Haar, das zu einem dicken Zopf geflochten war, kam auf die Veranda, um Keighly zu begrüßen – Francine Stephens, ganz ohne Zweifel.

»Ich bin Keighly Barrow«, sagte Keighly, als sie auf die Stufen zuging und eine Hand zum Gruß ausstreckte.

Francine lächelte, aber sie erblaßte auch, und Keighly sah, daß ihre Finger sich um das Geländer der noch guterhaltenen Veranda schlossen. »Dann ist es also wahr«, murmelte sie.

Keighly verspürte eine Mischung aus Furcht und Erregung, als ob sie kurz vor einer ungeheuer wichtigen Entdeckung stünde. »Was soll wahr sein?« fragte sie und hielt ganz unbewußt in ihren Schritten inne.

»Entschuldigen Sie«, sagte Francine leise. »Ich wollte nicht unhöflich sein. Ich bin Francine Stephens, wie Sie bereits erraten haben werden. Angus Kavanagh war mein Ur-Ur-Ur-Großvater. Kommen Sie herein, dann können wir uns unterhalten.«

Während Keighly ihrer Gastgeberin die Stufen hinauffolgte, kämpfte sie bereits mit einer weiteren, höchst sonderbaren Emotion. Das Haus erschien ihr ungemein vertraut, obwohl sie noch nie darin gewesen war.

»Das ist geradezu unheimlich«, murmelte sie, obwohl sie es gar nicht laut aussprechen wollte.

»Das ist noch gar nichts!« antwortete Francine. »Warten Sie, bis ich Ihnen zeige, was ich auf dem Dachboden gefunden habe!«

4. Kapitel

Im Inneren des großen Hauses wurde das Gefühl des Wiedererkennens noch viel stärker. Ohne zu fragen, wußte Keighly, daß die Bibliothek zur Rechten lag, der große Salon zur Linken und die Küche im hinteren Teil des Hauses. Oben verlief das Schlafzimmer des Hausherrn über die gesamte Länge des Gebäudes, und ein großer, weißer Marmorkamin befand sich an einem Ende des großen Raums. Ihr Herz klopfte so schnell, daß sie glaubte, es müsse aus purer Erschöpfung – oder Aufregung – seinen Dienst aufgeben.

»Woher wußten Sie, daß ich kommen würde?« fragte sie schließlich.

Francine, die offensichtlich auf dem Weg zum Speicher war, stand schon auf der Treppe. Sie hielt inne, etwas gelassener nun, und wandte sich mit einem ermutigenden Lächeln zu Keighly um. »Daran war nichts Unheimliches. Miss Pierce rief mich an und sagte mir, Sie seien unterwegs. Und daß Sie sich für die Kavanaghs interessierten.«

Keighly blieb einen Moment stehen, die Hand auf dem Geländer, um dann ihrer Gastgeberin zu folgen. Überall war das laute Pochen von Hämmern zu vernehmen. »Was meinten Sie eben auf der Veranda, als Sie sagten: ›Warten Sie, bis ich Ihnen zeige, was ich auf dem Dachboden gefunden habe‹?«

Sie gingen über den Korridor des ersten Stocks zu einer weiteren Treppe, die schmaler und steiler als die erste war. »Viele der alten Familienandenken sind verkauft oder zwischen mir und meinem Bruder Michael aufgeteilt worden. Aber es stehen noch immer Truhen und Kisten auf dem Speicher, in denen ich einige sehr interessante Dinge entdeckt habe.«

Die Falltür am Ende der steilen Treppe war geöffnet. Francine betrat den Dachboden als erste, und Keighly blieb dicht hinter ihr. Goldene Sonnenstrahlen fielen durch winzige Fenster in den großen Raum, und die Luft roch ein bißchen abgestanden und modrig.

Der erste Gegenstand, der Keighlys Aufmerksamkeit erregte, war eine große Skulptur aus schlichtem Granitgestein. Es war eine erstaunlich kunstvolle Darstellung eines Pferds und Reiters, die in gestrecktem Galopp über felsigen Boden jagten.

Beim Anblick der einen halben Meter hohen Statue wurden Keighlys Augen feucht, und wieder erfaßte sie dieses merkwürdige Gefühl der Vertrautheit und des Wiedererkennens. Sie hatte diese Skulptur schon einmal gesehen, und dennoch kannte sie sie nicht, *konnte* sie gar nicht kennen.

Sie kniete daneben nieder, berührte mit zitternder Hand den glatten, schön geformten Stein. Selbst im schwachen Licht erkannte sie Darby in dem Reiter.

»Wie … ?« fragte sie mit krächzender Stimme, die ihr schon nach dem ersten Wort versagte.

Francine, bis vor wenigen Minuten noch eine absolute Fremde, hockte sich neben sie auf den staubigen Holzboden. »Sie war in einer Kiste, sonst hätte Michael sie bestimmt schon vor langer Zeit verkauft. Sehen Sie sich die Signatur und das Datum an.«

Neben dem linken Hinterhuf des Pferds befand sich ihre persönliche Signatur, ein schlichtes K, eingekerbt im Stein, und die Jahreszahl 1887.

Keighly preßte eine Hand an ihre Kehle und rang nach Atem, und Francine legte beruhigend eine Hand auf ihre Schulter. »Da ist noch mehr«, sagte sie sanft. »Möchten Sie, daß ich Ihnen ein Glas Wasser hole, bevor ich Ihnen die anderen Sachen zeige?«

Während Keighly zutiefst erschüttert die Statue betrachtete, ließ sie langsam beide Hände darübergleiten, wie ein Blinder, der sich ein geliebtes Gesicht einprägen will. »Es kann nicht …« Sie brachte das Wort ›meine‹ einfach nicht heraus.

Francine stand auf. »Ich hole das Wasser. Versuchen Sie, ganz ruhig zu bleiben, ja?«

Keighly sagte nichts, konnte den Blick nicht von der Statue abwenden oder aufhören, sie zu berühren. Sie hatte Visionen in dem Spiegel an der Ballsaalwand gesehen, seit sie ein Kind gewesen war – was an und für sich schon eine ziemlich außergewöhnliche Erfahrung war –, aber nichts hatte sie je so schockiert wie nun diese Statue.

Francine kam schon bald zurück. Keighly hatte sich inzwischen ein bißchen erholt, obwohl sie noch immer sehr erschüttert war. Sie hatte diese Statue mit eigenen Händen aus dem Stein geformt, Darby zu Ehren, zweifellos, und dennoch konnte sie sich nicht erinnern, es getan zu haben. Und sie hatte auch noch nie mit Granit gearbeitet, nicht einmal auf der Kunsthochschule.

»Es ist Ihr Werk, nicht?« fragte Francine, auf die Statue deutend, und reichte ihr ein Glas mit Wasser.

»Es ist unmöglich«, wisperte Keighly. »Und dennoch …«

Und dennoch *war* es so. Dieses Phänomen war so real wie Darbys Bild im Spiegel.

Keighly trank ein bißchen Wasser und kämpfte um Beherrschung. »Das ist meine Signatur«, gab sie schließlich zu. »Aber wie haben Sie sie mit mir in Verbindung gebracht? Ich bin doch gar nicht sehr bekannt als Künstlerin.«

Statt zu antworten, ging Francine zu einer der schweren Truhen in der Nähe, hob den Deckel an und nahm ein dickes, in Leder gebundenes Buch heraus, das sowohl ein Fotoalbum wie auch ein Tagebuch gewesen sein könnte.

Tatsächlich war es eine Kombination aus beidem, und zwischen den ersten zwei Seiten steckte eine alte Daguerreotypie, ein Hochzeitsfoto, das einen sitzenden Mann zeigte und eine hinter ihm stehende Frau, deren Hand auf seiner Schulter ruhte.

Keighly traute ihren Augen nicht, denn das Bild der Braut war zweifelsfrei ihr eigenes – keine Vorfahrin hätte ihr auf solch perfekte Weise ähneln können! Sie trug ein langes Kleid aus cremefarbener Seide, besetzt mit Spitze, und einen altmodischen Schleier. Der Bräutigam war natürlich Darby, glattrasiert und atemberaubend attraktiv in seinem dunklen Anzug.

Obwohl beide auf dem Foto ernste Gesichter machten, wie es in viktorianischen Zeiten üblich war, spielte ein Lächeln um die Mundwinkel der beiden und funkelte in ihren Augen.

»O Gott«, wisperte Keighly. *Ich bin in seine Zeit zurückgekehrt – ich werde zu ihm zurückkehren!*

Francine nahm Keighlys Arm und drückte sie auf eine der anderen Truhen, weil ihre Knie nachzugeben drohten. Dann holte sie das Glas Wasser und stellte es neben Keighly auf die Truhe.

»Lesen Sie, was auf der Rückseite steht«, sagte sie ruhig.

Keighly drehte das Foto um und sah ihre eigene Handschrift, die so stark verblaßt war, daß sie fast nicht mehr zu entziffern war. *Darby Elder und Keighly Barrow-Elder an ihrem Hochzeitstag. 5. Mai 1887, Redemption, Nevada.*

Ein Schluchzen entrang sich ihrer Kehle – ob aus Freude oder aus Verzweiflung, war ihr selbst nicht klar – und sie beugte sich vor und drückte das kostbare Bild an ihre Brust, vorsichtig und selbst in ihrer Verwirrung darauf bedacht, es nicht zu beschädigen. Dann begann sie zu weinen, wiegte sich vor und zurück auf der alten Holztruhe und gab sich keine Mühe mehr, ihre Tränen zu verbergen.

Francine nahm ihr sanft das Foto ab, schob es wieder in das Buch und hockte sich im Schneidersitz vor Keighly auf den Boden. »Keighly ist ein ungewöhnlicher Name«, sagte sie leise. »Es wäre möglich, daß ich ihn irgendwo gehört habe, aber das glaube ich eigentlich nicht. Zuerst sah ich die Eintragung in Etta Lees Notizbuch. Dann rief Miss Pierce an, um mir zu sagen, Sie interessierten sich für die Familie Kavanagh, und sie dächte, ich könne Ihnen vielleicht helfen. Heute morgen kam ich mit dem Elektriker hierher, auf der Suche nach dem Schaltbrett, und fand dabei all diese alten Sachen. Ich hätte eigentlich etwas anderes tun sollen, aber ich war neugierig. Zuerst fand ich die Skulptur, dann das Tagebuch, und das brachte mich schließlich auf einen Gedanken.«

Keighly zog recht undamenhaft die Nase hoch und wischte sich mit dem Handrücken die Tränen ab. Sie kam sich vor wie eine Närrin – oder eine Geisteskranke. »Ich wäre Ihnen dankbar, wenn Sie mit mir darüber reden würden. Über Ihre Schlußfolgerungen, meine ich. Denn im Augenblick bin ich wirklich am Ende meiner Weisheit angelangt.«

Francine griff nach dem Glas Wasser und reichte es Keighly. »Das ist verständlich – und das schlimmste ist, daß Sie noch nicht alles wissen. Es liegt ein Kleid in dieser Truhe – dasselbe Kleid, das Sie auf dem Hochzeitsfoto trugen. Und noch verschiedene andere Dinge, die Sie interessieren dürften.«

Keighlys Kehle war wie zugeschnürt, und ihr war so schwindlig, daß sie befürchtete, jeden Augenblick das Bewußtsein zu verlieren. Sie sagte nichts und wartete nur schweigend ab.

»Sagen Sie mir die Wahrheit«, sagte Francine und ergriff Keighlys Hände. »Sie können mir vertrauen, das schwöre ich! Sind Sie eine Zeitreisende?«

Keighly schluckte und nickte, schüttelte den Kopf und murmelte dann unglücklich: »Ich weiß es nicht.« Prüfend musterte sie Francines Gesicht. »Und warum sollte ich Ihnen vertrauen? Sie sind eine Fremde.«

»Weil ich glaube, daß wir Freundinnen sein könnten«, erwiderte Francine freimütig. »Und weil wir vielleicht sogar verwandt sind.«

Keighlys Augen weiteten sich, als ihr die Bedeutung dieser Worte zu Bewußtsein kam. »Sie akzeptieren die Situation mit einer unglaublichen Gelassenheit ...«

Francine lächelte. »Ich habe mich schon immer für die Mysterien dieses Lebens interessiert«, sagte sie.

»Das ist sehr praktisch«, erwiderte Keighly mit dem Ansatz eines Lächelns, »denn im Augenblick brauche ich tatsächlich eine Freundin. Sie glauben also wirklich nicht, daß ich verrückt bin?«

»Nein, ganz sicher nicht«, beteuerte Francine. »Was immer es auch sein mag, was hier geschieht, Keighly, es ist ein ganz natürliches Phänomen. Die Natur bricht ihre eigenen Gesetze nicht. Die Wirklichkeit hat viele Gesichter, und wir verstehen bisher nicht einmal ansatzweise die Welt, in der wir leben, ganz zu schweigen von dem menschlichen Gehirn und all seinen bisher unentdeckten Fähigkeiten. Es wäre also durchaus möglich, daß Zeitreisen nichts weiter als eine Verlagerung des Bewußtseins sind.«

»Sie reden, als glaubten Sie tatsächlich …«

»Sie nicht?« fragte Francine. »Aber wissen Sie, dies alles ist ein bißchen viel auf einmal, und deshalb mache ich Ihnen einen Vorschlag. Ich lasse Ihnen von einem meiner Arbeiter die Truhe und die Skulptur nach Hause bringen. Dann können Sie sich in Ruhe alles ansehen – vorausgesetzt natürlich, daß Sie die Sachen überhaupt sehen wollen.«

Keighly nickte. Und ob sie wollte. Tatsächlich mußte sie sich sogar sehr zusammennehmen, um nicht aufzuspringen und die Truhe aufzureißen, aus der Francine das Tagebuch genommen hatte, um den Inhalt wie eine Irre zu durchwühlen. Das einzige, was sie davon abhielt, war die Erkenntnis, daß ihre neue Freundin recht hatte – sie brauchte Ruhe und Ungestörtheit für die Aufgabe. »Danke«, sagte sie.

»In der Zwischenzeit«, fuhr Francine fort, »gehen wir nach unten, um eine Tasse Tee zu trinken und uns ein bißchen besser kennenzulernen.«

Sie saßen in der großen Küche, die offenbar als erster Raum im Haus schon renoviert war, denn sie verfügte über neue Schränke, eine Spülmaschine und einen dieser modernen, zweitürigen Kühlschränke aus rostfreiem Edelstahl.

»Wirst du viel Zeit in diesem Haus verbringen?« fragte Keighly, um sich von der Truhe und ihrem Inhalt, Darbys Skulptur und dem Hochzeitsfoto abzulenken. Sie war unwillkürlich zum ›Du‹ übergegangen.

Francine lächelte. »Das hoffe ich. Ich leite eine Werbeagentur in Chicago und brauche diese Ranch, um auszuspannen. Ich bin seit einem Jahr geschieden und habe einen dreizehnjährigen Sohn, der allerdings lieber bei seinem Vater in Vermont lebt.«

Keighly nickte mitfühlend. »Fällt es dir schwer? Von deinem Kind getrennt zu sein, meine ich.«

»Ich vermisse Tony natürlich«, gab Francine ganz offen zu. »Aber er macht gerade eine dieser pubertären Phasen durch, und deshalb ist er im Moment bei Geoff viel besser aufgehoben. Und du? Ist da noch irgend jemand Wichtiges im Bild?«

Eine unglückliche Wortwahl, dachte Keighly mit grimmiger Belustigung. Sie hatte noch keinen Mann geliebt, das wußte sie inzwischen, außer dem Phantom im Spiegel. Und nun sah es ganz so aus, als würden sich die beiden Welten überschneiden ...

»Ich war fünf Jahre verlobt – mit einem Kinderarzt in Los Angeles. Ich habe dort eine Kunstgalerie.«

»Keine Kinder?«

Keighly schüttelte den Kopf »Das ist eine der größten Enttäuschungen meines Lebens.«

Francine schenkte schweigend Tee nach, als einer der Arbeiter hereinkam, um sich zu erkundigen, wohin die Truhe geliefert werden sollte. Keighly nannte ihm ihre Adresse, und der junge Mann versprach, noch am selben Nachmittag vorbeizukommen.

»Du bist noch jung«, meinte Francine, als sie wieder allein waren. »Es besteht kein Grund, warum du nicht noch ein ganzes Haus voller Kinder haben könntest, wenn es das ist, was du willst.«

»Dafür braucht man einen Mann«, gab Keighly zu bedenken. »Nenn mich ruhig altmodisch, aber diese neumodischen High-tech-Methoden wären nichts für mich.«

Francine lachte. »Nun«, sagte sie, »das paßt.«

Und damit waren sie wieder bei den mysteriösen Vorgängen in Keighlys Leben.

Sie seufzte schwer. »Warum warst du vorhin so schnell

bereit, die Möglichkeit einer Zeitreise in Betracht zu ziehen?« fragte Keighly. »Man sollte meinen, das wäre genau das, was eine erfolgreiche, nüchterne Karrierefrau wie du weit von sich weisen würde.«

Sie konnte sich nur allzu lebhaft vorstellen, wie Julian reagiert hätte, wenn sie ihm davon erzählt hätte. Es hätte ihr mitleidige Blicke eingebracht. Und natürlich seine ärztliche Besorgnis.

»Wer sagt dir, daß ich nüchtern bin?« entgegnete Francine gutmütig. »Kreativität ist mein Geschäft, ich muß mir einen offenen Geist bewahren. Weißt du, je älter und je weiser ich werde, desto mehr gelange ich zu der Überzeugung, daß buchstäblich gar nichts ausgeschlossen ist.«

»Du glaubst also tatsächlich, daß man einfach so in ein anderes Jahrhundert verschwinden kann?« Keighlys Herz klopfte nun wieder schneller. Sie wußte, was Francine dachte, und fragte eigentlich nur, um es sich bestätigen zu lassen, weil sie bei Darby sein wollte. Seit ihrem siebten Geburtstag, als sie ihn zum ersten Mal gesehen hatte, wollte sie das schon.

Francine zuckte die Schultern. »Wer weiß? Diese Sachen in der Truhe sind zweifelsohne der Beweis dafür, daß hier wirklich etwas Außergewöhnliches vorgeht. Und ich habe viel gelesen über regressive Hypnotherapie, parallele Dimensionen, Zeitlöcher und so weiter und so fort. Es gibt dokumentierte Fälle, Keighly, von Menschen, die sich buchstäblich in Luft auflösten, und das vor zuverlässigen Augenzeugen.«

Keighly überlegte, ob sie Francine von der Spiegelwand in ihrem Haus erzählen sollte, und den zahlreichen Gelegenheiten, bei denen sie dort Darbys Bild gesehen hatte. Aber für heute hatten sie genug unheimliche Entdeckungen gemacht. Vielleicht würde sie ihr das Geheimnis später anvertrauen, vielleicht auch nicht.

»Was weißt du über parallele Leben?« fragte sie und dachte an ihr eigenes Gefühl, so unwirklich zu sein wie eine Person aus einem Traum. »Glaubst du, ein Mensch könnte gleichzeitig an zwei Orten leben – in zwei verschiedenen Zeiten, meine ich?«

Francine wirkte verwirrt, obwohl Keighly ziemlich sicher war, daß sie schon über das Thema nachgedacht hatte. Sie war ganz offensichtlich eine ausgesprochen wißbegierige Frau, die sich für alles Übernatürliche interessierte.

»Das ist eine interessante Vorstellung«, erwiderte Francine. »Ich schätze, daß die Antwort darauf mehr eine Frage der persönlichen Wahrnehmung als irgendwelcher kosmischen Gesetze ist. Wir wissen bereits, daß das, was wir sehen, hören und fühlen, nur ein Teil des Ganzen ist. Die volle Wahrheit überschreitet möglicherweise unser Begriffsvermögen, zumindest noch auf diesem Stand unserer Entwicklung.«

Keighly war überwältigt und zutiefst verwirrt. »Falls ich also wirklich aus dieser Zeit verschwinden sollte«, sagte sie und dachte, daß sie sich wie eine Irre anhörte, »dann weiß wenigstens ein Mensch auf dieser Welt, wo ich geblieben bin.«

Francine drückte wieder ihre Hand. »Du bist sehr erschüttert, und das ist verständlich. Hast du keine Schwester oder Freundin, die du anrufen und bitten kannst, hierherzukommen, damit sie dir für ein paar Tage moralische Unterstützung leistet?«

Keighly schüttelte den Kopf. Sie hatte keine Schwester, und ihre Freundinnen waren mit ihren eigenen Familien beschäftigt, mit ihren Karrieren und ihrem Alltag. Niemand konnte von ihnen verlangen, daß sie alles stehen- und liegenließen und ihr zu Hilfe eilten. Außerdem, dachte Keighly grimmig, stand sie keiner von ihnen noch sehr nahe. Da sie sich in den letzten fünf Jahren fast ausschließlich um Julian gekümmert hatte, hatten ihre anderen Beziehungen natürlich sehr gelitten.

»Ich komme schon allein zurecht«, erwiderte sie. »Und vielleicht sollte ich jetzt besser gehen und mich darauf vorbereiten, mir den Inhalt dieser Truhe anzusehen.«

Francine stand auf, schrieb eine Telefonnummer auf

einen Zettel und gab ihn Keighly. »Du kannst mich jederzeit anrufen, wenn du jemanden zum Reden brauchst«, sagte sie.

Keighly war gerührt. Es war nur eine schlichte Geste, und doch konnte sie sich niemanden sonst in ihrem Leben vorstellen, der ihr ein solches Angebot gemacht hätte, ohne eine Menge dafür zu verlangen. »Danke«, antwortete sie und erhob sich.

Francine begleitete Keighly bis zu ihrem Wagen, wahrscheinlich, weil sie sichergehen wollte, daß Keighly nicht zu aufgewühlt war, um zu fahren, obwohl sie zu höflich war, es auszusprechen. Keighly bedankte sich noch einmal und fuhr dann los.

Das, was Francine gesagt hatte, tröstete sie ein wenig – daß derartige Phänomene, wie sie sie erlebte, vermutlich gar nichts Übernatürliches waren, sondern nur eine der vielfältigen Irrwege des menschlichen Gehirns.

Dennoch, als sie heimkam, nahm Keighly zwei Aspirin und ging in den Ballsaal, in der Hoffnung, Darby dort im Spiegel vorzufinden, obwohl sie wußte, daß es nicht geschehen würde.

Und es geschah auch nicht. Das Glas blieb dunkel bis auf ihr eigenes Spiegelbild, den exquisiten Kristallüster ihrer Großmutter, die alte Harfe und den hellen, leeren Marmorboden.

In der Küche, in der jeder Schritt ein Echo produzierte, bereitete Keighly sich ein vitaminreiches Mittagessen aus Pasta mit Gemüse und Salat zu und aß es, um sich vorzubereiten auf etwas, was sich als ein ausgesprochen anstrengender Nachmittag erweisen konnte. Sie versuchte auch zu schlafen, aber das gelang ihr nicht, denn selbst in ihrem Zimmer oben konnte sie das leise Wispern der Harfe hören, deren Saiten von der Brise bewegt wurden, die durch die zugigen Fenster des alten Hauses drang.

Die Truhe wurde kurz nach drei gebracht, von zwei von Francines Arbeitern. Keighly ließ sie in den Salon statt in den Ballsaal bringen. Die beiden Männer hoben die Skulptur auf den Kaminsims, wie verlangt, und Keighly gab jedem von ihnen ein Trinkgeld und schob sie dann praktisch aus dem Haus.

Dann war sie allein mit ihrer Truhe, mit all den Überbleibseln eines Lebens, das gelebt zu haben sie sich nicht entsinnen konnte.

Sie klappte den Deckel der schmucklosen Kiefernholztruhe auf und hörte kaum die Geräusche ihrer eigenen Arbeiter, die in verschiedenen Teilen des Hauses sägten, hämmerten und rumorten. Ganz oben in der Truhe lag das ledergebundene Buch, aus dem Francine das Hochzeitsfoto herausgenommen hatte.

Keighly legte das dicke Buch zunächst einmal beiseite und begann mit ihrer Suche, obwohl ihr selbst nicht klar war, was sie eigentlich zu finden hoffte – ihre Vergangenheit, ihre Zukunft oder einfach bloß eine riesengroße Enttäuschung.

Als erstes fand sie das Brautkleid und den Schleier, beides sorgfältig in Seidenpapier und Baumwollstoff verpackt und mit einem blauen Band verschnürt. Francine hatte offenbar darauf geachtet, alles wieder so zurückzulegen, wie sie es vorgefunden hatte.

Nachdem Keighly fast ehrfürchtig die schwere Seide berührt hatte, die nach Alter roch und nach Lavendel, wenn auch nur noch sehr, sehr schwach, legte Keighly Kleid und Schleier beiseite und setzte ihre Suche fort. Sie fand eine alte Stoffpuppe, mit einem aufgestickten Lächeln und Knöpfen als Augen, und drückte sie einen Moment an ihre Brust, während sie versuchte, Erinnerungen einzufangen, die so schwer zu fassen waren wie Glühwürmchen. Hatten die Menschen auf diesem Hochzeitsfoto – sie und Darby also, obwohl das eigentlich unmöglich war – ein Kind gehabt?

In ihrer Sehnsucht und Frustration schloß sie für einen Moment die Augen, aber die Tränen waren nicht mehr aufzuhalten. Vielleicht fand sie ja Bilder in dem Album …

Die Puppe liebevoll in einem Arm, kehrte Keighly zu dem Buch zurück und schlug es behutsam auf. Die Seiten aus schwerem Pergament rochen ein wenig modrig, waren stark vergilbt und von unschätzbarem Wert für Keighly.

Seite um Seite ging sie das Buch durch. Getrocknete Blumen – ein Sträußchen Veilchen. Ein Programm für ein Theaterstück in Chicago, Eintrittskarten für einen Zirkus in San Francisco, beide aus dem Jahre 1890. Ein Foto eines schönen, aber traurigen kleinen Mädchens, das Francine erstaunlich ähnlich sah.

Keighly konnte sich schon denken, wer es war, bevor sie das Bild umdrehte und die Anmerkung auf der Rückseite las, die ihr bestätigte, daß es nicht ihr Kind war. *Etta Lee Kavanagh*, hatte jemand geschrieben. 1889.

Sie legte die Daguerreotypie für Francine beiseite und blätterte weiter in den Seiten. Gedichte in einer Handschrift, die sie nicht erkannte, etwas, das ein Lesezeichen hätte sein können, eine Art Kreuz, aus Menschenhaar gewoben. Keighly legte es schaudernd fort und blätterte weiter. Drei Zeitungsartikel, in denen über Darby Elders Tod berichtet wurde.

Ihr war plötzlich, als erstickte sie. Sie *konnte* die Artikel noch nicht lesen, nicht jetzt – aber sie markierte die Seite, um sich später damit zu befassen.

Auf den letzten Seiten waren noch mehr Fotos.

Eins zeigte sie selbst, mit einem kleinen Jungen von sechs oder sieben Jahren an ihrer Seite und Augen, die unendlich traurig blickten. Während Tränen über ihre Wangen rannen, drehte Keighly das Foto um und erkannte wieder ihre eigene Handschrift. *Garrett und ich, 1893, fünf Monate, bevor er an Scharlach starb.*

Keighly ließ das Album sinken, rannte ins nächste Badezimmer und erbrach sich.

Danach zwang sie sich, wieder zu dem Buch zurückzukehren. Da waren noch die Artikel über Darbys Tod und die letzten Seiten, die sie noch nicht gesehen hatte. Sie mußte wissen, was geschehen war, ganz gleich, wie schmerzlich das auch sein mochte.

Etwas weiter hinten befanden sich noch weitere Fotos. Sie erkannte sich selbst darauf, wieder in einem Brautkleid, obwohl es diesmal nicht weiß, sondern in irgendeiner dunklen Farbe war, und sie ihr Haar in einem strengen Knoten trug. Der Bräutigam – sie hatte keine Ahnung, wer er war – war ein großer, eleganter Mann, der sehr gut mit seinem dunklen Schnurrbart und dem langen Haar aussah. Auf der Brust trug er einen silbernen Stern und im Gesicht ein etwas selbstgefälliges Lächeln.

Keighlys Gesicht verriet Resignation, Zustimmung, aber ganz gewiß nicht Freude. Auf der Rückseite des Fotos stand nichts, was ihr als Erklärung dafür gedient hätte. Und es gab noch ein Bild – mit Kindern, zwei hübschen, dunkelhaarigen Jungen und einem Mädchen, das so blond wie Keighly war. Alle drei blickten ernst auf diesen Fotos, aber es war offensichtlich, daß sie gesunde, intelligente Kinder waren, die geliebt und behütet wurden.

Lange starrte sie das Foto an und versuchte verzweifelt, sich an die Kinder zu erinnern. Ihre Namen standen nicht auf der Rückseite des Bilds, wie es bei dem kleinen Garrett der Fall gewesen war.

Keighly klappte das Album zu; es waren keine weiteren Fotos darin, keine weiteren Namen, was sie enttäuschte und zugleich erleichterte.

Zitternd drückte sie die Puppe an sich. Dann, nachdem sie sie vorsichtig fortgelegt hatte, suchte sie weiter in der Truhe. Ein hölzernes Kinderspielzeug, ein handgeschnitztes Pferd – irgendwie wußte sie, daß es Garrett gehört hatte. Eine kleine Silberdose, die zwei Haarsträhnen enthielt, die in brüchiges, vergilbtes Seidenpapier eingewickelt waren. Eine von Darby, ganz bestimmt, und eine von Garrett.

Frische Tränen stiegen in Keighlys Augen auf. Sie schämte sich, so heftig um Darby und den Sohn zu trauern, den sie mit an Sicherheit grenzender Wahrscheinlichkeit gezeugt hatten, und überhaupt nichts, außer Neugierde, für die anderen Kinder und deren Vater zu verspüren. Ihren zweiten Mann vermutlich. Einen Mann, den sie nicht kannte.

Der letzte Gegenstand in der Truhe war eine Bibel, in schwerem, goldgeprägtem Leder eingebunden. Auf der ersten Seite, mit Keighlys eigener Hand geschrieben, stand das Datum ihrer Hochzeit mit Darby, gefolgt von einer Eintragung, daß er kurz darauf gestorben war. Ihre Sicht verschwamm; sie konnte die saubere, flüssige Schrift fast nicht mehr lesen. Garetts Geburt und dann sein Tod. Eine weitere Ehe, diesmal mit einem der Kavanaghs – Simon, dem ältesten Sohn. Etta Lees Vater.

Nach dem Hochzeitsdatum folgten die Geburtstage der drei Kinder, die sie auf den Fotografien gesehen hatte. William Angus. Joshua. Francine.

Francine? Hatte Keighly ihre Tochter nach einer Frau benannt, die erst ein Jahrhundert später geboren werden sollte?

Es war zuviel auf einmal.

Keighly legte alles wieder in die Truhe, bis auf Kleid und Schleier, die sie mit nach oben in ihr Zimmer nahm. Die beiden Kleidungsstücke im Arm, legte sie sich auf ihre Matratze und schlief ein.

Als sie erwachte, Stunden später, erhellten Sternenlicht und der kühle Schein des Mondes das Zimmer. Es dauerte eine ganze Weile, bis sie wieder wußte, wo sie war, und noch länger, um zu begreifen, daß die schwachen Töne, die sie hörte, das leise, sanfte Lied einer Harfe war.

Die Härchen in ihrem Nacken und an ihren Armen richteten sich auf, ihr Herz hämmerte gegen ihre Rippen, und ihr Atem kam schnell und flach, aber Keighly fürchtete sich nicht.

Nein, das einzige, was sie spürte, war Erregung.

Sie hätte nicht erklären können, warum sie tat, was sie dann tat, aber andererseits ergab ja in letzter Zeit nichts in ihrem Leben noch irgendeinen Sinn. Wie eine Schlafwandlerin stand Keighly auf, zog die Sachen aus, in denen sie geschlafen hatte, und legte das raschelnde, elegante Kleid an, das sie für Darby an ihrem Hochzeitstag getragen hatte. Rasch steckte sie ihr Haar auf, ließ aber einige lose Strähnen in ihren Nacken und in ihre Stirn fallen, und eilte auf bloßen Füßen die Treppe hinunter, in den Ballsaal, aus dem die zauberhaften Harfenklänge kamen.

Der Saal war erleuchtet, aber schon auf den ersten Blick sah Keighly, daß Tante Marthes Harfe stumm an ihrem gewohnten Platz am Podium stand; die zärtliche Melodie entsprang einer anderen, neueren Version eines ähnlichen Instruments, aber es befand sich in dem Spiegel.

Darby war dort, gut, wenn auch nicht elegant gekleidet, in einem dunklen Anzug und weißem Hemd mit schwarzem Binder. Keighly verstand nicht, wo die Harfenmusik herkam, denn bis auf ihn war der *Blue Garter* leer.

Vielleicht der Dinge wegen, die sie heute erfahren hatte, sehnte Keighly sich stärker als je zuvor danach, bei ihm zu sein, aber es lag auch ein merkwürdiger Zauber in der Atmosphäre, der sie weder Eile noch Verzweiflung spüren ließ. Sie sonnte sich in dem Ausdruck purer männlicher Bewunderung, mit dem er sie betrachtete, und für den Augenblick genügte es ihr, daß sie ihn sehen konnte.

Wie verzaubert, begann sie sich langsam im Kreis zu drehen, mit kleinen, anmutigen Schritten.

Darby stand auf, trat vor den Spiegel und legte beide Hände an das Glas, beobachtete sie, lockte sie und forderte sie auf, zu ihm zu kommen.

Und sie wußte, daß sie es tun würde, denn sie hatte die Beweise dafür gesehen. So herzzerreißend einiges davon auch war – Darbys Tod, dann Garretts, gefolgt von einer neuen Ehe mit Simon Kavanagh, die, das sagte ihre Logik ihr, unmöglich eine Liebesehe sein konnte – konnte sie es kaum erwarten, seinem Ruf zu folgen. Wie kurz ihre gemeinsame Zeit mit ihm auch sein mochte, sie spürte, daß sie in seinen Armen, in seinem Herzen, in seinem Lächeln ein vollkommeneres Glück finden würde, als die meisten Menschen je erleben durften. Und deshalb kostete sie jede Minute mit ihm aus.

Die Musik verklang, der Harfenspieler verschwand irgendwo in den Schatten, und sie und Darby standen Gesicht an Gesicht am Spiegel, wie schon bei anderen Gelegenheiten, schauten sich in die Augen und berührten ihre Hände.

Ein seltsames Summen erfüllte Keighlys Ohren, und sie

spürte, wie alle Kraft aus ihren Knien wich, als ob sie jeden Augenblick in Ohnmacht fallen oder sogar sterben könne. Sie sah Sterne auf sich zurasen, mit atemberaubender Geschwindigkeit, und dann wurde ihr schwarz vor Augen, und ihr Herz blieb stehen. Sie fühlte noch, wie sie taumelte und vorwärts stürzte, aber dann verlor sie das Bewußtsein.

Als sie erwachte, lag sie in Darbys Armen, und er trug sie über einen dunklen, schmalen Korridor.

Zuerst glaubte Keighly natürlich, daß sie träumte – doch dann begriff sie, daß sie tatsächlich durch den Spiegel in Darbys Welt hinübergewechselt war und Darby solide und real war, ein Mensch aus Fleisch und Blut.

»Was ist geschehen?« wisperte sie. »Wie ...?«

Er trug sie in einen kleinen Raum und legte sie auf ein mondbeschienenes Bett, bevor er antwortete. Seine Stimme war nur ein Flüstern, aber seine weißen Zähne schimmerten in einem triumphierenden Lächeln.

»Ich will verdammt sein, wenn ich weiß, wie es geschehen ist, und werde gar nicht erst versuchen, es irgend jemandem zu erklären. Aber du bist ohnmächtig geworden, Keighly, und einen Moment lang war es, als verwandelte das Glas des Spiegels sich in Wasser. Du bist mir buchstäblich in die Arme gesunken.«

Seine Stimme klang genauso, wie Keighly sie sich immer vorgestellt hatte. Sie schaute ihn an und wagte kaum zu glauben, daß sie endlich bei ihm war, daß es kein Traum und sie hellwach und bei Bewußtsein war.

Darby kam zum Bett, hockte sich daneben nieder und nahm in einer beinahe ehrfürchtigen Geste Keighlys Hand. Mit der anderen streichelte er ihr Haar, ihre Stirn, die Linie ihres Kinns und ihrer Wangen. Der Mondschein schimmerte hell auf seinem dunklen Haar. »Es gibt dich also wirklich«, wisperte er rauh. »Ich hatte schon befürchtet, du existiertest nur in meiner Phantasie ... aber vielleicht ist es ja tatsächlich so!«

Seine Hände waren sehr sanft und überhaupt nicht fordernd, und dennoch löste seine Berührung ein alles ver-

81

zehrendes Feuer in Keighlys Adern aus. Sie liebte ihn seit ihrem siebten Lebensjahr, begehrte ihn seit ihrer Pubertät. Und nun lag sie auf seinem Bett, und er streichelte sie, und die Zeit verstrich nur allzu schnell. Mit jedem Herzschlag, mit jedem Atemzug rückte Darbys Tod ein wenig näher.

Zärtlich legte sie die Hände um sein Gesicht. »Küß mich«, sagte sie liebevoll, aber mit kaum verhohlener Leidenschaft.

Er lächelte, beugte den Kopf und berührte ihre Lippen mit den seinen, als kostete er den Wein der Götter, für Sterbliche verboten und unaussprechlich süß.

Keighly zitterte, als Darby den Kuß vertiefte, mit der Spitze seiner Zunge über ihre Lippen strich, so leicht nur, daß sie hilflos stöhnte, weil sie sich einen intimeren Kontakt ersehnte.

Zärtlich knabberte er an ihrer Unterlippe, und dann, endlich – *endlich!* – nahm er ihre Lippen ernsthaft in Besitz. Währenddessen glitt seine Hand zu Keighlys rechter Brust, deren zarte Knospe sich versteifte und seiner rauhen Hand entgegendrängte.

Keighly hätte sich ihm freudig hingegeben, auf der Stelle, aber Darby zog sich zurück und ließ die Hand von ihrer Brust zu ihrer Taille gleiten.

Er lachte leise. »Du bist echt, daran besteht kein Zweifel.«

»Liebe mich«, flehte Keighly. Bei Julian hatte sie Ausreden erfunden, um nicht intim mit ihm zu sein, aber bei diesem Mann kannte sie keine Scham und keine Zurückhaltung. Sie sehnte sich nach ihm, mit jeder Faser ihres Körpers, ihres Herzens und ihrer Seele, und verspürte eine eigenartige Beklemmung, als könne sie erst wieder richtig atmen, wenn Darby Elder ihr Erfüllung schenkte.

»Wenn ich es nicht besser wüßte«, scherzte er, »könnte ich fast auf die Idee kommen, daß du keine Dame bist.«

Keighly dachte an die Zeitungsartikel, die über seinen Tod berichteten, und fragte sich, ob sie durch ihre Anwesenheit nicht den Lauf der Dinge ändern konnte. Wenn sie und Darby Redemption verließen, würde er vielleicht nicht erschossen werden und ihr Sohn Garrett nicht an dem Scharlach erkranken, der sein junges Leben fordern würde.

»Es ist ja nicht, als ob wir Fremde wären«, entgegnete sie sanft. Er trug einen schmalen schwarzen Schlips, und mit ungeschickten, aber beharrlichen Fingern begann sie ihn zu lösen.

Darby unterdrückte ein Stöhnen. »Keighly«, sagte er warnend, doch ohne große Überzeugung.

Sie warf den Schlips beiseite und streifte ihm das schwarze Jackett über die Schultern. »Willst du mich nun oder nicht?« murmelte sie mit erstickter Stimme und den Tränen nahe, denn das Leben war so kurz, so schön, so kostbar.

»Verdammt, Keighly, du weißt, daß ich dich will!« erwiderte Darby schroff.

Sie hörte auf, ihn auszuziehen, und begann ihr Mieder aufzuknöpfen. Darunter trug sie noch den vorn zu schließenden BH, den sie im zwanzigsten Jahrhundert angezogen hatte.

»Das gehört sich nicht«, protestierte Darby, aber sein Blick folgte ihren Fingern, und als sie den BH öffnete und im Schein des Mondes ihre Brüste entblößte, stieß Darby ein gequältes Stöhnen aus. »Keighly, wir sind nicht verheiratet …« Aber das klang schon sehr, sehr schwach.

Lächelnd schlang sie die Arme um seinen Nacken und zog seinen Kopf an ihre Brust. »Soll das ein Heiratsantrag sein?«

»Ja«, sagte er nach fast unmerklichem Zögern. Und dann war es vorbei mit seinem Widerstand, und er nahm sich, was sie ihm so freudig bot.

5. Kapitel

Das lustvolle Gefühl von Darbys warmen Lippen auf ihrer Haut war so jäh, so heftig und so überwältigend, daß Keighly sich stöhnend auf dem schmalen Bett ihres Geliebten aufbäumte und ihn mit großen, erstaunten Augen ansah.

Lächelnd streifte Darby ihr BH und Mieder ab und ließ seine flache Hand über ihren nackten Bauch kreisen. Er hatte Schwielen an den Händen, aber dies erhöhte höchstens noch die fast unerträgliche Lust, die seine Liebkosungen Keighly bereiteten.

Sie verschränkte die Finger in Darbys langem Haar und spürte den Ansatz seines nachwachsenden Barts an ihrer Haut, als sie ihn noch fester an sich zog.

Aber er hob den Kopf von ihrer Brust und schaute ihr in die Augen. »Meinst du nicht, es gäbe einiges, was wir besprechen sollten, Keighly«, fragte er mit heiserer Stimme, »bevor wir etwas tun, was wir vielleicht bereuen würden?«

Sie errötete, vor Verlegenheit, aber auch ein bißchen aus Empörung. Was dachte er von ihr? Er mußte ihr Erröten gesehen haben, selbst im schwachen Licht des Mondes, denn er lachte. »Habe ich dich beleidigt, Liebling?«

Keighly biß sich auf die Lippe und widerstand dem ungestümen und etwas infantilen Wunsch, ihr Mieder hochzuziehen, um ihre Brüste zu bedecken. Das fast qualvolle Pochen zwischen ihren Schenkeln drängte sie, eine Erfüllung zu suchen, die zu fordern sie zu stolz war. »Allerdings«, wisperte sie.

Er küßte sie, nur flüchtig, aber immer wieder, bis ihre Lippen bebten. »Wir sind Fremde«, erinnerte er sie, als er sich endlich zu einer Antwort herabließ. »Fremde, die auf zwei verschiedenen Seiten eines Spiegels geboren wurden. Das ist meiner Ansicht nach ein Thema, das wir unbedingt besprechen sollten.«

Mit zitternden Fingern zog sie ihren BH an, schloß ein

paar strategisch wichtige Knöpfe an ihrem Kleid und richtete sich auf. »Wir sind keine Fremden«, protestierte sie, und obwohl sie äußerlich ganz ruhig wirkte, zitterte sie innerlich vor Wut und Frustration. »Ich kenne dich seit meinem siebten Lebensjahr, Darby.«

Darby schob sie zur Seite und streckte sich neben ihr aus, so daß ihr kaum noch Platz blieb. Tatsächlich war sie zwischen seinem Körper und der Wand eingeklemmt, die ihr beide gleichermaßen hart erschienen. Er schlug die Füße übereinander, ohne an den Schmutz zu denken, den seine Stiefel auf der Decke hinterließen, und nahm Keighlys Hand in seine.

»Es ist nicht so, als ob ich dich nicht wollte«, sagte er. »Gott weiß, wie sehr ich dich begehre. Ich würde sogar so weit gehen, zu behaupten, daß ich gewisse zärtliche Gefühle für dich hege.«

Wollte er ihr damit sagen, daß er sie liebte? Keighly hatte Angst, zu fragen. Froh, bei ihm zu sein, legte sie den Kopf an seine Schulter, noch immer ein wenig benommen von dem Erlebnis ihrer Zeitreise, und bedauerte im stillen, sich gleich nach ihrer Ankunft lächerlich gemacht zu haben.

Als beide eine Weile geschwiegen hatten – Keighly maß jetzt die Zeit in Herzschlägen – sprach Darby wieder. »Was geschient mit uns?« fragte er. »Immer, wenn ich dich im Spiegel sah, kam es mir so vor, als wären deine Gedanken mir bekannt – obwohl ich nicht einmal deine Stimme hören konnte.« Er hielt inne und lächelte. »Auch wenn du sie nicht für mich aufgeschrieben hast. Weißt du, daß du die Oberlippe zwischen die Zähne ziehst, wenn du rückwärts schreibst?«

Keighly entzog ihm einen Moment lang ihre Hand, um sie unter seinen Ellbogen zu schieben, und lächelte ein wenig wehmütig. »Ich mußte mich konzentrieren«, sagte sie. »Was deine andere Frage, was mit uns geschieht, betrifft … das weiß ich auch nicht, Darby.« *Aber ich habe dein Grab gesehen. Ich weiß, daß wir heiraten werden und ich dir einen Sohn schenke werde, der Garrett heißen und an Scharlach sterben wird.*

»Erzähl mir von deiner Welt«, bat Darby.

Sie zögerte. Sie hätte ihm die Zukunft gerne akkurat beschrieben, aber es war schwer zu entscheiden, wo sie beginnen und wie sie einen gerechten Vergleich zwischen den positiven und negativen Eigenschaften des zwanzigsten Jahrhunderts ziehen sollte.

»Im medizinischen Bereich hat die Menschheit große Fortschritte errungen«, sagte sie in etwas unsicherem Ton, weil sie unwillkürlich an Garrett dachte, ihr Baby, ihren noch ungeborenen Sohn. Sie schluckte und blinzelte, um ihre Tränen zurückzudrängen. Wenn er doch nur in der Zukunft geboren werden könnte! »Kinder können gegen viele Krankheiten geimpft werden, die in dieser Zeit noch tödlich sind.«

»Haben die Rebellen sich wieder gegen die Union erhoben und eine neue Konföderation gebildet?«

Keighly schüttelte den Kopf. »Nein. Die Vereinigten Staaten sind noch immer ein einziges Land, von der Ostküste bis zum Westen, und Hawaii und Alaska sind zwei neue Bundesstaaten.«

Es war ein bißchen eigenartig, ein solches Gespräch zu führen, wenn sie eben noch im Begriff gewesen waren, sich zu lieben. »Wir haben einige Kriege geführt – zwei sehr große, die die ganze Welt mit einbezogen, und verschiedene andere, die ziemlich unpopulär waren.«

»Mir scheint«, sagte Darby und drückte ihre Hand, »daß alle Kriege unpopulär sein sollten.«

»Ja«, stimmte Keighly von ganzem Herzen zu. »Aber sie üben noch immer eine starke Faszination auf manche Menschen aus – vor allem auf Politiker.«

»Ich hatte gehofft, sie hätten sich geändert.«

»Nicht im geringsten«, erwiderte Keighly. »Wenn überhaupt, dann sind sie noch viel schlimmer als zuvor.«

Darby seufzte. »Irgendwelche interessanten Erfindungen?«

Keighly war entzückt über die Aussicht, *dieses* Thema zu besprechen. »Du wirst es nicht für möglich halten – aber es gibt inzwischen denkende Maschinen. Und Automobile – eine Art pferdeloser Blechkutschen –, die mit einer Geschwindigkeit von über hundert Meilen in der Stunde fahren. Raumschiffe, die wie ein Flugzeug abheben, die Erde umkreisen und wieder landen ...«

»Flugzeug? Du meinst, eine fliegende Maschine?«

»Die Menschen reisen innerhalb weniger Stunden quer durch die ganze Welt«, erzählte sie und freute sich über Darbys verblüffte Miene und das Interesse, das in seinen Augen glitzerte.

»Bist du schon einmal in einer solchen Maschine geflogen?«

Keighly war gerührt von der Ehrfurcht, die in seiner Stimme mitklang. »Ja, sehr oft schon.«

»Wie ist es?«

Sie wünschte von ganzem Herzen, es ihm zeigen zu können, ihn mitzunehmen in die Zukunft, wo sie sicher sein würden.

Aber war ihre Zeit wirklich sicherer als 1887? Sie dachte an internationalen Terrorismus und Verbrechersyndikate, an neue Krankheiten und Umweltschäden, an Einkommenssteuer und die allgemeine Auflösung der Familie.

»Wie fliegen ist?« fragte sie schließlich, als ihr seine Frage wieder einfiel. »Ich habe, ehrlich gesagt, immer ein bißchen Angst dabei, auf jeden Fall bei Start und Landung. Man sitzt allerdings nicht unbequem, und man kann sich einen Film ansehen.«

»Einen Film?«

Keighly bekam allmählich Kopfschmerzen. Dies alles zu erklären, war doch ziemlich anstrengend. »Ja, einen Film ... Sie haben inzwischen eine Möglichkeit gefunden, Bilder zum Laufen zu bringen, in solch schneller Folge, daß sie richtig lebendig wirken. In Farbe und mit Ton.«

Darby schwieg und schien über ihre Enthüllungen nachzudenken. »Das klingt, als wäre das Leben in der Zukunft ziemlich hektisch«, meinte er.

Wieder nickte sie und gähnte unwillkürlich. »Ja, es geht alles sehr, sehr schnell«, erwiderte sie. »Wenn ein Unglück auf einer Seite der Welt geschieht, wie ein Erdbeben zum

Beispiel oder eine Überschwemmung, erfährt man es schon Minuten später. Man *sieht* es sogar. Und es gibt unendlich viele Dinge, die man bedenken und beachten muß.«

Darby erhob sich, nahm ein sauberes Hemd aus seinem Schrank und gab es ihr. »Zieh das an und schlaf ein bißchen. Wir können morgen früh besprechen, was zu tun ist.«

»Tun?« wiederholte Keighly und gähnte noch einmal.

Er lachte leise. »Wir werden einiges erklären müssen«, erwiderte er, während er sie sanft auf die Beine zog und ihr das weiße Seidenkleid abstreifte. Nachdem er ihr das Hemd angezogen hatte, deckte er sie zärtlich zu. »Die Leute werden wissen wollen, wo du herkommst. Und dazu müssen wir uns etwas Gutes einfallen lassen, denn hier weiß jeder, wer mit der Bahn oder mit der Postkutsche angekommen ist. Ganz zu schweigen davon, was die Leute anhatten.«

Keighly runzelte die Stirn, als sie das Brautkleid ansah, das sie aus Francines Truhe herausgenommen hatte. Es lag jetzt über einem Stuhl, halb im Dunkeln und halb im Mondschein, und irgendwie verstörte sein Anblick sie, obwohl sie sich keinen rechten Grund dafür denken konnte.

»Hm«, murmelte sie, schon halb im Schlaf. »Wir sagen einfach, du hättest mich gefunden, als ich in der Wüste herumirrte ...«

Darby zog sich aus, legte sich wieder neben sie und zog sie in die Arme. »Verlaß mich nicht«, murmelte er, kurz bevor sie einschlief.

Als Keighly erwachte, zögerte sie, die Augen aufzuschlagen, aus Angst, daß alles nur ein Traum gewesen war. Bestimmt lag sie auf ihrem Bett in ihrem Schlafzimmer im Hause ihrer Großmutter, noch immer mit ihrem alten Hochzeitskleid bekleidet und von Darby Elder so weit entfernt wie eh und je.

Das Aroma starken Kaffees stieg ihr in die Nase.

»Wach auf«, sagte Darby mit liebevollem Vorwurf in der Stimme. »Der halbe Tag ist schon vergangen ...«

Keighly schaute ihn an – er trug Hosen, Stiefel, ein langärmeliges Unterhemd mit Knöpfen und Hosenträger. Sein
glänzendes dunkles Haar fiel ihm offen auf die Schultern,
und in einer Hand hielt er einen dampfenden Becher. Sein
Mund verzog sich zu einem schwachen Grinsen, als er sie
betrachtete.

Freude und Erleichterung erfaßten Keighly. Es war
Wirklichkeit – er war wirklich. Ihre Kehle wurde eng, und
sie schluckte, um sie freizumachen, als sie mit zitternden
Händen nach dem Kaffee griff, den er ihr reichte.
»Danke.«

Darby bückte sich und küßte ihre Stirn. »Hier kannst du
nicht bleiben.«

»Eine schöne Begrüßung«, erwiderte Keighly, bevor sie
den ersten Schluck des heißen Kaffees trank. Er war stark
und bitter, überhaupt nicht wie der, den sie im Supermarkt
kaufte, aber er schmeckte ihr. Es war vermutlich genügend Koffein darin, um ihr einen Monat lang den Schlaf zu
rauben.

»Es gehört sich nicht«, sagte Darby. »Es ist schon
schlimm genug, daß du die Nacht bei mir verbracht hast.
Ich werde nicht zulassen, daß die Leute denken, ich hätte
dich entehrt.«

»Ich sage es nur ungern«, antwortete Keighly nach
einem weiteren vorsichtigen Schluck Kaffee, »aber dazu
ist es schon zu spät. Ich bin bereits … entehrt.«

Darbys Augen wurden schmal.

Keighly beeilte sich, es zu erklären. »Wo ich herkomme,
ist voreheticher Geschlechtsverkehr etwas ganz Normales. Falls du gedacht hast, ich sei noch unberührt, kannst
du dich auf eine traurige Überraschung gefaßt machen.«

Darbys Stirnrunzeln wich einem Grinsen. Einem ziemlich lüsternen sogar. »Das hättest du mir ruhig gestern
abend sagen können. Es hätte einiges geändert.«

Keighly fühlte sich leicht benommen, und nicht nur der
Erkenntnis wegen, daß sie durch einen Spiegel in eine
andere Epoche der Geschichte hinübergewechselt war.
Das verzehrende Verlangen, das sie in der Nacht zuvor

empfunden hatte, beherrschte sie noch immer; sie merkte es an der Schwere ihrer Brüste, der seltsamen Überempfindlichkeit ihrer Haut und dem leisen Ziehen zwischen ihren Schenkeln. Als es ihr bewußt wurde, errötete sie. »Ich dachte, Jungfräulichkeit wäre wichtig für die Männer deiner Zeit.«

Darby lachte leise. »Unter gewissen Umständen vermutlich schon«, erwiderte er. »Aber ich wäre kein Gentleman, wenn ich meinen Bedürfnissen nachgegeben und dich entjungfert hätte, ohne mich vorher zu vergewissern, daß du deine Unschuld nicht für einen Ehemann bewahrst.«

Ich habe nie einen anderen Ehemann gewollt als dich, dachte Keighly, aber das wagte sie natürlich noch nicht auszusprechen. Sie konnte sich nicht dazu überwinden, Darby zu sagen, was sie erwartete, obwohl sie annahm, daß es irgendwann nicht mehr zu vermeiden sein würde.

Aber trotz allem hatte sie noch nicht die Hoffnung aufgegeben, die Zukunft vielleicht ändern zu können. Vorgewarnt, besagte ein altes Sprichwort, hieß vorbereitet sein. Vielleicht gab es Dinge, die sie tun konnte, um den Lauf des Schicksals wenigstens ein kleines bißchen zu verändern.

»Willst du damit sagen, daß du mich gestern nacht geliebt hättest, wenn du gewußt hättest, daß ich nicht ... daß ich ...?« Keighly merkte, daß sie drauflosplapperte, konnte es aber nicht verhindern, und Darby unterbrach ihren Wortschwall, indem er mit einer Hand ihr Kinn umfaßte und mit dem Daumen über ihre Lippen strich.

Jähes Verlangen, das sich wie eine Flutwelle durch ihren ganzen Körper fortsetzte, erfaßte sie bei dieser zärtlichen Berührung.

»Was ich damit sagen will«, erwiderte er heiser, »ist, daß ich dich geliebt hätte, bis du dich aufgebäumt hättest und jeder von hier bis an die Grenze dich schreien und stöhnen gehört hätte.«

Die Kühnheit dieser Feststellung und die nicht abzustreitende Wahrheit, die darin lag, schockierten Keighly.

»Du bist ganz schön dreist, Darby!« erwiderte sie und errötete noch heftiger als zuvor. »Wenn ich an Gewalt glaubte, würde ich dich jetzt ohrfeigen und maßlose Befriedigung daraus beziehen!«

Er lachte, ergriff sanft ihre Handgelenke und zog sie fest an seine Brust. »Benimm dich«, warnte er. »Denn wenn du es nicht tust, nehme ich dich hier und jetzt, und dann bleibt dir nichts anderes mehr übrig, als einer ganzen Stadt voller Leute gegenüberzutreten, die alle wissen, daß ich dich gründlich geliebt habe.«

Keighly versuchte, ihr Verlangen zu ignorieren, aber Darbys kühne, arrogante Worte verstärkten es nur noch. Ihr Herz klopfte zum Zerspringen, und als sie zu Darby aufsah, wußte sie, daß auch er es spürte. Sie war sicher, daß sich all ihre Empfindungen auf ihrem Gesicht abmalten, sie hatte ihr ganzes Leben lang auf diesen einen Mann gewartet und nie wirklich damit gerechnet, ihm jemals derart nahe zu sein, außer vielleicht in ihren intimsten Phantasien. Und jetzt war sie bei ihm, und nur sie wußte, wie kurz die Zeit sein mochte, die ihnen noch zusammen blieb.

»Dann tu es doch«, forderte sie ihn beinahe trotzig auf und hob das Kinn. »Ich pfeife darauf, was die Leute hören oder denken!«

Sie hatte nicht beabsichtigt, Darby damit herauszufordern – das war ihr in der Hitze ihres eigenen Verlangens gar nicht in den Sinn gekommen –, aber etwas in ihren Worten veranlaßte ihn zu einem leisen Stöhnen, und er suchte ihre Lippen und küßte sie noch viel leidenschaftlicher als zuvor. Noch immer ihre Handgelenke haltend, vertiefte er den Kuß, bis alle Kraft aus Keighlys Knien wich und sie sich hilflos an ihn lehnte. In jenen Momenten gab es keine Vergangenheit, keine Gegenwart und keine Zukunft mehr, sondern nur noch Darby, sie selbst und das schreckliche, unnachgiebige Verlangen, das sie beide ergriffen hatte.

Keighly glaubte allen Ernstes, daß sie sterben würde, wenn Darby nicht gleich Besitz von ihr ergriff, hier und jetzt und für ein ganzes Leben lang. Sie war bestürzt über die Macht dieses Gedankens; er durchdrang jeden Muskel, jede Zelle ihres Körpers wie ein Fieber, das aus den tiefsten Regionen ihrer Seele stammte und sie zu verzehren drohte.

Ohne den Kuß zu unterbrechen, begann Darby das Hemd aufzuknüpfen, das er Keighly am Abend zuvor angezogen hatte. Sie wimmerte, als sie seine Hände auf ihrer nackten Haut spürte und er sie liebevoll um ihre vollen Brüste schloß und mit den Daumen die harten Spitzen streichelte. Als sie sich verlangend an ihn preßte, trat er zurück und griff nach dem Stuhl, auf dem noch immer Keighlys weißes Brautkleid lag.

Achtlos schleuderte er es auf das Bett, auf dem sie die Nacht verbracht hatten.

»Das Bett kommt nicht in Frage«, sagte er augenzwinkernd. »Der halbe Bundesstaat würde die Sprungfedern quietschen hören, und ich werde auch so schon genug damit zu tun haben, dich am Schreien zu hindern.«

Keighly wußte, daß diese Bemerkung sie später empören würde, wenn sie Zeit besaß, darüber nachzudenken, doch im Moment konnte sie an nichts anderes mehr denken als die Vereinigung, die ihr vorbestimmt gewesen war von dem Augenblick an, in dem sie zur Frau geworden war. »O Gott, Darby, ich könnte dich nicht mehr begehren, wenn du Luft wärst und ich ersticken würde«, wisperte sie unter beträchtlichem Verzicht auf ihren Stolz.

»Glaubst du etwa, mir erginge es anders?« entgegnete er sanft.

Und dann streifte er ihr das Hemd ab, ließ sie nackt vor sich stehen und begann sich selbst zu entkleiden, angefangen bei den Hosenträgern, die er entnervend langsam von den Schultern streifte. Als nächstes zog er die Stiefel aus, dann das kragenlose Hemd … Fasziniert verfolgte Keighly jede einzelne seiner Bewegungen.

Dann, als er endlich nackt war wie Adam im Paradies, setzte er sich auf den Stuhl und zog Keighly zu sich heran, bis sie rittlings über seinen Schenkeln saß. Während er ihren Rücken streichelte, mit unendlich sanften Bewegungen seiner Hand – der Hand eines Revolverhelden, den Artikeln nach zu urteilen, die Keighly in der Truhe aus der Triple K gefunden hatte – ruhte sein bewundernder Blick auf ihren wohlgeformten Brüsten.

»All diese Zeit«, gestand er leise, »hatte ich befürchtet, daß du nur ein Bild warst, das meine Phantasie erfunden hatte.«

Keighly versteifte sich in jähem Entzücken, als er den Kopf auf ihre Brust senkte und mit der Zunge über die Brustwarze strich. »Du hast recht«, murmelte sie, ohne auf seine letzte Bemerkung einzugehen. »Ich glaube, ich werde wirklich schreien und einen fürchterlichen Lärm veranstalten …«

Überall um sie herum, hinter den Wänden dieses kleinen Zimmers, waren menschliche Geräusche zu vernehmen – jemand klapperte mit Töpfen und Pfannen in einer nahen Küche, Männer plauderten lautstark miteinander, Pferdehufe klapperten über die Straße vor dem Fenster.

»Ich werde alles tun, um deinen guten Ruf zu schützen«, versprach Darby, bevor er seine Lippen um eine ihrer Brustspitzen schloß und sie auf aufreizendste Art liebkoste.

Keighly biß sich auf die Lippen, um nicht aus purem Entzücken aufzuschreien, und krümmte den Rücken, um ihrem Geliebten Einlaß zu verschaffen. Doch Darby, der offensichtlich keine Eile hatte, strich ganz sachte mit einem Finger über ihre Wirbelsäule, was ihre Lust auf eine Weise steigerte, die Keighly fast die Beherrschung über sich verlieren ließ.

Sie warf den Kopf zurück und fühlte Darbys Glied an ihrem Körper, hart und groß von dem Verlangen, sich mit ihr zu vereinigen. Doch er wandte sich ihrer anderen Brust zu und küßte und liebkoste sie so ausgiebig, als gäbe es nichts Wichtigeres für ihn auf dieser Welt.

Keighly schob ihre Finger unter Darbys Haar und begann sich unruhig auf seinen Schenkeln zu bewegen, drängte ihn, sie zu erobern. Ihr Körper hatte seinen eige-

93

nen Willen und war nicht mehr mit dem Verstand zu steuern, sie kannte keinen anderen Gedanken mehr, als sich mit Darby zu vereinigen. Diese leidenschaftliche Begegnung war jedoch erheblich mehr als bloße Lust; sie war wie eine wilde Paarungszeremonie, die von irgendeiner Macht gesteuert und gefordert wurde, die Keighlys Begriffsvermögen überstieg. Bloße Worte reichten nicht aus, um zu beschreiben, was in diesem kleinen Raum geschah; es war etwas, das beide von innen zu verzehren drohte wie ein unsichtbares Feuer.

Beinahe schluchzend vor Verzweiflung, barg Keighly das Gesicht an Darbys Nacken und nahm nur wie aus weiter Ferne wahr, daß sie von Kopf bis Fuß mit Schweiß bedeckt war. Feuchte Strähnen klebten an ihren Wangen, als Darby sie streichelte, um sie zu beruhigen, und leise Worte murmelte, die sie nur noch mehr erregten.

Endlich küßte er sie, sehr lange und sehr leidenschaftlich, und er unterbrach den Kuß auch nicht, als er eine Hand an Keighlys Bauch hinuntergleiten ließ, um sie auf die Vereinigung mit ihm vorzubereiten.

Sie stöhnte wild auf, als Darby mit einer einzigen, machtvollen Bewegung in sie eindrang und sie fast das Bewußtsein verlor in jenen ersten Augenblicken, weil sie so unendlich glücklich war, endlich mit diesem Mann vereint zu sein.

Ihre Hüften umklammernd und ohne den Kuß zu unterbrechen, hob Darby Keighly quälend langsam auf und ab, bis sie vor Entzücken zu vergehen glaubte.

Sie versuchte, sich schneller zu bewegen, doch Darby hinderte sie daran und zwang sie, sich seinem ruhigen, beständigen Rhythmus anzugleichen. Als die ersten Wellen der Ekstase sie erfaßten, unterbrach sie den Kuß und warf den Kopf zurück zu einem triumphierenden Aufschrei, der tief aus ihrem Innersten aufstieg, wo die lustvolle Explosion begonnen hatte.

Darby hob die Hand und legte sie gerade noch rechtzeitig vor Keighlys Mund. Als sie sich mehrfach aufbäumte, während sie einen erschütternden Höhepunkt nach dem anderen erlebte, begann auch Darby die Kontrolle zu verlieren. Seine Bewegungen wurden schneller, ungestümer, und er suchte Keighlys Mund zu einem leidenschaftlichen Kuß, der die Schreie der Verwunderung und des Entzückens erstickte, die wieder und wieder in ihrer Kehle aufstiegen.

Den endgültigen Gipfel der Ekstase erreichten sie im selben Augenblick, aber der Abstieg war langsam und trügerisch. Noch immer auf intimste Weise vereint, hielten sie sich fest umfangen, Keighlys Kopf an Darbys Schulter, und ab und zu, wenn ein weiterer, kleinerer Orgasmus sie überraschte, versteifte sie sich mit einem leisen Aufschrei. Darby stützte sie die ganze Zeit mit einer Hand auf ihrem Rücken, während er sie mit der anderen dort liebkoste, wo sie noch immer innig mit ihm verbunden war.

Dann, irgendwann, war es vorüber, und Keighly, die in ihrem ganzen Leben noch nie krank gewesen war, brach fast zusammen vor Erschöpfung. Darby küßte ihren Nacken und die sanften Rundungen ihrer Brüste, nicht leidenschaftlich, sondern voller Ehrfurcht, hob Keighly langsam auf und trug sie zu dem schmalen Bett, in dem sie die Nacht verbracht hatten. Behutsam legte er sie dort nieder und breitete zärtlich eine Decke über sie.

Keighly war sich der Geräusche um sie herum nur schwach bewußt, als sie in einen erschöpften Schlaf versank – sie hörte Wagen und Pferde auf der Straße, das Hämmern eines Schmieds und Darby, der seine verstreuten Kleider aufhob. Das letzte, was sie wahrnahm, war eine Tür, die geöffnet wurde und sich wieder schloß.

Keighly wußte bereits, daß irgend etwas nicht in Ordnung war, bevor sie die Augen öffnete. Selbst die Substanz der Luft schien sich geändert zu haben, sie war voller fremder Geräusche und bedrückend schwer von Leid und Trauer.

Keighly weigerte sich, richtig aufzuwachen; sie wollte ihre Vermutung nicht bestätigt sehen, daß sie nur geträumt hatte. Daß sie allein war.

Tränen sickerten durch ihre Wimpern und rannen über ihre Wangen. »Darby«, wisperte sie, obwohl sie jetzt ganz sicher war, daß er nicht antworten würde – nicht antworten konnte. Es dauerte sehr lange, bis sie endlich genügend Mut gesammelt hatte, um die Augen aufzuschlagen.

Sie lag allein auf ihrer Luftmatratze im Ballsaal ihrer Großmutter, nackt bis auf eine leichte Decke, die bis zu ihrer Taille hochgerutscht war. Das weiße Brautkleid war nirgendwo zu sehen.

Draußen ertönte eine Autohupe, und Keighly richtete sich langsam auf. Ihr Körper pochte noch von Darbys leidenschaftlicher Umarmung.

Mit einem erstickten Schluchzer wandte Keighly sich zum Spiegel um, in der Hoffnung, Darby dort zu sehen. Aber das Glas reflektierte nur die hellen Sonnenstrahlen und ihr eigenes Spiegelbild.

Irgendwie war sie zurückgeschlüpft durch einen Schleier, der nicht dicker war als eine Schicht Silberfarbe auf dem Glas, obwohl sie mindestens ein Jahrhundert weit gereist war. Sie war bei Darby gewesen – daran bestand kein Zweifel – aber dann waren sie wieder auseinandergerissen worden.

Keighly barg das Gesicht in den Händen und fuhr sich mit den Fingern durch das wirre Haar. Wie waren die Regeln dieses Durch-den-Spiegel-fallen-Spiels? fragte sie sich, und ihre Schultern zuckten, als sie leise weinte. Lewis Carroll hatte sie in keiner seiner Geschichten von *Alice im Wunderland* erwähnt.

Nach einer Weile, als Keighly die nötige Kraft gefunden hatte, um sich zu erheben, legte sie die Decke um wie einen Sari, in einem halbherzigen Versuch, sich zu bedecken, und ging nach oben. Unter der heißen Dusche fragte sie sich, ob sie ihr und Darbys Kind, das zum Sterben verurteilt war, bereits empfangen hatte. Vielleicht wuchs das Baby bereits in ihr heran ...

Keighly lehnte die Stirn an die kühlen Kacheln der Duschkabine und schloß die Augen in einem Anfall neuerwachter Panik. Sie sagte sich, daß das zwanzigste Jahrhundert, falls sie tatsächlich schwanger war, gewisse Vorteile besaß, was diese Dinge anbetraf. Wenn Garrett hier geboren wurde, in dieser Zeit, würde er praktisch immun gegen die Krankheit sein, die dazu bestimmt war, ihn zu töten.

Ich muß stark sein, ermahnte Keighly sich. *Ich muß nachdenken.*

Doch bevor sie diesen Befehlen folgen konnte, gaben ihre Knie nach, und sie glitt kraftlos und mit gesenktem Kopf die Wand hinab. Das Wasser prasselte auf ihren Nacken und ihre Schultern, während sie darum kämpfte, ihre Fassung wiederzugewinnen.

Julian hätte jetzt gesagt, sie hätte einen Nervenzusammenbruch und Darby sei nur eine Erfindung ihres zu stark beanspruchten, einsamen Gehirns, aber sie wußte, daß das nicht stimmte. Und es gab noch einen anderen Menschen, der das wußte – Francine Stephens.

Von diesem Gedanken ermutigt, richtete sich Keighly auf, stellte das Wasser ab und stieg aus der Dusche, um sich abzutrocknen. Dann ging sie in ihr Schlafzimmer und nahm Unterwäsche, Jeans und ein T-Shirt aus dem Koffer. Sie zog sich an, hastete ins Bad zurück, wusch ihr Gesicht mit kaltem Wasser, putzte ihre Zähne und kämmte ihr nasses Haar aus, um es an der Luft zu trocknen.

Dann, fröstelnd, aber fest entschlossen, ging sie hinunter, holte ihre Schlüssel und ihre Tasche und verließ das Haus. Im Wagen setzte sie eine Sonnenbrille auf, um ihre Augen vor dem hellen Licht zu schützen. Sie erinnerte sich an sehr wenig von der Fahrt zur Triple K, und Francine wartete auf der Veranda, als sie vorfuhr, als hätte sie geahnt, daß Keighly kam. Überall waren Handwerker, wie schon zuvor, aber sie schenkten dem Neuankömmling nur wenig oder gar keine Beachtung.

»Es ist etwas geschehen«, sagte Francine, als sie die Stufen hinabeilte und Keighlys Arm ergriff, um sie zum Haus zu führen. »Mein Gott, Keighly – du bist leichenblaß!«

»Ich habe Darby gesehen«, murmelte Keighly. »Ich war bei ihm.«

Francine zog ihre Freundin durch die Halle in die Bibliothek, wo sie offenbar gearbeitet hatte, denn der große Schreibtisch war mit Papieren übersät und das Eis in einem Glas mit Tee noch nicht geschmolzen.

Leise schloß Francine die Tür.

»Setz dich«, sagte sie freundlich.

Keighly war steif mitten im Zimmer stehengeblieben. Erst als sie den Schreibtisch gesehen hatte, war ihr bewußt geworden, daß sie möglicherweise störte. »Ich hätte anrufen sollen, bevor ich kam«, meinte sie verlegen und begann auf die hohen Flügeltüren zuzugehen.

»Keighly«, sagte Francine in ruhigem, aber nachdrücklichem Ton.

Es gab noch einen zweiten Sessel in dem großen Raum, eine Art Lehnstuhl aus Petit-Point-Stickerei. Keighly ließ sich darauf fallen, erinnerte sich an ihre Sonnenbrille und nahm sie ab.

»Du siehst schrecklich aus«, erklärte Francine, während sie zu einem kleinen Tisch hinter dem Schreibtisch ging und zwei Gläser mit etwas füllte, das wahrscheinlich Alkohol enthielt. Von ihrem Platz aus konnte Keighly es nicht sehen, und es war ihr auch egal. Im Moment hätte sie vermutlich nicht einmal einen Schluck Frostschutzmittel zurückgewiesen.

»Danke«, sagte Keighly und lächelte ein wenig. Ihre Hand zitterte, als sie das Glas annahm; es war Anislikör – oder zumindest roch es so.

»Für den Drink oder die Bemerkung zu deinem Aussehen?« entgegnete Francine und lächelte ebenfalls, bevor sie hinter dem mächtigen Schreibtisch Platz nahm.

»Für den Drink«, erwiderte Keighly. »Wie ich aussehe, das wußte ich bereits.«

»Du sagtest, du wärst bei Darby gewesen.«

Keighly trank einen kleinen Schluck von dem belebenden Getränk. Ja«, bestätigte sie nach kurzem Schweigen. »Es stimmt. Ich war bei ihm. Ich wollte nicht zurückkehren.«

»Das kann ich mir denken«, warf Francine lächelnd ein.

»Aber erzähl mir davon. Oder zumindest das, was du mir anvertrauen willst.«

Fast hätte Keighly jetzt wieder geweint; es dauerte eine volle Minute, bis sie die Kontrolle über sich zurückgewonnen hatte. »Nachdem ich hier fortgegangen war«, begann sie, als sie wieder zu sprechen wagte, »fuhr ich heim. Der Inhalt der Truhe war sehr aufschlußreich – ich erfuhr Dinge, die ich vielleicht lieber nicht hätte erfahren sollen.« Zögernd beschrieb Keighly, was sie über Darbys Schicksal und das ihres ungeborenen Sohnes Garrett herausgefunden hatte. »Ich weiß nicht, warum ich das Brautkleid anzog«, fuhr sie nach einem weiteren ausgedehnten Schweigen fort. »Vielleicht wollte ich Darby nahe sein oder einfach sehen, ob es paßte. Aber ich trug das Kleid, als ich in den Ballsaal ging, und dann sah ich Darby im Spiegel …« Wieder hielt sie inne, sekundenlang zu erschüttert, um fortzufahren. »Ich taumelte durch den Spiegel … Darby sagte, es hätte für einen Moment so ausgesehen, als verwandelte sich das Glas in Wasser. Ich verbrachte die Nacht in Darbys Armen, und als wir erwachten … haben wir uns geliebt. Ich war sehr erschöpft danach und erinnere mich nur noch, daß er mich zudeckte und den Raum verließ.«

»Und dann?« fragte Francine leise, als Keighly wieder lange schwieg.

Eine Träne rollte über Keighlys Wange. Nun, wo sie wußte, wie es war, mit Darby vereint zu sein, erschien ihr die Zukunft ohne ihn so leer, daß sie nicht sicher war, sie zu ertragen. »Ich schlief ein. Und als ich erwachte, wußte ich, daß ich ins zwanzigste Jahrhundert zurückgekehrt war. Es hatte etwas mit diesem verdammten Kleid zu tun.«

»Wieso sagst du das?« fragte Francine mit erhobenen Augenbrauen.

Keighly zuckte die Schultern. »Es ist nur so ein Gefühl«, bekannte sie. »Ich kann es genausowenig erklären wie all das andere. Die Menschen sehen in Spiegeln keine Leute aus einer anderen Zeit. Sie verlieben sich nicht in Spiegelbilder und wechseln in ein anderes Zeitalter hinüber.«

»Anscheinend doch«, entgegnete Francine gelassen.

Keighly strich sich mit beiden Händen durch das Haar; inzwischen war ihr gleichgültig, wie sie aussehen mußte. »Ich begreife es nicht. Daß du mir glaubst, meine ich.«

Francine lächelte. »Wir sind Freundinnen, oder zumindest wünsche ich mir das. Außerdem scheinst du mir nicht der hysterische Typ Frau zu sein.«

»Ich möchte zurück zu Darby«, sagte Keighly schlicht, den Tränen nahe, obwohl sie sich bemühte, Haltung zu bewahren. »Francine – angenommen, ich wäre bereits schwanger?«

Die Worte schienen durch den Raum zu hallen, obwohl sie sehr leise gesprochen waren.

»Na und? Es wäre viel besser, dein Kind in diesem Zeitalter auf die Welt zu bringen, ob es dir nun gelingt, zu Darby zurückzukehren oder nicht.«

Keighly stellte das Glas fort, das sie bisher kaum angerührt hatte, und preßte die Fingerspitzen an ihre Schläfen. »Ich muß auf jeden Fall zurück, Francine«, wisperte sie. »Vielleicht kann ich dann verhindern, daß Darby erschossen wird.«

Wieder herrschte Schweigen. »Und vielleicht auch nicht«, erwiderte Francine dann ruhig.

6. Kapitel

Keighly war fort.

Die Erkenntnis traf Darby mit der Wucht eines Pferdehufs in seinen Magen. Mehrere qualvolle Momente lang stand er wie erstarrt in der Tür seines Zimmers im *Blue Garter* und weigerte sich, zu glauben, was er sah: Keighly war verschwunden.

Das fadenscheinige alte Brautkleid lag wie vorher am Fußende der Matratze.

Vielleicht, dachte er in seiner Verzweiflung, war sie des Wartens einfach müde geworden und aufgestanden, um sich umzusehen ... Aber er wußte instinktiv, daß das nicht stimmte. Erstens hatte sie nichts anzuziehen, und zweitens, falls alles stimmte, was sie ihm erzählt hatte, und daran zweifelte er nicht, weil er sie im Laufe der Jahre mindestens ein Dutzendmal im Spiegel des Saloons gesehen hatte, war seine Welt ihr fremd. Obwohl Keighly couragiert und mutig war, war sie auch vernünftig und besonnen, und deshalb konnte er sich nicht vorstellen, daß sie allein hinausgegangen wäre, bis sie ein wenig vertrauter mit ihrer neuen Umgebung war.

Er ließ die Päckchen, die er mitgebracht hatte, auf das ungemachte Bett fallen, in dem er und Keighly vor einer knappen Stunde noch geschlafen hatten. Die hübschen Dinge, die er für sie gekauft hatte, die Schuhe und die feine Unterwäsche, die die Ladenbesitzerin veranlaßt hatte, die Augenbrauen hochzuziehen, die Röcke, die Kleider und die Jacken waren jetzt nutzlos. Es war nicht einmal mehr wichtig, ob er Keighlys Kleidergröße richtig erraten hatte.

Er verschloß die Tür so fest, wie er in der Vergangenheit vor so vielen anderen Dingen sein Herz verschlossen hatte – vor den derben Späßen seiner Schulkameraden, daß er nicht Angus Kavanaghs rechtmäßiger Sohn war wie Will und Simon, vor dem Wissen, als Gesetzloser zu gelten, und schließlich vor dem Verlust seiner Mutter.

Doch daß er nun auch noch Keighly verlor, war in gewisser Weise noch schlimmer als alles andere, denn bis gestern nacht hatte Darby nicht gewagt zu glauben, daß sie wirklich existierte.

Nun konnte er nicht mehr daran zweifeln. Er hatte sie geliebt; sein Körper und seine Seele pulsierten noch von den süßen Empfindungen, die sie in ihm geweckt hatte. Keine Vision hätte ihn innerlich derart aufwühlen können; nur eine Frau aus Fleisch und Blut besaß die Macht und die Magie dazu.

Darby wandte sich zurück zur Tür, um hinauszustürzen und auf dem Korridor nach Keighly zu rufen. Im letzten Augenblick jedoch nahm er sich zusammen, lehnte die Stirn an das Holzpaneel, schloß die Augen und kämpfte gegen die Tränen an, die er nicht einmal an Harmonys Grab vergossen hatte. Wie sollte er nur weiterleben ohne Keighly?

Ihr selbst hätte er es natürlich niemals eingestanden, nicht einmal, wenn sie jetzt bei ihm gewesen wäre – daß er ganz sicher war, daß er sie jetzt schon liebte. Vielleicht liebte er sie sogar schon, seit sie ein kleines Mädchen gewesen war und er sie zum ersten Mal gesehen hatte. An jenem Tag war sie überrascht, aber nicht erschreckt gewesen – das hatte er an ihrem Gesichtsausdruck erkannt und an der Tatsache, daß sie geblieben war und nicht die Flucht ergriffen hatte. Er selbst war so verblüfft gewesen, daß er zu atmen vergessen hatte und fast erstickt wäre, und als er endlich wieder Luft bekam, da hatte er gebrüllt vor Furcht. Vor allem, als er merkte, daß niemand außer ihm sie sehen konnte.

Nun atmete Darby tief ein und aus, bis er spürte, daß er sich beruhigte. Mit langsamen, vorsichtigen Bewegungen, als vollführte er ein geheiligtes Ritual, faltete er das Kleid, schob den Verlobungsring, den Angus ihm gegeben hatte, unter das spitzenbesetzte Mieder und legte beides in ein Fach im Schrank.

Dann straffte er die Schultern, ging zur Tür und trat auf den Korridor hinaus.

102

Der erste Mensch, dem er im Saloon begegnete, war Oralee. Sie trug wieder das gelbe Kleid – ganz offenbar ihr Lieblingskleid – und kam grinsend auf ihn zu, als sie ihn erblickte.

»Wir haben eine Wette abgeschlossen«, sagte sie und schob eine Hand unter seinen Arm. »Wir alle wissen, daß du gestern nacht eine Frau in deinem Zimmer hattest. Wir können uns bloß nicht denken, wer es war.«

Unwillkürlich warf Darby einen Blick zum Spiegel. Wie erwartet, war von Keighly nichts zu sehen, aber sie hatte ihn schon des öfteren überrascht, und Hoffnungen, wie er sie hegte, starben nicht so schnell.

»Es geht euch nichts an, wer diese Frau war«, antwortete er. Doch dann zwang er sich zu einem schwachen Lächeln und legte eine Hand unter das Kinn der Prostituierten. »Sag ihnen einfach, du wärst es gewesen, Liebling«, flüsterte er ihr in verschwörerischem Tonfall zu.

Oralee lachte entzückt und schlug sich auf den Oberschenkel. »Das wird Maggies Prahlerei ein Ende setzen! Sie ist sehr aufgeblasen in letzter Zeit, weil sie Simon Kavanaghs Favoritin ist – er hat ihr einen Kamm aus Denver mitgebracht.«

Wie der Vater, so der Sohn, dachte Darby. Harmony Elder war Angus' Spielzeug gewesen, und nun war Maggie das von Simon. Das nächste Mal, wenn er seinen Bruder sah, würde er ihm klarmachen, daß die Frauen im *Blue Garter* keine Gegenstände, sondern Menschen waren, mit deren Gefühlen man nicht spielte. In der Zwischenzeit jedoch kannte er kein anderes Ziel, als dem Wissen zu entfliehen, daß er Keighly verloren hatte, kaum daß er sie gefunden hatte. Der Gedanke, untätig im Saloon herumzusitzen, war ihm schlichtweg unerträglich.

Er mußte irgend etwas tun – reiten, arbeiten oder sich mit jemandem prügeln, wenn er sein inneres Gleichgewicht zurückgewinnen wollte. Ihm war, als müsse er den Verstand verlieren, wenn er hier noch länger bliebe.

Er schob die lächelnde Oralee sanft fort und küßte sie vor allen anderen zärtlich auf die Stirn. Sie wußte, daß die

Geste nur für ihre Zuschauer bestimmt war, und spielte mit, indem sie eine Hand an seine Wange legte.

»Danke, Darby«, sagte sie mit einem koketten Lächeln und wandte sich dann ab, um mit raschelnden Röcken zu den anderen hinüberzueilen, die die Bar säumten und sie neugierig beobachteten, während sie ihren Kaffee tranken und den neuesten Klatsch austauschten. Im allgemeinen wurden ihre Dienste nicht vor dem späten Nachmittag in Anspruch genommen, und die meisten der Frauen standen nicht einmal vor Mittag auf.

Darby konnte es ihnen nicht verübeln, obwohl er sich fragte, ob sie sich nicht ab und zu eine Veränderung in ihrem Alltag wünschten.

Der Gedanke, daß sie nun, wo seine Mutter nicht mehr lebte, von ihm abhängig waren, lastete wie eine schwere Bürde auf seinen Schultern. Er mußte ihretwegen etwas unternehmen, obwohl er noch nicht wußte, was das sein sollte. Er hatte alle anderen Sorgen verdrängt, als Keighly in der Nacht zuvor durch den Spiegel in seine Arme getaumelt war, und etwas von ihrer Essenz betäubte seinen Geist noch immer, wie die Nachwirkungen von zuviel Alkohol am nächsten Morgen, so daß es ihm schwerfiel, sich auf irgend etwas anderes zu konzentrieren.

Mit einem verstohlenen Blick auf den Spiegel setzte Darby seinen Hut auf, holte seinen Waffengurt, den er hinter der Theke aufbewahrte, und schnallte ihn an, dann trat er zum zweiten Mal an diesem Morgen in den hellen Sonnenschein hinaus. Nun besaß er einen viel wichtigeren Grund, in Redemption zu bleiben, denn seine einzige Hoffnung, Keighly wiederzufinden, war hier zu bleiben.

Wenn das *Blue Garter* um zwei Uhr morgens schloß, würde er sich einen Stuhl heranziehen, sich vor den Spiegel setzen und auf sie warten. Eins stand fest: Falls sie wieder durch den Spiegel zu ihm hinüberkam, würde er sie so schnell und so weit wie möglich von dem unheimlichen Ding fortbringen.

Aus diesem Grund begab Darby sich zum Mietstall, wo er Ragbone am Tag zuvor nach seinem Besuch bei Angus und am Grab seiner Mutter untergebracht hatte. Er hatte jetzt Geld, dank Harmony, und gedachte ein besseres, schnelleres Pferd zu kaufen, um die Möglichkeit zu haben, Keighly so schnell wie möglich von Redemption fortzubringen, falls sich die Gelegenheit ergeben sollte.

Ein schwaches Lächeln spielte um seine Lippen, als er darüber nachdachte, und einen Moment lang blieb er stehen, um seinen Hut abzunehmen und sich den Schweiß von der Stirn zu wischen. Die Wahrheit war, daß es ein unglaubliches Glück sein würde, Keighly jemals wiederzusehen, ganz zu schweigen davon, sie zu seiner Frau zu machen und jede Nacht in seinen Armen zu halten, bis er starb. Viel Glück hatte er in seinem Leben nie gehabt, außer vielleicht am Spieltisch, und selbst das kam nur sehr selten vor.

Darby verhandelte gerade mit Ned Feeny über einen temperamentvollen schwarzen Wallach, der eben erst von der Triple K gekommen und noch nicht ganz eingeritten war, als Will auf einem hübschen Fuchs mit einer weißen Blesse heranritt. Der jüngere von Angus' legitimen Söhnen begrüßte Darby freundlich.

»Ich verstehe nicht, warum du gutes Geld für ein Pferd ausgeben willst«, bemerkte er grinsend, während er aus dem Sattel glitt, »wenn du auf der Ranch eine ganze Herde von den Viechern hast, unter denen du deine Auswahl treffen kannst.«

Darby preßte die Lippen zusammen und ignorierte die Bemerkung. »Wie geht es Angus?« fragte er, obwohl er die Antwort bereits kannte. Will, der seinem Vater erheblich näherstand als Simon, wäre nicht so fröhlich gewesen, wenn der Zustand des alten Mannes sich nicht gebessert hätte. Vermutlich hatte ihm die Nachricht, daß Harmonys unehelicher Sohn die Bedingungen ihres letzten Willens akzeptiert hatte, inzwischen längst erreicht. Es geschah nicht viel in Redemption, was den Kavanaghs verborgen blieb, und Darbys Kapitulation war eine Nachricht, die sie ganz besonders schnell erreicht haben würde.

»Er fragt sich, wann er dich erwarten darf. Er hat von

der Haushälterin schon ein Zimmer für dich vorbereiten lassen.«

Darby unterdrückte ein Seufzen. Es war nicht Wills Schuld, daß ihr Vater und alle anderen auf der Welt entschlossen schienen, sein Leben zu bestimmen. Will war ein unbeschwerter junger Mann, der stets guten Mutes war, ganz gleich, was alle anderen um ihn herum taten. Es war gerade diese Eigenschaft – unter vielen anderen –, die Darby stets an ihm bewundert hatte.

»Ich kaufe mir selbst ein Pferd«, erwiderte er flach. Miss Gloria, Angus' Haushälterin, mochte zwar bereits ein Zimmer für ihn vorbereitet haben, aber es war nicht leicht, darauf zu antworten. Ein möglicher Umzug auf die Triple K war ein ausgesprochen heikles Thema.

Will runzelte die Stirn, aber sein Blick verriet mehr Verwirrung als Empörung. Das war noch eine gute Eigenschaft an ihm – er war sehr gelassen und geriet nicht schnell in Zorn. Gott mochte allerdings dem Mann helfen, der sich ihm in den Weg stellte, sobald er sich tatsächlich über irgend etwas aufgeregt hatte.

»Ryerson sagte, du hättest Papiere unterzeichnet und den Bedingungen des Testamentes deiner Mutter zugestimmt. Und das bedeutet, daß du deinen Teil der Triple K übernimmst.«

Darby gab Feeny ein Zwanzig-Dollar-Goldstück, und der Mietstallbesitzer überreichte ihm die Zügel des schwarzen Pferds. »Ja, ich habe sie unterschrieben«, erwiderte Darby, während er sich auf den bloßen Rücken des Wallachs schwang. Er spürte, wie ein Zittern durch das Tier ging und es seine kräftigen Beine versteifte, sie trotzig spreizte und mit den Augen rollte.

»Halt dich fest«, riet Will grinsend, während er das Tier mit anerkennenden Blicken musterte. »Er mag nur ein einziges Pferd sein, aber er wird gleich in sechs verschiedene Richtungen auf einmal losgehen!«

»Ganz ruhig, mein Junge«, sagte Darby zu dem Pferd. Tatsächlich spürte er den nur mühsam unterdrückten Zorn des Tiers und konnte seine ungebremste Energie, die

Wildheit und Furcht in jeder Faser und Zelle seines eigenen Körpers nachempfinden. »Wir werden Partner sein, wir beide«, sagte er besänftigend. »Du brauchst mich nicht gleich abzuwerfen, nur um mich vor meinem kleinen Bruder zu erniedrigen.«

»Ich bin nicht dein kleiner Bruder«, protestierte Will. »Ich bin ein ganzes Jahr älter als du.«

Der Wallach zitterte jetzt vor Wut; sein Fell glitzerte vor Schweiß wie Ebenholz nach einem Regen. »Jesus, Maria, Josef«, knurrte Darby, »würdest du bitte den Mund halten? Ich bin ein bißchen zu beschäftigt, um mit dir zu plaudern, falls du das noch nicht bemerkt haben solltest.«

Feeny gab auch noch seinen Senf hinzu, nun, wo er das Goldstück in der Tasche hatte. »Will hat recht«, sagte er genüßlich. »Thatun wird gleich hochgehen, und wenn er wieder runterkommt, dann wird er dich zu Brei zerstampfen.«

Darby stieß einen unterdrückten Fluch aus, weil auch er merkte, daß der Wallach im Begriff war, die Kontrolle über seine Instinkte zu verlieren. Das Tier hatte einen Entschluß gefaßt, und Will und Feeny hatten recht – es würde seinen Reiter entweder über den Zaun der Koppel schleudern oder ihn unter seinen Hufen zermalmen.

Der Rappe machte einen Satz und explodierte in der Luft wie ein Stern aus Finsternis und Rage. Er warf den Kopf zurück und riß mit den Hinterbeinen ein Stück aus dem Koppelzaun, bevor er sich in einem Winkel zur Seite bog, um den ihn jeder Akrobat beneidet hätte.

Will stieß einen entzückten Schrei aus, denn er war ein echter Rancher, kein Gutsherr wie Simon, und liebte einen guten Kampf, vor allem, wenn einer der Opponenten ein halbwilder Mustang war. Darby hielt sich mit beiden Beinen fest, mit den Händen und mit seiner beträchtlichen Willenskraft, während der Wallach in alle Richtungen ging und so ungefähr alles tat, was man sich vorstellen konnte, außer sich auf den Rücken zu werfen, obwohl er auch das ein paarmal fast geschafft hätte.

Jeder Knochen in Darbys Körper schmerzte, sämtliche Muskeln waren angespannt. Seine Augen tränten vom Staub, seine Kehle war wie ausgedörrt. Schweiß durchtränkte seine vorher sauberen Kleider, sein Hut lag schon lange im Mist und Staub von Feenys Koppel, aber Darby hielt sich auf dem Pferd und spornte den Wallach sogar ab und zu mit den Absätzen seiner Stiefel an. Das Tier war schweißbedeckt und schnaubte vor Erschöpfung, seine Flanken und Nüstern zitterten, und von seinen Augen war nur noch das Weiße zu erkennen.

So anstrengend dies alles war, empfand Darby es doch als unendliche Erleichterung. Denn immerhin bedeutete dieser Kampf eine Ablenkung für ihn, und das war alles, was ein Mann in seiner Situation verlangen konnte.

Will schrie wieder in einer Mischung aus Freude und Bewunderung, obwohl Darby nicht hätte sagen können, ob Letzteres ihm oder dem Wallach galt. Aber das kümmerte ihn auch nicht. Er wollte nichts anderes, als auf dem Pferd bleiben, denn durch den Zaun oder gegen Feenys Stallmauer geschleudert zu werden, wäre nicht nur äußerst demütigend gewesen, sondern hätte ihm zudem mit Sicherheit noch ein paar gebrochene Rippen eingebracht.

Endlich, nachdem sich eine ganze Schar von Neugierigen um sie versammelt hatte, gab der Wallach seinen Widerstand auf, zumindest für den Augenblick, blieb mit zitternden Flanken stehen, senkte den schönen Kopf und pumpte Luft in seine großen Lungen. Darby klopfte ihm kameradschaftlich den nassen Hals und flüsterte ihm leise, anerkennende Worte zu. Die Schlacht war beendet, für heute jedenfalls, obwohl der Krieg noch eine Zeitlang weitergehen würde. Der Wallach mußte noch an den Sattel gewöhnt werden, was mit Sicherheit weitere Konflikte auslösen würde.

Im Augenblick jedoch saß Darby ruhig auf dem bloßen Rücken des Wallachs und sprach tröstend und beruhigend auf das Tier ein. Es wieherte und warf den Kopf zurück, und seine dichte Mähne klebte stellenweise an seinem

Nacken, denn er war schweißüberströmt wie Darby und vielleicht auch genauso wund, obwohl Darby das bezweifelte.

»Du mußt ihm einen schönen Namen geben«, meinte Will, der Darbys Hut aufgehoben hatte und ihn so fürsorglich zu ihm hinübertrug, als ob es der Helm einer Ritterrüstung wäre statt ein im Pferdemist zertrampeltes Stück Leder. »Ein Pferd wie dieses hier verdient einen guten Namen.«

»Er heißt Destry – Schlachtroß«, antwortete Darby, der die Zügel jetzt locker in einer Hand hielt und mit der anderen die bebenden Flanken seines Pferdes klopfte.

Will, der dicht in der Nähe stand, lächelte und nickte zustimmend. Sie hatten als Kinder oft Schachturniere veranstaltet, obwohl Simon meist als Sieger daraus hervorgegangen war, und der Ritter auf dem Schlachtroß war immer Darbys liebste Schachfigur gewesen. »Du hast dich wirklich gut gehalten«, lobte Will. »Du wirst der Triple K keine Schande machen.«

Darby schwang ein Bein über Destrys Nacken und glitt scheinbar mühelos zu Boden. Es gelang ihm, den Schmerz zu verbergen, der ihm von den Zehen bis in den Nacken schoß; er hatte zuviel getrunken, gespielt und gehurt in den vergangenen Jahren und nicht genug gearbeitet, aber er hätte lieber Ned Feeny zur Braut genommen, als zuzugeben, daß er nicht in Form war. Heute abend würde er eine Flasche Liniment für den Schmerz in seinen Muskeln brauchen und eine halbe Flasche Whisky für den anderen, der tief innen in ihm wütete. Vielleicht sogar noch mehr als das, wenn ihm bis dahin nichts eingefallen war, wie er Keighly wiederfinden konnte.

»Du hast versprochen, deinen rechtmäßigen Platz auf der Triple K einzunehmen, als du bei Ryerson die Papiere unterzeichnet hast«, gab Will zu bedenken, während er Destrys Zügel nahm und dem erschöpften Tier den Hals klopfte. Darby strich sich mit einer Hand durchs Haar und ergriff mit der anderen den Hut, den ihm sein Bruder reichte. Wenn nicht, hätte er Will vermutlich mit einem

Hieb dafür gedankt, daß er ihn an etwas erinnerte, was er unbedingt vergessen wollte.

»Verdammt, Will, das weiß ich selbst«, entgegnete er scharf. »Du brauchst mich nicht damit verrückt zu machen!«

Will betrachtete Darby eine Weile schweigend, und höchstens ein leichtes Glitzern seiner sonst so gutmütig dreinschauenden Augen verriet, daß auch er verärgert war. Vielleicht bin ich nicht der einzige, der gern jemanden verprügeln würde, dachte Darby amüsiert.

»Angus sitzt am Fenster und hält Ausschau nach dir«, sagte Will schließlich. Sein Lächeln war heiter wie immer, doch eine stumme Warnung lag in seinem Blick. »Er stirbt. Und du wirst zu ihm reiten, Darby – selbst wenn ich dich an ein Lasso binden und zu ihm schleifen muß!«

Darbys Lachen war leise und bitter. »Du hast eine sehr anschauliche Art, dich auszudrücken, Bruder.«

»Solange du mich bloß verstehst«, erwiderte Will. Er klang allmählich wie Simon, und Darby fragte sich, ob er ihn unterschätzt hatte.

»Dieser Wallach da wird keinen Sattel akzeptieren«, warf Feeny ein und spuckte einen Schwall Tabaksaft aus, als Will und Darby, die ihn vollkommen vergessen hatten, ihre Blicke auf ihn richteten. »Und mit diesem elenden alten Klepper, den du Ragbone nennst, kannst du dich auf der Triple K nicht sehen lassen. Der arme Bursche würde unter all den anderen edlen Tieren vor Verlegenheit sterben.«

»Sattle ihn«, verlangte Darby trotzig. Nach der Runde mit Destry, die nur die erste von vielen war, fand er die Aussicht, einen alten Klepper zu reiten, recht verlockend. Und falls Ragbone auf der Triple K auffiel wie ein Dornbusch unter Rosen, um so besser.

Etwas Unverständliches vor sich hinbrummelnd, wandte Feeny sich ab und ging zum Stall.

»Du sagtest, Angus hielte nach mir Ausschau«, begann Darby, als er und Will allein waren. »Warum gibt der Alte niemals auf?«

»Er hätte es nicht so weit gebracht, wenn er so leicht aufgäbe«, entgegnete Will. »Außerdem könnte ich dir die gleiche Frage stellen. Wir alle versuchen nur, dir zu geben, was von Rechts wegen dir gehört. Aber so, wie du dich aufführst, sollte man meinen, wir wollten dich mit einer häßlichen Frau in einen Sarg sperren und den Deckel zunageln!«

Darby konnte sich nicht dazu überwinden, ihm zu sagen, daß er zu stolz war, um zu Angus zu gehen, weil es ihm nach all den Jahren, in denen er sich nichts sehnlicher gewünscht hatte, als von ihm anerkannt zu werden, wie Bettelei erschienen wäre. »Ich habe nie seine oder eure Almosen gewollt.«

»Verdammt, Darby!« rief Will, und das zornige Glitzern erschien wieder in seinen Augen. »Wie oft muß ich es dir eigentlich noch erklären?«

Darby lachte und klopfte seinem Bruder auf die Schulter, als Feeny den alten Ragbone aus dem Stall brachte. Das Pferd sah irgendwie noch schlimmer aus als vorher.

Will betrachtete das Tier kopfschüttelnd. »Wenn du ein Herz besitzt, Bruder, dann bringst du diese bemitleidenswerte Kreatur auf die Weide, sobald wir auf der Triple K sind, und läßt ihn nie wieder größere Lasten tragen als eine Fliege oder zwei.«

Darby besaß ein Herz, obwohl er im Laufe der Jahre oft gewünscht hatte, daß es nicht so sei. Nach einem zweiten Blick auf Ragbone faßte er einen Entschluß. Will hatte recht. »Gib mir doch lieber ein anderes Pferd«, sagte er zu Feeny. Mit der gemurmelten Bemerkung, warum eigentlich nie jemand auf ihn höre, ließ der Mietstallbesitzer Ragbone mit hängenden Zügeln stehen, wandte sich ab und schlurfte zum Stall zurück.

Sanft nahm Darby dem müden alten Pferd den Sattel ab und hielt ihn in beiden Händen, während er auf Feenys Rückkehr wartete. Will, der Tiere liebte, streichelte Ragbone und versprach ihm eine Weide voll süßem Gras und soviel Hafer und Zucker, wie sich ein Pferd nur wünschen konnte.

Darby war belustigt und gerührt, obwohl er das natürlich nicht sagte. »Wie geht es Betsey?« fragte er.

»Das wirst du schon selbst sehen müssen. Sie erwartet dich heute zum Abendessen.«

»So, wie ich dich kenne, erwartet sie bestimmt auch noch etwas anderes.«

Ein Strahlen breitete sich auf Wills gutmütigen Zügen aus. »Es kommt im Februar«, sagte er. Dank ihm bestand kein Mangel an Erben für das Kavanagh-Vermögen – er und Betsey hatten vier kleine Söhne, und Simons Tochter, Etta Lee, würde einen gleichgroßen Anteil erben. Nicht zum ersten Mal fragte Darby sich, warum sie sich mit ihm und seiner möglicherweise recht fragwürdigen Nachkommenschaft belasten wollten.

Aber Tatsache war, daß sie ihn wollten, und es gab keinen Ausweg aus der Situation, jedenfalls nicht, solange er in Redemption bleiben und auf Keighlys Rückkehr warten wollte – ganz zu schweigen von seiner Verantwortung für Oralee und die anderen Mädchen, die er davor bewahren wollte, in eine noch härtere Welt hinausgestoßen zu werden als jene, die sie ohnehin schon kannten.

Und so gab Darby sich also geschlagen und ritt mit Will an jenem Morgen zur Triple K, in seinen schmutzigen, verschwitzten Kleidern und Ragbone an einer langen Leine mitführend.

»Ich finde, du solltest heute nacht bei mir bleiben«, sagte Francine zu Keighly. »Du bist offenbar sehr deprimiert, und ich könnte ein bißchen weibliche Gesellschaft gut gebrauchen. Ich habe hier außer den Zimmerleuten und den Installateuren niemanden, mit dem ich reden kann.«

Keighly lächelte ein wenig unsicher. Sie hatte sich in dem großen alten Haus ihrer Großmutter nie gefürchtet, und daran hatte sich auch nichts geändert. Aber sie *war* bedrückt, und Francines Gesellschaft würde sie bestimmt ein wenig trösten. »Wenn es dir keine Arbeit macht ...«

»Welche Arbeit?« fragte Francine, schon auf dem Weg

zur Tür. »Komm – ich zeige dir dein Zimmer, und dann essen wir eine Kleinigkeit. Danach könnten wir uns dann ein Stündchen oder zwei auf die Terrasse legen. Die Handwerker werden uns nicht stören, sie arbeiten heute auf der anderen Seite des Hauses.«

Keighly stand auf unsicheren Beinen auf. Da war es wieder, dieses merkwürdige, beunruhigende Gefühl. Sie fühlte sich so schwach, so unwirklich, als wäre sie nichts weiter als ein Schatten ihrer selbst. Sie war immer stark gewesen, körperlich und geistig, ganz gleich, womit sie sich auch auseinandersetzte, und diese tiefsitzende Schwäche besorgte sie.

»Was dir guttäte«, fuhr Francine fort, während sie ihren Arm ergriff, um sie die Treppe hinaufzuführen, »wäre, die ganze Sache mit der Zeitreise für eine Weile zu vergessen. Du kannst dich darauf verlassen, daß dein Unterbewußtsein genug damit zu tun hat, dies alles zu verarbeiten, ohne daß dein Bewußtsein ihm dabei ständig in den Weg gerät.«

Keighly legte eine Hand an ihre Stirn; sie fühlte sich seltsam schlapp und schwindlig, als ob sie sich an zwei Orten zugleich befände und den besseren Teil von ihr irgendwo anders zurückgelassen hätte. Aber das war natürlich gar nicht möglich. Durch einen Spiegel in eine andere Zeit zu schlüpfen, eine andere Dimension oder Bewußtseinsebene, war schon schwer genug zu verstehen. Alles, was darüber hinausging, überstieg ganz einfach ihr Begriffsvermögen.

Francines Griff um ihren Arm verstärkte sich. »Keighly«, sagte sie besorgt. »Fühlst du dich nicht wohl?«

Keighly holte tief Atem und ließ ihn langsam wieder aus. Die Handwerker waren jetzt doch von der Terrasse her zu hören. »Nein, nein – es geht schon.«

Wortlos führte Francine sie zur Treppe weiter.

Am fernen Ende des Korridors betraten sie ein Zimmer, das geräumig, aber nicht übertrieben groß war. Irgend etwas daran kam Keighly so bekannt vor, daß ihr Schwindel und ihre Benommenheit für einen Moment verflogen.

Sie hob den Kopf, schaute sich um, erkannte nichts und verstand doch, daß dieser Raum in irgendeiner Weise für sie wichtig war oder gewesen war.

Francine musterte sie prüfend. »Möchtest du lieber wieder gehen? Großer Gott, du siehst ja *schrecklich* aus! Du bist leichenblaß geworden, Keighly!«

Keighly legte eine Hand an ihre Stirn. »Dieses Zimmer hier ...?«

»Ich weiß nicht viel darüber«, sagte Francine. »Die große Suite mit Ausblick auf den Garten gehörte früher Angus Kavanagh, was nicht weiter überraschend ist. Dies könnte das Zimmer eines seiner Söhne oder ein Gästezimmer gewesen sein. Die Leute besuchten sich nicht oft in jenen Zeiten, aber wenn sie es taten, blieben sie für Monate. Oder sogar Jahre.«

Keighlys Herz zog sich zusammen. *Darby.*

Als sie Francines besorgten Blick sah, zwang sie sich zu einem Lächeln. »Ich verspreche dir, daß ich morgen wieder fort bin«, meinte sie.

Francine drückte ihre Hand. »Laß dir ruhig Zeit. Soll ich dir etwas bringen? Wasser oder Tee? Ein Aspirin vielleicht?«

Keighly schüttelte den Kopf. Sie wollte nur allein sein, um ihre Gedanken zu sammeln und eine Erklärung dafür zu suchen, daß ihre Welt plötzlich derart aus den Fugen geraten war, obwohl sie ihr Leben lang ein solider, verantwortungsbewußter Mensch gewesen war. Während sie sich im Zimmer umsah, suchte sie verzweifelt nach einem Grund dafür, daß es ihr so unfaßbar vertraut erschien.

Unter dem Fenster stand ein Doppelbett, das offensichtlich neu war, die Wände waren frisch gestrichen und in einem freundlichen, hellen Blauton tapeziert. Das Gefühl, den Raum zu kennen, verblaßte und wich Kopfschmerzen und einem Anfall leichter Übelkeit, der sich zu verschlimmern drohte, wenn sie sich nicht hinlegte.

Die Schuhe abstreifend, streckte sie sich seufzend auf dem Bett aus, und Francine ließ sie allein und zog leise die Tür hinter sich zu.

Nachdenklich starrte Keighly an die Zimmerdecke. Vielleicht wäre es das Beste, nach Los Angeles zurückzukehren, wenn auch nicht zu Julian, und zu versuchen, Darby Elder und seine fremde, parallele Welt ganz schlicht und einfach zu vergessen ...

Ruhelos legte Keighly sich auf die Seite. Als ob das so einfach wäre – vor allem, nachdem sie sich geliebt hatten. Das Erlebnis hatte sie für immer verändert, weshalb es sinnlos wäre, sich einzureden, daß sie einfach fortgehen und weiterleben könne, als ob nichts geschehen wäre.

Zuviel war geschehen, und es war verdammt real gewesen. Darby, der *Blue Garter Saloon*, das schmale Bett, auf dem sie mit ihm gelegen hatte, seine starken Arme, in denen sie eine ganze Nacht geruht hatte, und seine leidenschaftliche Umarmung. All das war Wirklichkeit und kein Produkt ihrer Phantasie gewesen.

Tränen sammelten sich an ihren Wimpern. Darby war ihr Segen und ihr Fluch zugleich – sie liebte ihn auf eine Art und Weise, von der die meisten Menschen höchstens träumen konnten, und dennoch würde sie ihn vielleicht niemals wiedersehen. Obwohl Beweise existierten – die Gegenstände in der Truhe im Haus ihrer Großmutter in Redemption –, daß sie ins neunzehnte Jahrhundert zurückkehren und daß er an einer Schußwunde sterben würde und auch ihr Kind dazu verdammt war, einer grausamen, unnötigen Krankheit zu erliegen.

Vielleicht war es nicht richtig, zu Darby zurückzukehren, wenn sie doch all das wußte. Ihr Sohn konnte nicht an Scharlach sterben, wenn er nicht in einer Zeit geboren wurde, in der derartige Krankheiten noch grassierten – oder wenn er überhaupt nicht geboren wurde. Auch Darby würde seinem Schicksal vielleicht entgehen, wenn Keighly ihn in Ruhe ließ ...

Das war es. Sie würde hier die Nacht verbringen, wie sie Francine versprochen hatte. Am Morgen würde sie dann heimfahren, ihre Sachen packen, in ihren Wagen steigen und nach Los Angeles zurückfahren. Wenn sie hart arbeitete, die Galerie wieder in Schwung brachte und mit einer neuen Skulptur begann, würde sie irgendwann vergessen, was ihr hier in dieser staubigen kleinen Stadt in Nevada zugestoßen war.

Das Problem war nur, daß sie es *nie* vergessen würde.

Ihr Instinkt verriet ihr, daß sie bereits schwanger war und die Ereignisse unweigerlich ihrem Höhepunkt entgegensteuerten, wie eine Lawine, die, wenn sie einmal in Bewegung geraten war, durch nichts mehr aufzuhalten war. Nein, es gab keine Rückkehr mehr zu jenen unschuldigen Tagen, als Darby nichts weiter als ein Bild in einem Spiegel gewesen war.

Keighly wußte heute nur zu gut, daß er ein Mann aus Fleisch und Blut war, der sie brauchte und den *sie* brauchte. Das Schicksal würde seinen Verlauf nehmen, im Guten wie im Schlechten, und sie und Darby waren nichts weiter als ein Pfand in seinen Händen.

Sie schloß die Augen und seufzte, weil sie überzeugt war, viel zu aufgewühlt zu sein, um Schlaf zu finden. Doch nach wenigen Sekunden schon hüllte tiefe Dunkelheit sie ein, verschluckte sie wie der Rachen eines großes, dunklen Tiers, und sie fühlte sich in eine unendlich weite, lautlose Leere hinübergleiten.

Fröhliche Pianoklänge weckten sie.

Keighly rollte sich auf den Rücken, streckte sich und lauschte. Im Zimmer war es dunkel bis auf den Schein der Sterne und des Monds, und außer der Musik und den leisen Stimmen innerhalb der soliden Mauern herrschte tiefe Stille. Ein Wolf oder Kojote heulte irgendwo dort draußen in den Bergen, und Keighly rief sich lächelnd ins Gedächtnis, daß Francine auf dem Lande lebte.

Ihre Augen weiteten sich, als das Gefühl der Benommenheit allmählich von ihr wich.

Die Stimmen unten wurden lauter. Es waren Männer, die dort redeten, Kinder, die lachend und rufend durch das Haus liefen. Auch die Musik wurde lauter, als ob der Pianospieler den zunehmenden Lärm im Hause übertönen wolle.

Keighly hielt den Atem an. Es konnte nur der Fernseher

sein. Natürlich. Francine schaute sich anscheinend irgendeine ziemlich laute Talkshow an.

Lauschend richtete sie sich auf »Francine?« rief sie leise, obwohl sie wußte, daß ihre Freundin sie unten im Wohnzimmer und über dem Lärm des Fernsehers unmöglich hören konnte.

Keighly stand auf und ging zur Tür, öffnete sie und wunderte sich ein wenig über das Krächzen der Scharniere. Im Dunkeln tastete sie nach dem Lichtschalter, konnte ihn aber nicht finden. Stirnrunzelnd trat sie einen Schritt zurück und schaute sich nach einer Lampe um.

Im blassen Schein des Monds erkannte sie, daß das Bett, aus dem sie eben aufgestanden war, nicht dasselbe war, auf dem sie sich nachmittags hingelegt hatte. Auch die Tapete war anders – weiß und mit großen, häßlichen Rosen bedruckt, die im Halbdunkel des Raums wie Blutflecke aussahen.

Keighly schlug die Hand vor den Mund, um einen Aufschrei zu unterdrücken. Es war wieder geschehen, und diesmal ohne die Hilfe des Spiegels im Ballsaal ihrer Großmutter. Sie war in die Vergangenheit zurückgekehrt – aber in welche Zeit? War es derselbe Tag, an dem sie Darby verlassen hatte, oder war er noch ein kleiner Junge? War es nicht vielleicht sogar möglich, daß er längst tot war und begraben?

Keighlys Knie drohten nachzugeben, und sie ging zum Bett zurück, wo sie sich schwer auf die Matratze fallenließ. Die Bettfedern quietschten, und das Geräusch hallte im ganzen Zimmer wider.

Jeden Augenblick konnte irgendein Mitglied einer früheren Generation von Kavanaghs die Treppe hinaufkommen und die Tür öffnen, schon bald gefolgt von allen anderen, und sie fragen, wer sie war und was sie hier in diesem Haus zu suchen hatte. Und Keighly hatte keine Ahnung, was sie ihnen sagen sollte.

Sie bemühte sich ja selbst noch, ihre Lage zu begreifen.

Galle stieg in ihrer Kehle auf, als sie Schritte auf dem Gang vernahm. Jemand hatte sie gehört. Man würde sie verhaften lassen, sie in ein Gefängnis bringen oder in ein Irrenhaus, wenn sie nicht gleich als Eindringling erschossen wurde ...

Die Tür öffnete sich, und Keighly schloß die Augen, während sie fieberhaft nach einer überzeugenden Erklärung suchte.

»Keighly?« Die Stimme war männlich und vertraut, heiser in einer Mischung aus Hoffnung und Verzweiflung. »Bist du das?«

Tränen der Erleichterung rannen über ihre Wangen, und im ersten Moment brachte sie kein Wort über die Lippen. Der Mann an der Tür war Darby, und er kannte sie. »Ja«, sagte sie mit zitternder Stimme.

Mit ein, zwei Schritten durchquerte er den Raum, nahm sie in die Arme und preßte sie an seine Brust, als ob er sich ihr Bild auf seiner Haut einprägen wolle. Seine Finger glitten unter ihr Haar, und als er ihren Kopf zurückbog, um sie anzusehen, glitzerten seine bernsteinfarbenen Augen in der Finsternis wie die Augen eines Raubtiers.

»Was ist geschehen?« fragte er rauh. »Wie bist du hergekommen? Ich dachte, der Spiegel ...«

»Du dachtest, der Spiegel sei der einzige Weg«, beendete sie den Satz für ihn und begann zu lächeln, obwohl ihr Gesicht noch naß von Tränen war. »Anscheinend ist er das aber nicht, denn sonst wäre ich nicht hier.«

Darby lächelte froh und küßte ihre Lippen. »Diesmal lasse ich dich nicht mehr fort«, sagte er.

»Es war keine Absicht«, entgegnete Keighly eine Spur gereizt.

Wieder küßte er sie, diesmal auf die Stirn, und lachte leise. »Jetzt brauchen wir uns nur noch zu überlegen, wie wir den anderen deine Anwesenheit in Angus' Haus erklären können.«

Zärtlich strich Keighly mit dem Zeigefinger über seine Lippen. »Sag mir zuerst, wie lange ich fortgewesen bin. Haben wir gestern nacht in deinem Zimmer im *Blue Garter* geschlafen und uns beim Aufwachen geliebt?«

Darby starrte sie einen Moment verwundert an, dann

schüttelte er den Kopf. »Nein, Liebling«, sagte er. »Du warst zwei Wochen fort.«

»Zwei Wochen!« hauchte Keighly. Für sie waren weniger als vierundzwanzig Stunden vergangen. Eine Möglichkeit, die sie vorher nicht bedacht hatte, kam ihr in den Sinn. »Welcher Planet ist das?« fragte sie.

Darby lachte schallend und gab sich jetzt nicht mehr die geringste Mühe, seine Stimme zu dämpfen. »Die Erde«, antwortete er. »Aber wieso? Kommst du woanders her?«

7. Kapitel

Keighly schaute herab an ihrer sehr modernen Kleidung, Jeans und T-Shirt, zu denen sie – das fiel ihr jetzt erst auf – nicht einmal Schuhe trug.

»Was sollen wir den Leuten sagen?« fragte sie, obwohl es sie im Grunde wenig kümmerte.

Darby nahm ihre Hand und zog sie zur Tür des Schlafzimmers. »Nichts, solange du in diesem Aufzug bist. Wir schleichen uns durch die Hintertür hinaus, und ich hole mein Pferd aus den Ställen. Im *Blue Garter* sind Kleider, die ich für dich gekauft habe. Dort kannst du dich umziehen.«

Keighly war so glücklich, wieder bei ihm zu sein, daß sie sich nicht gestattete, an irgend etwas anderes zu denken. Nach einer Trennung wahrhaft kosmischer Proportionen waren Einzelheiten nicht mehr wichtig.

Leise schlichen sie über eine schmale Hintertreppe – die Struktur des Hauses war dieselbe wie etwa hundert Jahre später, obwohl es natürlich völlig anders eingerichtet war – und wandten sich zur Küchentür. Dort blieb Keighly im Dunkeln auf der Schwelle stehen und wartete auf Darby, der augenblicklich in der Finsternis des Hofs verschwunden war.

Nur wenige Minuten später hörte sie ein Pferd wiehern, und dann war Darby da, auf einem wunderschönen schwarzen Rappen, der schnaubend den Kopf zurückwarf und unruhig auf der Stelle tänzelte.

»Darby?« rief ein Mann von drinnen. »Bist du auf dem Hof?«

»Beeil dich«, sagte Darby, bückte sich und reichte Keighly eine Hand. »Simon ist der letzte Mensch, dem ich jetzt begegnen möchte.«

Simon Kavanagh, den sie eines Tages heiraten würde, wenn es ihr nicht gelänge, den Verlauf der Geschichte zu verändern und den Mann, den sie liebte, am Leben zu erhalten. Ein Frösteln lief über Keighlys Rücken, als sie

Darbys Arm ergriff und sich von ihm, wie in einem Cow-
boyfilm, aufs Pferd heben und hinter sich plazieren ließ.

Sie schlang die Arme fest um seine Taille, als das Pferd
sich in Bewegung setzte und einen schnellen Galopp
anschlug, als machte die Finsternis ihm nicht das geringste aus. Sie hatten das Haus schon weit hinter sich zurückgelassen, als die Wolken, die den Mond bedeckten, sich
verzogen, und fahles Licht das Land erhellte.

Das Pferd – Keighly erkannte es nun nach der Skulptur,
die Francine auf dem Dachboden gefunden hatte – trabte
nun mit sicheren Schritten über das unebene Land. Das
Tier war ein Wallach, erinnerte sie sich, und sein Name
war …

Destry. Woher, fragte sie sich verwundert, konnte sie
das wissen?

»Hast du mit mir über das Pferd gesprochen, als wir das
letzte Mal zusammen waren?« fragte sie und erhob die
Stimme, um über das Klappern von Destrys Hufen auf
dem harten Boden und das Heulen des Wüstenwinds
gehört zu werden.

Darby klang triumphierend wie ein Mann, der nach
vielen Jahren erfolgloser Suche endlich Gold gefunden
hatte. »Nein«, erwiderte er. »Ich habe ihn erst gekauft,
nachdem du so plötzlich verschwunden warst.«

*Dann muß ich mich im Unterbewußtsein an ihn erinnert
haben. Das ist die einzig mögliche Erklärung.* »Anscheinend
sind Frauen nicht die einzigen, die einkaufen, wenn sie
deprimiert sind«, bemerkte Keighly. Immerhin stand sie
noch ziemlich unter Schock, selbst wenn genau das einge-
treten war, was sie sich sehnlichst gewünscht hatte: wieder zu Darby zurückzukehren.

»Was?«

»Nichts«, antwortete Keighly mit einem schwachen
Lächeln und schmiegte sich noch fester an ihn. Er roch
nach Seife und Sonnenschein und Rum. Sie legte ihre
Wange an seine Schulter und war zum ersten Mal, seit sie
sich geliebt hatten – für sie an diesem Morgen, für Darby
vor zwei Wochen – wieder richtig glücklich.

Sie versuchte gar nicht erst, dies alles zu begreifen, zumindest nicht in diesem Augenblick.

Redemption war größer als im zwanzigsten Jahrhundert, es herrschte reger Verkehr auf den Straßen, und es gab mehr Häuser und Geschäfte. Auch im *Blue Garter Saloon* schien Hochbetrieb zu herrschen, was vermutlich einer der Gründe war, warum sie ihn durch die Hintertür betraten.

Sie hätten Darbys Zimmer wohl unentdeckt erreicht, wenn ihnen auf dem Korridor nicht eine große schwarze Frau begegnet wäre. Sie hielt eine Petroleumlampe in der Hand und trug ein weißes Nachthemd, ihr Haar war auf Stoffetzen gedreht, die ihr offenbar als Lockenwickler dienten. Ihre Augen wurden schmal vor Mißtrauen, als sie Keighly erblickte, und weiteten sich dann wieder, als sie ihre Jeans, das Baumwollhemd und ihr verhältnismäßig kurzes Haar sah.

»Allmächtiger!« rief die Fremde. »Sie sind kein Mann …« Sie beugte sich vor und schaute Keighly forschend ins Gesicht. »… Oder?«

Keighly war sprachlos – selbst im Nachthemd und mit dieser Krone weißer Stoffetzen auf dem Kopf besaß die Frau eine Autorität, die nur ein ausgesprochen dummer Mensch zu ignorieren gewagt hätte.

Es war Darby, der antwortete, zuerst mit einem Lachen, dann mit den Worten: »*So* stark habe ich mich nicht verändert, seit ich von hier fort bin, Tessie.«

Keighly, die stolz darauf war, eine Frau zu sein, hatte sich inzwischen soweit von ihrem Schreck erholt, daß sie sich über Tessies Worte ärgern konnte. »Ich bin ganz gewiß kein Mann«, erklärte sie gekränkt.

»Dann müssen Sie es sein, die vor zwei Wochen in Mr. Darbys Zimmer diesen Höllenlärm veranstaltet hat. Es ist mir egal, was die dumme Oralee sagt – sie war es ganz bestimmt nicht!«

Errötend wandte Keighly das Gesicht ab. Darauf fiel ihr nun wirklich keine Antwort ein. »Wer ist Oralee?« flüsterte sie Darby zu.

»Habt ihr eigentlich *alle* am Schlüsselloch gelauscht?«
herrschte Darby Tessie an. Keighly hätte Luft sein können,
so wenig schenkte er ihr Beachtung, obwohl er noch
immer ihre Hand hielt.

»Das war nicht nötig«, entgegnete Tessie und beugte
sich angriffslustig vor. »Es war ein Skandal, was ihr getrieben habt, Darby!«

Mit der freien Hand öffnete Darby seine Zimmertür,
schob Keighly hinein und schloß die Tür wieder. Draußen
auf dem Korridor ging die Auseinandersetzung weiter.

Keighly hatte kein Verlangen, sich an der Debatte zu
beteiligen. Sie setzte sich auf den Stuhl, auf dem sie und
Darby sich geliebt hatten, sprang dann wieder auf, als
hätte sie sich verbrannt, und begann nervös auf und ab zu
gehen. Fest entschlossen, den Moment zu leben, weigerte
sie sich nachzudenken, biß sich auf die Lippen und zwang
sich zur Geduld.

Nach einer Weile kam die Diskussion zwischen Darby
und Tessie, wer immer sie auch sein mochte, zu einem
abrupten Ende. Die Tür öffnete sich einen Spalt, und
Keighly hörte seine Stimme.

»Bist du angezogen?«

Keighly lachte leise. »Dir wäre es wahrscheinlich lieber,
wenn ich es nicht wäre.«

Grinsend trat er ein. »Ich hatte nur gehofft, du wärst es
nicht.«

»Wer war diese Frau dort draußen? Sie hat mir einen
furchtbaren Schrecken eingejagt.«

Darby lachte und verriegelte die Tür. »Das war Tessie.
Sie bemuttert mich gern, und wenn sie mich wieder auf
den rechten Weg zurückbringen könnte, dann würde sie
es sicher tun, vermute ich.«

Er hielt inne, um Keighly zu küssen, ging dann zu der
Truhe am Fußende seines Betts und begann Päckchen her-
auszunehmen, die in braunes Papier gewickelt und mit
Bindfaden verschnürt waren. »Hier«, sagte er. »Es war die
reinste Tortur, all diesen Schnickschnack auszusuchen,
und deshalb hoffe ich, daß dir die Sachen passen.«

123

Keighly war gerührt, vor allem, als sie das erste Päckchen öffnete und ein spitzenbesetztes Hemd und eine dazu passende lange Unterhose darin fand. Für einen Mann wie Darby mußte es tatsächlich eine Tortur gewesen sein, derartige Dinge auszusuchen. »Sie werden passen«, antwortete sie, aber sie brachte die Worte kaum heraus, weil sich plötzlich ein Kloß in ihrer Kehle bildete.

Alles paßte wirklich ausgezeichnet, und als Keighly das letzte der drei Kleider anprobiert hatte, blieb sie in Unterrock und Unterhemd vor Darby stehen.

Er schaute sie an, als hätte er sie am liebsten ausgezogen, und die Wahrheit war, daß sie es genauso gern getan hätte, aber sie wußte auch, daß das nicht möglich war. Nicht, wenn laut Tessie anscheinend jeder hier im Haus den ›Höllenlärm‹, den sie bei ihrem letzten Besuch veranstaltet hatte, gehört hatte.

»Wer ist Oralee?« fragte Keighly und trat einen Schritt zurück, worauf sie stolperte und fast auf das Bett hinter ihr gefallen wäre.

Darby grinste im Mondschein, der durch das Fenster fiel. Seine Zähne waren weiß und ebenmäßig. »Nur eins der Mädchen, die oben arbeiten«, sagte er. »Ich mußte den Heidenlärm hier irgendwie erklären, und Oralee war so nett, die Verantwortung dafür zu übernehmen. Du solltest ihr dankbar dafür sein.«

Keighly zupfte verlegen an dem Ausschnitt ihres Hemds, der ihr ein bißchen zu gewagt erschien. »Das bin ich aber nicht«, erwiderte sie und hoffte, daß er nicht sah, wie sie errötete. Aber bei ihrem Pech sah er bestimmt genausogut im Dunkeln wie sein Pferd. »Dankbar, meine ich.«

Er lachte und breitete die Arme aus, und da konnte sie nicht mehr widerstehen. Sie schmiegte sich an ihn, und ihre Augen füllten sich mit Tränen der Erleichterung und Freude.

»Wir können uns hier nicht lieben«, sagte sie ohne große Überzeugung und legte ihr Gesicht an seine Brust.

Durch sein Hemd hörte sie das ruhige, beständige Pochen seines Herzens.

Sein Lächeln berührte sie wie die Flamme einer Kerze und spiegelte sich in seiner Stimme wider. »Wir sind im Begriff, es zu tun«, erwiderte er. »Es gibt unpassendere Orte, weißt du.«

»Aber wenn alle gehört haben ...«

»Dann mußt du eben versuchen, still zu sein.«

Keighly ballte eine Faust und schlug ihn auf die Schulter, aber nicht sehr hart. »Es war nicht nur meine Schuld, falls du das vergessen haben solltest«, gab sie zu bedenken.

Er lachte und senkte den Kopf, um sie zu küssen, und in diesem Augenblick war sie verloren. Ohne einen Gedanken an Vergangenheit und Zukunft, die sich ohnehin für sie vermischten, gab Keighly sich dem Mann hin, den sie liebte, und all dem, was sie für ihn empfand.

Darby küßte sie, und sie erwiderte seine Zärtlichkeiten mit einer Leidenschaft, die seiner um nichts nachstand, aber es kam nie auch nur der geringste Zweifel auf, wer hier dominierte. In dieser einen Facette ihrer Beziehung war er ihr Meister, ihr Lehrer, und sie hatte nicht den Wunsch, das je zu ändern.

Ohne den Kuß zu unterbrechen, schob Darby die Hände unter die Träger ihres Hemds, zog es herab und entblößte ihre Brüste. Dann trat er einen Schritt zurück und betrachtete sie bewundernd, umfaßte mit den Händen ihre Brüste und strich mit den Daumen über ihre zarten Spitzen.

Keighly seufzte leise und bog sich ihm entgegen.

»Du bist so schön«, murmelte Darby. »Du kommst mir vor wie eine Nymphe aus irgendeiner griechischen Fabel – oder wie eine Göttin, die vom Olymp herabgestiegen ist.« Mit einem Finger beschrieb er einen Kreis um Keighlys rechte Brustspitze.

»Sehr poetisch für einen Cowboy«, gelang es ihr nach einem leisen Seufzer zu erwidern.

»Wer sagt, daß Cowboys nicht poetisch sein dürfen?«

entgegnete er und senkte dann den Kopf, um die Brustwarze, die er gerade noch gestreichelt hatte, mit Lippen und Zunge zu liebkosen.

Keighly konnte einen leisen Aufschrei nicht unterdrücken. Stöhnend schob sie die Hände in Darbys Haare und zog ihn noch fester an sich, während sie sich im stillen damit abfand, daß die Lust, die er ihr verschaffte, zu groß war, um sie zu ertragen, und ganz gewiß ihr Ende sein würde.

»Ich kenne ... o Gott ... nicht viele Cowboys ...«

»Das ist gut«, sagte Darby zwischen kurzen, aber unendlich aufreizenden Liebkosungen. »Wenn es nach mir ginge, würdest du nach mir überhaupt keinen Mann mehr kennenlernen. Nicht so zumindest.«

Trauer schlich sich in Keighlys Leidenschaft, denn sie hatte gesehen, was die Zukunft ihnen brachte, aber sie verdrängte dies alles, weil sie sich das Glück, wieder bei Darby zu sein, nicht zerstören lassen wollte. Sie würde ihn irgendwie vor dem Tod bewahren, ihn und ihr Kind, und weder Simon Kavanagh noch irgendeinen anderen Mann heiraten.

Tatsächlich war es für sie längst so, als wären Darby und sie verheiratet. Der Austausch ihrer Gelübde würde nur eine reine Formalität sein, denn sie waren bereits zu einem Fleisch und Geist verschmolzen. In allen Zeiten und Dimensionen gehörte sie zu Darby, und er zu ihr.

Er hörte nicht auf, ihre Brüste zu küssen, die schwer wurden vor Verlangen und sich ihm geradezu entgegendrängten, als Keighly in vollkommener Hingabe die Augen schloß und den Kopf zurücklegte. Als Darby sie zum Bett zog, merkte sie es kaum und dachte nicht daran, zu protestieren.

»Gott helfe mir«, flüsterte Darby an ihrem Hals, »aber es ist mir egal, ob uns jetzt jemand hört. Wenn du mir sagst, daß ich aufhören soll, dann tue ich es, aber ich schwöre dir, daß es mich umbringen wird, falls du es von mir verlangst.«

Keighly zog ihren Unterrock bis zur Taille hoch und

half Darby, ihr die spitzenbesetzte lange Unterhose auszuziehen. »Soll das heißen, daß du mich nicht mit einer Stunde Vorspiel quälen wirst?«

»Ich werde dich später fragen, was, zum Teufel, ein *Vorspiel* ist«, antwortete Darby schroff und knabberte an ihrem Ohrläppchen, während er mit einer Hand seine Hose aufknöpfte. »Und ich finde, ›quälen‹ ist wohl kaum das richtige Wort, obwohl ich zugeben muß, daß du schreist wie jemand in einem Folterkeller.«

Sie bog sich ihm entgegen und mit entnervender Langsamkeit drang er in sie ein. Ihre Fingernägel glitten über die harten Muskeln an seinen Schultern, über seine Rippen, seine Taille und seinen festen Po. »Verdammt, Darby«, stöhnte sie, »*schneller!*«

»Kommt nicht in Frage«, erwiderte er und nahm sich alle Zeit der Welt, um sie zu lieben.

Als es vorbei war, bedeckte er ihr erhitztes Gesicht mit sanften, unendlich liebevollen Küssen.

»Wage es ja nicht, jemandem zu sagen, du wärst mit Oralee zusammengewesen«, sagte sie, als sie endlich wieder genug Atem hatte, um zu reden. »Es ist mir egal, ob es meinem guten Ruf schadet.«

Er lachte. »Ja, das ist wohl wirklich nicht mehr wichtig«, pflichtete er ihr bei. »Wenn du erst meine Frau bist, hast du sowieso keinen guten Ruf mehr zu verlieren.«

Keighly schaute ihn aus großen Augen an. »War das ein Heiratsantrag?«

»Allerdings. Und falls du nicht freiwillig mit mir vor einen Priester trittst, bleibt mir nichts anderes übrig, als dich in die Berge zu verschleppen und dich zu zwingen, in Sünde mit mir zusammenzuleben.«

»Mit dir«, scherzte Keighly, während sie die Hüften kreisen ließ und ihre Arme um seinen Nacken schlang, »hat die Sünde durchaus auch ihre guten Seiten.« Sie waren noch immer auf intimste Weise vereint, und Darby stöhnte, als sie sich so aufreizend bewegte.

Dann küßte er sie, nicht wie zuvor, sondern nur kurz und mit einer Zuneigung, die einen wunden Punkt in ihrem Herzen traf. »Ja oder nein«, sagte er. »Und wenn du nein sagst, erzähle ich allen, du wärst ein Mann.«

Jetzt war es Keighly, die lachte. »Würde das nicht *deinen* guten Ruf schädigen?«

»Meinen? Da ist nicht mehr viel zu schädigen«, erwiderte er und küßte sie von neuem, aber diesmal leidenschaftlicher.

Keighly hatte fast ein wenig Angst davor, die Augen zu öffnen, als sie die Morgensonne im Gesicht spürte, weil sie befürchtete, sich im zwanzigsten Jahrhundert und in Francines Gästezimmer wiederzufinden. Es waren der Duft und die Wärme Darbys, der neben ihr lag, seine Glieder mit ihren verschränkt, was ihr den Mut verlieh, die Augen aufzuschlagen.

Er schlief noch, seine langen, ungewöhnlich dichten Wimpern ruhten auf seiner sonnengebräunten Haut, und um seinen Mund spielte ein fast nicht wahrnehmbares Lächeln. Sein dunkles Haar war offen, glänzte im Sonnenschein, und er wirkte ungeheuer männlich in seiner wilden, ungezähmten Schönheit.

Eine Welle der Liebe erfaßte Keighly, als sie ihn bewunderte, raubte ihr den Atem und brachte ihren Puls aus seiner gewohnten, ruhigen Bahn, so daß er für ein paar Sekunden raste. *Laß mich bei ihm bleiben*, betete sie stumm. *Selbst wenn ich nichts am Verlauf der Dinge ändern kann, laß mich bleiben und Darby Elder lieben, so sehr ich kann, so lange, es nur möglich ist.*

Darby bewegte sich und öffnete die Augen. »Wenn du verschwunden wärst, hätte ich es dir nie verziehen«, sagte er.

Sie schmiegte sich noch fester an ihn, was nicht schwierig war, da sie ein Bett teilten, das gerade breit genug für einen war. »Das hätte dir nicht viel genützt«, erwiderte sie.

»Du bist ein vorlautes kleines Ding«, bemerkte er.

Sie war so glücklich wie noch nie zuvor in ihrem Leben. »Wenn es um Sex geht«, sagte sie ganz offen, »bist ganz

128

entschieden du derjenige, der den Ton angibt. Aber ich muß dir leider sagen, daß die Frauen meiner Zeit keine gehorsamen kleinen Mäuschen sind, die ihrem Mann jeden Wunsch von den Augen ablesen.«

Darby lachte. »Wann waren Frauen überhaupt je ›gehorsame kleine Mäuschen, die ihrem Mann jeden Wunsch von den Augen ablesen‹?« entgegnete er amüsiert.

»Na ja, da hast du recht«, gab Keighly lächelnd zu. »Aber trotz allem besitzen die Frauen des neunzehnten Jahrhunderts nicht einmal das Recht zu wählen. Sie gelten als Eigentum ihrer Ehemänner und haben nicht mehr Rechte als das Pferd eines Mannes oder seine Hunde.«

Darby zog das Laken herab, entblößte ihre Brüste und strich leicht mit dem Handrücken darüber. »Hmmm«, war alles, was er dazu sagte.

Keighly erschauerte vor Vergnügen, obwohl sie sich gleichzeitig mit aller Kraft bemühte, nicht die Kontrolle zu verlieren. »Ich muß dein ... dein Versprechen haben, Darby, daß du nicht ... o Gott! ... daß du niemals versuchen wirst, mich zu unterdrücken.«

Er beugte sich jetzt über sie und schaute ihr in die Augen. In die Seele. »Du hast mein Wort«, erwiderte er feierlich. »Solange wir nicht in einem Zimmer sind, in dem ein Bett steht, kannst du tun und lassen, was du willst, Liebling!«

Darby ging irgendwann, und als er zurückkam, brachte er etwas zu essen mit und das Versprechen, später eine Badewanne mit viel heißem Wasser hereinzubringen. Keighly aß mit Appetit und konnte es kaum erwarten, zu baden und danach eins der Kleider im Stil des neunzehnten Jahrhunderts anzuziehen.

»Gut, daß du mir kein Korsett gekauft hast«, bemerkte sie, als sie gegessen hatten und Darby eine Wanne hereingeschleppt hatte, die groß genug für eine erwachsene Person war. »Denn das hätte ich bestimmt nicht angezogen.«

»Du brauchst keins«, sagte Darby.

»Du bist ein Schmeichler. Mach ruhig so weiter, dann bin ich bald Wachs in deinen Händen.«

Er grinste, schon wieder auf dem Weg zur Tür, weil er heißes Wasser holen wollte. »Du bist bereits Wachs in meinen Händen«, erklärte er und schloß die Tür, bevor das Brötchen, das Keighly nach ihm schleuderte, ihn treffen konnte. Als er fort war, stand sie auf, noch immer lächelnd, und betrachtete sich in dem kleinen Rasierspiegel über der Kommode.

Sie sah genauso glücklich aus, wie sie sich fühlte – ihre Wangen glühten, ihre Augen glänzten.

Eine halbe Stunde später saß sie bis zum Kinn in heißem Wasser und in duftendem Seifenschaum.

Darby saß rittlings auf dem Stuhl, die Arme auf der Rückenlehne, und beobachtete Keighly, während er sich über seine Gefühle klarzuwerden versuchte. Er war in den meisten Dingen ein eher nüchtern denkender Mensch, aber was diese Frau betraf, kam er sich wie ein hitzköpfiger kleiner Junge vor – der bloße Gedanke, daß ein anderer Mann sie anschauen könne, ganz zu schweigen davon, sie *so* zu sehen wie er sie jetzt sah, brachte ihn in Rage.

Er seufzte. Es würde ihm nichts nützen, sich aufzuregen, wann immer jemand diese Frau anblickte. Keighly war schön wie ein Engel, und jeder Mann, der nicht gerade blind war, würde ihren Anblick auch genießen wollen.

»Du gehörst nicht an einen Ort wie diesen«, meinte er nachdenklich, während er sie mit unverhohlener Bewunderung betrachtete. »Du müßtest in irgendeinem Palast regieren, Keighly.«

»Na schön. Bau du mir einen Palast, dann regiere ich darin.« Keighly ließ sich noch tiefer in das Wasser sinken, bis der Schaum ihr Kinn bedeckte. Ihre Augen, die im Mondschein immer grün aussahen, wirkten im Sonnenschein jetzt grau, und sie funkelten vor Mutwillen. »Werden wir nun heiraten, oder hast du dir inzwischen eine Ausrede ausgedacht, um es nicht zu tun?«

»Wir können unsere Gelübde noch heute ablegen, wenn du willst«, antwortete er. »Ich persönlich würde allerdings lieber zuerst nach San Miguel reiten. Ich habe Freunde dort, und es gibt in dieser Gegend eine *hacienda*, die ich schon immer kaufen wollte.«

Keighly runzelte die Stirn, als sie ihn ansah. »San Miguel«, wiederholte sie, in einem sehr merkwürdigen Tonfall, der weder eine Frage noch eine Feststellung auszudrücken schien.

»Hier können wir nicht bleiben«, sagte Darby. In dieser Angelegenheit würde er nicht nachgeben, selbst wenn es bedeuten sollte, seinen Schwur zu brechen, nirgendwo anders als im Bett die Oberhand zu haben. Er war froh, daß er gar nicht den Wunsch verspürte, Keighly zu beherrschen, denn er war ziemlich sicher, daß das unmöglich war.

»Du hast Angst, daß ich wieder verschwinden könnte«, sagte sie, während sie ihm einen Waschlappen und die Seife reichte.

Darby kniete sich neben die Wanne und wusch Keighlys Rücken. Es war das erste Mal, daß er so etwas tat, obwohl es ihm so vorkam, als hätten sie dieses Ritual schon Tausende von Malen ausgeführt, so vertraut erschien es ihm. »Du nicht? Du willst doch nicht etwa zurück, Keighly?«

Sie zögerte lange genug, um sein Herz für einen Schlag aussetzen zu lassen.

»Keighly?« beharrte er.

Sie wandte den Kopf und schaute ihn aus tränenfeuchten Augen an. »Nicht, wenn du mich nicht begleitest«, antwortete sie schließlich und ihre Stimme war kaum mehr als ein Wispern.

Darby ließ das Tuch sinken und legte eine Hand unter ihr Kinn. »Was ist es, Liebling? Was weißt du über mich … über uns?«

Keighly schwieg, starrte ihn nur an und biß sich auf die Lippen.

»Verdammt«, murmelte er nach einem weiteren ausgedehnten Schweigen. »Du weißt also tatsächlich etwas!«

Sie nickte stumm, und Tränen strömten ihr jetzt ungehindert über die Wangen. Darby wischte sie zärtlich mit den Daumen weg und nahm Keighly in die Arme.

»Vielleicht würde es etwas ändern – nach Mexiko zu gehen, meine ich«, murmelte sie. »Aber laß uns nie wieder hierher zurückkehren. Nie wieder, Darby ...«

Er nahm ihr Gesicht zwischen seine Hände, und während er ihr prüfend in die Augen schaute, begriff er plötzlich, daß ihr Schicksal sich erfüllen würde, egal, ob sie nach San Miguel gingen oder in Redemption blieben. Und Keighlys trauriges Gesicht verriet ihm, daß es nicht nur Glück war, was die Zukunft für sie bereithielt, sondern auch Qual und tiefer Schmerz.

»Ich liebe dich«, flüsterte er. Er hatte diese Worte noch nie zu einer Frau gesagt, und ihm war klar, daß er sie auch niemals einer anderen sagen würde. Sie gehörten Keighly und nur ihr allein.

Sie richtete sich auf die Knie auf, noch immer weinend, und schlang die Arme um seinen Nacken. »Und ich liebe dich, Darby.«

»Woher kommt sie?« fragte Will an diesem Abend, während er Keighly, die neben Darby in der Eingangshalle des Kavanghschen Familiensitzes stand, mit anerkennenden Blicken musterte. Will mochte Frauen, das war kein Geheimnis, aber er war ein treuer Ehemann. Betsey, seine Frau, die ihm in fast jeder Hinsicht ebenbürtig war, hätte ihm eine Kugel in den Kopf gejagt, wenn er es nicht gewesen wäre.

Darby seufzte. Wie erwartet, wollten alle wissen, wer Keighly war und wie sie nach Redemption gekommen war, ohne die Bahn oder die Postkutsche zu benutzen. Aber er hatte keine Lust, sich Lügen auszudenken. »Sie ist hierhergeritten«, sagte er daher nur. »Wir sind alte Freunde, und sie suchte mich.«

Will runzelte die Stirn. »Sie sieht nicht so aus, als ob sie viele Stunden im Sattel gesessen hätte. Und ihre Haut wäre sicher nicht so hell, wenn sie durch die heiße Sonne in der Wüste geritten wäre.«

»Na schön«, erwiderte Darby mürrisch, »dann werde ich dir die Wahrheit sagen. Sie kam aus einem Spiegel. Sie kam einfach von der anderen Seite zu mir herüber.«

Will lachte und schlug Darby so hart auf den Rücken, daß er fast das Gleichgewicht verlor. »Du hast eine lebhafte Phantasie«, meinte er. »Aber die hattest du ja immer schon.«

In diesem Augenblick kam Simon aus der Bibliothek und blieb verblüfft stehen, als er Keighly sah. Sie stand nervös am Fuß der Treppe, eine behandschuhte Hand auf dem Geländer, bezaubernd schön und gleichzeitig vollkommen fehl am Platz in dieser ländlichen Umgebung. Ihr Kleid war aus gelbem Musselin, langärmelig und hochgeschlossen.

Sie hatte nicht zur Triple K mitkommen wollen, weil sie Angst hatte, daß das Haus sie wieder in ihre eigene Zeit zurückversetzen könnte. Darby wußte jedoch instinktiv, daß nichts dergleichen geschehen würde. Es war der Spiegel im *Blue Garter*, der ihnen gefährlich werden konnte, wie auch der Saloon selbst und vielleicht sogar die ganze Stadt Redemption. Auf der Ranch waren sie in Sicherheit, zumindest für diese Nacht.

»Simon«, sagte Darby lächelnd, während sein sonst so gut erzogener Halbbruder Keighly mit unverhohlener Neugier anstarrte. »Ich möchte dir die Frau vorstellen, die ich heiraten werde – Miss Keighly Barrow.«

Die Worte brachen den Bann, unter dem Simon offenbar gestanden hatte, er wandte seine grauen Augen flüchtig Darby zu und lächelte dann Keighly an. »Sie werden mir verzeihen, daß ich Sie so angestarrt habe«, erklärte er mit einer galanten Verbeugung. »Aber so eine bezaubernd schöne Frau wie Sie habe ich in meinem ganzen Leben noch nicht gesehen.«

»Außer vielleicht Maggie im *Blue Garter*«, warf Darby schmunzelnd ein.

Simon bedachte ihn mit einem ärgerlichen Blick, bevor

er seinen kultivierten Charme wieder Keighly widmete. Erst da fiel Darby auf, daß sie leichenblaß geworden war und so aussah, als ob sie jeden Augenblick zusammenbrechen müsse.

Dann muß also auch Simon etwas zu tun haben mit der Zukunft, die sie so sehr fürchtet, dachte Darby resigniert und trat rasch an ihre Seite, um sie zu stützen.

»Ich dachte, es sei üblich, einer Dame einen Platz anzubieten«, bemerkte er und führte Keighly, die ungewöhnlich still war und sich sehr unwohl zu fühlen schien, in den selten benutzten Salon zu einer Couch. »Wo bleiben deine Manieren, Simon? Und deine, Will, falls du überhaupt je welche hattest?«

Will und Simon wechselten einen Blick, und Simon zog eine dunkle Braue hoch.

»Pa kann es kaum erwarten, Sie kennenzulernen, Miss Keighly«, sagte Will mit einem seiner unbeschwerten, jungenhaften Lächeln. »Ehrlich gesagt, hatten wir alle schon die Hoffnung aufgegeben, daß Darby es je zu etwas bringen würde.«

Darby lachte, und Simon verzog das Gesicht.

»Für die erste Begegnung mit unserem Vater braucht man manchmal einen Drink«, sagte er zu Keighly, die inzwischen wieder etwas Farbe auf den Wangen hatte. »Darf ich Ihnen einen Sherry anbieten?«

Keighly befeuchtete ihre Lippen, eine schlichte, unschuldige Geste, die ein Ziehen in Darbys Lenden auslöste, und schüttelte dann den Kopf. »Nein, danke«, sagte sie. »Ich hörte, daß Mr. Kavanagh sehr krank ist.«

»Er kann sein Zimmer nicht verlassen«, erwiderte Simon. »Und er haßt das.«

Weder Will noch Darby bemerkten etwas dazu. Ein Schlafzimmer ohne eine Frau darin war nur für zwei Dinge gut – zum Schlafen oder Sterben.

»Ich möchte ihn nicht stören«, sagte Keighly. Und das meinte sie durchaus ernst, wie Darby erkannte, denn sie sah aus, als ob sie am liebsten auf der Stelle die Flucht ergriffen hätte.

»Er würde uns alle drei auspeitschen, wenn wir Sie gehen ließen, ohne Sie ihm vorgestellt zu haben«, rief Will und lachte, weil er die Peitsche offensichtlich nicht zu fürchten schien.

»Das ist wahr«, pflichtete ihm eine tiefere Stimme bei.

Alle wandten sich zu Angus um, der, auf einen Stock gestützt, in dunklen Hosen, weißem Hemd, polierten Stiefeln und einer Smokingjacke aus Satin in der Salontür stand. Sein weißes Haar schimmerte im Lampenlicht, und selbst in seinem kranken Zustand gab er eine imponierende Erscheinung ab.

Angus lächelte Keighly an, und zum ersten Mal in seinem Leben begann Darby zu verstehen, was Harmony in ihrem langjährigen Liebhaber gesehen hatte. Dies war ein Mann, der Frauen aufrichtig liebte und respektierte, in einer Weise, wie es nur sehr wenige Männer taten – was eine unerwartete Erkenntnis für seinen unehelichen Sohn war.

Würdevoll ging Angus zu Keighly hinüber, und sie war höflich und klug genug, um sich nicht aus Respekt vor ihm zu erheben. Als er sie erreichte, streckte er die Hand aus, und sie legte ihre hinein. Er verbeugte sich und streifte mit den Lippen ihre Fingerknöchel. Simons gute Erziehung war also nicht künstlich anerzogen, sondern offenbar vom Vater auf den Sohn vererbt worden.

»Ich muß gestehen, daß der Lebensstil meines jüngsten Sohnes mich oft zur Verzweiflung trieb«, sagte Angus, als er sich wieder zu seiner vollen Größe aufrichtete. Seine Augen glänzten. »Aber jetzt sehe ich, daß ich mich umsonst gesorgt habe, denn Darbys Geschmack, was Frauen anbetrifft, ist offensichtlich tadellos.«

Keighly errötete und neigte zum Dank den Kopf, erwiderte aber nichts.

»Mir scheint«, meinte Darby, sich an seinen Vater wendend, »daß keiner von uns den anderen so gut kannte, wie wir dachten.«

Angus schaute Darby an, und stille Zuneigung zeigte

135

sich in seinem Blick. »Da magst du recht haben«, gestand er ein und gab seinem dritten Sohn auf diese Weise zu verstehen, daß er ihn schon immer verstanden und ihm vertraut hatte.

Irgendwie gelang es Simon, Angus zu einem Sessel zu führen, ohne den Anschein zu erwecken, daß er es tat. Er wußte, wie er seinen stolzen Vater zu behandeln hatte, und das war ein Talent, das weder Will noch Darby je besessen hatten, so sehr sie es sich manchmal auch gewünscht hätten.

»Brandy?« fragte Simon, schon an der Anrichte und Angus' Lieblingsmarke einschenkend.

Der Patriarch nickte, aber es war Keighly, der sein Interesse galt. Er wußte, daß irgend etwas anders an ihr war – das war Darby klar, denn Angus war ein kluger Mann – obwohl er die unglaubliche Wahrheit natürlich unmöglich erraten konnte.

»Ich erinnere mich nicht, Sie je in Redemption gesehen zu haben, meine Liebe«, sagte er. Als Darby etwas entgegnen wollte, brachte sein Vater ihn mit erhobener Hand zum Schweigen. »Ich spreche mit deiner Braut«, wies er seinen jüngsten Sohn ruhig, aber ohne Groll zurecht.

»Ich komme aus Kalifornien«, antwortete Keighly. Und dann richtete sie den Blick auf Darby und bedachte ihn mit einem Lächeln, das in ihm die Frage weckte, ob er es nicht noch bereuen würde, ihr versprochen zu haben, daß er sie niemals unterdrücken würde, wenn sie verheiratet waren. »Ich bin weit … gereist.«

»Ja, Sie sind weit von Ihrer Heimat entfernt«, bemerkte Simon, während er seinem Vater ein Glas reichte und sich auf die Lehne eines nahen Sessels hockte.

Keighly lächelte charmant, und Darby wußte, daß es kein Versuch war, seinen Bruder zu bezaubern. Sie neckte *ihn*, und dafür würde er sich später rächen, wenn sie allein waren. »Sie … können sich gar nicht vorstellen, *wie* weit«, erklärte sie.

»Und wie *nahe*«, konnte Darby sich nicht enthalten hinzuzufügen.

Sie stimmte lächelnd zu. »Das ist wahr. Das Leben ist ein einziger großer Widerspruch.«

»Erzählen Sie uns doch«, bat Simon, »wo Sie unseren Bruder kennengelernt haben, Miss ...«

»Barrow«, sagte Keighly lächelnd, aber Darby sah ihr an, daß sie bezweifelte, daß Simon ihren Namen vergessen hatte. »Keighly Barrow. Darby und ich sind alte Freunde. Wir lernten uns kennen, als wir Kinder waren. Ich war damals mit meiner Familie auf der Durchreise ... sozusagen.«

Simon dachte schweigend über die Erklärung nach.

Will, dessen Frau Betsey an diesem Abend daheimgeblieben war, weil einer ihrer Jungen unreife Äpfel gegessen und sich eine Magenverstimmung zugezogen hatte, begann sich nun ebenfalls an der Unterhaltung zu beteiligen. Ob er etwas Wichtiges zu sagen hatte oder nicht, hatte Will nie gekümmert; meist wollte er schlicht und einfach nur gesellig sein. »Damals kamen viele Siedlerzüge durch die Stadt«, bemerkte er.

Angus, fiel Darby auf, schaute Keighly noch immer prüfend an. Es war fast so, als ob sie ihm bekannt vorkäme, obwohl das natürlich völlig ausgeschlossen war.

»Ich hörte, daß die Hochzeit in San Miguel stattfinden soll«, sagte Angus.

Keighly schaute Darby bittend an, aber er wußte nicht, was er darauf antworten sollte. Angus war todkrank, und seit einiger Zeit bestand ein neues Einverständnis zwischen ihnen, so zerbrechlich es vielleicht auch sein mochte. Wie konnte er sich da weigern, sich in Redemption trauen zu lassen, wodurch er seinem Vater die Möglichkeit nähme, an der Hochzeit teilzunehmen?

»Darby scheint eine Vorliebe für San Miguel zu haben«, warf Simon ein und ging zum Schrank mit den alkoholischen Getränken, um auch sich etwas einzuschenken. Mit einem Glas Whisky kehrte er an seinen Platz zurück.

»Wir haben es uns anders überlegt«, sagte Keighly plötzlich. Ihre Wangen waren stark gerötet, ihre Augen

137

funkelten vor Entschlossenheit. »Wir werden nirgendwohin gehen. Vorläufig jedenfalls nicht.«

Darby starrte sie an und versuchte gar nicht erst, Einwände zu erheben, weil er im Grunde seines Herzens wußte, daß sie die richtige Entscheidung getroffen hatte. Es wäre feige gewesen, jetzt aus Redemption fortzugehen, trotz aller Unstimmigkeiten, die in der Vergangenheit zwischen Angus und ihm bestanden haben mochten.

Keighly warf Darby einen bittenden Blick zu und befeuchtete wieder ihre Lippen. »Es gibt Dinge, die geregelt werden müssen«, fuhr sie tapfer fort.

»Du hast nicht nur eine schöne Frau zur Braut erwählt«, sagte Angus zu Darby, »sondern auch eine verständnisvolle und kluge. Ich kann dich nur beglückwünschen.«

Darby räusperte sich. »Ich freue mich, daß du so denkst«, antwortete er.

Will klopfte ihm auf die Schulter. »Es gibt nichts, was einen Mann schneller zur Vernunft bringt als eine großartige Frau«, erklärte er grinsend.

»Bei dir hat es aber nicht geklappt«, warf Simon schmunzelnd ein.

Darby lockerte seinen Kragen, der ihm plötzlich viel zu eng erschien, obwohl er keinen Schlips trug und die beiden obersten Knöpfe des Hemds eh schon offengelassen hatte. Simon, der ihn verständnislos ansah, warf er einen scharfen Blick zu. »Keighly und ich werden nicht hier im Haus leben«, erklärte Darby schroff. »Die Culversons verkaufen ihre Farm – sechshundertvierzig Hektar gutes Land mit einem Blockhaus. Dort werden wir leben.«

Keighly wirkte erleichtert und beunruhigt zugleich. Ihr Blick suchte den von Darby, und in jenen wenigen Sekunden dachten sie beide an das gleiche – an all die Gefahren, Hoffnungen und Geheimnisse, die ganz allein sie kannten.

Mit den Lippen formte sie das Wort ›Danke‹, um sich dann wieder lächelnd Angus zuzuwenden. »Wir können uns auch hier auf der Triple K trauen lassen, wenn es Ihnen recht ist, Mr. Kavanagh. Ich weiß, daß Sie krank waren …«

138

Angus stellte sein Glas beiseite und nahm Keighlys Hände in die seinen, und da wußte Darby, daß sein Vater gerade eben eine wichtige Verbündete gewonnen hatte. »Es geht mir schon viel besser«, erwiderte Angus lächelnd. »Denn ich kann mir nichts vorstellen, was mir mehr Freude bereiten würde als eine Hochzeit.«

8. Kapitel

Im selben Haus, aber ein Jahrhundert später, öffnete Francine Stephens die Tür zu jenem Zimmer, von dem sie inzwischen glaubte, daß es irgendwann einmal Darby gehört haben mußte. Sie war nicht wirklich überrascht, als sie Keighly nicht mehr vorfand, obwohl der Abdruck ihres schlanken Körpers noch auf dem Bett zu sehen war und ihre Schuhe auf dem Boden standen, wo sie sie ausgezogen hatte. Trotz allem jedoch war es keine alltägliche Erfahrung, jemanden unter dem eigenen Dach auf diese Art verschwinden zu sehen, und deshalb lehnte Francine sich einen Moment lang an den Türrahmen und rang nach Atem.

Es stimmt also, dachte sie verblüfft. Wenn sie das Hochzeitsfoto nicht gesehen hätte, die herrliche Skulptur von Darby und seinem Pferd – oder Keighlys Gesicht, als sie von ihren Erlebnissen berichtete –, hätte sie ganz sicher nicht geglaubt, daß dergleichen möglich war. Aber so, wie es war, wußte sie, daß sie Keighly nicht in ihrem Haus in Redemption finden würde, selbst wenn sie in ihren Wagen stieg und hinfuhr, weil ihr klar war, daß sie Keighly jetzt *nirgendwo* auf Erden finden würde. In diesem exakten Augenblick existierte Keighly Barrow nicht einmal, außer vielleicht als Knochengerippe in irgendeinem längst verfallenen Sarg.

Francines Kehle wurde eng, und rasch schloß sie die Tür und ging nach unten, wobei sie sich mit einer Hand auf das Geländer stützte, weil plötzlich alle Kraft aus ihren Knien wich.

Unten in der Halle nahm sie ihre Handtasche und ihre Wagenschlüssel, fuhr nach Redemption und parkte vor dem alten Friedhof dort.

Mit klopfendem Herzen und Tränen in den Augen ging Francine an den neueren Gräbern vorbei zur Grabstätte ihrer eigenen Verwandten, wo Angus Kavanaghs Familie begraben lag.

Außer Angus selbst, der auf der Triple K beerdigt war, neben einem Grabstein mit dem Namen ›Harmony‹.

Darbys Grab war mit einer Sonnenuhr markiert und frei von Unkraut, weil Keighly es vor einigen Tagen selbst entfernt hatte. Francine kniete in dem weichen, trockenen Gras nieder und begann sich nach einem anderen Grabstein umzusehen.

Schließlich fand sie, was sie suchte, ziemlich weit entfernt von Darbys letzter Ruhestätte und neben der von Simon. Die Tränen, die Francine bisher zurückgehalten hatte, liefen jetzt ungehindert über ihre Wangen. *Keighly Elder-Kavanagh*, stand auf dem schlichten Marmorstein, *Unsere geliebte Ehefrau und Mutter, von allen sehr betrauert und vermißt.* Es stand kein Monat oder Todestag dabei, aber die Jahreszahlen waren eindeutig genug für jeden, der sich dafür interessierte. *1867–1910.*

Jemand hatte also die Wahrheit gekannt – Simon möglicherweise oder eines ihrer Kinder. Oder hatte Keighly den Grabstein selbst bestellt, als sie ahnte, daß sie sterben würde?

Wenn ja, dachte Francine, dann stellte dieser Grabstein in gewisser Weise eine Botschaft an sie dar, eine Art Bestätigung, daß das Wunder – oder die Tragödie – tatsächlich stattgefunden hatte.

Francine wischte mit dem Handrücken ihre Tränen ab und richtete sich auf. Eine kurze Suche zwischen den umliegenden Steinen ergab, daß Keighlys und Simons Kinder in der Nähe beerdigt waren und alle ein hohes Alter erreicht hatten, doch Francine fand keinen Grabstein für Garrett Elder, den Sohn, den Keighly Darby geboren hatte.

Das bewies natürlich gar nichts. Er hätte auch durchaus irgendwo anders als in Redemption sterben können.

Mit unsicheren Schritten kehrte Francine zu ihrem Wagen zurück, blieb sitzen, bis sie aufhörte zu zittern, und fuhr dann zum einzigen Supermarkt der Stadt, um eine Wegwerfkamera zu kaufen. Als sie zum Friedhof zurückgekehrt war, machte sie mehrere Fotos von Keighlys Grabstein und zwei oder drei von Darbys, ließ den ganzen Film dann vorlaufen und brachte ihn unverzüglich wieder in den Laden zum Entwickeln.

In einem sehr langsamen Tempo, weil ihr der Kopf von all den unglaublichen Entdeckungen des heutigen Tages schwirrte, fuhr sie zu ihrem großen, leeren Haus zurück. Die Handwerker waren bereits fort, aber die Wüstensonne schien noch immer gleißend hell.

In der Küche bereitete Francine sich einen einfachen grünen Salat zu, weil sie nicht die Energie zu etwas Komplizierterem aufbrachte, und setzte sich zum Essen an den Tisch. Sie kaute, ohne irgend etwas zu schmecken, und aß eigentlich nur, weil sie wußte, daß sie sich ernähren mußte. Später, falls Keighly nicht mehr auftauchte, würde sie erklären müssen, wo ihre Freundin war, voraussichtlich sogar der Polizei, da Keighlys Wagen noch immer in der Einfahrt stand, aber im Augenblick war das Francines geringste Sorge.

Es war Keighlys Wunsch gewesen, zu Darby zurückzukehren, weil sie ihm helfen wollte, seinem Schicksal zu entgehen und ihn und Garrett, ihren ungeborenen Sohn, zu retten. Die Fotos, die Francine an diesem Tag von zwei verschiedenen Gräbern aufgenommen hatte, würden irgendwann beweisen, ob die Mission ihrer Freundin erfolgreich oder nicht gewesen war.

Falls sie es war, würden die Jahreszahlen auf den Steinen vermutlich anders sein als jene, die sie heute nachmittag auf dem Friedhof vorgefunden hatte. Das gleiche galt für die Briefe und all die anderen Dinge in Keighlys Truhe, aber es wäre indiskret gewesen, sie jetzt, in diesem Stadium der Dinge, durchzusehen. Francine konnte warten, so ungeduldig sie auch war, denn etwas anderes blieb ihr gar nicht übrig.

»Bist du nicht verärgert?« fragte Keighly, als Darby sie nach dem Essen mit seinem Vater und seinen Brüdern hinausbegleitete und ihr in den wartenden Buggy half.

»Weil du mein ganzes Leben mit einem einzigen Satz verändert hast?« fragte Darby, aber sein Ton verriet, daß er keine Antwort darauf erwartete. »Nein, Keighly, ich bin nicht böse. Du hast ja recht. Es gibt Momente im Leben, wo man aufhören muß davonzulaufen und sich mit seinen Problemen auseinandersetzen sollte.«

Der Wagen knarrte, als Darby ebenfalls einstieg und die Zügel nahm. Der Einspänner gehörte dem Mietstallbesitzer, und Darby hatte gutes Geld dafür bezahlt, ihn auszuleihen.

»Du mußt dich mit deinem Vater einigen«, sagte sie. »Ich kann mir nicht vorstellen, daß du jemals richtig glücklich sein wirst, wenn du es nicht tust.«

»Ich fürchte, es ist mehr als das«, antwortete Darby und ließ die Zügel klatschen, um das Pferd, das ebenfalls Mr. Feeny gehörte, in Bewegung zu setzen.

Keighly dachte an Angus' gutgemeintes Angebot, das er ihr gemacht hatte, als er sie nach dem Essen beiseite genommen hatte, um unter vier Augen mit ihr zu sprechen. Ihr zukünftiger Schwiegervater hatte sie eingeladen, bis zur Hochzeit auf der Ranch zu bleiben, und sie taktvoll darauf hingewiesen, daß das *Blue Garter* kein ›passender‹ Ort für eine junge Dame war. Sie hatte sein Angebot abgelehnt, sehr höflich, aber ohne ihm den wahren Grund für ihre Absage zu nennen: daß sie Angst hatte, wieder ins zwanzigste Jahrhundert zurückversetzt und von Darby getrennt zu werden.

»Mehr?« fragte sie etwas verspätet. »Abgesehen davon, daß ich erst in hundert Jahren geboren werde, meinst du?«

»Ja, davon einmal abgesehen«, antwortete Darby, ohne sie anzusehen.

»Möchtest du darüber sprechen?«

»Ja«, sagte er.

»Wann?« beharrte Keighly, als Darby lange schwieg.

»Wenn ich einen Weg gefunden habe, es dir zu erklären«, erwiderte Darby ruhig. Dann wechselte er das Thema. »Angus hatte recht, als er sagte, du solltest nicht im *Blue Garter* wohnen, Keighly. Ich bringe dich ins Hotel.«

143

»Wirst du bei mir bleiben?«

Darby lachte leise. »Nein, Madam«, erwiderte er. »Von jetzt an machen wir es richtig, Keighly. So, wie es sich gehört.«

Es erregte großes Aufsehen, als Darby Elder eine Stunde später das American Hotel betrat, in einem eleganten Anzug und in Begleitung einer Dame.

Keighly errötete und schob das Kinn vor, als sie die neugierigen Blicke der wenigen Gäste spürte, die neben den Lampen im Foyer saßen und so taten, als wären sie in ihre Zeitungen vertieft.

An der Rezeption bestellte Darby ein Einzelzimmer, bezahlte den verblüffend niedrigen Preis und schob Keighly das Buch zu, in dem sie sich einzutragen hatte. Der Empfangschef, der sie fasziniert betrachtete, reichte ihr eine Feder.

Sie tunkte sie in das bereitstehende Tintenfäßchen und schrieb ihren Namen.

Darby küßte sie nicht zum Abschied, und obwohl sie enttäuscht darüber war, verstand sie es. Die Sitten waren anders im neunzehnten Jahrhundert, er behandelte sie wie eine Dame und versuchte zu beschützen, was von ihrem guten Ruf noch übrig war.

»Ich wäre Ihnen dankbar«, sagte er zu dem Rezeptionisten und überreichte ihm ein Geldstück, das ungefähr die Hälfte des Zimmerpreises ausmachte, »wenn Sie Miss Barrow zu ihrem Zimmer begleiten würden.«

Der junge Mann nickte, und sein Adamsapfel zuckte vor Aufregung, als er das Geldstück nahm. »Selbstverständlich, Sir«, entgegnete er und kam so schnell um die Rezeption herum, daß er fast über seine eigenen Füße stolperte.

»Gute Nacht, Miss Barrow«, sagte Darby, so förmlich, daß Keighly überrascht war, daß er nicht auch noch ihre Hand schüttelte. Wäre das Lächeln in seinen Augen nicht gewesen, hätte sie sich jetzt vermutlich große Sorgen gemacht.

Der Rezeptionist begleitete Keighly in den ersten Stock

144

und öffnete die Tür zu Zimmer Sieben. Dort zündete er eine Lampe an und zog sich mit einem gemurmelten »Guten Abend« wieder auf den Korridor zurück. Keighly dankte ihm, nahm den Schlüssel und schloß die Tür hinter ihm ab. Das Zimmer war klein, aber sehr sauber, und mit einem schmalen Bett, einem Waschtisch mit Spiegel und einem kleinen Kleiderschrank versehen. Erst als Keighly sich umsah, fiel ihr ein, daß sie kein Nachthemd, keine Unterwäsche zum Wechseln und keine Zahnbürste mitgebracht hatte.

Mit einem resignierten Seufzer ging sie zum Fenster und zog die Spitzengardine beiseite.

Darby stand mitten auf der Straße, wie eine Art Romeo des Wilden Westens, der auf seine Julia wartete. Als er sie sah, zog er seinen Hut, verbeugte sich und wandte sich dann zum Gehen.

Und sie vermißte ihn bereits.

Drei Tage später, nach diversen Besuchen auf der Farm der Culversons, um das Haus zu säubern und die Aufstellung der Möbel zu beaufsichtigen, die Angus ihnen überlassen hatte, heirateten Darby und Keighly. Pater Ambrose, ein junger Priester, der in der Nähe eine Indianermission leitete, vollzog die Trauung, und Tessie, Oralee und einige andere Frauen aus dem *Blue Garter* nahmen an der Feier teil.

Keighly trug ein schlicht geschnittenes, langärmeliges Kleid aus naturfarbenem Leinen mit einem Hauch von Spitze. Da es nicht das Kleid war, das sie auf dem Hochzeitsfoto gesehen und auch bei ihrem ersten Besuch im neunzehnten Jahrhundert getragen hatte, wiegte sie sich in einer gewissen Sicherheit. Vielleicht, dachte sie glücklich, als sie nach der Trauung summend vor dem Spiegel in Angus' Wohnzimmer stand und einen breitrandigen Sonnenhut aufsetzte, hatte der Verlauf der Ereignisse ja bereits eine Veränderung erfahren ... Darby würde leben und Garrett ebenfalls, falls das Kind gezeugt wurde ...

Ein in einer anderen Nacht gezeugtes Kind würde natürlich auch ein anderes Kind sein, überlegte sie. Obwohl sie sich von ganzem Herzen wünschte, daß ihr die Erfahrung erspart blieb, ihr Kind sterben zu sehen – ganz zu schweigen von ihrem Mann –, löste der Gedanke an das Kind trotz allem eine tiefe Trauer in ihr aus. Denn selbst wenn Garrett nie geboren wurde und somit auch nicht sterben konnte, würde sie nie vergessen, daß er dazu bestimmt gewesen war, ihr und Darbys Kind zu werden, und ihn niemals vergessen.

Sie holte tief Atem und stieß ihn langsam wieder aus. Sie mußte sich auf das konzentrieren, was verändert werden *konnte*, und ignorieren, was sich nicht verändern ließ, obwohl sie sich im klaren darüber war, daß das nicht leicht sein würde.

»Du bist wirklich außergewöhnlich schön«, bemerkte eine kultivierte Stimme hinter ihr. »Mein Bruder ist zu beneiden.«

Keighly unterdrückte ein Erschaudern, als sie Simons attraktive, männliche Erscheinung neben sich im Spiegel sah, zwang sich aber zu einem Lächeln, als sie sich umdrehte. Simon war schließlich kein schlechter, sondern sogar ein guter, intelligenter, charmanter und gutaussehender Mann, und es war nicht seine Schuld, daß er ihr eines Tages vielleicht den Hof machen und sie überreden würde, seine Frau zu werden.

Flüchtig fragte sie sich, was sie dazu veranlassen könnte, einer solchen Heirat zuzustimmen, falls es ihr nicht gelingen sollte, Darbys Tod zu verhindern. Einsamkeit? Finanzielle Not? Es war schon schwer genug, ganz normale Aufgaben im neunzehnten Jahrhundert zu bewältigen. Es auch noch mit einem gebrochenen Herzen tun zu müssen, war vielleicht einfach zuviel für eine Witwe?

»Danke«, erwiderte sie etwas verspätet auf Simons Kompliment.

Wie alle anderen war auch er festlich für die Hochzeit angezogen, die in dem kleinen Garten hinter den Terrassentüren des Salons stattgefunden hatte. Gloria, Angus'

Köchin und Haushälterin, eine ältere Indianerin mit der melodischen Stimme eines Engels, hatte tagelang nichts anderes getan, als Haus und Küche für die Feier vorzubereiten.

»Es war nett von dir, auf der Triple K zu heiraten«, fuhr Simon fort. »An eurer Hochzeit teilnehmen zu können, hat meinen Vater sehr, sehr glücklich gemacht.«

Keighly wünschte, Darby wäre bei ihr, aber er war irgendwo draußen, umringt von Gästen und Gratulanten. Wills Kinder rannten durch das Haus, polternd wie junge Ponys, während Betsey, eine lebhafte, sympathische junge Frau, Gloria in der Küche half. Simons halbwüchsige Tochter, Etta Lee, saß verträumt im Garten auf einer Marmorbank.

»Aber du traust mir nach wie vor nicht«, entgegnete Keighly auf Simons Bemerkung. »Nicht wahr?«

Er lächelte gutmütig. »Sagen wir einfach, daß den Umständen etwas ausgesprochen Merkwürdiges anhaftet – etwas, das ich nicht genauer bezeichnen kann. Mein Vater spürt es übrigens auch.«

»Vielleicht bildet ihr euch das nur ein«, gab Keighly lächelnd zu bedenken.

»Und vielleicht auch nicht«, erwiderte Simon. »Die Träumer in unserer Familie waren bisher Will und Darby. Pa und ich waren dazu viel zu nüchtern und besonnen.«

»Das ist schade«, meinte Keighly und dachte an das einsame kleine Mädchen, das im Garten saß, eine große Schleife im Haar und die Hände brav im Schoß gefaltet. Der Ernst und die Kontaktarmut der Kleinen gingen ihr zu Herzen; es wäre ihrer Meinung nach viel besser gewesen, wenn Etta Lee mit Wills und Betseys Jungen durch das Haus getobt wäre. »Ein bißchen Romantik macht das Leben im allgemeinen interessanter und hilft uns, alltägliche Belastungen leichter zu ertragen.«

Simon deutete eine kleine Verbeugung an. »Und was ist mit den *nicht* alltäglichen Belastungen?« fragte er. »Wie sollen wir die ertragen?«

Keighly wußte nicht, was sie darauf antworten sollte,

da ihr nicht ganz klar war, was er meinte. Sie wollte ihn gerade fragen, als Betsey den Salon betrat. »Du kannst die Braut nicht für dich allein beanspruchen, Simon«, sagte sie und nahm Keighlys Hand. »Es warten Leute draußen, die sie kennenlernen sollte.«

Darby kehrte zurück, als Betsey gerade angefangen hatte, Keighly nach und nach mit Angus' Freunden bekanntzumachen. Hier, im gepflegten Garten dieses imponierenden Herrenhauses, schien es nicht viel auszumachen, daß Darby der Sohn einer Prostituierten und Keighly selbst buchstäblich aus dem Nichts heraus erschienen war und sich sogar im *Blue Garter* aufgehalten hatte. Sie wurden von allen beglückwünscht, und es hagelte Einladungen, nach den Flitterwochen doch einmal zum Essen vorbeizukommen.

Es war ein kurzweiliger, schöner Nachmittag, voller Sonnenschein und Blumenduft. Keighly hatte während der eigentlichen Zeremonie auf nichts anderes geachtet als auf Darby, sich selbst und Pater Ambrose, aber als er sie zu Darbys Frau erklärte und ihn zu ihrem Mann, hatte sie sich strahlend umgewandt und Etta Lee den Brautstrauß zugeworfen.

Ein Ausdruck solch überwältigender Freude war auf dem Gesicht des Kindes erschienen, daß Keighlys Glück, das ohnehin schon grenzenlos war, sich verdoppelte und verdreifachte, Etta Lee drückte die zarten Blüten einen Moment an ihr Gesicht, bevor sie zu Keighly kam und an ihren Röcken zupfte.

»Ich werde sie für dich trocknen, Keighly«, sagte sie höflich. »Damit du immer eine hübsche Erinnerung an diesen Tag hast.«

Ihre Worte hatten ein Frösteln in Keighly ausgelöst, denn obwohl das Kind nichts Böses damit meinte, erinnerten sie die frischgebackene Mrs. Elder an ein Sträußchen Trockenblumen, das zwischen den mürben Seiten eines alten Tagebuchs gelegen hatte. Jene unglaublich zarten, verblaßten Blüten waren derselbe Brautstrauß, den Etta Lee in diesem Augenblick in ihren Händen hielt.

»Ist etwas nicht in Ordnung?« hatte Etta Lee mit großen Augen und besorgtem Ton gefragt.

Keighly hatte sich gebückt und das Kind beruhigend auf die Stirn geküßt. »Es ist alles bestens, Liebes«, hatte sie versichert. »Mach dir keine Sorgen.«

Sobald die Vorstellungen beendet waren – Keighly wußte, daß sie sich später an keinen einzigen Namen erinnern würde –, begab sie sich auf die Suche nach Etta Lee. Darby hatte ihr gesagt, das kleine Mädchen spielte gern Piano. »Vielleicht wärst du so lieb, ein bißchen Musik für uns zu machen«, sagte sie freundlich zu der Kleinen.

Wieder strahlte Etta und nickte eifrig. »Ihr werdet sicher etwas Fröhliches hören wollen«, meinte sie begeistert. »Ich werde für euch spielen. Deine Blumen habe ich in eins von Großvaters dicken Büchern gelegt.«

»Danke«, sagte Keighly lächelnd, und Etta Lee lief in den Salon.

»Die arme Kleine«, bemerkte Betsey, die mit einem Glas Punsch zu Keighly herübergekommen war. »Gott weiß, daß ich für sie tue, was ich kann, aber ich habe meine eigene kleine Horde, und der Tag hat nur vierundzwanzig Stunden.«

»Wie alt war Etta Lee, als ihre Mutter starb?«

»Ein Baby noch. Simon gibt sich Mühe, weißt du, aber er ist nur ein Mann.«

Keighly spürte, wie ihr die Tränen kamen. Sie war furchtbar einsam gewesen nach der Scheidung ihrer Eltern und glaubte zu verstehen, wie Etta Lee sich fühlte. »Warum hat er nicht ein zweites Mal geheiratet?«

»Weil er genauso eigensinnig wie sein Vater und seine Brüder ist«, erwiderte Betsey seufzend, bevor sie einem ihrer Jungen nacheilte, der, ein Paar lange Unterhosen wie eine Flagge schwenkend, durch die Gästemenge rannte.

Darby war in der Nähe und redete mit Will und dem Priester, der ein Freund der Familie war. Als Musik aus dem Salon erklang, wandte Keighly den Kopf und sah, daß Simon in der Tür stand.

»Etta Lee sieht genauso aus wie ihre Mutter«, sagte er,

149

weil er offenbar gemerkt hatte, daß Keighly mit Betsey über seine Tochter gesprochen hatte. Wie die meisten anderen Gäste hielt er ein Glas Rumpunsch in der Hand, aus dem er ab und zu einen kleinen Schluck nahm.

Keighly trank nichts, weil sie vermutete, daß sie schwanger war, und die Mitglieder der Familie ihres frischgebackenen Ehemannes hatten aufgehört, ihr Alkohol anzubieten, nachdem sie mehrfach dankend abgelehnt hatte.

»Dann muß deine Frau sehr schön gewesen sein«, antwortete Keighly.

»O ja«, erwiderte Simon leise, den Blick auf irgend etwas in der Ferne gerichtet. Vielleicht dachte er an seinen eigenen Hochzeitstag zurück, obwohl nichts in seinem Gesichtsausdruck auf seine Emotionen schließen ließ. »Kathleen war eine schöne Frau.«

In diesem Augenblick schob Darby seine Hand unter Keighlys Arm und küßte sie auf die Wange. Als er sich an Simon wandte, klang seine Stimme freundlich, aber auch eine Spur ironisch. »Sie war zu gut für jemanden wie dich«, sagte er.

»Amen«, stimmte Will zu, der mit ihm herübergekommen war.

Simon lächelte, wenn auch ein bißchen traurig. »Ja«, stimmte er zu. »Kathleen war mir in jeder Hinsicht überlegen.«

Die kleine Gruppe vergrößerte sich. »Es ist ein Tag für frohere Themen«, warf Angus lächelnd ein. Er hatte wieder neue Kraft gewonnen, seit er Keighly kannte, und sah sehr elegant aus in seinem schwarzen Anzug. Niemand zweifelte jedoch daran, daß er ernstlich krank war. Er hatte unbedingt diesen Tag, diese Hochzeit miterleben wollen, und das hatte ihm die Kraft verliehen, sich zu erheben und anzukleiden. »Wir sollten jetzt nicht von der armen Kathleen reden.«

Im Salon spielte Etta Lee ein romantisches Lied, das Keighlys Herz mit bittersüßer Wärme erfüllte. Ein weiteres Zeichen dafür, dachte sie, daß ihre Vermutung richtig war – sie erwartete bereits Darbys Kind. Sie hatte nie leicht

150

geweint in ihrem alten Leben auf der anderen Seite des Spiegels, aber ihre jetzige Existenz war irgendwie realistischer, elementarer und in jeder Hinsicht auch bedeutungsvoller.

Hier war sie lebendig, selbst wenn sie ängstlich oder traurig war. *Real.*

Ereignisse und Menschen berührten sie an diesem Ort und in dieser Zeit viel tiefer. Sie war verwundbarer als je zuvor, das war nicht abzustreiten, aber auch lebendiger. Es war fast, als habe sie eine furchtbare Krankheit oder einen schweren Unfall überlebt und wisse das Leben und die Liebe erst jetzt richtig zu schätzen. Jeder Herzschlag war nun kostbar, jeder Atemzug und jedes Lächeln.

»Was ist mit ihr geschehen?« fragte sie Darby, als sie viele Stunden später in ihrem Zimmer im American Hotel saßen. »Mit Kathleen Kavanagh, meine ich.«

Darby nahm seinen Schlips ab und legte ihn mit einem Ausdruck unverhohlener Erleichterung fort. »Kathleen?« sagte er mit einem nachdenklichen Seufzer. »Sie war aus Boston, und Simon lernte sie kennen, als er dort auf dem College war.«

»Gefiel ihr das Leben auf der Ranch?«

»Ich denke schon«, meinte Darby achselzuckend. »Sie liebte Simon so sehr, daß sie wahrscheinlich auch in einem Hühnerstall oder in einer Scheune mit ihm gelebt hätte, solange sie nur mit ihm zusammen sein konnte.«

»War sie dir sympathisch?«

»Ich kannte Kathleen kaum. Sie und ich hatten allerdings etwas gemeinsam: Ihre Mutter, die als Gouvernante in einem vornehmen Haushalt arbeitete, war von ihrem Arbeitgeber verführt worden und mußte die aus dieser Beziehung hervorgegangene Tochter mit den Almosen der Kirche aufziehen.«

Keighly war überrascht. »Und ich dachte, sie wäre die Art von Frau gewesen, über deren gesellschaftliches Leben in allen Zeitungen berichtet wird.«

Darby schüttelte den Kopf. »All das kam erst nach ihrer Hochzeit mit Simon.«

»Und was geschah dann?« beharrte Keighly.

»Sie starb, als sie Zwillinge zur Welt brachte.«

»Wo sind die Kinder?« fragte Keighly bestürzt und legte ganz unbewußt eine Hand an ihren Bauch, womit sie mehr verriet, als eigentlich ihre Absicht war. »Was ist aus ihnen geworden?«

»Sie kamen tot zur Welt«, sagte Darby. »Simon, sonst der vernünftigste Mann der Welt, betrank sich ein ganzes Jahr lang. Wenn Angus ihm nicht eines Tages seine Faust zu spüren gegeben und ihm gesagt hätte, er solle aufhören, sich zu bemitleiden und sich um seine mutterlose Tochter kümmern, würde er vielleicht heute noch mit der Bourbonflasche in der Hand herumlaufen.«

Keighly zuckte zusammen. »So hat Angus seine Kinder erzogen? Mit Gewalt?«

Darby durchquerte den kleinen Raum und berührte ihre Wange. »Nein«, erwiderte er mit einem liebevollen Lächeln, »das hat er nicht. Er war bestimmt der einzige Mann im Umkreis von hundert Meilen, der seine Jungen nie verprügelt hat – er hält nichts von dieser Art der Bestrafung. Was allerdings nicht heißt, daß es nicht jede Menge Leute gab, die der Ansicht waren, daß wir alle drei ab und zu eine Tracht Prügel verdient gehabt hätten.«

»Du hast deinen Vater nie gemocht«, stellte Keighly fest, während sie ihren Hut abnahm und auf einen Tisch legte. »Warum?«

»Nicht, weil er mich je verprügelt hätte«, gab Darby zu. Er war sichtlich gereizt über die Verzögerung und wollte sich mit anderen Dingen beschäftigen, doch Keighly gehörte nun zur Familie und interessierte sich für ihre Geschichte. »Ich glaube, mein größter Wunsch war immer, Angus möge in die Stadt kommen, um meine Mutter aus dem *Blue Garter* herauszuholen und sie vor aller Augen zu seiner Frau zu machen. Ich wollte genausosehr sein Sohn sein wie Will und Simon.«

»Aber das bist du doch …«

Darby legte einen Finger an ihre Lippen und schüttelte

den Kopf. »Ich war der Bastard, das uneheliche Kind einer Prostituierten«, sagte er ruhig und ganz ohne Verbitterung und Selbstmitleid. »Ich war derjenige, der die Ehre meiner Mutter verteidigen mußte – das bißchen Ehre, das ihr blieb –, und das Tag für Tag von neuem.«

Keighly schlang die Arme um seinen Hals und drückte ihr Gesicht an seine Brust. »O Darby …«

Sanft nahm er ihre Hand und streichelte sie. »Reg dich wegen mir nicht auf, Mrs. Elder. Alles Wichtige ist jetzt in Ordnung, und von diesem Augenblick an bin ich der glücklichste Mensch auf Erden.«

Als Keighly in Darbys helle Augen aufschaute, glaubte sie ihm, was er sagte. Die Vergangenheit bedeutete ihm *wirklich* nichts mehr, und wenn er nicht wegen seiner schwierigen Kindheit litt, warum sollte sie es tun? Vielleicht hatte Darby heute eine innere Wandlung durchgemacht, genau wie sie, und verspürte die gleiche bittersüße Ehrfurcht vor dem Augenblick?

Wieder schlang sie die Arme um seinen Nacken. »Ich finde, du solltest mich jetzt küssen, Mr. Elder.«

Er lachte. »Das ist eine Bitte, die ich dir nur allzu gern erfülle.«

Zärtlich nahm er ihre Lippen in Besitz, und Keighly war trunken vor Glück, als er den Kuß nach einer Weile unterbrach und sie resolut zum Bett hinüberschob.

Im ersten Augenblick erschrak sie fast ein wenig. »Und wenn die Bettfedern hier quietschen?«

Lachend legte Darby einen Finger an ihre Lippen. »Ich garantiere dir, daß es dich nicht mehr stören wird, wenn es soweit ist«, sagte er und küßte sie mit einer Leidenschaft, die alle weiteren Bedenken in ihr auslöschte. »Also, Liebling – meinst du nicht, wir sollten jetzt endlich unsere Hochzeitsnacht beginnen?«

Mit diesen Worten hob er Keighly auf die Arme und legte sie behutsam auf das Bett. Ohne die geringste Eile begann er sie auszuziehen, küßte, streichelte und liebkoste jeden Zentimeter ihres Körpers, während er ihn entblößte. Als Keighly ihn schließlich anflehte, sie zu lieben, zog er endlich seine eigenen Kleider aus, und erst dann löschte er die Lampe.

Die Ranch, die Darby gekauft hatte, war ein schönes Stück Land, und obwohl Will Keighly verraten hatte, daß sie an die Triple K angrenzte, ließ sie sich nicht anmerken, daß sie es wußte. Es war wichtig für Darby, etwas Eigenes zu besitzen; das verstand und respektierte sie.

»Jetzt, wo wir diese Farm haben«, sagte Keighly, als sie in dem großen Wohnzimmer mit den soliden Deckenbalken und dem riesigen Natursteinkamin standen, »was machen wir damit?«

Darby lachte. Er trug wieder Alltagskleidung, sein dunkler Anzug lag zusammen mit Keighlys Brautkleid in einer Truhe. »Wir werden Rinder und Pferde züchten, Mrs. Elder«, antwortete er. »Und eine Menge Kinder, hoffe ich.«

Keighly schaute sich kurz um, bevor sie den Blick wieder auf ihren Mann richtete. Das Haus war groß und gemütlich, mit einer geräumigen Küche und drei Schlafzimmern, obwohl es natürlich kein Badezimmer innerhalb des Hauses gab. Bis sie ihm beschrieben hatte, wie man dieses Problem im zwanzigsten Jahrhundert löste, würden sie das Klosett draußen im Hof benutzen müssen.

»Ich hätte gern ein Dutzend«, sagte sie. »Kinder, meine ich.«

Darby kam und nahm sie in die Arme. »Hast du gestern nicht gesehen, wie Wills und Betseys Jungen durch das Haus getobt sind?« entgegnete er kopfschüttelnd.

Sie lächelte. »Ich finde, es sind wunderbare Kinder.«

Er küßte sie. »Ach ja, tatsächlich? Und wie denkst du über mich?«

Keighly tat, als ob sie sich ihre Worte sehr sorgfältig überlegen müsse, bevor sie antwortete. »Ich denke, daß ich dich mein ganzes Leben lang geliebt habe«, erwiderte sie ernst, »und dich immer lieben werde.«

Für einen Moment verdüsterten sich seine Augen. Er

verschränkte seine Finger mit den ihren und hob sie an die Lippen, um ihre Knöchel zu küssen. »In guten wie in schlechten Zeiten?«

Keighly verspürte einen winzigen Moment lang Angst, die sie jedoch rasch verdrängte. »In Reichtum und in Armut«, erwiderte sie zur Bestätigung. Aber es waren andere Worte, die durch die Stille hallten, Worte, über die sie kaum nachgedacht hatte, als sie sie am Tag zuvor bei ihrer Trauung ausgesprochen hatte.

Bis daß der Tod uns scheide.

9. Kapitel

Keighlys erste Wochen als Ehefrau waren sehr idyllisch. Nachts – und wann immer sich tagsüber eine Gelegenheit dazu ergab – liebten sie und Darby sich, und jede Umarmung war ebensosehr eine Vereinigung ihrer Seelen wie ihrer Körper. Manchmal liebten sie sich spielerisch, manchmal von ungestümer Leidenschaft beherrscht, und dann wieder so innig und unendlich zärtlich, daß Keighly weinte vor lauter Freude darüber, endlich bei dem Mann zu sein, den sie mehr liebte als ihr eigenes Leben.

Die Tage, die auf die Hochzeit folgten, waren sehr geschäftige. Darby hatte widerstrebend eine Herde von hundert Pferden von Angus angenommen und plante, demnächst nach Mexiko zu reiten, um noch weitere hundert zu kaufen. Er stand jeden Morgen schon vor Tagesanbruch auf, zog sich im Dunkeln an und ging hinaus, um sich zu vergewissern, daß die Männer, die er eingestellt hatte, sich schon aus ihren Schlafsäcken erhoben hatten und bereit waren, die Ausbesserungsarbeiten an der alten Scheune fortzusetzen. Die Culversons, pflegte er oft abschätzig zu bemerken, hätten die Ranch wirklich sehr verfallen lassen.

Keighlys schlechtes Gewissen trieb sie aus dem Bett, sobald sie die Küchentür hinter Darby zufallen hörte. Er arbeitete doppelt so hart wie irgendeiner seiner Männer, und man konnte nicht von ihm erwarten, daß er Zäune flickte, Heu ablud und auf dem Scheunendach herumkletterte, ohne vorher ein gutes Frühstück zu sich genommen zu haben.

Betsey, die sich sowohl als gute Freundin wie auch als fürsorgliche Schwägerin erwies, hatte Keighly gelehrt, die Pumpe am Brunnen hinter dem Haus zu bedienen, Holzscheite zu spalten und ein Feuer in dem großen Ofen in der Küche anzuzünden. Wie man auf diesem Ungetüm kochte, hatte Keighly nach und nach selbst herausgefunden, und nach ein paar verbrannten Pfannkuchen und verkohlten Hühnchen kam sie mit den gußeisernen Pfannen und Töpfen ganz gut zurecht.

Sie machte sehr schnell die Erfahrung, daß im neunzehnten Jahrhundert alles mindestens zehnmal schwieriger war als gegen Ende des zwanzigsten Jahrhunderts. Wäschewaschen war eine beschwerliche, überaus mühsame Angelegenheit, die einen ganzen Tag in Anspruch nahm. Wenn endlich die Wanne im Hof stand, Wasser erhitzt und hinausgeschleppt worden war, Seife hinzugefügt und die Wäsche geschrubbt war, war Keighly so erschöpft, daß sie sich kaum noch auf den Beinen halten konnte.

Aber eine Pause konnte sie sich natürlich nicht erlauben. Denn dann mußte die Wäsche aufgehängt werden, auf die Leine, die Darby und Will so stolz für diesen Zweck gespannt hatten, und ganz gleich, wie früh sie anfing, die Wäsche war nie bis zum späten Nachmittag trocken, wenn es höchste Zeit war, mit den Vorbereitungen für das Abendessen zu beginnen. Dem Waschtag folgte unweigerlich der Bügeltag, ein schweißtreibender Vorgang, bei dem flache Eisen auf dem Herd erhitzt wurden, die dann heiß über die Wäsche gezogen wurden, bis sie glatt war – oder verbrannte.

Als sei dies alles noch nicht genug, kam noch das tägliche Saubermachen hinzu, eine endlose Runde von Mahlzeiten und Geschirrabwaschen, und Darby, der sie etwa jede Stunde einmal an der Hand hinauszog, um ihr irgendeinen Neuzuwachs ihrer sich rasch vergrößernden Menagerie von Stalltieren zu zeigen – die Kuh, das dazugehörige Kalb, den Zuchtbullen, das Schwein.

Keighly war jeden Abend so erschöpft, daß sie, sobald sie und Darby sich geliebt hatten, in seinen Armen einschlief, den Kopf an seiner Schulter.

Aber sie war nie in ihrem Leben glücklicher gewesen.

Dann, unweigerlich, kam jene mondlose Nacht, in der Keighly von irgendeinem Geräusch oder Gefühl erwachte und, als sie die Augen öffnete, im ersten Moment befürchtete, wieder in die moderne Welt zurückgekehrt zu sein.

Aber da war Darby, der am Schlafzimmerfenster stand, die Hände auf das Fensterbrett gestützt, und in die dunkle Nacht hinausstarrte.

Keighlys Herz zog sich vor Erleichterung zusammen, als sie ihn sah, und dann noch einmal vor Sorge.

»Darby?«

»Schlaf weiter, Liebling«, sagte er schroff, ohne sich zu ihr umzuwenden.

Blinzelnd richtete Keighly sich auf die Ellbogen auf. Sie hatte plötzlich furchtbare Angst, obwohl sie nicht verstand, warum. Sie wußte nur, daß ihre Furcht nichts mit ihrer Veranlagung für spontane Zeitreisen zu tun hatte. »Was ist, Darby?«

Er seufzte. »Ich kann nicht schlafen.«

»Das ist offensichtlich«, meinte Keighly, ihre Angst hinter einem gereizten Ton verbergend. »Und jetzt kann ich es auch nicht mehr, also kannst du auch genausogut mit mir reden.«

Er lachte, aber es lag kein Humor darin. »Du bist eine Tyrannin«, behauptete er, kam aber zum Bett zurück und setzte sich auf die Kante, gerade weit genug von Keighly entfernt, daß sie ihn nicht berühren konnte.

Sie schnaubte verächtlich und schob beide Kopfkissen hinter ihren Rücken. »Ich finde, daß ich sogar noch ziemlich fügsam bin. Denn immerhin würde die Arbeit, die ich hier jeden Tag verrichte, dort, wo ich herkomme, als Sklavenarbeit angesehen werden. Und ich habe mich bisher nicht beschwert, nicht wahr?«

Darby beugte sich zu Keighly vor und legte eine Hand unter ihr Kinn. Dann, viel zu schnell, ließ er sie wieder sinken und fuhr sich mit gespreizten Fingern durch sein schönes, langes Haar. »Du wirst bald Hilfe haben«, sagte er. »Pater Ambrose hat mir eine Frau empfohlen – sie lebt mit ihrem Jungen in der Mission, und sie brauchen ein Zuhause.«

So anstrengend es auch war, all dieses Kochen, Waschen und Saubermachen, war Keighly sich trotzdem nicht sicher, ob sie eine andere Frau im Haus haben wollte.

Es war ihr Heim, ihr und Darbys, und zu ihrer eigenen Überraschung merkte sie, daß sie genauso besitzergreifend in bezug auf das Gebäude war wie auf ihren Mann.

»Ich habe mich nicht beklagt«, wandte sie ruhig ein.

»Das weiß ich«, erwiderte Darby und beugte sich vor, um sie auf die Stirn zu küssen. »Aber ich lasse nicht zu, daß du dich zu Tode schuftest wie irgendeine arme Farmersfrau. Eher würde ich vor Angus zu Kreuze kriechen und ihn um sein Wechselgeld anbetteln, bevor ich das zulasse.«

»Ich liebe dich«, sagte Keighly und rutschte so weit vor, daß sie mit einer Hand über sein Haar streichen konnte. »Wie lange ist es her, seit ich es dir zum letzten Mal gesagt habe?«

»Etwa zwei Stunden, glaube ich«, antwortete Darby, und seine weißen Zähne schimmerten in der Dunkelheit, als er grinste. »Aber du hast es natürlich nicht so leise gesagt. Du hast die Fersen in die Matratze gestemmt, den Kopf zurückgeworfen und ...«

»Das wird nicht funktionieren, Darby«, unterbrach Keighly ihn streng. »Ich bin deine Frau, und ich liebe dich, und deshalb wirst du mir jetzt anvertrauen, was dich belastet. Du hast mich lange genug zappeln lassen.«

Er schaute zum Fenster hinüber, als suchte er einen Fluchtweg. »Ich bin nicht wie Simon oder Will, Keighly«, begann er nach längerem Schweigen. Obwohl sie ihn im Dunkeln nicht klar erkennen konnte, wußte sie, daß seine Miene grimmig war. »Ich habe einige Zeit auf der Triple K verbracht, das stimmt, aber meistens lebte ich im *Blue Garter*, als ich aufwuchs. Damals handelte ich mir eine Menge Ärger ein. Mit siebzehn ging ich zum ersten Mal fort, geriet in noch mehr Schwierigkeiten und pflegte mein Talent zum Strolch und Vagabunden. Irgendwann kehrte ich zurück, aus purer Einsamkeit, vermute ich, und tat alles, was ich konnte, um Angus gegen mich aufzubringen. Er verbrachte die Hälfte der Zeit damit, mir mit der Peitsche zu drohen, und die andere, mir gut zuzureden, damit ich endlich vernünftig wurde.

Doch davon wollte ich nichts hören. Weder Harmony noch Angus schafften es, mich zur Vernunft zu bringen, und das einzige, was mich interessierte – das *einzige*, Keighly – war, dein Bild in jenem Spiegel zu sehen. Solange ich dich ab und zu dort sehen konnte, ging es mir gut. Aber dann gingst du fort – ich weiß nicht wohin, aber plötzlich sah ich dich nicht mehr –, und das ertrug ich nicht. Also ritt ich wieder fort, mit zwei Banditen diesmal, die im *Blue Garter* gehurt und getrunken hatten, und es kam zu einer heftigen Auseinandersetzung zwischen Harmony und mir, bevor ich aufbrach.« Er hielt inne, holte einen tiefen Atemzug und drückte Keighlys Hand. »Wie sich herausstellte, verstanden die Shingler-Brüder noch viel mehr davon als ich, sich in Schwierigkeiten zu bringen – sie raubten eine Bank aus, während ich mit ihnen ritt, und erschossen kaltblütig den Kassierer.«

Keighly drehte sich der Magen um. »O Gott, Darby! Warst du ...?«

Er schüttelte den Kopf, um zu verhindern, daß die verurteilenden Worte über ihre Lippen kamen. »Nein, Liebling, ich war nicht dabei, und es war ein Glück für mich, daß der Sheriff jenes Orts das wußte, weil er mich in der Nacht zuvor wegen Ruhestörung eingesperrt hatte und ich noch immer hinter Gittern saß, als Duke und Jarvis die Bank überfielen. Der Kassierer war allein, als es passierte – er gab ihnen das Geld, und trotzdem haben sie ihn erschossen, diese Schufte.«

Keighly bedeckte ihr Gesicht mit beiden Händen und blieb lange Zeit so sitzen. Eine Gewalttat in einem Film zu sehen, war etwas völlig anderes, als zu erfahren, daß sich so etwas im wirklichen Leben zugetragen hatte.

»Was hast du dann getan?« fragte sie und ließ die Hände sinken.

»Ich habe meine Strafe abgesessen – fünfzehn Tage – und mich dann auf mein Pferd gesetzt, um fortzureiten. Ich war in Mexiko, bis Will und Simon mich dort fanden und mir erzählten, daß meine Mutter tot und Angus schwer erkrankt war.«

Keighly schlang die Arme um Darby und zog ihn neben sich aufs Bett. »Warst du damals ein … Gesetzloser?«

»Nein«, sagte er und schloß sie fester in die Arme. »Aber ein Herumtreiber und Vagabund, und das ist in den Augen der meisten Leute auch nicht besser.«

»Das ist ja lächerlich. Es waren Unmengen von Gästen bei unserer Hochzeit, Leute aus der Stadt und andere Farmer und Rancher, und keiner von all diesen Menschen hat uns wie Außenseiter behandelt.«

Darby legte eine Hand auf ihre Brust und ließ sie ruhig dort liegen. »Sie waren aus zwei Gründen da, Keighly – zum einen, weil sie Angus alle auf irgendeine Art verpflichtet sind und ich sein Sohn bin, ganz gleich, wie skandalös die Umstände meiner Geburt auch gewesen sein mögen. Abgesehen davon waren sie natürlich auch neugierig auf dich. Es hat schon lange keine Braut mehr in der Familie gegeben; Betsey ist auf einer Farm außerhalb von Redemption aufgewachsen und war als Kind mit Will zusammen in der Schule, und die arme Kathleen starb, bevor irgend jemand außerhalb der Familie Gelegenheit bekam, sie kennenzulernen.«

Die Erwähnung Kathleens erinnerte Keighly an Simon und die Tatsache, daß sie vom Schicksal dazu verdammt war, eines Tages, wenn Darby tot war, Simons Frau zu werden. Ein Frösteln durchzuckte sie, und sie schloß ihren Mann noch fester in die Arme, als könne sie ihn so beschützen.

»Du hast viel geredet, Darby, aber mir noch nicht gesagt, worüber du dir Sorgen gemacht hast, als du eben dort am Fenster standest.«

»Du bist verdammt beharrlich, Keighly.«

»Richtig. Und deshalb solltest du mir jetzt endlich sagen, was dich beunruhigt.«

Er schwieg sehr lange – so lange, daß Keighly bereits dachte, er würde doch nicht reden.

»Ich bin noch nicht fertig mit den Shingler-Brüdern«, meinte er schließlich leise. »Sie wurden einen Monat nach dem Überfall und Mord gefaßt und zum Tode durch den

Strang verurteilt, und nun werden sie sich denken können, daß ich dem Sheriff erzählt habe, wo er sie finden kann.«

Keighly war, als striche eine kalte Hand über ihren Rücken. »Hast du es getan? Es ihm verraten, meine ich?«

»Teufel, ja!« antwortete Darby. »Sie hatten schließlich einen Mann getötet. Sie wurden gefaßt, vor Gericht gestellt und ins Gefängnis gebracht, um gehängt zu werden. Irgendwo auf dem Weg jedoch müssen einige ihrer Freunde sie befreit haben, denn der Sheriff und sein Deputy wurden erschossen, und die Shinglers sind seitdem verschwunden.«

Keighlys Herz pochte zum Zerspringen. »Sie haben dich sicher längst vergessen, Darby.«

»Sie haben mich genausowenig vergessen wie ich sie, Keighly. Es wäre naiv, zu glauben, es könnte anders sein.«

»Ist das der Grund, warum du nach Mexiko gehen wolltest? Weil du gehofft hast, ihnen auf diese Weise zu entkommen?«

»Es ist einer der Gründe«, gab Darby zu und zog sie an sich. »Aber es gibt noch einen anderen. Ich habe höllische Angst, dich wieder zu verlieren. Ich bin verwundbar, Keighly – auf eine Art und Weise, wie ich es noch nie zuvor gewesen bin.«

Sie küßte ihn auf die ausgeprägten Muskeln seiner Schulter. »Das bin ich auch«, gestand sie. »Aber ich schätze, das ist eben der Preis dafür, jemanden zu lieben. Und weißt du was? Es lohnt sich trotzdem.«

Er wandte den Kopf, um sie anzusehen. »Ich bin ganz deiner Meinung«, antwortete er lächelnd und bedeckte ihren Mund mit seinen Lippen.

Am nächsten Morgen kam Pater Ambrose zu Besuch und brachte Manuela, eine schlanke, alterslose Frau, die sowohl zwanzig wie auch fünfzig Jahre hätte sein können, und ihren Sohn Pablo mit, um sie Keighly vorzustellen. Sie war in der Küche und bemühte sich gerade, eins von Darbys Hemden zu bügeln, als die Besucher eintrafen.

»Kommen Sie herein und setzen Sie sich«, sagte Keighly strahlend, weil sie sich aufrichtig über die Gesellschaft freute. Im hellen Tageslicht, während sie ihre Arbeit tat und ihr Körper noch von Darbys letzter Umarmung prickelte, kam die Welt ihr wie ein sicherer, vernünftiger Ort vor, und Keighly war in heiterer Stimmung und guter Dinge.

Pater Ambrose, der um die Dreißig war und sehr gut aussah, trug eine Mönchskutte, Sandalen und einen Gürtel aus grobem Tau. Er lächelte und sprach dann leise mit Manuela, die aussah, als ob sie jeden Augenblick die Flucht ergreifen wolle. Sie umklammerte mit beiden Armen ein Stoffbündel, das wahrscheinlich ihre ganze Habe enthielt.

Nachdem die Gäste an dem runden Eichentisch, der ein Geschenk von Simon war, Platz genommen hatten, und Keighly Kaffee für Pater Ambrose und Manuela und Milch für Pablo eingeschenkt hatte, setzte sie sich zu ihnen.

»Manuela hat vor sechs Monaten ihren Mann verloren«, erzählte Pater Ambrose leise. »Sie hat eine Weile als Köchin in der Stadt gearbeitet, aber die Stellung verloren, als die Familie beschloß, an die Ostküste zurückzukehren. Sie und Pablo leben seither in der Mission – Pablo ist einer der besten Schüler unserer kleinen Schule – aber Manuela würde gern wieder selbst für ihren Lebensunterhalt sorgen.«

»Ich kann auch arbeiten«, warf Pablo eifrig ein. Er war ein schönes Kind, ungefähr acht Jahre alt, mit großen, dunklen Augen und dichtem schwarzen Haar. »Ich kann Pferde und Kühe und Schweine füttern. Ich bin schon sehr stark, wie ein richtiger Mann.«

Keighly lächelte ihn an. »Das sehe ich«, antwortete sie. »Ich bin sicher, daß wir eine Menge Aufgaben für dich finden könnten – nach der Schule natürlich nur.«

Manuela schaute Keighly mit etwas weniger Zurückhaltung als vorher an, aber sie sprach noch immer nicht.

»Sie brauchen nicht viel«, warf Pater Ambrose mit einem hoffnungsvollen Lächeln ein. »Nur ein Zimmer, ein kleines Gehalt und Essen.«

Keighly richtete den Blick auf Manuela. »Ich bin sicher, daß ich mich fragen werde, was ich ohne Sie getan hätte, noch bevor der Tag zu Ende ist«, sagte sie freundlich. »Die Arbeit ist sehr anstrengend, aber sie dürfte erträglich sein, wenn wir sie unter uns aufteilen.«

Manuelas braune Augen blitzten auf vor Stolz, dann erschien ein sanfterer Blick darin, und sie sprach zum ersten Mal.

»Danke«, sagte sie.

Pablo stieß einen frohen kleinen Schrei aus, entschuldigte sich und stürzte durch die Hintertür zum Hof hinaus.

Pater Ambrose lachte. »Er kann es kaum erwarten, mit den Pferden zu arbeiten«, erklärte er.

Ein bißchen alarmiert stand Keighly auf und ging zum Fenster. Immerhin waren die Pferde, die auf der Koppel standen, weil sie eingeritten werden mußten, noch ziemlich wild und unberechenbar.

»Keine Angst«, sagte der Priester und schob seinen Stuhl zurück. »Darby wird schon auf den Jungen aufpassen.«

Und tatsächlich, noch während Pater Ambrose sprach, stieg Darby über den Koppelzaun, überquerte den Hof und reichte Pablo die Hand wie ein Mann, der einen anderen begrüßt.

»Kommen Sie, ich zeige Ihnen, wo Sie schlafen werden«, sagte Keighly zu Manuela. Es gab einen kleinen Anbau auf der Seite des Hauses, die ihrem und Darbys Schlafzimmer gegenüberlag, der mit zwei Betten mit groben Strohmatratzen, einer Kommode und einem Waschtisch eingerichtet war.

Als Keighly in der Tür stand, dachte sie an das Gästezimmer in ihrem Apartment im Los Angeles des zwanzigsten Jahrhunderts mit seinem auf Hochglanz polierten Messingbett, dem freundlichen gelben Überwurf und den bunten Kissen, dem hellen Teppich und fröhlichen Tapetenmuster, und errötete unwillkürlich.

»Es ist nicht viel …«

Manuela legte ihr Bündel auf eins der Betten und öffnete behutsam eine der Schubladen der Kommode, mit der typischen Neugierde einer Frau, die versucht, sich in einer neuen Umgebung zurechtzufinden.

Trotz der unverhohlenen Freude der Frau jedoch fühlte Keighly sich veranlaßt, irgendwelche Zweifel, die sie vielleicht noch hegen mochte, zu beschwichtigen.

»Wir werden es so gut wie möglich herrichten – neue Vorhänge, anständige Matratzen, einen Teppich …«

»Es genügt, so wie es ist«, sagte Manuela und schaute ihr direkt in die Augen. »Und nun müssen Sie mir die Arbeit zeigen, die ich für Sie tun soll.«

Pater Ambrose wartete höflich in der Küche, als sie zurückkehrten. »Wenn alles geregelt ist, werde ich jetzt zur Mission zurückkehren«, sagte er. Anscheinend waren die drei die fünf Meilen von der Mission zur Farm gelaufen, denn Keighly hatte weder ein Pferd noch einen Wagen gesehen. Der Priester drückte Keighlys Hand. »Vielen Dank, Mrs. Elder.«

Keighly liebte den Klang ihres neuen Namens und bat den Priester daher nicht, sie mit ihrem Vornamen anzusprechen. Das konnte sie auch später noch tun, wenn sie sich besser kannten.

»Ich danke *Ihnen*«, erwiderte sie lächelnd.

Als Pater Ambrose fort war und Pablo mitgenommen hatte, weil er heute Schule hatte, zeigte Keighly Manuela das Haus. Obwohl Keighly und Betsey hart gearbeitet hatten, um es vor der Hochzeit bewohnbar zu machen, gab es noch sehr viel zu tun. Manuela bewies sehr schnell, daß sie eine fleißige Person mit Initiative war, als sie sich daranmachte, die staubigen Innenwände mit Seife und heißem Wasser abzuwaschen.

Nach dem Mittagessen, das Keighly mit Darby auf der Eingangsstufe der Hintertür einnahm, weil er sehr schmutzig war vom Einreiten der Pferde, traf Betsey mit ihrem kleinen Wagen ein, der von zwei kräftigen Stuten gezogen wurde.

»Ich fahre zu Angus hinüber, um nach ihm zu sehen«, rief sie Keighly zu, als sie auf das Haus zukam und lachend Darby auswich, der auf dem Weg zurück zur Koppel an ihr vorbei mußte. »Möchtest du mich nicht begleiten?«

Keighly nickte. »Ja, sehr gern«, sagte sie, und das stimmte auch. Sie mochte Angus. Dennoch schmerzte sie ein wenig die Erkenntnis, daß das Haus bereits ohne sie geführt wurde, so praktisch das auch sein mochte. Manuela hatte ihre Arbeit lange genug unterbrochen, um rasch etwas zu essen, und jetzt wusch sie das Geschirr ab. »Wenn es dir nichts ausmacht, mache ich mich nur rasch ein bißchen frisch«, sagte Keighly zu ihrer Schwägerin.

Betsey wartete in der Küche, während Keighly ins Schlafzimmer eilte, um ihr Gesicht zu waschen, sich zu kämmen und ihr Kleid zu wechseln. Als sie in die Küche zurückkam, plauderte Betsey angeregt mit Manuela, die bereits die Zutaten für das Abendessen herausgestellt hatte und Gemüse schnitt.

Die Rancharbeiter, die bisher am Lagerfeuer selbst für sich gekocht hatten, sollten von nun an auf Darbys Wunsch ihr Abendessen in der Küche einnehmen.

»Ich komme mir vor, als würde ich sie ausbeuten«, gestand Keighly, als sie und Betsey im Wagen saßen und über den holprigen Weg die wenigen Meilen zum Wohnhaus der Triple K hinüberfuhren.

Betsey warf ihrer Schwägerin einen spöttischen Blick zu. »Manuela ist entzückt, daß sie wieder selbst für sich und ihren Jungen sorgen kann – das hat sie mir gesagt. Und ganz abgesehen davon, Mrs. Elder, denke ich, daß du dich weniger aus bloßer Rücksichtnahme um Manuela sorgst, als du mich glauben machen willst. Ich glaube, es gefällt dir einfach nicht, daß eine andere Frau etwas für Darby tut.«

Keighly wollte protestieren, doch bevor sie ein Wort äußern konnte, fuhr Betsey fort.

»Schon gut«, sagte sie lächelnd. »Es geht mir mit Will genauso. Oder zumindest war es früher so, bis unsere Jungen geboren wurden, einer nach dem anderen. Da war ich heilfroh, Sally Quill zu haben, die mir ab und zu aushilft, selbst wenn sie ein dummes junges Ding ist, Keighly. Darby hat Manuela eingestellt, weil er dich liebt und weil er nicht will, daß du dich zu Tode schuftest.«

»Ich weiß«, erwiderte Keighly kleinlaut und schaute auf ihre Hände.

Betsey schüttelte den Kopf und schmunzelte belustigt. »Großer Gott, Kind – hör auf, dich schuldig zu fühlen und genieße es, verwöhnt zu werden! Bald genug wirst du ein Haus voller Kinder haben, wie Will und ich, und obwohl ich weiß, daß es das ist, was ihr beide wollt, und es euer Leben mit Sicherheit bereichern wird, wird danach alles anders sein.«

Keighly dachte an den Spiegel im *Blue Garter* und alles, was Darby ihr in der Nacht über die Shingler-Brüder erzählt hatte, und eine bittersüße Sehnsucht, mit ihrem Mann alt zu werden, erfaßte sie so heftig, daß ihr die Tränen kamen.

Betsey sah sie und nickte wissend. »Ich glaube, du bist in der gleichen Situation wie ich«, sagte sie und berührte in einer instinktiven Geste ihren Bauch. »Eine Frau wird gefühlvoller, wenn sie in anderen Umständen ist.«

Keighly biß sich auf die Lippe. Sie wagte nicht, an die sehr reale Möglichkeit zu denken, daß sie bereits Garrett, ihren Sohn, erwartete. Es gab genug andere Dinge, die sie im Moment beunruhigten: einerseits die Aussicht, daß irgendwo ein ungeahntes Zeitloch lauern mochte, durch das sie in ihre Zeit zurückkehren würde, und andererseits die beiden Banditen, die vielleicht in diesem Augenblick schon Pläne schmiedeten, Darby aufzuspüren und zu töten.

»Es muß sehr schmerzhaft sein, hier ein Baby zu bekommen«, bemerkte sie, bevor sie sich ihre Worte überlegen konnte.

Betsey warf ihr einen merkwürdigen Blick zu. »Hier?

Ich glaube nicht, daß es in Nevada mehr schmerzt als irgendwo anders auf der Welt.«

Keighly bemühte sich, zu lächeln. Sie hatte eigentlich gemeint, im zwanzigsten Jahrhundert, aber das konnte sie Betsey natürlich nicht sagen. »Erzähl mir, wie es ist.«

»Ich habe Will Kavanagh hundertmal verflucht und ihm geschworen, ihn mit einer Heugabel zu erstechen, falls er sich je wieder in meine Nähe wagen sollte. Aber dann kam das Baby auf die Welt, und ich schaute das Kind an und dann Will, und da ich vom ersten Augenblick an verliebt in den Kleinen war, fand ich, daß ich genausogut auch Will weiterlieben konnte.« Betsey seufzte. »Ich hoffe, daß das nächste Kind ein Mädchen wird. Ich hätte so gern ein Mädchen.«

»Ich hoffe es auch«, sagte Keighly. Obwohl sie in verschiedenen Jahrhunderten und somit in völlig unterschiedlichen Welten geboren waren, mochte sie Betsey sehr und betrachtete sie als die Schwester, die sie sich stets gewünscht und nie besessen hatte. »Wirst du kommen und mir bei der Geburt beistehen, Betsey, falls ich wirklich schwanger bin?«

Betsey stieß sie mit dem Ellbogen an und lächelte. »Natürlich bist du schwanger, Mrs. Elder. Schließlich bist du mit einem Mann verheiratet, in dessen Adern das gleiche Blut fließt wie in Wills. Und ja, selbstverständlich werde ich dir beistehen, zusammen mit Dr. Bellkin aus der Stadt. Darby wird dir nämlich nicht viel nützen, weißt du.«

Keighly lachte bei der Vorstellung, wie hilflos er sich fühlen würde. »Du hast recht«, sagte sie. »Das wird er sicher nicht.«

Als sie auf der Ranch eintrafen, fanden Betsey und Keighly Angus auf der Terrasse, wo er in seinem Rollstuhl saß und ein Buch über griechische Geschichte las. Er war sichtlich erfreut über den Besuch, und als Keighly ihn sah, fühlte sie sich gleich viel besser.

Angus wirkte kräftiger, trotz des Rollstuhls. Er hatte eine gesunde Farbe, und seine Augen leuchteten vor Lebensfreude.

Sie blieben etwa eine Stunde. Betsey erzählte Angus von den neuesten Streichen ihrer Söhne, und er lachte in aufrichtiger Belustigung. Keighly berichtete, was sich auf der Ranch so tat – daß Darby täglich neue Pferde einritt und Manuela und Pablo jetzt bei ihnen lebten.

Angus drückte ihre Hand, kurz bevor sie und Betsey sich erhoben, um aufzubrechen. »Du bist das Beste, was meinem Sohn je passiert ist«, sagte er. »Ich bin so froh, daß du gekommen bist.«

Impulsiv bückte Keighly sich und küßte Angus auf die Wange. »Ich möchte, daß du hier auf dieser Veranda sitzt und dir meine Geschichten über Darby und unsere Kinder anhörst, wenn die Zeit kommt«, erwiderte sie.

Er lächelte. »Ich werde mein Bestes tun«, versprach er.

Als Betsey Keighly zu Hause abgesetzt hatte, war Darby in ihrem Schlafzimmer und saß, eine dünne Zigarre in einem seiner Mundwinkel, bis zum Hals in dampfend heißem Wasser.

Im ersten Moment versetzte es Keighly einen Stich der Eifersucht – bestimmt hatte Manuela das Bad für ihn bereitet –, doch dann schämte sie sich dieser Gefühle. Das war nicht die richtige Art, eine Ehe zu beginnen.

»Wie geht es Angus?« fragte Darby.

»Für einen Mann, der seinen Vater angeblich nicht ausstehen kann«, erwiderte Keighly und bückte sich, um Darbys Haar zu küssen und die Nase über die Zigarre zu rümpfen, »bist du sehr besorgt um seine Gesundheit, Mr. Elder. Aber du kannst beruhigt sein – er sieht schon sehr viel besser aus.«

Darby grinste und blies den Rauch zwischen den Zähnen aus. »Ich glaube, du gefällst dem alten Mann. Wenn er vierzig Jahre jünger wäre, hätte ich mit ihm um deine Hand kämpfen müssen.«

»Wenn er vierzig Jahre jünger wäre«, versetzte Keighly und öffnete das Fenster, um den Rauch hinauszulassen, »wärst du noch nicht geboren, und ich auch nicht.«

Darby zog an seiner Zigarre und blies eine Rauchwolke in den Wasserdampf über der Wanne. »Ich glaube, dir gefällt er auch«, scherzte er.

»Allerdings«, bestätigte Keighly, nahm ihm die störende Zigarre aus der Hand und tauchte sie ins Badewasser. Als sie erloschen war, schleuderte sie sie aus dem Fenster. »Angus ist ein wunderbarer Mann. Ich wünschte, mein Vater wäre nur halb so stark wie er gewesen.«

Darby hatte schon wegen der Zigarre protestieren wollen, aber sein gekränkter Blick wich rasch einem jungenhaft verschmitzten Lächeln. Einem Lächeln, das Keighly alle Kraft aus ihren Knien raubte.

»Warum ziehst du dich nicht aus, Mrs. Elder, und steigst zu mir in die Wanne?«

»Erstens, weil wir nicht allein im Haus sind, und zweitens, weil du dich den ganzen Tag in Schmutz und Schlamm gewälzt hast.«

»Wenn wir allein sein müssen, damit du mit mir badest, Liebling, werden Manuela und der Junge in die Mission zurückkehren müssen. Und was das andere betrifft – dazu kann ich dir nur sagen, daß ich mich im Bach gewaschen habe, bevor ich in die Badewanne stieg.«

Keighly setzte sich auf die Bettkante, »Ich möchte nicht, daß Manuela und Pablo wieder fortgehen. Sie brauchen uns, und wir brauchen sie.«

»Das habe ich doch nicht ernst gemeint, Liebling«, sagte Darby und griff nach einem Handtuch.

»Ich bin ein bißchen eifersüchtig auf Manuela«, gestand Keighly. »Ich mag es nicht, wenn jemand anderes sich um dich kümmert.«

Er stand auf, und Keighly, ungeachtet ihres Vorsatzes, viktorianischen Anstand zu bewahren, betrachtete bewundernd seinen nackten Körper. Ganz plötzlich verspürte sie den ungestümen Wunsch, all diese Schönheit in einer Skulptur festzuhalten, die sie und Darby überleben würde.

»Ich werde dir treu sein«, versprach er ernst.

Sie wollte ihn berühren, nicht nur als seine Frau, sondern auch als Künstlerin, die sich mit ihrem Modell vertraut machte. Sie wollte ihre Hände über die harten Muskeln seiner Schenkel gleiten lassen, über seinen flachen Bauch und seine breiten Schultern. Er war so perfekt, daß es ihr fast den Atem raubte.

Sie zwang sich, zu ihm aufzusehen. »Ich liebe dich, Darby«, sagte sie. »Ich liebe dich so sehr, daß ich mir nicht vorstellen kann, dich noch mehr zu lieben, aber jeden Tag erwache ich und stelle fest, daß ich es tue.«

Da kam er zu ihr, noch immer feucht vom Bad und ohne ein Wort zu sagen, und zog sie sanft mit sich aufs Bett.

Keighly erhob keinen Widerspruch, als er ihr das Kleid aufknöpfte und eine Hand hineinschob, um ihre Brüste zu liebkosen, während er sie zärtlich küßte. Irgendwie gelang es ihm, ihr fast alles auszuziehen, ohne den lustvollen Angriff auf ihre Sinne zu unterbrechen, und kurz darauf war er auf innigste Weise mit ihr vereint.

Sie lag unter ihm und umklammerte in hilfloser Verzückung das Bettgestell an ihrem Kopf, während er sie auf immer neue Gipfel der Ekstase führte und ihre Lust so intensiv, so überwältigend wurde, daß sie glaubte, das Bewußtsein zu verlieren.

Als es vorbei war, blieben sie lange Zeit still liegen und beobachteten, wie sich draußen vor dem Fenster das Licht veränderte.

An jenem Abend summte Keighly glücklich, während sie Manuela half, das Abendessen zu servieren. Es gab frische Bachforellen, Bratkartoffeln und Karotten aus den vielen Gläsern Eingemachtem, die Gloria, Angus' Haushälterin, ihnen geschickt hatte. Darby sprach mit den anderen Männern über Pferdeeinreiten und Rinderhüten, aber ab und zu suchte er Keighlys Blick, und wann immer sie ihn ansah, schien die ganze Küche plötzlich wie elektrisch aufgeladen.

10. Kapitel

Keighly wußte, daß sie neben Darby lag und schlief, und dennoch war der Traum zu lebhaft, um ein bloßer Traum zu sein.

Sie stand auf dem mondbeschienenen Friedhof des neuzeitlichen Redemption, bekleidet nur mit ihrem Nachthemd, das um ihre nackten Schenkel flatterte, und die bloßen Füße auf dem kühlen, nassen Gras. Vor ihr lag ein vertrautes Grab mit einer Sonnenuhr anstelle eines Grabsteins, und der Name und die Jahreszahlen waren im Wechselspiel von Sternenlicht und Schatten deutlich zu erkennen.

Darby Elder. 1857–1887. Mein geliebter Gatte.

Eine kühle Brise fuhr durch Keighlys Haar, und sie kniete nieder, um das Gras zu entfernen, das die Inschrift zu überwuchern drohte. *Mein geliebter Gatte*, dachte sie, während heiße Tränen über ihre Wangen rannen. Diese Worte – wahrer, als irgendwelche anderen hätten sein können – waren noch nicht dagewesen, als sie das Grab zum ersten Mal gesehen hatte. Sie mußte sie selbst hinzugefügt haben.

Mit zitternden Beinen richtete sie sich auf. Es war kalt auf dem Friedhof, aber die Kälte schien mehr aus ihrer eigenen Seele zu kommen als aus der Finsternis, die sie umgab.

»Darby«, wisperte sie, wie eine Hexe, die eine Zauberformel aussprach. »Darby …«

Keighly erwachte jäh, richtete sich im Bett auf und rang nach Atem. Ihr Körper war in Schweiß gebadet.

Neben ihr bewegte Darby sich. »Liebling …?«

Sie murmelte bedeutungslose Worte, die nur den Sinn hatten, ihn zu beruhigen, und kurz darauf war er schon wieder eingeschlafen.

Keighly wartete, bis sie ganz sicher sein konnte, daß Darby nicht mehr aufwachte, stand dann auf, zog einen Morgenmantel über und ging leise in die Küche. Im zwanzigsten Jahrhundert hätte sie jetzt eine Tasse Wasser in den Mikrowellenherd gestellt und einen Beutel Kräutertee hineingegeben, aber so leicht war das hier nicht. Sie wollte auch keinen Schluck Brandy trinken, und so zündete sie schließlich nur eine Lampe an und setzte sich zitternd an den Tisch.

Manuela kam so leise herein, daß Keighly zusammenfuhr, als sie neben ihr erschien, und einen leisen Schrei ausstieß.

»Fühlen Sie sich nicht wohl, Mrs. Elder?« fragte Manuela.

Keighly schüttelte den Kopf. Sie war so aufgewühlt von ihrem Traum und der Gewißheit, daß sich nichts verändert hatte, was Darbys Schicksal anging, daß sie kein Wort über die Lippen brachte.

Manuela ging zum Herd, legte ein wenig Holz nach und setzte einen Kessel auf. Während sie darauf wartete, daß das Wasser sich erhitzte, stellte sie alles bereit, was sie für einen Tee benötigte, sagte aber in all dieser Zeit kein einziges Wort zu Keighly.

Erst als sie die Teekanne und eine Tasse an den Tisch brachte, blieb sie vor Keighly stehen und ließ den Blick über ihr Nachthemd gleiten.

»Sind Sie gefallen, Mrs. Elder?« fragte sie. »Sind Sie vielleicht hinausgegangen und in der Dunkelheit gestürzt?«

Keighly schaute an sich herab und stieß einen erstickten Schrei aus, als sie sah, was Manuela meinte. Der feine weiße Stoff des Nachthemds, das sie als Teil ihrer Aussteuer gekauft hatte, war mit Grasflecken und Schmutz bedeckt. Aber sie hatte das Haus nicht mehr verlassen, seit sie nach dem Abendessen die Schüssel mit dem Spülwasser hinausgetragen hatte, um sie auszuleeren.

»Mrs. Elder?«

Keighly schüttelte den Kopf, aus Angst, daß irgendein unbedachtes Wort das empfindliche Gleichgewicht wieder stören und sie erneut in jene andere Zeit und Welt zurückbefördern könne.

Manuela schenkte Tee für Keighly ein und gab Zucker

173

hinzu, wie sie es Keighly beim Essen hatte tun sehen. Dann schob sie ihr sanft die Tasse zu. »Trinken Sie. Danach werden Sie sich besser fühlen.«

Mit beiden Händen und so heftig zitternd, daß sie Angst hatte, den heißen Tee zu verschütten, hob Keighly die Tasse an die Lippen und trank einen kleinen Schluck daraus. Manuela verließ für einen Moment die Küche, und als sie wiederkam, brachte sie eine Decke mit, die sie Keighly um die Schultern schlang.

»Ich werde Mr. Elder rufen«, sagte die Haushälterin.

»Nein!« rief Keighly erstickt. »Nein … bitte nicht.«

Manuela runzelte die Stirn. »Aber er ist Ihr Mann …«

»Es geht schon wieder«, behauptete Keighly so überzeugend, wie sie konnte, angesichts der Tatsache, daß sie im Schlaf gerade wieder eine Zeitreise unternommen hatte. »Bitte – Mr. Elder arbeitet sehr hart. Er braucht seinen Schlaf«, fügte sie hinzu und biß sich auf die Lippen, in der Hoffnung, daß der winzige Schmerz sie wieder auf den Boden der Tatsachen zurückbrachte. Denn unter ihren Füßen spürte sie immer noch das feuchte Gras, fühlte den Wind in ihrem Haar und den zerreißenden Schmerz in ihrem Herzen.

Als sie zu Manuela aufschaute, erkannte Keighly, daß die Frau eine einleuchtendere Erklärung zu erwarten schien.

»Vielleicht schlafwandle ich ja, ohne es zu wissen«, meinte Keighly lahm. Das war natürlich mächtig untertrieben, aber wenigstens keine richtige Lüge, und Manuela würde es vielleicht beschwichtigen. »Gehen Sie ruhig wieder schlafen – ich fühle mich schon sehr viel besser.«

Manuela zögerte einen Moment, bevor sie widerstrebend ging. Keighly trank ihren Tee, blies die Küchenlampe aus und kehrte zurück ins Schlafzimmer zu Darby. Dort streifte sie ihr feuchtes, schmutziges Nachthemd ab und zog ein frisches an. Dann, nachdem sie das schmutzige zusammengerollt und in einer Schublade versteckt hatte, legte sie sich wieder ins Bett zu ihrem schlafenden Ehemann.

174

Zu ihrem Ehemann, von dem sie geglaubt hatte, er schliefe.

»Was hatte das alles zu bedeuten?« fragte er.

»Was?«

Er drehte sich auf die Seite und stieß einen ungeduldigen Seufzer aus. »Hör auf, Keighly. Du weißt verdammt gut, was ich meine.«

»Ich hatte einen schlechten Traum«, antwortete sie und schmiegte sich an ihn, weil sie hoffte, daß er dann vielleicht aufhören würde, sie mit Fragen zu bedrängen.

»Ein guter war es sicher nicht«, erwiderte er, »wenn du dich danach umziehen mußtest.«

Keighlys Wangen brannten in der Dunkelheit. »Es ist etwas ... geschehen.«

»Ja, das hatte ich mir schon gedacht.« Darby legte eine Hand unter ihr Kinn und zwang sie, ihn anzusehen. »Ich höre, Mrs. Elder.«

Keighly konnte sich unmöglich weigern, ihm alles zu gestehen, nachdem sie ihn in der Nacht zuvor gezwungen hatte, ihr von den Shingler-Brüdern zu erzählen. »Ich glaube ... nun ja, weißt du, ich lag hier und schlief ...«

Er wartete schweigend ab.

»Ich glaube, ich war für einen Moment wieder im zwanzigsten Jahrhundert. Es war, als ob ich träumte, und doch wußte ich, daß es kein Traum war ...«

»Und was geschah?«

Sie löste sich aus seinen Armen, schlüpfte aus dem Bett und holte das schmutzige Nachthemd aus seinem Versteck. Darby richtete sich auf und strich ein Streichholz an, um die Lampe auf dem Nachttisch anzuzünden.

Keighly zeigte ihm die Schmutz- und Grasflecken auf dem Nachthemd.

Er rieb sich mit einer Hand das Kinn und gähnte. »Es könnte sein, daß du im Schlaf gewandelt bist, nicht wahr? Vielleicht bist du ja gestolpert auf dem Weg vom Klosett zurück ins Haus ...«

Es wäre so einfach gewesen, diese Erklärung zu akzeptieren, immerhin war es die offensichtlichste, vernünftigste, und auch Manuela hatte sie schon darauf hingewiesen. Aber Keighly konnte sich dennoch nicht dazu überwinden, Darby zu belügen.

»Nein«, sagte sie, »ich war nicht draußen. Ich habe nicht einmal das Bett verlassen.«

Er schwieg sehr lange, dann schlug er die Decke zurück und klopfte auf die Matratze. »Komm. Den Rest würde ich lieber hören, während ich dich in den Armen halte«, sagte er.

Da ging Keighly zu ihm, mit Tränen in den Augen, und er beugte sich vor, um die Petroleumlampe auszublasen.

»Erzähl mir alles«, forderte er Keighly dann auf.

Sie schluckte und wischte mit dem Handrücken ihre Tränen ab. »Ich war auf dem Friedhof in Redemption. Und dort ... habe ich dein Grab gesehen.«

Darby pfiff leise durch die Zähne. »Das ist es also«, entgegnete er ruhig.

Keighly schmiegte sich noch fester in seine Arme. »Ja«, wisperte sie.

»Laß mich nicht zappeln, Keighly. Ich kann sehen, daß das noch längst nicht alles ist. Man braucht nicht an der Ostküste studiert zu haben, um zu erkennen, daß dir eine der Jahreszahlen, die auf dem Grabstein standen, nicht gefallen hat.«

Sie schloß die Augen, und Tränen der Hilflosigkeit, Frustration und Trauer sickerten durch ihre Wimpern. Sie hatte gedacht, sie würde Darby schützen, indem sie ihm nicht sagte, was sie über die Zukunft wußte, aber jetzt begriff sie, wie unfair das gewesen war. Selbstverständlich hatte er ein Recht darauf, es zu erfahren. Es war sogar möglich, daß er Mittel und Wege kannte, sein Schicksal zu verändern; daß es Dinge gab, die sie nicht einmal bedacht hatte.

»Auf dem Grabstein stand, daß du in diesem Jahr stirbst, Darby«, zwang sie sich zu sagen. »Achtzehnhundertsiebenundachtzig.« Danach, mit zögernden, behutsamen Worten, berichtete sie ihm von der Truhe aus Francine Stephens Dachboden, von den Zeitungsausschnitten und der Skulptur. Sie erzählte ihm sogar von Garrett.

Das einzige, was sie für sich behielt, war das Wissen, daß es ihr bestimmt war, Simon, seinen Bruder, zu heiraten, falls Darby starb.

Er hörte sich dies alles schweigend an, ohne sich auch nur das geringste Erschrecken anmerken zu lassen. Seine Atemzüge waren so ruhig und ausgeglichen, daß Keighly vielleicht geglaubt hätte, er schliefe, wenn er nicht ab und zu ermunternd ihre Hand gedrückt hätte.

Als sie ihren qualvollen Bericht beendet hatte und zitternd, ausgelaugt und selbst zum Weinen zu bekümmert neben ihm lag, rollte Darby sich auf den Rücken und zog Keighly auf sich. Mit beiden Händen umfaßte er besitzergreifend ihren Po, und obwohl sein Gesicht im Dunkeln lag, schien er nicht nur in ihre Augen, sondern sogar bis auf den Grund ihrer Seele zu schauen.

»Hör mir zu«, bat er. »Wir alle müssen sterben, einige von uns früher, andere später. Vielleicht können wir es ändern, und vielleicht auch nicht, aber eins werden wir auf keinen Fall tun, Keighly – wir werden keine Sekunde der gemeinsamen Zeit verschwenden, die uns noch bleibt. Ob das nun fünf Minuten sind oder fünfzig Jahre.«

Sie barg ihr Gesicht an seinem Nacken. »Ich hoffe, daß ich vor dir sterbe«, murmelte sie unglücklich und hob den Kopf, um ihn wieder anzusehen. »Ich bin egoistisch, Darby. Ich möchte nicht den Schmerz erfahren, allein zurückzubleiben. Ich will nicht um dich trauern und mich mit Erinnerungen zufriedengeben müssen …«

»Wenn das so ist, dann hättest du gar nicht erst geboren werden dürfen«, gab Darby mit leisem Vorwurf zu bedenken. Dann seufzte er und verschränkte seine Finger in ihrem Haar. »Aber natürlich bist du nicht die einzige, die egoistisch ist, denn mir ergeht es nicht viel anders – ich würde auch lieber sterben als dich zu verlieren.«

»Laß uns von hier fortgehen – nach Europa, nach Mexiko oder Kanada …«

Er küßte sie auf den Mund, um sie zum Schweigen zu bringen. »Nein, Keighly. Wir hatten bereits beschlossen, nicht davonzulaufen, nicht? Wenn du am Neujahrsmorgen achtzehnhundertachtundachtzig immer noch den Wunsch hast, fortzugehen, dann packen wir unsere Sachen und machen uns auf den Weg. Aber bis dahin bleiben wir am Tisch sitzen und spielen die Karten aus, die uns gegeben wurden.«

»Du hast recht«, stimmte Keighly leise zu. »Gott, ich hasse es – aber du hast recht.«

Zärtlich begann er ihren Po zu streicheln, während er gleichzeitig ihr Nachthemd hochschob. »Und jetzt laß uns zu meiner Philosophie zurückkehren und das Beste aus jedem einzelnen Moment machen ...«

Am folgenden Morgen, rastlos und ohne richtige Beschäftigung, weil Manuela so tüchtig war und sich um alles kümmerte, beschloß Keighly, sich in der näheren Umgebung nach einem Stück Stein umzusehen, den sie für eine Skulptur benutzen konnte. Das nötige Werkzeug hatte sie schon in der Woche zuvor besorgt, als sie mit Darby in der Stadt gewesen war, um Lebensmittelvorräte einzukaufen.

An jenem Tag wurden Kälber zur späteren Brandmarkung zusammengetrieben, und Darby nahm an diesem Auftrieb teil, auf Destry, seinem schwarzen Wallach, den er inzwischen vollkommen gezähmt hatte. Als Keighly den Mann und das Tier über das flache Land galoppieren sah, einem Kalb nachjagend, das sich von der Herde entfernt hatte, verhielt sie ihren Schritt, weil es ein solch wundervolles Bild war, daß es ihr den Atem raubte.

Dieser Anblick, erkannte sie, war es – mußte es gewesen sein – was sie zu der Skulptur von Darby und dem Wallach inspiriert hatte, die Francine ein gutes Jahrhundert später auf ihrem Speicher finden würde. Denn das war das Bild, wie sie den geliebten Mann in Erinnerung bewahren wollte – ob sie ihrem Schicksal nun entgingen oder nicht.

Nachdem sie Darby und sein Pferd eine Zeitlang bewundert hatte, ging Keighly weiter und fand schließlich einen mächtigen Granitbrocken, der sich bestens für ihre Zwecke eignete.

Die Frage war jetzt nur, wie sie den riesigen Stein ins Haus bekommen sollte.

Sie dachte noch darüber nach, als sie Hufschlag hörte und Darby in ihre Richtung galoppieren sah. Er nahm den Hut ab, als er sie erreichte, und verbeugte sich lächelnd. »Guten Morgen, Mrs. Elder«, begann er. »Habe ich dir eigentlich schon gesagt, daß es hier draußen Schlangen gibt und sehr viele von diesen Tieren unter Felsen leben?«

Keighly schaute den Stein an, den sie ausgesucht hatte, und erschauderte ein wenig. »Ich hätte daran denken sollen«, sagte sie. »Meine Großmutter hat mich oft vor ihnen gewarnt, als ich als Kind in dieser Gegend war.«

Darby beugte sich vor, reichte Keighly eine Hand und nahm den Fuß aus dem linken Steigbügel. Keighly lächelte und ließ sich von ihm aufs Pferd ziehen, obwohl das ein bißchen umständlich war mit dem langen Kleid und den umfangreichen Unterröcken, die sie trug.

»Wenn du allein durch die Gegend streifen willst, solltest du lieber schießen lernen«, sagte Darby, als er sich in dem abgenutzten Sattel zu ihr umdrehte. Es lag kein Vorwurf in seiner Miene oder seinem Ton; es war eine schlichte Feststellung.

Nachdem er seinen Hut wieder aufgesetzt und tief in die Stirn gezogen hatte, schaute er prüfend zum Horizont hinüber, und Keighly wußte, daß er an die Shingler-Brüder dachte. »Wir werden gleich nach dem Abendessen mit dem Unterricht beginnen«, bestimmte er.

Zufrieden legte sie die Wange an seinen von der Sonne gewärmten Rücken. »Ich kam her, weil ich mich nach einem Stein für eine Skulptur umsehen wollte«, sagte sie. »Ich hätte gern diesen dort ...«

»Einen kleineren konntest du wohl nicht finden«, meinte Darby mit gutmütiger Resignation, als sie ihm den Felsen zeigte. »Aber wenn die anderen Jungs mithelfen, gelingt es uns zu siebt vielleicht, ihn heimzuschleppen.«

Zum Schluß bewältigte er die Aufgabe allein mit Wills

und Simons Unterstützung. Sie wälzten den Stein auf ein Brett, das sie an einem alten Pflug befestigt hatten und ließen ihn von zwei Pferden bis zum Wohnhaus schleppen.

Keighly hatte sie gebeten, den Stein im Hof zu lassen, er könne später hineingebracht werden, hatte sie gesagt, wenn sie jene Teile abgeschlagen hatte, die sie nicht für die Skulptur benötigte. Im weichen Gras kniend, machte sie sich unverzüglich an die Arbeit, und Pablo und Etta Lee, die in der Nähe standen, beobachteten sie fasziniert.

»Meinst du, da ist etwas drin?« fragte Etta Lee. Sie trug ein blau-weiß kariertes Kleid, und ihr dunkles Haar war zu zwei dicken Zöpfen geflochten, die blaue Schleifen schmückten. Wie Pablo besuchte sie die Missionsschule, und Simon hatte beide Kinder zur Ranch mitgebracht, als er seine Tochter nach der Schule abgeholt hatte.

Pablo betrachtete den Stein aus schmalen Augen, als versuche er, ein Bild darin zu erkennen.

Keighly lächelte. »Ja«, sagte sie. »Dein Onkel Darby ist darin, und sein Pferd, Destry, ebenfalls.«

»Wie lange dauert es, bis sie herauskommen?« wollte Pablo wissen.

Sie zuckte mit den Schultern. »Das kommt darauf an«, antwortete sie. »Granit ist ein sehr harter Stein. Es könnte lange dauern, bis die Skulptur beendet ist.«

Die Sonne stand schon tief am Horizont, da es später Nachmittag war, aber es war noch immer so heiß, daß Keighlys Haar feucht an ihrem Nacken klebte. Als ein Schatten über sie fiel, wandte sie sich mit einem erfreuten Lächeln um, weil sie glaubte, es sei Darby.

Statt dessen war es Simon, der mit unsicherer Miene hinter ihr erschienen war. »Komm jetzt, Etta Lee«, sagte er zu seiner Tochter. »Wir sollten uns langsam auf den Heimweg machen.«

Etta Lee war kein unfolgsames Kind, doch nun schob sie schmollend ihre Unterlippe vor und begann zu protestieren.

»Ich hatte gehofft, du würdest mit Etta Lee zum Essen bleiben«, sagte Keighly rasch. Es war schließlich nicht

Simons Schuld, daß er vielleicht eine wichtige Rolle in ihrer Zukunft spielen würde, und im übrigen wollte sie alles tun, um die Beziehung zwischen Darby und seiner Familie zu verbessern. »Manuela brät Hühnchen, und es ist genug für alle da.«

Simon zögerte, aber Keighly spürte, daß er versucht war, nachzugeben. Etta Lee zappelte schon vor Begeisterung.

»Bitte, Papa!« bettelte sie. »Ich möchte dabei sein, wenn Onkel Darby und Destry aus dem Stein kommen!«

Keighly lachte und zog das kleine Mädchen an sich, ohne den Blick von Simon abzuwenden. »Ich habe den Kindern schon gesagt, daß es Monate dauern könnte.«

Simon ging in die Hocke und strich mit einer Hand über die Oberfläche des großen Steins. Einen Moment lang wirkte er sehr ernst, doch dann erwiderte er Keighlys Blick und lächelte. »Du hast große Veränderungen bei uns bewirkt«, sagte er leise. »Dafür bin ich dir unendlich dankbar.«

Sie wußte nicht, was sie darauf erwidern sollte – selbst ein schlichtes ›Danke‹ hätte in dieser Situation zu selbstzufrieden geklungen.

»Bleiben wir, Papa?« bat Etta Lee. »Bitte, bitte?«

»Ja«, antwortete Simon und richtete sich mit einem resignierten Seufzer auf. »Denn ich fürchte, wenn nicht, bekomme ich heute keine Ruhe mehr.«

»Und kein Brathühnchen«, warf Pablo ein.

Simon und Keighly lachten.

»Und kein Brathühnchen«, bestätigte Simon.

Es war eine laute, fröhliche Gesellschaft, die sich kurz darauf am Tisch versammelte, denn seit Manuela da war, nahmen auch sämtliche Arbeiter der Ranch ihr Abendessen in der Küche ein. Will war heimgefahren zu Betsey und den Jungen, nachdem er geholfen hatte, den Stein auf den Hof zu bringen.

Nach dem Essen sagte Darby, er wolle seiner Frau das Schießen beibringen und gleich heute mit dem Unterricht beginnen, solange es noch nicht ganz dunkel draußen war.

181

Nachdem er ein Gewehr aus dem Waffenschrank im Wohnzimmer geholt hatte, steckte er noch eine Handvoll Patronen in die Hosentasche.

Manuela wusch das Geschirr ab, die Cowboys waren zu ihrem vorläufigen Lager hinter der Scheune zurückgekehrt, und Pablo und Etta Lee machten ihre Hausaufgaben an dem inzwischen abgeräumten Küchentisch. Simon begleitete Keighly und Darby zu den Schießübungen.

Die Culversons hatten zahlreiche leere Flaschen in der Scheune aufgehoben, und Darby trug eine Kiste davon hinaus und stellte die erste auf einen Zaunpfosten, in sicherer Entfernung von Keighly, Simon und dem Haus.

Simon schaute schweigend zu, als Darby seiner Frau vorführte, wie man ein Gewehr hielt, zielte und einen Schuß abgab. Später, sagte er, werde er ihr auch erklären, wie man ein Gewehr zerlegte, reinigte und wieder zusammensetzte, doch heute abend solle sie sich erst einmal an das Gewicht der Waffe und an den Rückschlag gewöhnen.

Keighlys erster Schuß ging weit daneben und scheuchte einen Schwarm erschrockener Vögel auf.

Im zwanzigsten Jahrhundert hätte Keighly sich geweigert, eine Waffe zu berühren oder auch nur im Haus zu haben. Aber hier war sie eine willige, wenn auch vielleicht nicht allzu lernbegierige Schülerin.

Nach fünfzehn Minuten angestrengter Versuche war die Munition verbraucht, und nicht ein einziger Schuß hatte die Flasche auf dem Zaunpfosten getroffen. Darby nahm Keighly das Gewehr ab und gab es Simon.

Dann, mit einer so schnellen Bewegung, daß Keighly ihren Augen kaum zu trauen wagte, zog er seine eigene Waffe, einen 45er Revolver, und ließ die Flasche mit einem einzigen Schuß in alle Richtungen zerschellen.

Die Demonstration hätte Keighly eigentlich beruhigen müssen – Darby Elder war zweifelsfrei ein Mann, der sich zu verteidigen verstand –, doch statt dessen war ihr plötzlich, als striche eine kalte Hand über ihren Rücken. Ob die Shingler-Brüder genauso schnell waren – oder sogar noch schneller?

Simon räusperte sich, als Darby sich von dem improvisierten Schießstand abwandte. »Ich war eigentlich gekommen, um dir etwas mitzuteilen«, sagte er zu seinem Bruder.

Obwohl seine Worte Keighlys Unbehagen noch verstärkten, wandte sie sich zum Gehen, um die Brüder nicht zu stören, aber Darby streckte die Hand aus und hielt sie am Arm zurück.

»Was?« fragte er.

»Nichts Beunruhigendes«, sagte Simon. »Ich dachte nur, du solltest es von mir persönlich hören. Marshal Pratt hat heute seinen Dienst quittiert, und der Bürgermeister und die Ratsherren haben mich gebeten, seinen Posten zu übernehmen. Ich habe angenommen.«

Keighly war erschüttert wie in der Nacht zuvor nach ihrem unerwarteten Besuch im zwanzigsten Jahrhundert. Auf einem der Familienfotos aus Francines Truhe, das sie, Simon und ihre Kinder zeigte, hatte Simon eine Art Sheriffstern getragen. Das Schicksal hatte gerade einen weiteren Punkt gewonnen, aber das konnte sie Darby nicht erzählen, ohne ihm zu verraten, daß sie eines Tages seinen Bruder heiraten würde.

Darbys Reaktion auf Simons Ankündigung überraschte sie, obwohl sie noch immer zutiefst betroffen über diese letzte, neueste Erkenntnis war. »Gottverdammt, Simon«, fuhr er seinen Bruder an, »du bist ein Rancher, kein Gesetzeshüter! Willst du dich umbringen lassen?«

Simon stieß einen rauhen Seufzer aus. »Ich bin kein Rancher, Darby«, wandte er ruhig ein. »Nicht wie du und Pa zumindest. Ich bin bloß ein Großgrundbesitzer, der teure Pferde züchtet, für Geld, das er nicht braucht.«

»Und was ist mit Etta Lee?« fragte Darby und warf einen vielsagenden Blick zum Haus, in dessen Fenstern sich die untergehende Sonne spiegelte. »Genügt es nicht, daß sie ihre Mutter verloren hat? Muß sie auch noch dich verlieren?«

Simon lächelte ein wenig wehmütig. »Wenn ich es nicht

besser wüßte, könnte ich fast auf die Idee kommen, es machte dir etwas aus, ob mir etwas geschieht«, sagte er.

Darby stieß einen derben Fluch aus, entriß seinem Bruder das Gewehr und stürmte zum Haus hinüber.

»So«, bemerkte Simon trocken, während er ihm nachsah, »das hat offenbar gesessen.«

Keighly hatte sich inzwischen genügend von ihrem Schrecken erholt, um Simons Arm zu nehmen, als sie langsam zum Haus zurückgingen. »Er hat Angst um dich«, sagte sie. »Das mußt du doch verstehen.«

Simons gutgeschnittenes Gesicht verzerrte sich für einen kurzen Augenblick. »Ja«, sagte er, und es lag Zorn in seiner Stimme, aber keine Bitterkeit. »Will und Pa hatten seit seinem zehnten Lebensjahr Angst um ihn. Es wird allmählich Zeit, daß er herausfindet, wie das ist.«

»Für ihn lagen die Dinge anders«, wandte Keighly behutsam ein.

Ein grimmiger Blick war Simons einzige Antwort.

In der Küche lehnte Darby am Tisch und trank Kaffee aus einem emaillierten Becher. Es war Keighly ein Rätsel, wie er bei den unglaublichen Mengen Koffein, die er tagsüber zu sich nahm, nachts so ruhig schlafen konnte.

Simon und Darby wechselten einen ärgerlichen Blick, aber Simons Stimme war ruhig und freundlich, als er sich an seine Tochter wandte.

»Wir gehen jetzt, Etta Lee«, sagte er. »Pack deine Sachen ein.«

Das kleine Mädchen gehorchte diesmal ohne Widerworte und schien nicht einmal die bösen Blicke zu bemerken, die sein Vater und sein Onkel wechselten. Nachdem Etta Lee ihre Tafel und ihr Lesebuch in eine Leinentasche gesteckt hatte, schaute sie lächelnd zu Keighly auf.

»Danke, Tante Keighly, für das leckere Essen.« Als das Kind nun den Blick auf Darby richtete, wich der Zorn aus seinen Zügen, und seine ganze Haltung wurde sanfter. Ein Kloß formte sich in Keighlys Kehle, als sie dachte, was für ein guter Vater Darby sein würde, falls er lange genug lebte. »Und vielen Dank auch, Onkel Darby.«

Die Unschuld, die in dem Lächeln lag, das Darby seiner einzigen Nichte schenkte, brach Keighly fast das Herz. »Du bist hier immer willkommen, Kleines. Jederzeit«, fügte er hinzu und schaute dann zu Simon auf. »Bedenk, was du besitzt, Bruder.«

Simon erwiderte nichts darauf, bedankte sich nur bei Keighly, sagte gute Nacht und ging. Nur wenige Minuten später schon ratterte sein Wagen aus dem Hof.

Manuela scheuchte Pablo in ihr Zimmer, so daß Keighly und Darby allein in der Küche zurückblieben.

»Du warst ein bißchen hart zu Simon, meinst du nicht?« bemerkte Keighly. »Es ist ihm doch hoch anzurechnen, daß er herkam, um dir persönlich mitzuteilen, daß er den Posten des Marshals übernehmen wird.«

Darby stellte seinen leeren Becher in das Spülbecken, drehte sich zu Keighly um und verschränkte die Arme vor der Brust. »Ich wünschte, ich hätte besser darauf reagiert, Keighly. Mein ganzes Leben habe ich mir gewünscht, daß meine Meinung irgend jemanden interessieren möge – vor allem jedoch Simon. Und jetzt, als er endlich zeigt, daß es so ist, verliere ich den Kopf.«

Keighly umarmte ihn. »Du brauchst doch nur zu ihm zu gehen und ihm zu sagen, daß du auf seiner Seite bist. Danach werdet ihr euch beide besser fühlen.«

Er küßte ihre Stirn und wechselte das Thema.

»Du bist ein miserabler Schütze«, meinte er.

Keighly lachte. »Danke.«

In jener Nacht, wie auch in jeder anderen, liebten sie sich. Und obwohl es genauso wundervoll wie immer war, fand Keighly danach lange keinen Schlaf, als sie in Darbys Armen lag und seinen ruhigen, regelmäßigen Atemzügen lauschte.

Sie hatte Angst, die Augen zu schließen, Angst, ins zwanzigste Jahrhundert zurückversetzt zu werden – oder in irgendeine andere Zeit, in der es keinen Darby gab.

Sie erkannte plötzlich, als sie dort lag und an die Zimmerdecke starrte, wie erstaunlich einfach es tagsüber war, die Wahrheit zu vergessen. Während die Sonne schien und sie mit ihren Aufgaben beschäftigt war, verschwendete sie so gut wie keinen Gedanken an ihre riskante Lage, es sei denn, die Umstände zwangen sie, darüber nachzudenken. Sie war viel zu beschäftigt damit, zu leben und Darby zu lieben.

Wann immer sie jedoch kühl und nüchtern über ihre Lage nachdachte, begriff sie, daß es sehr gefährlich war, sich etwas vorzumachen. Und dabei wäre es doch so leicht gewesen, zu vergessen – weil jenes andere Leben ihr jetzt nur noch wie eine ferne Erinnerung erschien …

Aber das war ein Luxus, den sie sich nicht leisten konnte, denn zu vergessen hieße, nicht mehr auf der Hut zu sein. Und Wachsamkeit war unbedingt erforderlich, wenn sie und Darby die kommenden Monate überleben wollten.

Als sie nach einer guten Stunde noch immer keinen Schlaf gefunden hatte, stand Keighly auf und verließ das Schlafzimmer wie schon in der Nacht zuvor. Doch diesmal, anstatt Zuflucht in der Küche zu suchen, ging sie zu dem Sekretär, in dem Darby Rechnungsbücher und Papiere aufbewahrte, zündete eine Lampe an und durchsuchte die Schubladen, bis sie eine leere Kladde fand, die sie als Tagebuch benutzen konnte.

Nachdem sie Feder und Tinte bereitgestellt hatte, schlug Keighly das dünne Buch auf und trug in der rechten oberen Ecke der ersten Seite das Datum ein. Sie begann mit ihrer ersten Begegnung mit Darby, im Spiegel im Ballsaal ihrer Großmutter, als sie sieben Jahre alt gewesen war, und beschrieb sämtliche Episoden, an die sie sich erinnern konnte, so detailgetreu wie möglich. Sie wollte gerade schildern, wie sie durch den Spiegel in Darbys Arme gefallen war, als Erschöpfung sie übermannte und sie sich gezwungen sah, Schluß zu machen. Sie nahm das Tagebuch aber mit ins Schlafzimmer und legte es in die Schublade des Nachttischs.

Diesmal erwachte Darby nicht, doch als sie wieder zu ihm unter die Laken glitt, zog er sie in die Arme und murmelte ihren Namen.

»Halt mich fest«, wisperte sie und kuschelte sich an ihn. »Halt mich ganz, ganz fest.« Dann, weil sie sich nicht länger dagegen wehren konnte, schloß sie die Augen und versank in einen tiefen Schlaf.

11. Kapitel

»Ich komme nicht mit«, erklärte Darby am nächsten Sonntag morgen stur, als Keighly seine Krawatte band. Simon sollte an diesem Tag als neuer Marshal der Stadt vereidigt werden, bei einer kleiner Zeremonie, die nach der Messe im Rathaus stattfand.

Keighly hielt nicht einmal in ihren Bemühungen inne. »Natürlich gehst du mit«, erwiderte sie. »Du hast mir gestern nacht dein Wort gegeben, und jetzt ist es zu spät, um es dir noch anders zu überlegen.«

»Gestern nacht waren wir … habe ich …« Darby errötete tatsächlich ein wenig. »Wenn ich nachgegeben habe, dann geschah es unter Zwang.«

»Trotzdem«, erklärte Keighly fröhlich. »Versprochen ist versprochen.« Lächelnd strich sie seinen besten dunklen Anzug über seine breiten Schultern glatt.

Stirnrunzelnd begleitete Darby seine Frau hinaus. Selbst als er ihr in den Wagen half, den einer seiner Männer auf ihre Bitte hin angespannt hatte, und neben ihr auf den Kutschbock stieg, machte er noch ein grimmiges Gesicht und schwieg beharrlich.

Keighly ertrug das Schweigen nicht. »Deine Weigerung, an der Zeremonie teilzunehmen, wird Simon nicht davon abbringen, den Marshalposten anzunehmen«, sagte sie, als sie über den holprigen Weg zu Wills und Betseys Ranch fuhren, die vier Meilen von ihrer eigenen entfernt lag. Angus würde als einziger aus der Familie nicht an der Feier teilnehmen, und auch er blieb ihr nur fern, weil er noch zu krank war, um die Fahrt zu unternehmen.

Darby bedachte Keighly mit einem strengen Blick und grinste dann ein bißchen töricht. »Ich muß mich manchmal wirklich fragen, Mrs. Elder, ob du eigentlich einen guten oder schlechten Einfluß auf mich hast.«

»Einen guten«, versicherte Keighly, strich ihre Röcke glatt und schob eine Hand unter seinen Arm. Sie hatte in den letzten Tagen viele Stunden an ihrer Skulptur gearbeitet, und da sie auch keine weiteren Zeitverschiebungen erfahren hatte, war sie heute rundum glücklich und zufrieden.

Darbys Gesicht verdüsterte sich, als er den Blick wieder auf die Straße vor ihnen richtete. »Beunruhigt es dich nicht, daß Simon das Amt des Marshals übernimmt? Etta Lee hat niemand anderen mehr, und er ist Angus' Erstgeborener. Was glaubst du, welche Auswirkungen es auf Angus hätte, wenn Simon etwas zustieße?«

Für einen Moment legte Keighly tröstend ihren Kopf an Darbys Schulter. »Mir gefällt es auch nicht«, gab sie zu. »Aber ich kann verstehen, daß Simon etwas tun möchte, was er für nützlich hält. Außerdem ist es schließlich nicht unsere Sache, wie er sein Leben führt, nicht wahr? Ich glaube nicht, daß *du* Einmischungen von ihm tolerieren würdest.«

»Trotzdem sollte er an Etta Lee und Angus denken«, beharrte Darby.

»Für Etta Lee wäre es sicher schrecklich, wenn Simon etwas zustieße, es wäre für uns alle schlimm. Aber sie ist schließlich nicht allein auf dieser Welt – sie hat uns und Will und Betsey, und ihr Großvater vergöttert sie.«

Darby verdrehte die Augen. »Es wundert mich immer wieder, daß es nicht mehr weibliche Rechtsanwälte gibt«, sagte er mit liebevoller Ironie. »Gott weiß, daß niemand ein Argument besser formulieren kann als eine Frau.«

Keighly lächelte, obwohl die Erwähnung der Zukunft stets Unbehagen in ihr erzeugte. »Dann fühle ich mich verpflichtet, dich darüber aufzuklären, Mr. Elder, daß es im zwanzigsten Jahrhundert sehr viele Anwältinnen geben wird. Und auch sehr viele Ärztinnen.«

Darby schwieg sehr lange. Der Wagen ratterte und ächzte auf dem unebenen Weg, und das Pferd, eine graue Schimmelstute, wieherte ab und zu und warf den Kopf zurück.

»Ist es besser dort?« fragte Darby schließlich. »In der Welt, aus der du kommst, meine ich.«

Keighly konnte sich nicht dazu überwinden, ihn zu

belügen, selbst wenn es barmherziger gewesen wäre. »In mancher Hinsicht ja.«

»Wünschst du nicht manchmal, du könntest wieder dahin zurückkehren?«

»Nein«, erwiderte sie ohne das geringste Zögern. Denn das war eine Frage, über die sie nicht lange nachzudenken brauchte.

»Aber würdest du genauso empfinden, wenn ich nicht hier wäre?« beharrte Darby.

Keighly befeuchtete ihre Lippen, wie sie es so häufig tat, wenn sie über etwas nachdachte. Dann, ein wenig unsicher, schüttelte sie den Kopf.

Darby hielt die Zügel mit einer Hand und griff mit der anderen nach Keighlys. »Wenn mir etwas zustößt , sagte er, »möchte ich, daß du in deine Welt zurückkehrst.«

Keighly schluckte. »Es ist nicht wie der Mittagszug, Darby«, entgegnete sie leise. »Ich kann nicht einfach zum Bahnhof gehen, mir einen Fahrschein kaufen und den Zug besteigen.«

Darby drückte ihre Hand. »Wäre es nicht möglich, daß es … nun ja … daß es so eine Art Gabe ist, die du vielleicht nur noch zu beherrschen lernen mußt?«

Die Möglichkeit, daß der ganze Prozeß in irgendeiner Form *willkürlich* sein könnte, hatte Keighly bisher noch nie in Betracht gezogen, und sie hegte auch Zweifel an der Theorie, aber irgendwie schlug die Vorstellung, daß es so sein könnte, eine ferne, leise Saite in ihr an.

»Wieso glaubst du, daß das möglich wäre?« fragte sie.

Darby zuckte mit den Schultern. »Mir scheint, daß die meisten Dinge, die uns zustoßen, Ergebnisse einer Wahl oder Entscheidung sind, die wir getroffen haben – selbst wenn sie ursprünglich wie Zufälle erscheinen.«

Keighly dachte darüber nach, bis Wills und Betseys Haus in Sicht kam. Der Wagen, den vier Pferde zogen, stand schon wartend vor dem Haus, und als Darby und Keighly näher kamen, flog die Tür auf, und eine Horde Jungen stürzte heraus und begrüßte sie lärmend.

Will kam gleich hinter ihnen, in seinem besten Anzug.

Er schwenkte grüßend seinen Hut und scheuchte seine Söhne zum Wagen, um sie einen nach dem anderen hineinzuheben. Dann kam Betsey, in einem hübschen, rosafarbenen Kleid und mit einem großen Korb in einer Hand, den Will ihr abnahm und zu Darbys Wagen brachte.

»Betsey hat ein Picknick vorbereitet«, sagte er lächelnd. »Aber nehmt den Korb lieber in eurem Wagen mit, denn sonst ist er leer, bevor wir die Stadt erreichen.«

Darby lachte und stellte den Korb hinter den Kutschbock. Wundervolle Düfte stiegen daraus auf. »Du solltest deinen Jungen ab und zu etwas zu essen geben, Will.«

»Ha!« entgegnete Will mit einem stolzen Grinsen. »Sie essen mehr als alle Heuschrecken im Alten Testament.«

»Will!« rief Betsey vom Kutschbock ihres Wagens. »Wir kommen zu spät, wenn wir nicht bald aufbrechen!«

Will senkte seine Stimme zu einem verschwörerischen Flüstern. »Die Messe würde ich sowieso lieber verpassen«, bekannte er. »Ich schätze, daß es wohl nicht möglich sein wird, eine gebrochene Wagenachse auf dem Weg zu arrangieren?«

Darby nahm seinen Hut ab und schlug damit lachend nach seinem Bruder. »Du bist ein unverbesserlicher Sünder, Will.«

Keighly nahm den Hut – Darby hatte offenbar vergessen, daß es nicht der alte war, den er zur Arbeit trug – und brachte ihn wieder in Form. Dabei bemühte sie sich, damenhaft und streng zu wirken, obwohl sie wußte, daß ihre Augen funkelten. »Eine zweistündige Predigt wird euren Seelen guttun«, sagte sie.

Will und Darby stöhnten.

Die Kirche in Redemption war gut besetzt, und Darby verursachte großes Aufsehen, als er zuerst Keighly zu einem Platz in der ersten Reihe begleitete und dann zur Tür zurückging und Tessies Arm ergriff. Die alte Frau wehrte sich, als er sie den Gang hinaufzog, sie neben Keighly auf die Bank drückte und sich dann selbst am Ende hinsetzte und grinsend seine langen Beine ausstreckte.

191

Während Tessie ärgerliche Worte vor sich hin murmelte, saß Darby sehr zufrieden neben ihr und zwinkerte ihr belustigt zu.

Keighly, die an Tessies anderer Seite saß, dachte, daß sie ihren Mann nie mehr geliebt hatte als in diesem Augenblick.

Die Predigt war in der Tat sehr lang, zwei volle Stunden fast, und als sie endlich endete, war Keighly müde und erschlagen wie nach einem langen Arbeitstag. Eine erstickende Hitze herrschte in der kleinen Kirche, und die Holzbänke waren hart und äußerst unbequem.

Als das letzte Gebet gesprochen war, stieß Tessie Darby ihren Ellbogen in den Magen, drängte sich an ihm vorbei und strebte mit großen Schritten auf den Ausgang zu. Er folgte ihr nach einem schelmischen Blick auf Keighly, die direkt hinter ihm ging.

Draußen, unter einer großen alten Eiche, die wundervollen Schatten spendete, stand Tessie. Trotz ihrer zur Schau gestellten Entrüstung glühten ihre dunklen Augen vor Zuneigung, selbst als sie drohend ihren Zeigefinger unter Darbys Nase schwenkte.

»Du besitzt nicht einen Funken von Vernunft, mein Junge!« schalt sie ihn. »Nicht einen Funken!«

Darby verschränkte die Arme und grinste sie an. »Verzeih mir«, antwortete er. »Ich habe mich von meiner Leidenschaft mitreißen lassen.«

Sie schlug mit ihrem Retikül nach ihm, lachte dann und schaute Keighly an, als suchte sie einen Verbündeten. »Sie haben des Teufels Cousin geheiratet, Miss«, erklärte sie.

»Bis heute dachte ich, du hättest die Stadt verlassen, ohne dich auch nur zu verabschieden«, sagte Darby zu seiner alten Freundin. Er scherzte jetzt nicht länger, das konnte Keighly sehen, obwohl er noch immer lächelte. »Falls du Arbeit suchst, könntest du unserer Manuela helfen.«

»Ich habe dich lange genug ertragen, junger Mann«, sagte Tessie und klopfte auf ihre Handtasche. »Hier ist ein Fahrschein drin – nach Missouri, wo ich bei meiner Schwester leben werde. Mit dem Geld, das du mir gegeben hast, ihrem kleinen Haus und dem Stückchen Land, das sie besitzt, werden wir ganz gut zurechtkommen.«

»Das freut mich für dich«, erwiderte Darby und beugte sich vor, um sie auf die Stirn zu küssen.

Die alte Frau begann zu protestieren, gab es dann aber auf, schlang die Arme um seinen Hals und hielt ihn für einen Moment ganz fest an sich gedrückt. Tränen standen in ihren Augen, als sie zurücktrat und zu seinem Gesicht aufschaute. »Paß gut auf dich auf, Darby. Du hast jetzt eine feine Frau und ein richtiges Zuhause. Du wirst Mr. Kavanagh eine Chance geben, hörst du? Es ist das, was deine Mama wollte.«

Darby drückte Tessies Hände, aber Keighly entging nicht, daß er keine Versprechungen machte. »Du warst immer gut zu mir, Tessie«, sagte er nur. »Dafür danke ich dir.«

Mit einem zusammengeknüllten Taschentuch, das sie aus dem Ärmel ihres Kleids gezogen hatte, tupfte Tessie über ihre Augen. Dann, nachdem sie Keighly freundlich zugenickt hatte, hob sie noch einmal in einem liebevollen Gruß an Darby ihre Hand und wandte sich dann resolut in Richtung Straße.

Darby sah ihr schweigend nach.

Keighly schlang einen Arm um seine Taille. »Weißt du was? Ich liebe dich nicht nur, Mr. Elder, ich mag dich auch. Du bist in Ordnung.«

Er schaute auf sie herab und küßte zärtlich ihre Nasenspitze, bevor er ihren Arm nahm, um sie zu der kleinen Versammlung aus Gemeindemitgliedern zurückzuführen, von denen viele vermutlich schon über Darby Elders letzten gesellschaftlichen Schnitzer klatschten.

Will holte den Picknickkorb aus Darbys Wagen, und Betsey breitete eine Decke auf einer grasbewachsenen Stelle des Pfarrhofs aus und begann für ihre Jungen und Etta Lee Teller zu füllen. Simon hatte sich zu ihnen gesellt und sich auf ein verwittertes Stück Holz gesetzt. Er war es, der Darby und Keighly zuwinkte, zu ihnen herüberzukommen.

193

Die Vereidigung würde erst später stattfinden, wenn alle Gemeindemitglieder ihr Picknick beendet hatten.

»Warum hast du Tessie nicht eingeladen, herüberzukommen und mit uns zu essen?« fragte Betsey Darby, als die Jungen und Etta Lee ihre Teller geleert hatten und über den Pfarrhof zu den anderen Kindern hinüberstürmten.

»Weil sie sich geweigert hätte«, antwortete Darby mit unverhohlenem Bedauern. Er hatte sein Jackett ausgezogen und es über den Zaun gehängt, der den Pfarrhof zur Straße hin abgrenzte. Seine Krawatte hatte er schon vorher abgenommen, und Keighly dachte, daß er in seinem kragenlosen weißen Hemd mit der schlichten schwarzen Weste, den schwarzen Hosen und den auf Hochglanz polierten Cowboystiefeln ausgesprochen gut aussah. Der Waffengurt, den er normalerweise trug, lag unter dem Kutschbock seines Wagens.

Simon bot Keighly seinen Platz an, und Will holte eine Obstkiste für Betsey aus dem Wagen. Die Teller mit dem kalten Braten, dem Bohnensalat und der Pastete aus Süßkartoffeln hielten sie auf den Knien.

»Na ja, wenigstens hast du den feinen Leuten in Redemption wieder etwas geliefert, worüber sie jetzt tratschen können«, bemerkte Betsey mit einem anerkennenden Lächeln, das sich darauf bezog, daß Darby Tessie in der ersten Sitzreihe in der Kirche untergebracht hatte.

»Sie wären enttäuscht, wenn ich es nicht getan hätte«, erwiderte er.

Keighly fühlte sich wunderbar geborgen bei Darby und seiner Familie, die sie inzwischen auch als ihre eigene betrachtete. Wenn sie doch nur die Zeit zum Stehen bringen könnte, ganz gleich, wie kurz, um dies alles noch ein bißchen länger zu genießen! Um sich den Klang ihrer Stimmen einzuprägen, das Blau des klaren, wolkenlosen Himmels und den Duft des üppigen Sommergrases …

Tränen traten in ihre Augen, und wie es das Pech so wollte, bemerkte Darby sie.

Besorgt hockte er vor ihr nieder und stellte seinen Teller ab. »Keighly? Was hast du, Liebling?«

Ein wenig beschämt zog sie die Nase hoch. »Nichts. Ich bin bloß glücklich!« schluchzte sie, und alle lachten.

Will, der am Rand der Decke saß, streckte die Hand aus und klopfte Darby auf die Schulter. »Gratuliere, Bruder«, sagte er. »Ich kenne die Anzeichen, und ich glaube, ich kann dir jetzt mit ziemlicher Gewißheit sagen, daß du Vater wirst.«

Darbys Gesicht verriet Verblüffung. »Keighly ... ist das möglich?«

Auch das erzeugte allgemeine Heiterkeit, und diesmal lachte Keighly mit.

»Natürlich ist es möglich«, antwortete sie und wischte sich mit einer Hand die Tränen ab. Ihre Periode war seit Wochen ausgeblieben, und sie hatte auch noch andere Symptome festgestellt.

»Aber du glaubst, es stimmt?« beharrte Darby mit leuchtenden Augen und drückte Keighlys Hände.

Sie nickte. »Ja«, erwiderte sie schlicht.

Und da sprang Darby auf, zog sie auf die Beine und wirbelte sie mit einem lauten Freudenschrei im Kreis herum, immer wieder und immer wieder, mitten zwischen all den Leuten, die hier Picknick machten. Keighly lachte, umklammerte seinen Nacken und überließ sich ihrer Freude, obwohl sie wußte, daß vielleicht schon sehr bald Trauer daraus werden würde.

Simons Vereidigung war ein feierlicher Augenblick. Als er das sternförmige Abzeichen an sein Jackett gesteckt und geschworen hatte, die Gesetze des Staates und der Nation einzuhalten und zu schützen, hielt er eine kleine Ansprache.

Sie war kurz und aufrichtig, und danach applaudierten die Bewohner von Redemption und umringten ihn von allen Seiten, um ihm die Hand zu schütteln. Will und Darby klatschten am lautesten von allen, und sie waren auch die ersten, die ihm gratulierten. Aber Keighly hatte sie während der Zeremonie beobachtet – ihre Gesichter, die sich im Profil so ähnlich waren, hatten einen grimmigen Ausdruck zur Schau getragen, und ihre Bedenken waren ihnen deutlich anzusehen gewesen.

Nur Betsey und Keighly hatten es gemerkt.

»Wir sollten die Kinder heimbringen«, sagte Betsey leise und nahm Wills Arm, als der Trubel nachließ. »Geh und frag Simon, ob Etta Lee heute bei uns übernachten darf. Er will doch sicher in der Stadt bleiben, um sich mit seinem neuen Büro vertraut zu machen.«

Will nickte und ging. Darby war bereits fortgeschickt worden, um seine Neffen einzusammeln, und als er wiederkam, trug er unter jedem Arm einen zappelnden und kichernden kleinen Jungen.

Mit einem übertriebenen Seufzer der Erleichterung setzte er die beiden auf der Ladefläche des Kavanaghschen Wagens ab. »Und da bleibt ihr jetzt und rührt euch nicht vom Fleck, ihr kleinen Stinktiere«, sagte er mit gespielter Strenge, worauf die Kinder nur noch lauter kicherten.

Dann ging er zu Betsey und rieb sich die Hände wie nach einer schweren Aufgabe, die er zur Zufriedenheit erledigt hatte. »Da hast du Samuel und Nathan«, sagte er. »Aber ich fürchte, Angus und Billy sitzen auf dem Dach des Plumpsklosetts und wollen nicht herunterkommen.«

»Vielleicht haben wir ja Glück, und sie fallen durch das Dach«, erwiderte Betsey schmunzelnd.

Etta Lee kam zu Darby und zupfte schüchtern an seinem Ärmel. »Du könntest mir in den Wagen helfen, Onkel Darby, wenn du willst.«

Er bückte sich, nahm ihr schmales Gesicht zwischen seine großen Hände und drückte einen Kuß auf ihre Stirn. »Das werde ich, Prinzessin«, sagte er. »Vielleicht gelingt es dir ja, deinen ungezogenen kleinen Vettern Manieren beizubringen.«

Und damit hob er seine Nichte auf, um sie zu den Jungen zu tragen, und ging so behutsam mit ihr um, als hielte er eine Porzellanpuppe in seinen Armen.

Als Darby und Keighly bei Einbruch der Abenddämmerung zur Ranch zurückkehrten, ging Darby in die Scheune, um noch etwas zu erledigen, und Keighly, die müde, aber zufrieden war, betrat durch die Hintertür das Haus.

In der Küche bereitete Manuela gerade ein leichtes Abendessen vor, und am Tisch bei ihr saß Pater Ambrose.

Keighly, die den Mann sehr mochte, begrüßte ihn erfreut.

»Wie war Simons Vereidigung?« fragte der Priester, nachdem er sich von seinem Stuhl erhoben hatte.

»Sehr feierlich«, sagte Keighly. Sie war ein bißchen verwirrt, weil Pater Ambrose ihre und Darbys Trauung vorgenommen hatte, obwohl weder Darby noch irgendein anderes Mitglied seiner Familie katholisch zu sein schienen. »Ich glaube, die ganze Stadt war da.«

Der Pater lächelte, als habe er ihre Gedanken erraten, und setzte sich wieder. »Simon wird ein guter Marshal sein. Er ist stark, aufrichtig und couragiert.«

Keighly seufzte. Jetzt, wo es dunkel wurde, stellte sich wieder das vertraute Unbehagen ein, doch ihre Furcht und Sorge galt nicht nur ihr selbst, sondern auch Darby, Simon und ihrem Schwiegervater. Der ganzen Familie eigentlich. »Darby und Will machen sich große Sorgen«, vertraute sie dem Priester an, als sie sich zu ihm an den Tisch setzte.

»Ich weiß«, erwiderte Pater Ambrose leise.

Keighly biß sich auf die Lippen, weil sie am liebsten geweint hätte und dem Impuls nicht nachgeben wollte. Manuela zündete eine Lampe an und stellte sie wortlos auf den Tisch.

»Mein liebes Kind …« begann der Priester.

Bevor er den Satz jedoch beenden konnte, öffnete sich die Hintertür, und Darby kam herein.

»Hallo, Ambrose«, begrüßte er den Pater fröhlich und ging zum Waschtisch, wo Manuela Seife und ein frisches Handtuch für ihn zurechtgelegt hatte.

»Hallo, Darby«, erwiderte Ambrose lächelnd.

Der Pater blieb zum Abendessen und segnete die Nahrung, die sie zu sich nahmen. Als das Geschirr abgeräumt war, ließ Keighly ihren Mann und den Priester, die sich über Rinderpreise unterhielten, allein, und ging ins Schlafzimmer, um sich auszuziehen, zu waschen und ins Bett zu gehen.

Sie hörte Darby nicht hereinkommen, aber er war bei ihr, als sie mitten in der Nacht erwachte und irgendwo in der Ferne den einsamen Schrei eines Wolfs oder Kojoten hörte. Der Laut stimmte sie traurig, und sie kuschelte sich an Darby, schmiegte ihren Rücken an seine Brust und spürte sein weiches Haar an ihren Wangen.

Vielleicht hatte er recht gehabt an diesem Morgen im Wagen, dachte sie, als er sagte, es sei ihre eigene Entscheidung, ob sie im neunzehnten Jahrhundert bliebe oder nicht. Und für den Fall, daß das die Wahrheit sein sollte, konzentrierte Keighly ihre ganze Willenskraft auf einen einzigen Gedanken: mit Darby Elder alt zu werden.

Am folgenden Morgen kam Pablo schon um kurz nach zehn aus der Schule zurück, auf Pater Ambrose' altem Esel. Keighly war mit ihrer Skulptur beschäftigt, während Manuela in der Nähe Wäsche wusch. Darby und die anderen Männer waren draußen auf der Weide und kennzeichneten die Rinder.

»Warum bist du nicht in der Schule?« fragte Manuela ihren Jungen streng, als er vom Rücken des kleinen Esels glitt und ihn an einem Pfosten anband.

»Pater Ambrose hat mich heimgeschickt«, antwortete er. »Er sagte, ich soll zu Hause bleiben, weil auf einer der Farmen Scharlach ausgebrochen ist. Und er hat mir diese Nachricht für Mr. Elder mitgegeben.«

Keighly, die bei Pablos Erscheinen ihre Arbeit unterbrochen hatte, nahm dem Kind den Zettel ab und las vor: »*Die Reaneys haben Scharlach. Sie leben in dem Haus um Dennison Creek. Bitte schick so schnell wie möglich Dr. Bellkin hin und warne deine Brüder. Sie sollen ihre Kinder daheim behalten.*«

Scharlach, das Fieber, das eines Tages eins ihrer eigenen Kinder töten würde … Eine Welle der Übelkeit erfaßte Keighly, und unwillkürlich legte sie eine Hand auf ihren Bauch. »Mein Gott«, wisperte sie und wandte sich blindlings in die Richtung, in der sie Darby vermutete.

»Mein Gott …«

Manuela ergriff sie, legte entschieden einen Arm um ihre Taille und gab ihrem Sohn eine knappe Anweisung. »Mr. Elder ist dort hinten«, sagte sie und deutete auf die entfernten Weiden. »Geh und hol ihn.«

Pablo band den Esel los und schwang sich wieder auf dessen Rücken, während Manuela Keighly ins Haus führte.

»Keine Medikamente«, murmelte sie unglücklich und dachte an die Reaneys, die als erste an dem Fieber erkrankt waren. Würden auch noch andere daran erkranken? Und wenn Etta Lee nun krank wurde oder einer oder mehrere von Wills und Betseys Jungen? »Was nützt es schon, den Arzt zu holen, wenn es kein Mittel gegen diese Krankheit gibt?«

»Sie müssen sich beruhigen«, sagte Manuela, als sie den Salon erreichten, einen großen, nur selten benutzten Raum. »Es schadet Ihnen, wenn Sie sich immer solche Sorgen machen.«

Keighly setzte sich in einen Schaukelstuhl und preßte eine Hand vor ihren Mund, um ihre Angst zu unterdrücken. Manuela hatte recht; sich aufzuregen, würde ihr nur schaden. Und dennoch fragte Keighly sich, wie lange sie die Panik, die in ihr aufstieg, noch unterdrücken konnte.

Irgendwann ließ Manuela sie allein, und Keighly schaukelte und kämpfte gegen ihre Angst an. Als sie ein Klappern in der Küche hörte, wußte sie, daß Darby heimgekommen war. Bevor sie sich jedoch erheben konnte, war er schon bei ihr, von Kopf bis Fuß mit Staub und Schweiß bedeckt, und kam mit großen Schritten auf sie zu.

»Ich möchte, daß du mir etwas versprichst, Keighly«, sagte er, als er sich zu ihr vorbeugte und die Hände auf die

Armlehnen des Schaukelstuhls legte. »Du wirst hierbleiben, hier bei Manuela, ganz gleich, was auch passiert. Wirst du mir das versprechen, Liebling?«

Sie nickte und widerstand dem Impuls, Darbys Hände zu ergreifen, um sich an ihm festzuklammern. »Du wirst doch ... vorsichtig sein?«

»Ich hatte schon Scharlach, Liebling«, erwiderte Darby sanft. »Ich kann ihn nicht noch einmal bekommen.«

Keighly begann fieberhaft zu überlegen, ob sie als Kind gegen Scharlach geimpft worden war. Einige Krankheiten, wie Pocken beispielsweise, waren gegen Ende des zwanzigsten Jahrhunderts soweit ausgerottet, im Westen jedenfalls, daß Impfungen nicht länger nötig waren. Vor welchen Krankheiten war sie – und damit auch ihr ungeborenes Baby – geschützt und sicher?

»Ich liebe dich«, war alles, was sie sagte, aber an Darbys Blick sah sie, daß es genügte.

Sie kehrte in den Hof zurück, als er losgeritten war, und arbeitete an ihrer Skulptur weiter, wütend und verzweifelt, bis die Sonne unterging und die Muskeln in ihren Armen vor Erschöpfung schmerzten.

Zur Abendessenszeit war Darby noch immer nicht zurückgekehrt, und Keighly aß nur deshalb etwas, weil sie wußte, daß sie Nahrung brauchte, aber der würzige Gemüseeintopf, den Manuela zubereitet hatte, schmeckte für sie nach nichts.

Es war schon kurz nach zehn und dunkel draußen, als Darby endlich kam. Er sah zum Umfallen müde aus, als Keighly die Küchentür öffnete, um ihn zu begrüßen.

»Die Reaneys?« fragte sie von der Eingangstür aus und hob die Laterne, die sie in der Hand trug.

»Sie hatten fünf Kinder«, sagte Darby leise. »Vier sind nun tot.«

Entsetzt schlug Keighly eine Hand vor ihren Mund, aber nicht rechtzeitig genug, um den Schrei der Verzweiflung zu ersticken, den Darbys Worte ihr entrungen hatten.

»Konnte der Arzt nichts tun?« fragte sie nach einem kurzen, furchtbaren Kampf mit sich.

»Es war zu spät. Und ich habe fast den ganzen Tag gebraucht, um ihn zu suchen. Wie sich herausstellte, sind nämlich noch andere Leute erkrankt, und der Doc hatte bereits alle Hände voll zu tun mit ihnen.«

Vorsichtig stellte sie die Lampe ab und begann auf ihn zuzugehen.

»Nicht«, sagte er und hob abwehrend die Hand.

Keighly erstarrte. »Aber du sagtest doch ...«

»Ich habe dir gesagt, daß ich immun dagegen bin«, unterbrach er sie sanft, aber entschieden. »Aber ich war im Haus der Reaneys, nachdem ich Simon und Will gewarnt hatte – Doc Bellkin brauchte Hilfe, und ich war der einzige in der Nähe, der ihm beistehen konnte. Ich könnte die Krankheit übertragen, Keighly.«

Zum tausendsten Mal fragte Keighly sich, wogegen sie als Kind geimpft worden sein mochte, aber sie erinnerte sich einfach nicht. »W-woher sollen wir das wissen?«

»Doc Bellkin riet uns, abzuwarten, bis die Epidemie eingedämmt ist«, antwortete Darby, und Keighly starrte ihn betroffen an.

Sie war imstande, alles zu ertragen, dachte sie, solange sie nur bei Darby sein konnte. »Wills und Betseys Jungen ... Etta Lee ...?«

»Sie sind alle noch gesund«, versicherte ihr Darby, »Betsey hat Etta Lee zu sich genommen.«

Keighly nickte. »Damit hatte ich nicht gerechnet«, sagte sie bedrückt.

»Niemand hat damit gerechnet«, erwiderte Darby müde. »Gute Nacht, Liebling. Versuch, dich auszuruhen.«

Damit wandte er sich ab und entfernte sich von ihr in Richtung Scheune.

Keighly rechnete nicht damit, Ruhe in jener Nacht zu finden, aber tatsächlich war sie so erschöpft, daß sie fast augenblicklich einschlief.

Am Morgen, durch das Küchenfenster, sah sie Darby am Lagerfeuer seiner Cowboys hocken und Kaffee trinken. Obwohl er nahe genug war, daß sie die Anspannung

201

in seinem Gesicht erkennen und sogar das Stroh sehen konnte, das an seinen schmutzigen Kleidern klebte, wagte Keighly nicht, zu ihm hinauszugehen.

Es war ebenso beängstigend, wie auf einer Seite des Ballsaalspiegels zu stehen, während Darby auf der anderen war.

Keighly ging nicht weiter als bis zu ihrer Skulptur. Die Arbeit daran stellte eine willkommene Ablenkung für sie dar und beschäftigte sie auch in den langen Tagen, die darauf folgten, und vertrieb ihr die Zeit. Nachts, wenn sie nicht schlafen konnte, was sehr oft der Fall war, arbeitete sie an ihrem Tagebuch und hielt alles darin fest, was sich bisher ereignet hatte.

Von der Triple K kam die Nachricht, daß Angus sich nach wie vor auf dem Weg der Besserung befand, und von Will und Betsey, daß der kleine Samuel nun ebenfalls erkrankt war. Sie hatten einen Teil des Hauses isoliert, und Betsey pflegte ihren Jungen selbst.

Keighly zitterte vor Erregung, als Darby fünf Meter entfernt von ihr im Hof stand und ihr die Neuigkeiten mitteilte. Sie brach in Tränen aus und schleuderte ihre Meißel einen nach dem anderen ins hohe Gras.

»Hör auf damit!« befahl Darby.

»Und wenn er nun stirbt?« schrie Keighly. »Wenn Samuel stirbt? Und was ist mit dem Kind, das Betsey unter ihrem Herzen trägt?«

»Das sind Fragen, auf die ich keine Antwort weiß«, gab Darby offen zu. »Aber was auch immer geschehen mag, Will und Betsey werden es überstehen, denn sie sind beide starke Menschen. Du tust niemandem etwas Gutes, Keighly – schon gar nicht dir selbst und deinem Baby –, wenn du dich so aufregst.«

Keighly wußte, daß er recht hatte, aber das machte es ihr nicht leichter. Verzweiflung übermannte sie; wie hatte sie bloß dumm und blind genug sein können, das neunzehnte Jahrhundert zu lieben? In ihrer romantischen Verblendung hatte sie Scharlach, Pocken, Diphterie und tausend andere Schrecken übersehen, die hier lauerten.

202

»Ich hasse dieses Zeitalter«, sagte sie müde. »Ich hasse es.«

Einen Moment lang malte Darbys eigener Kummer sich offen auf seinen Zügen ab. Dann, ohne ein Wort des Trostes oder Vorwurfs, wandte er sich ab und ging. Er drehte sich nicht mehr nach ihr um.

12. Kapitel

Das alte Gefühl begann sich wieder einzustellen, Keighly gewann den Eindruck, daß sie nach und nach verblaßte und immer transparenter wurde, mit jedem Tag ein bißchen unwirklicher und schwächer. Manchmal, wenn sie in den Spiegel über der Schlafzimmerkommode schaute, war sie überrascht, daß er ihr Gesicht noch wiedergab.

Tag für Tag, Nacht für Nacht hielt Darby Distanz zu ihr. Keighly vermißte ihn schmerzlich, aber sie wußte, daß ihre erzwungene Trennung nicht der Grund für das beängstigende Gefühl war, sich allmählich aufzulösen. Gott wußte, daß sie Darby mit jeder Faser ihres Herzens liebte, aber sie war ein selbständiger Mensch, in dessen Bauch ein heiß ersehntes Kind heranwuchs, und der bloße Gedanke, es könne Sehnsucht sein, was sie innerlich verzehrte, hätte sie zutiefst empört.

Dreieinhalb Wochen wütete der Scharlach in Redemption und seiner näheren Umgebung. Dann, eines Abends, kam Angus zu Besuch, in einem eleganten schwarzen Phaeton, der von vier prächtigen Grauschimmeln gezogen wurde, und brachte Doktor Bellkin mit.

Als Keighly auf den Hof hinaustrat, um sie zu begrüßen, wußte sie nicht, ob sie Hoffnung oder Furcht verspüren sollte. Seit sie Angus kannte, war er Invalide, und jetzt kutschierte er plötzlich diesen schnittigen kleinen Wagen. Auch Darby war aus der Scheune gekommen, in die er sich freiwillig verbannt hatte, um Keighly, Manuela und Pablo vor einer Ansteckung zu schützen.

Es versetzte Keighly einen Stich, ihren Mann zu sehen, der wie ein Leprakranker Abstand zu ihr hielt, aber Angus und dem Arzt zuliebe zwang sie sich zu einem Lächeln.

»Wenn ihr Neuigkeiten mitbringt«, sagte sie, »sind es hoffentlich gute.«

Der Arzt, ein Mann mittleren Alters mit dicken Tränensäcken unter den müden Augen und spärlichem, ungekämmtem weißen Haar, sah aus, als ob er aus Erschöpfung jeden Augenblick vom Wagen fallen müsse.

»Der kleine Samuel ist auf dem Weg der Besserung«, sagte Angus so laut, daß auch Darby ihn verstehen konnte. »Das Schlimmste scheint vorbei zu sein. Doc Bellkin wird euch alle untersuchen, um sicherzugehen, daß niemand hier erkrankt ist.«

Doc Bellkin stieg vorsichtig vom Kutschbock und nahm seine Arzttasche vom Rücksitz. Die Erschöpfung des armen Mannes war so offensichtlich, daß Keighly versucht war, zu ihm zu laufen und ihn zu stützen.

»Ich werde mir zuerst den jungen Strolch dort drüben ansehen«, sagte der Arzt und zeigte mit dem Kopf in Darbys Richtung. »Ich glaube allerdings, daß er das Fieber schon gehabt hat, als er noch kurze Hosen trug.« Fragend schaute er zu Angus auf.

»Kommen Sie in der Zwischenzeit allein zurecht?«

»Eine Tasse Kaffee mit etwas Brandy wird all meine Probleme lösen«, versicherte ihm Angus lächelnd. Wie der Arzt sah auch er sehr müde aus, und Keighly konnte nicht anders, als zu ihm hinüberzulaufen, als er die Bremse des Wagens befestigte und schwerfällig vom Kutschbock stieg.

»Wie geht es dir, Keighly?« fragte Angus. »Und wie geht es meinem Sohn?«

Sie schob die Hand unter seinen Arm, ganz leicht nur, damit er nicht auf die Idee kam, sie wolle ihn stützen, und führte ihn zur Küchentür. Manuela, mit ihrer gewohnten Tüchtigkeit, hatte bereits das Kaffeewasser aufgesetzt.

»Es geht mir gut«, antwortete Keighly, obwohl das keineswegs der Wahrheit entsprach. Aber wie hätte sie ihm erklären sollen, daß sie sich in letzter Zeit ein bißchen *transparent* fühlte und allmählich das Gefühl bekam, ihr Zeitreise-Visum sei fast abgelaufen? »Wie es Darby geht, kann ich dir nicht sagen. Wir haben seit Wochen keine andere Verbindung mehr, als uns über den Hof hinweg Dinge zuzuschreien, die der andere wissen muß. Ist es deine Schuld, daß er so eigensinnig ist?«

Angus lachte. »Zum Teil wahrscheinlich schon«, gestand er. »Aber auch seine Mutter, möge Gott sie selig haben, besaß die Willenskraft eines römischen Feldherren.«

Durch die Küche gingen sie ins Wohnzimmer. Keighly bemühte sich, Konversation zu machen, obwohl sie eigentlich an nichts anderes mehr denken konnte als daran, daß Darby nun endlich wieder bei ihr sein würde, daß er sie in seinen Armen halten und nachts das Bett mit ihr teilen würde.

Errötend wandte sie für einen Moment den Kopf ab und strich mit übertriebener Sorgfalt ihre Röcke glatt, als sie auf dem Sofa Platz nahm.

Angus, der sich beim Gehen auf einen Spazierstock stützte, setzte sich seufzend in den Schaukelstuhl. Er war immer ein sehr aktiver Mann gewesen, sein ganzes Leben lang stark und voller Energie, und ihm war anzusehen, daß es ihm schwerfiel, sich mit seinem zunehmend schlechteren Gesundheitszustand abzufinden.

»Ich hasse meinen alten Körper«, sagte er. »Wenn doch bloß ich gestorben wäre statt all dieser kleinen Kinder!«

Die Erinnerung an die tragischen Todesfälle trübte Keighlys Freude ein wenig, nun endlich wieder mit Darby zusammensein zu können. »Aber Samuel und die anderen Kinder ...«

Angus hob den Kopf und sah sie an. »Samuel hat sein Gehör verloren«, sagte er. »Aber er lebt. Das ist das Wichtigste. Der Junge lebt.«

Tränen sammelten sich in Keighlys Augen, sie blinzelte, um sie zurückzudrängen, bevor sie Angus' Blick erwiderte. »Wie geht es Betsey?«

»Sie ist vollkommen erledigt«, erwiderte Angus. »Sie hat den kleinen Samuel Tag und Nacht gepflegt. Selbst als Will ihr anbot, sie für eine Weile abzulösen, weigerte sie sich, das Zimmer zu verlassen. Aber jetzt ruht sie sich aus, und ich habe Gloria hinübergeschickt, damit sie sich um Will und die Familie kümmert.«

Keighly wischte mit dem Handrücken über ihre Augen.

»Und nun zu dir, Angus«, sagte sie, um das Thema zu wechseln. »Du siehst mir ganz so aus, als ob du doch nicht vorhättest, uns demnächst zu verlassen.«

»Ich glaubte, es würde mich umbringen, Harmony zu verlieren«, erwiderte er schroff und sah in diesem Augenblick mehr wie ein unglücklicher Schuljunge als wie ein robuster, erfahrener Rancher aus, der die Sechzig schon lange überschritten hatte. »Ich denke, in gewisser Weise wollte ich wohl auch sterben, um bei ihr zu sein. Aber dann begann ich mich zu fragen, was sie mir wohl sagen würde, wenn sie hier wäre, und wußte, daß sie mich einen alten Narren schimpfen und mich auffordern würde, mich zusammenzureißen. Als ich das begriff, ging es mir allmählich etwas besser, und ich gewann von Tag zu Tag ein wenig Kraft zurück.«

Keighly nahm eine Bewegung aus dem Augenwinkel wahr und bemerkte Darby in der Tür. Seinem Gesichtsausdruck war zu entnehmen, daß er die Bemerkungen seines Vaters über Harmony gehört hatte und gerührt war.

»Doc Bellkins möchte dich sehen, Liebling«, sagte Darby zu Keighly. Seine Stimme war wie die seines Vaters ein bißchen heiser, und seine hellen Augen schienen Keighly zu verschlingen, als er dort an der Tür stand und sie betrachtete.

Sie stand auf, ging zu ihm und reichte ihm die Hände. Es tat so gut, ihn wieder zu berühren, selbst wenn er unrasiert war und unbedingt ein Bad benötigt hätte.

Er küßte sie ganz sacht auf die Lippen, und obwohl er nicht aussprach, daß er sie vermißt hatte, verriet sein Gesichtsausdruck es deutlicher, als Worte es gekonnt hätten.

Keighly, die es kaum erwarten konnte, mit ihm allein zu sein, lächelte ihn an. »Kümmere dich um deinen Vater«, bat sie leise. »Manuela wird euch den Kaffee bringen, wenn er fertig ist.«

Darby nickte und ließ ihre Hände los, und als sie zu Doc Bellkins in die Küche ging, hörte sie ihren Mann und Schwiegervater leise miteinander reden.

Manuela stellte den Kaffee, Tassen und einen Teller Plätzchen auf ein Tablett und brachte es ins Wohnzimmer. Sie und Pablo waren beide schon untersucht und für gesund erklärt worden, und der Junge war jetzt draußen, tobte im Sonnenschein herum und freute sich, endlich wieder frei zu sein.

»Lassen Sie sich ansehen«, sagte Dr. Bellkin und deutete auf einen Stuhl am Tisch, bevor er sein Stethoskop anlegte. »Ich hörte, daß Sie schwanger sind.«

Keighly lächelte. »Ja«, antwortete sie glücklich. »Ich glaube, ich bin schwanger.«

Der alte Doktor horchte ihr Herz ab, schaute in ihren Hals und überprüfte ihre Reflexe und ihre Augen und Ohren.

»Sie sehen müde aus, Mrs. Elder.«

Keighly bat ihn, Platz zu nehmen, und schenkte einen großen Becher Kaffee für ihn ein. Wie gern hätte sie ihm jetzt anvertraut, wie sie sich wirklich fühlte – daß sie das Empfinden hatte, als verließe sie diese Welt mit jedem Tag ein bißchen mehr, Zelle für Zelle, Atemzug für Atemzug. Aber das wagte sie natürlich nicht.

»Wir alle haben in den letzten Wochen unter starker Anspannung gestanden«, erwiderte sie nur ausweichend, als sie dem Arzt den Kaffee reichte. »Vor allem Sie, Doktor Bellkin.«

Er seufzte, gab eine großzügige Portion Zucker in den Kaffee, den er dann genußvoll trank. »Ich wüßte gar nichts mit einer freien Nacht zum Schlafen anzufangen, wenn ich eine hätte«, meinte er dann und lachte. »Ich glaube, länger als vier Stunden am Stück habe ich seit etwa dreißig Jahren nicht mehr geschlafen.«

Keighly dachte zum ersten Mal seit langer Zeit an Julian und fragte sich, was er von Dr. Bellkin und dessen ungeschliffenem, aber aufrichtigen Wesen halten würde. Ganz ohne Zweifel hätten die beiden eine Menge voneinander lernen können.

»Es erscheint mir wie ein wahres Wunder, wie gut Angus sich erholt hat.«

208

Dr. Bellkin betrachtete sie eine Weile schweigend, als versuche er einzuschätzen, ob er ihr die Wahrheit anvertrauen konnte. Und das allein genügte, um Keighly zu offenbaren, was sie wissen wollte, noch bevor er sprach.

»Es geht ihm nicht so gut, wie er uns alle glauben machen möchte, Mrs. Elder. Er ist ein sehr kranker Mann«, antwortete der Arzt schließlich und trank einen weiteren Schluck Kaffee. »Trotz allem jedoch«, fuhr er fort, »ist es mir lieber, wenn er sich bewegt, anstatt zu Hause in seinem Rollstuhl herumzusitzen. Aber er hatte ja auch einen guten Grund, wieder auf die Beine zu kommen, schließlich war seine Familie in Gefahr.«

Keighly verschränkte ihre Finger. »Wir brauchen ihn. Wir alle.«

»Ich weiß«, sagte Dr. Bellkin. »Und er braucht seine Söhne – alle drei. Wenn Sie Ihrem Schwiegervater etwas Gutes tun wollen, Mrs. Elder, dann sorgen Sie dafür, daß Ihr Mann sich mit ihm ausspricht. Es ist dringend nötig, und sie sollten es tun, solange sie noch Zeit dazu haben.«

Keighly schaute unwillkürlich zum Wohnzimmer hinüber, wo sie Angus und Darby reden hörte, und richtete den Blick dann wieder auf den Arzt. Manuela war inzwischen in die Küche zurückgekehrt und stand still am Spülbecken, wo sie Kartoffeln schälte.

»Aber sie verstanden sich nie besser ...«

»Da irren Sie sich, Mrs. Elder«, sagte Dr. Bellkin müde. »Darby packt den alten Mann seiner Krankheit wegen mit Samthandschuhen an, aber tief in seinem Innersten ist er noch immer wütend wie ein gereizter Stier. Und Angus ... der würde Darby am liebsten erwürgen, weil er all diese Jahre den verlorenen Sohn gespielt und kostbare Zeit verschwendet hat, die sie miteinander hätten verbringen können. Wenn Angus stirbt, bevor sie sich ausgesprochen haben, wird es schlimm für alle sein.«

Keighly war zutiefst verwirrt. Es gab so vieles, was sie beunruhigte – die immer stärker werdende Überzeugung, daß es ihr bestimmt war, in die Zukunft zurückzukehren; die verzweifelte Furcht, daß Darby getötet werden könnte,

209

und die unbestreitbare Gefahr, daß ihr Kind vielleicht nur dazu geboren wurde, schon kurz darauf an Scharlach zu erkranken und zu sterben.

»Ich weiß nicht, was ich tun soll«, sagte sie unglücklich.

Der Arzt drückte ihre Hand und lächelte. »Sie haben in dieser Familie bereits eine große Veränderung bewirkt. Außerdem ist es nicht Ihre Aufgabe, sie alle miteinander auszusöhnen. Es genügt, wenn Sie für sie da sind, so wie Betsey. Die größte Stärke dieser Männer hier sind weder ihre Muskeln noch das Land, weder ihre Rinder noch Geld. Es sind die Frauen dieser Familie, die ihr Kraft verleihen – Sie, Mrs. Elder, und Betsey Kavanagh.«

Keighly war gerührt, trotz ihrer Zweifel und Ängste – Darby war nach wie vor dazu verdammt zu sterben, soweit sie wußte, und auch ihr Kind befand sich in Gefahr. Eigentlich würden sogar allen ihren Kindern, falls sie das Glück hatte, hier oder in der Zukunft welche zu gebären, Gefahren drohen, die sie sich nicht auszumalen wagte. Immerhin war das zwanzigste Jahrhundert nicht weniger gefährlich als das neunzehnte, höchstens sauberer und auf technischem Gebiet fortschrittlicher.

»So«, meinte Dr. Bellkin, als Keighly nichts erwiderte. »Ich werde jetzt meinen Kaffee austrinken und dann nach Hause fahren, um mich ein bißchen auszuruhen.«

»Möchten Sie nicht zum Abendessen bleiben?«

»Nein«, erwiderte der Doktor freundlich, aber entschieden, »und Angus wird auch nicht bleiben, selbst wenn ich ihn an den Ohren in den Wagen schleifen müßte.«

Keighly lachte, und Darby stimmte von der Wohnzimmertür her in ihr Lachen ein.

»Das ist nicht nötig, Doc«, sagte er lächelnd. »Angus ist bereit, mit Ihnen aufzubrechen.«

Angus trat hinter seinen Sohn und schob ihn leicht zur Seite. »Das bin ich allerdings. Gloria hat versprochen, mir Pfirsichbowle zum Abendessen herüberzuschicken, und die werde ich mir nicht entgehen lassen.«

Darauf verabschiedeten sich alle, und der Arzt und Angus gingen hinaus zu ihrem Wagen. Manuela nahm zwei Wassereimer und verließ die Küche, und Keighly und Darby, die allein zurückgeblieben waren, standen sich eine Weile schweigend gegenüber.

»Du brauchst ein Bad«, sagte Keighly schließlich.

Darby lachte. »Ich glaube, deshalb ist Manuela hinausgegangen – um Wasser zu holen. Wirst du mir den Rücken waschen, Mrs. Elder?«

Keighly lächelte. »Wirst du meinen waschen?«

Darby schaute auf seine schmutzigen Kleider herab, und als er wieder den Kopf hob, wirkte er auf komische Weise fast enttäuscht. »Ich glaube, ich sollte lieber erst mal in den Bach springen, bevor ich mich in eine richtige Badewanne wagen kann«, erklärte er bedauernd.

»Dann solltest du das so schnell wie möglich tun«, riet Keighly. »Denn sobald das Wasser heiß ist, werde ich baden, ob du dann da bist oder nicht.«

Darby schickte sich an, etwas zu sagen, hielt dann aber inne und stürzte ohne ein weiteres Wort hinaus.

Keighly half Manuela, Wasser zu holen und zu erhitzen, zumindest solange, wie Manuela es ihr erlaubte, und sorgte dafür, daß die Wanne in ihr Schlafzimmer gebracht wurde. Als sie mit dampfend heißem Wasser gefüllt war und das ganze Zimmer nach dem Badesalz roch, das Keighly hineingestreut hatte, ging Manuela, und Keighly begann sich auszuziehen.

Sie trug nur noch ihre langen Beinkleider und Strümpfe, als Darby kam. Sein Haar war naß und klebte an seinen Wangen, und er hatte seine schmutzigen Kleider gegen andere Arbeitssachen ausgetauscht, die auch nicht sehr viel sauberer waren. Als er auf der Schwelle stehenblieb und Keighly anstarrte, wirkte er plötzlich schüchtern und verlegen wie ein junger Bräutigam.

»Manchmal habe ich gedacht, daß diese Nacht nie kommen würde«, gestand er leise.

»Ich auch«, stimmte sie lächelnd zu, während sie die Schleifen ihrer langen Unterhose löste.

Darby streifte seine Stiefel ab, einen nach dem anderen, und begann dann seine Kleider abzulegen. Sein Blick

wich keine Sekunde lang von Keighly, als er seine Socken
auszog, das Hemd beiseite schleuderte und aus den
Hosen stieg. Keighly bemühte sich, den sichtbaren
Beweis seiner männlichen Erregung nicht anzustarren,
aber es war sinnlos, ihr Blick kehrte immer wieder dahin
zurück.

»Ich bin nicht sicher, ob ich genügend Selbstbeherr-
schung aufbringe, um mir Zeit zu nehmen, Mrs. Elder«,
sagte Darby, als er langsam auf sie zuging.

Sie bewegte sich nicht, erwiderte nichts und beobachtete ihn nur.

Als er die Badewanne erreichte, stieg er hinein und
blieb vor Keighly stehen, um sie zu betrachten. Dann
senkte er den Kopf und küßte sie, sehr sanft zunächst, aber
dann mit wachsendem Verlangen.

Keighly schlang die Arme um seinen Nacken und
stellte sich auf die Zehenspitzen, um seinen Kuß zu erwidern. Als Darby ihn schließlich unterbrach, fühlte sie sich
so schwach in den Knien, daß sie sich an ihn lehnen
mußte. Ihr Körper, dem so lange die Erfüllung vorenthal-
ten worden war, drängte mit allen Fasern nach der Vereinigung mit Darby; sie bebte vor Erregung und konnte es
kaum erwarten, ihn in sich aufzunehmen.

Er schien es zu verstehen, weil er offenbar das gleiche
fühlte.

»Würde es dich kränken, Liebling«, fragte er und
schaute ihr dabei so tief in die Augen, daß sie unter seinem
verlangenden Blick dahinzuschmelzen glaubte, »wenn ich
dich nähme – jetzt sofort?«

Sie konnte nur den Kopf schütteln. Ihre Kehle war wie
zugeschnürt, und sie schwankte, weil ein leichter Schwindel sie erfaßte. Das intensive körperliche Verlangen, das
sie beherrschte, war fast schon schmerzhaft und duldete
keinen Aufschub mehr.

Mit einem Aufstöhnen zog Darby Keighly an sich und
küßte sie wieder, diesmal so gründlich und so leidenschaftlich, daß sie danach vollkommen erschüttert war.
Noch während er sie küßte, umfaßte er mit beiden Hän-

212

den ihre Taille, hob sie auf und drang mit einer machtvollen Bewegung in sie ein.

Keighly schlang ihre Beine um ihn und warf mit einem leisen, lustvollen Schrei den Kopf zurück. Darby eroberte sie mit entnervender Langsamkeit, trotz seiner Versicherung, daß er nicht mehr lange warten könne, um sie zu besitzen, und sie verschränkte die Hände in seinem Haar und suchte seinen Mund zu einem ungestümen Kuß.

Ihr Verlangen wuchs ins Unermeßliche, und irgendwann, ohne den intimen Kontakt zu unterbrechen, stieg Darby aus der Wanne und preßte Keighly an die Wand des Schlafzimmers.

»Ja«, stöhnte sie heiser, »ja … ja …«

Darby keuchte vor Anstrengung, als seine Bewegungen immer schneller wurden, immer machtvoller, aber nichts hätte ihn daran hindern können, zu Ende zu bringen, was er begonnen hatte. Auf dem Höhepunkt der Lust, den sie im selben Augenblick erreichten, vereinten ihre Lippen sich zu einem fieberhaften Kuß.

Irgendwie gelang es Darby, sie beide aufrechtzuhalten, bis er seinen Atem wiederfand. Dann trug er Keighly zurück zur Wanne und stieg mit ihr in das inzwischen abgekühlte Wasser. Sie knieten voreinander in der Wanne und sahen sich an. Keighlys Herz klopfte zum Zerspringen, und als sie eine Hand auf Darbys Brust legte, merkte sie, daß seins genauso heftig schlug.

Mit einem bedauernden Lächeln und ein bißchen verlegen fast schüttelte er den Kopf. »Es tut mir leid, Keighly …«

»Was?« Er hatte ihr gerade einen solch überwältigenden Höhepunkt verschafft, daß man ihn nach der Richterskala hätte messen können. Was sollte ihm da leid tun?

Ein leichte Röte stieg in seinem Nacken auf. »Die Wand … du bist eine Dame …«

Keighly lächelte ihn an und strich mit dem Zeigefinger über seine Unterlippe. »Ich will keine Dame sein, Darby«, antwortete sie. »Jedenfalls nicht, wenn wir uns lieben.«

Er küßte ihre Lippen, und zu ihrem Erstaunen spürte

sie, daß sein Verlangen schon wieder wuchs. »Trotzdem«, murmelte er, »sollten wir vielleicht lieber das Bett benutzen. Dort besteht zumindest weniger Gefahr, daß wir uns etwas brechen.«

Keighly lachte, aber als Darbys Mund über ihre Schulter zu ihrer Brust hinunterglitt und sich um ihre zarte Spitze schloß, entrang sich ihr ein Stöhnen. »Da wäre ... ich mir nicht so sicher«, erwiderte sie rauh.

Nach dem Frühstück, als Darby seine morgendlichen Aufgaben erledigt hatte, spannte er den Wagen an und machte sich mit Keighly auf den Weg zu Will und Betsey. Keighly hatte einen kleinen Koffer mitgenommen, falls Betsey sie für ein paar Tage brauchte, um ihr mit den Kindern und im Haus zu helfen. Will beteiligte sich zwar an der Hausarbeit – als Ehemann und Vater war er ganz entschieden seiner Zeit voraus –, aber er hatte auch eine Ranch zu führen.

Bei ihrer Ankunft war Simon da, der seinen Marshalstern trug und ein Zigarillo rauchte. Er war dünner als beim letzten Mal, als Keighly ihn gesehen hatte, und blasser, aber das ging vermutlich ihnen allen so nach diesen anstrengenden Wochen.

Er grüßte Keighly mit einem höflichen Nicken und reichte seinem Bruder dann die Hand.

»Hast du Angus gesehen?« fragte Darby und blieb auf den Stufen zur Veranda stehen, während Keighly weiterging zum Haus.

»Ja«, antwortete Simon. »Er war auch bei mir, als er dich und Will besuchte. Er sollte nicht so weite Fahrten unternehmen – er ist zu krank dafür.«

Keighly warf einen Blick über die Schulter und sah noch, wie ein harter Zug um Darbys Kinn erschien, als die Tür sich öffnete und Betsey aus dem Haus trat.

»Wie schön, dich zu sehen, Keighly!« rief sie entzückt.

Keighly wandte sich ab, um ihre Schwägerin zu begrüßen, in dem sicheren Bewußtsein, daß Simon und Darby

214

einen Streit begonnen hatten, selbst wenn keiner von ihnen seine Stimme erhoben hatte oder grob geworden war.

Betsey hatte dunkle Ränder unter den Augen, die anstrengende Wache bei ihrem kranken Sohn hatte deutlich ihre Spuren hinterlassen, aber sie lächelte und umarmte Keighly, sichtlich froh über das Wiedersehen. Keighly erwiderte ihre Umarmung.

»Wie geht es dir?«

Betsey zog sie ins Haus. »Am liebsten würde ich einen Monat lang ununterbrochen schlafen«, sagte sie. »Aber wenn ich auch nur die Augen schließen würde, würden die Jungen außer Rand und Band geraten und hier ein Chaos anrichten. Komm und trink eine Tasse Tee mit mir. Du ahnst nicht, wie ich mich nach der Gesellschaft einer anderen Frau gesehnt habe.«

In Betseys Wohnzimmer setzte Keighly sich, wie ihr befohlen wurde, und wartete, bis ihre Schwägerin aus der Küche wiederkam. Keighly hatte ihr zwar angeboten, selbst den Tee zuzubereiten, aber Betsey wollte nichts davon hören, daß ein Gast so etwas tat. Was kein gutes Vorzeichen für Keighlys Hoffnung war, ein paar Tage bei Betsey bleiben und ihr im Haushalt helfen zu können.

Bevor Betsey ins Wohnzimmer zurückkehrte, kam Samuel herein, in Flanellpyjamas und eine alte Babydecke hinter sich herziehend. Nach der Krankheit war er blaß und schrecklich dünn.

Daß er sie nicht hören konnte, erfüllte Keighly mit Verzweiflung, aber sie bemühte sich, ihr Mitleid nicht zu zeigen, sondern breitete nur lächelnd ihre Arme aus. Er kam zu ihr, kletterte auf ihren Schoß und legte seinen Kopf an ihre Brust.

»Simon sagt, es gäbe eine Zeichensprache, die wir lernen könnten, um sie dann Samuel beizubringen«, sagte Betsey, als sie fünfzehn Minuten später kam und ihren Sohn auf Keighlys Schoß entdeckte. Es klang, als ob sie nicht nur Keighly, sondern auch sich selbst davon überzeugen wolle, daß alles gut werden würde, und der

215

spröde Ton, der ihrer Stimme anhaftete, zerriß Keighly fast das Herz.

»Ja«, sagte sie und streichelte Samuels weiches Haar. Sie konnten sich glücklich schätzen, daß das Kind die Krankheit überlebt hatte – so viele waren ihr erlegen – aber es war dennoch tragisch, daß er sein Gehör verloren hatte.

Betsey brach plötzlich in Tränen aus. »Es tut mir leid«, schluchzte sie und ließ fast das Tablett fallen, bevor es ihr gelang, es auf den Tisch zu stellen. »Ich bin nur so furchtbar müde ...«

Samuel, der den Kummer seiner Mutter spürte, schaute mit großen Augen zu ihr auf.

»Natürlich bist du müde«, sagte Keighly sanft. »Laß mich ein paar Tage bleiben und dir helfen, Betsey.«

Der kleine Junge rutschte von Keighlys Schoß, lief zu seiner Mutter und zerrte an ihren Röcken, bis sie ihn auf den Arm nahm und ihn einen Moment lang tröstend an sich drückte. Erst als er seine Decke wieder hatte und ins Bett zurückgekehrt war, schaute Betsey Keighly an und schüttelte den Kopf.

»Ich bin dir wirklich dankbar für dein Angebot, Keighly«, erwiderte sie, »aber ich muß es leider ablehnen. Denn erstens gehörst du zu deinem Mann und in dein eigenes Zuhause, und zweitens wird es für uns alle besser sein, so schnell wie möglich wieder mit unserem normalen Alltag zu beginnen.«

Keighly wußte, daß es keinen Sinn hatte, Einwände zu erheben, Betseys Blick besagte, daß sie nicht daran dachte nachzugeben und jeden Versuch, sie zu überreden, als Einmischung betrachtet hätte. »Simon und Darby zanken sich draußen auf der Veranda«, sagte sie statt dessen, während sie sich Kaffee einschenkte. »Weißt du, worum es dabei geht?«

»Um den Marshalsposten, denke ich. Sie sind ohnehin immer nur ganz knapp von einem Streit entfernt, ganz gleich, wie gut sie sich nach außen hin auch zu verstehen scheinen.«

Keighly wußte, daß Will, Simon und Darby ihre Differenzen hatten, ernsthafte sogar, aber sie hätte nie gedacht, daß der Frieden zwischen ihnen tatsächlich nur an einem seidenen Faden hing. »Warum?« fragte sie bekümmert. »Warum sind sie so wütend aufeinander?«

Betsey gab reichlich Sahne und Zucker in ihren Kaffee und probierte ihn, bevor sie antwortete. »Ich glaube, es ist hauptsächlich, weil sie Männer sind – obwohl es in letzter Zeit natürlich genügend Anlaß zu Spannungen gab. Sie tragen alle drei die Schuld daran. Simon, als Ältester und mit dieser hervorragenden Erziehung, ist sehr anspruchsvoll und selbstgerecht. Will, der eher sorglos und unbekümmert wirkt, ist in Wahrheit sehr sensibel, weil er weiß, daß die meisten Leute Simon für den intelligentesten Bruder halten und Darby für den draufgängerischsten, und natürlich fragt er sich, wo er ins Bild hineinpaßt. Was Darby betrifft, so wirst du ihn besser kennen als ich, aber er hat sich natürlich stets als Außenseiter betrachtet, ganz gleich, was Angus oder alle anderen auch taten oder sagten, um ihn vom Gegenteil zu überzeugen. Und er glaubt es wahrscheinlich immer noch, vermute ich.«

Keighly nickte traurig. »Doc Bellkin sagte gestern, er sei der Meinung, es gäbe noch sehr viel zwischen Darby und seinem Vater zu klären. Und er sagte auch, daß Angus' Gesundheitszustand sich schon sehr bald wieder verschlechtern könne.«

Bevor Betsey etwas darauf erwidern konnte, kam Will die Treppe hinunter, einen seiner Söhne auf dem Rücken. Er runzelte die Stirn, als er das Kind absetzte – es war Nathan, dachte Keighly –, und stürzte dann zur Tür.

»Will, was …?« begann Betsey, aber ihr Mann schenkte ihr keine Beachtung.

Die ärgerlichen Stimmen draußen waren alarmierend laut geworden.

»Verdammt, wenn ihr beide euch die Köpfe einschlagen wollt, dann geht gefälligst in den Garten oder hinter die Scheune!« brüllte Will seine Brüder an. »Es sind

Frauen in der Nähe, falls ihr Idioten das vergessen haben solltet, und Kinder auch!«

Keighly sprang auf, aber Betsey warf ihr einen warnenden Blick zu und schüttelte den Kopf.

»Misch dich nicht ein, Keighly«, riet sie. »Du würdest es damit nur verzögern.«

»Aber sie könnten sich verletzen!«

Ungerührt griff Betsey nach der Kanne und schenkte sich Kaffee nach. Nachdem sie die gleiche großzügige Menge Sahne und Zucker wie zuvor hinzugefügt hatte, rührte sie den Kaffee langsam um. »Laß sie«, sagte sie. »Sie sind erwachsene Männer. Wenn sie unvernünftig genug sind, sich zu prügeln, dann sollen sie gefälligst auch die Folgen tragen.«

Keighly starrte ihre Schwägerin in einer Mischung aus Entsetzen und Bewunderung an. Betseys Einwand war vernünftig, aber es konnte nicht leicht für sie gewesen sein, zu einer solchen Einstellung zu gelangen, in einer Welt, wo Frauen lernten, daß die Probleme ihrer Männer auch ihre eigenen waren und sie als gute, treue Ehefrauen die Pflicht besaßen, diese Probleme zu lösen oder bei dem Versuch zu sterben.

Der kleine Angus, der älteste von Betseys Söhnen, stürmte durch die Vordertür herein. »Mama!« schrie er. »Pa prügelt sich mit Onkel Simon und Onkel Darby!«

»Kindsköpfe«, antwortete Betsey. »Ich hoffe nur, sie waren so vernünftig, ihre Waffengurte abzunehmen.«

Keighly verschluckte sich an ihrem Kaffee und wäre wohl zur Tür gestürzt, um einzugreifen, wenn Betsey sie nicht mit einem weiteren strengen Blick zurückgehalten hätte.

»Das haben sie«, bestätigte Angus. »Sie haben sie an den Zaun gehängt. Onkel Simon hat seine Jacke ausgezogen und sie über einen Ast geworfen.«

Betsey schüttelte nur den Kopf.

Etwa fünfzehn Minuten später kam Will herein, schmutzig und verlegen, mit blutender Unterlippe und einer dicken Beule an der Stirn.

»Ihr seid mir ein feines Vorbild für die Jungen«, sagte Betsey, ohne ihre Stimme zu erheben. »Bilde dir bloß nicht ein, daß ich jetzt die halbe Nacht aufbleibe, um dir Pulver gegen deine Kopfschmerzen zu mischen und deine Wunden zu versorgen.«

Keighly war so bestürzt über Wills Anblick, daß sie nun doch hinauseilte, um festzustellen, in welchem Zustand Darby war. Er und Simon standen an der Pumpe im Hof und spritzten mit kaltem Wasser ihre Gesichter und ihre Nacken ab.

Darby hatte eine geplatzte Lippe und blutige Fingerknöchel, und Simons rechtes Auge verschwand hinter einer großen, grünlich-blauen Prellung. Ihr Ärger war anscheinend verraucht, denn obwohl sie zwar nicht gerade freundschaftlich miteinander umgingen, war nichts mehr von der Feindseligkeit zu spüren, die vorher in der Luft gelegen hatte.

»Und *was*«, fragte Keighly spitz, »glaubt ihr damit erreicht zu haben?«

Darby sah aus, als überraschte ihn die Frage. »Daß wir uns jetzt besser fühlen«, erklärte er. Während Keighly noch versuchte, zu begreifen, wie das möglich sein konnte, wo doch alle drei so aussahen, als wären sie in einen laufenden Zementmischer geworfen worden, legte Simon einen Arm um Darbys Schulter, und zusammen gingen sie ins Haus, um Will zu suchen.

13. Kapitel

Anders als die sehr viel abgeklärtere Betsey fand Keighly sich nicht so leicht mit der Idee ab, daß Brüder sich hin und wieder in die Haare gerieten, selbst wenn sie längst erwachsen waren. Sie sprach kein Wort mit Darby, als sie nachmittags zur Ranch zurückkehrten, und schaute ihn auch nicht an, weil es sie schmerzte, ihn so zu sehen – mit der aufgeplatzten Lippe und der abgeschürften Haut an den Fingerknöcheln.

Es war noch früher Nachmittag, als sie zu Hause eintrafen, und Keighly fiel auf, daß Darby die Zähne zusammenbiß, als er vom Kutschbock stieg. Hoffentlich ist er richtig wund, dachte sie, als er die Hand ausstreckte, um ihr vom Wagen zu helfen, und sich endlich ihre Blicke trafen.

Darby wirkte jedoch alles andere als reumütig. »Ich habe noch zu tun, Keighly«, sagte er. »Und ich werde nicht den ganzen Nachmittag hier herumstehen und warten, daß du aussteigst.«

»Dann sei so gut und laß es«, entgegnete sie spitz. »Ich brauche deine Hilfe nicht!«

»Ich gebe sie dir trotzdem«, erwiderte Darby, und seine hellen Augen verdunkelten sich vor Ärger, als er erneut die Hand ausstreckte.

Keighly schaute ihn einen Moment lang wütend an, gab dann aber seufzend nach und ließ sich helfen. »Komm mit herein«, sagte sie kühl. »Deine Verletzungen müssen versorgt werden.«

Er grinste. »Würde dich das wieder versöhnen, Mrs. Elder?«

»Nein«, entgegnete sie prompt. »Ich bin wütend. Du hast dich heute wie ein Idiot benommen, genau wie deine beiden Brüder.«

Darby seufzte nur ergeben und ging voran ins Haus.

Dort saß Pablo mit seinen Hausaufgaben am Küchentisch, während seine Mutter am Herd stand und in einem Topf rührte, aus dem verlockende Düfte aufstiegen.

Pablo pfiff leise durch die Zähne, als er Darbys geplatzte Lippe sah. »Was ist passiert?« fragte er.

»Er hat sich geprügelt wie ein kleiner Junge«, erwiderte Keighly kühl, bevor sie in die Speisekammer ging, um das Jod zu holen.

»Dann mußt du aber verloren haben«, sagte Pablo mitfühlend.

Darby lachte. »Und ob ich verloren habe«, antwortete er mit einem vielsagenden Blick auf Keighly. »Aber anders, als du vielleicht denkst.«

Manuela legte den Deckel auf den Topf und schickte ihren Sohn hinaus, um die Hühner zu füttern. Als der Junge fort war, entschuldigte sie sich und verließ ebenfalls den Raum, um sich in einem anderen Teil des Hauses zu beschäftigen.

»Setz dich«, befahl Keighly ihrem Mann, nahm ein sauberes Tuch aus einer Schublade und schüttelte die braune Flasche mit dem Jod.

Seufzend zog Darby einen Stuhl heran und setzte sich.

»Ich nehme an, du erwartest jetzt, daß ich mich entschuldige?« fragte er.

»Es interessiert mich nicht, ob du es tust.« Keighly setzte sich zu ihm, befeuchtete eine Ecke des Tuchs mit Jod und tupfte recht unsanft Darbys aufgeplatzte Unterlippe ab.

Fluchend sprang er auf und setzte sich erst wieder, als sie ihm einen strengen Blick zuwarf.

»Gib mir deine rechte Hand«, verlangte Keighly.

Darby tat es, wenn auch zögernd. Keighly sah, daß er die Zähne zusammenbiß. »Muß das sein?« fragte er.

»Ja«, antwortete sie.

»Es macht dir Spaß«, beschuldigte er sie und zuckte zusammen, als Keighly jeden einzelnen seiner Fingerknöchel mit reichlich Jod betupfte.

Keighly lächelte und bedeutete ihm, ihr seine linke Hand zu geben. »Es kränkt mich, daß du so etwas von mir denkst«, entgegnete sie mit einem zuckersüßen Lächeln.

Darby fuhr zusammen, als sie ihre Bemühungen fortsetzte.

»Verdammt, Keighly ...«

»Ja?«

»Das tut weh!«

»Ach wirklich? Das tut mir aber leid«, erklärte sie mit einem auffallenden Mangel an Überzeugung.

Stirnrunzelnd beugte er sich zu ihr vor. »Du machst mich wütend«, warnte er.

Keighly zog die Augenbrauen hoch. »Und was geschieht, wenn du wütend wirst?« erkundigte sie sich ungerührt. »Ich meine, bei jemand anderem als deinen Brüdern, die genauso närrisch sind wie du?«

Er stand auf und beugte sich über sie, bis seine Nase nur noch Millimeter von ihrer eigenen entfernt war. »Ich werde dir sagen, was ich tue«, sagte er. »Ich brülle!«

Sie schlug kokett die Wimpern nieder. »Es erleichtert mich ungemein, daß du wenigstens nicht deine Fäuste gebrauchen wirst«, entgegnete sie, und ihr Ton, obwohl er milde war, klang eine Spur ironisch.

Darby errötete vor Empörung. »Ich habe in meinem ganzen Leben noch keine Frau geschlagen!« zischte er.

»Das ist sehr beruhigend.«

»Du willst mich bloß ärgern«, warf er ihr vor. »Und das gelingt dir auch!«

»Dann solltest du vielleicht von hier verschwinden und woanders schmollen«, sagte sie.

Einen Moment lang starrte Darby sie nur schweigend an, und sein warmer Atem streifte ihr Gesicht. Dann, ganz plötzlich, lachte er. »Verdammt, aber du läßt mir wirklich keine andere Wahl«, meinte er und ließ sich mit einem jungenhaften Grinsen auf ein Knie nieder. »Also gut, Keighly – verzeih mir bitte.«

Sie seufzte. Er war unwiderstehlich, wenn er so aussah, aber sie durfte ihm nicht zeigen, wie wirksam seine Geste war, weil er sich sonst vielleicht angewöhnen würde, sie anzuwenden, wann immer er etwas bei ihr erreichen wollte.

»Natürlich verzeihe ich dir«, antwortete sie. »Aber ich hasse Gewalttätigkeit.«

»Was heute zwischen meinen Brüdern und mir vorgefallen ist, hatte nichts mit Gewalttätigkeit zu tun, Liebling«, erwiderte er. »Es war nichts weiter als eine Balgerei.«

Keighlys Lippen zuckten, obwohl sie sich die größte Mühe gab, eine strenge Miene aufzusetzen. »Hast du wirklich verloren?« fragte sie.

Darby strich ihr eine Locke aus der Stirn. »Natürlich nicht«, sagte er. »Du hast Will und Simon gesehen. Ich würde sagen, ich habe mich ganz gut gehalten.« Mit einer kleinen Grimasse richtete er sich auf. »Und jetzt – so gern ich bleiben würde, um die Versöhnung mit dir zu feiern – muß ich leider etwas tun. Später, nach dem Abendessen, werden wir unsere Schießübungen fortsetzen.«

Keighly schluckte. Sie haßte Waffen, ganz zu schweigen davon, mit ihnen zu zielen und sie abzufeuern, aber in dieser Zeit und an diesem Ort war es einfach unumgänglich, den Umgang damit zu erlernen. »Ja«, stimmte sie seufzend zu. »Nach dem Abendessen.«

Während Darby zu seinen Männern auf die Weide ritt, um ihnen beim Brandmarken des Viehs zu helfen, arbeitete Keighly an ihrer Skulptur weiter. Obwohl sie in den Augen aller anderen noch völlig formlos erscheinen mußte, begann sie selbst allmählich Darby und sein Pferd darin zu erkennen.

Manuela servierte zum Abendessen eine Suppe mit Hühnchen und eingemachten grünen Bohnen. Darby und die Männer aßen draußen, weil sie alle schmutzig waren, und Keighly gesellte sich zu ihnen und setzte sich neben ihren Mann auf die Eingangsstufen. Die Cowboys waren in heiterer, übermütiger Stimmung, jetzt, wo die Quarantäne vorbei war, konnten sie gefahrlos wieder in die Stadt reiten, und sie alle hatten vor, den Abend im *Blue Garter* zu verbringen.

»Ich dachte, du hättest den Saloon geschlossen«, sagte Keighly leise, als sie Darbys leeren Teller nahm und ihn in ihren stellte.

»Ich habe ihn nicht geschlossen«, erwiderte Darby

unbekümmert. »Ich habe ihn verkauft. Oralee und ein paar der anderen Mädchen führen ihn, bis der neue Besitzer eintrifft.«

Keighly schaute auf die Teller in ihren Händen. »Ach so.« Es gefiel ihr nicht, daß der Saloon weiter existierte, aber nicht aus Angst, daß Darby ihn vielleicht besuchen könne, sondern des Spiegels wegen. In letzter Zeit kam es ihr nämlich oft so vor, als ob sie von ihm aufgesogen würde, wie ein Stern, der von einem schwarzen Loch verschlungen wurde.

Als sie aufstehen wollte, um ins Haus zurückzukehren, ergriff Darby ihre Hand und hinderte sie daran. Er sprach so leise, daß die anderen Männer es nicht hören konnten. »Du hast Angst«, bemerkte er.

Keighly nickte. Sie wußte, sie hätte ihm jetzt sagen müssen, daß sie das Gefühl hatte, ihm und dem neunzehnten Jahrhundert allmählich zu entgleiten, aber sie konnte sich noch nicht dazu überwinden. Noch nicht ... nicht, nachdem sie des Scharlachs wegen so lange Zeit getrennt gewesen waren.

Er nahm ihr die Teller ab. »Es ist viel Zeit vergangen, seit du zurückgekehrt bist, Keighly«, gab er zu bedenken. »Hältst du es nicht für möglich, daß du jetzt für immer hier bist?«

»Das hoffe ich«, erwiderte sie leise.

»Laß uns mit den Schießübungen beginnen.« Damit erhob er sich und ging ins Haus. Wenige Minuten später schon kam er mit seinem 45er Revolver zurück und überprüfte im Gehen den Zylinder.

Keighly wartete im Hof auf ihn, wo eine leichte Brise sich erhoben hatte. Obwohl es eine sehr gewalttätige Epoche war, wünschte sie, sie wäre im neunzehnten Jahrhundert geboren und müßte nicht befürchten, es wieder verlassen zu müssen – das Jahrhundert und den Mann.

Es war ihr kein Trost, sich die Bilder, Zeitungsausschnitte und all die anderen Dinge in der Truhe ihres Hauses im neuzeitlichen Redemption in Erinnerung zu rufen, die bewiesen, daß sie ihr Leben in der viktorianischen Zeit beenden würde, denn soweit sie wußte, hatte sich an Darbys Schicksal nichts geändert. Und das immer stärker werdende Gefühl, ihm entrissen zu werden, Stück für Stück und von Minute zu Minute ein bißchen mehr, war auch nicht gerade sehr beruhigend.

Keighlys Zielsicherheit verbesserte sich an jenem Abend – vielleicht lag es daran, daß sie einen Revolver benutzte statt des unhandlicheren Gewehrs. Darby lobte sie und sagte, sie sei ein Naturtalent.

Keighly empfand keinen Stolz dabei.

Am nächsten Morgen arbeitete sie an ihrer Skulptur, und Darby war auf der Koppel und ritt Pferde ein, als ein kleiner Einspänner in den Hof einbog, der von einer Frau gelenkt wurde, die Keighly seltsam bekannt vorkam. Sie hatte gefärbtes blondes Haar, war sehr stark geschminkt und trug ein gerüschtes Kleid aus billiger roter Seide.

Eifersüchtig und alarmiert zugleich legte Keighly ihren Meißel nieder, stand auf und schüttelte den Staub von ihren Röcken. Darby und die Frau – Keighly erkannte sie jetzt als einen der unkonventionelleren Gäste ihrer Hochzeitsfeier – sprachen miteinander, aber sie waren zu weit entfernt, und daher konnte Keighly nicht verstehen, was sie sagten.

Ohne ein Wort zu seiner Frau stürzte Darby in die Scheune.

»Ich bin Keighly Elder«, sagte Keighly, als sie neben den Wagen trat und der Frau die Hand reichte.

»Ich weiß«, war die Antwort. »Und ich bin Oralee – ich arbeite im *Blue Garter*.«

Keighly verzichtete auf die Bemerkung, es sei nicht schwer zu erraten, wo Oralee beschäftigt war. Es bestand kein Grund, unfreundlich zu ihr zu sein. Bevor sie die richtigen Worte fand, die Besucherin zu fragen, was sie hierhergeführt habe, kam Darby wieder aus der Scheune und brachte Destry mit. Er schwang sich in den Sattel, sagte etwas zu den Männern auf der Koppel und trabte zu seiner Frau hinüber.

»Was ist?« fragte sie und beschattete mit einer Hand die

Augen, während sie zu ihm aufsah. Ein Klumpen formte sich in ihrer Kehle, und ihr Magen flatterte vor Unbehagen.

»Simon ist in Schwierigkeiten«, antwortete er und klang wie ein Fremder in diesem Augenblick, so abweisend und ernst klang seine Stimme. »Oralee, du fährst zu Will und erzählst ihm, was du mir gesagt hast.«

Sie nickte. »Sei vorsichtig«, bat sie.

Darby schaute Keighly noch einmal flüchtig an, dann wendete er sein Pferd.

Keighly lief ihm ein paar Schritte nach, bevor sie begriff, wie sinnlos es war, einen Mann auf einem Pferd einholen zu wollen. Ohne ein weiteres Wort an sie ließ Oralee die Zügel auf den Pferderücken klatschen und lenkte den kleinen Wagen aus dem Hof.

Bebend vor Furcht, schlang Keighly die Arme um den Oberkörper. Anscheinend war etwas Schreckliches in der Stadt geschehen, und Darby war auf dem Weg dorthin. Dies könnte der Tag sein, der furchtbare Tag, an dem ihr Mann erschossen wurde …

Keighly ertrug es nicht, daheim zu bleiben und auf Nachrichten zu warten, obwohl die meisten Leute das gewiß für das Sicherste und Vernünftigste gehalten hätten. Aber sie mußte wissen, was geschah.

Mit Pablos Hilfe und die höflichen, besorgten Einwände der Cowboys ignorierend, sattelte Keighly eine Stute, die sie häufig ritt, einen Apfelschimmel namens Tillie, und machte sich auf den Weg nach Redemption. Sie ritt querfeldein, um nicht Will auf der Hauptstraße zu begegnen, denn sie hatte nicht vor, auch nur eine Sekunde mit überflüssigen Diskussionen zu verschwenden.

Sie brauchte etwas über eine halbe Stunde bis zur Stadt; Tillie war sehr eigensinnig und nicht zu schnellem Laufen zu bewegen, ganz gleich, wie sehr ihre Herrin sie auch antrieb, anflehte oder ihr drohte.

Die Hauptstraße, auf der es im allgemeinen nur so von Pferden, Wagen und Passanten wimmelte, war unheimlich still und leer. Blasse Gesichter spähten aus den schmutzigen Fenstern des *Blue Garter Saloons*, und die Läden des Gemischtwaren-Ladens waren geschlossen. Die Tür zum Büro des Marshals, jetzt Simons Domäne, stand weit offen und ächzte in den Scharnieren, als ein scharfer Wind sie langsam hin und her bewegte.

Keighlys Herz klopfte zum Zerspringen. Mit zitternden Gliedern saß sie ab und band Tillie an einen Pfosten. Wo steckten Darby und Simon nur? Und wo waren alle anderen?

»Psst!« zischte jemand aus dem *Blue Garter*. »Mrs. Elder! Mrs. Elder!«

Keighly begann die Straße zu überqueren. In diesem Augenblick sprangen die Türen der Bank auf, und die Luft explodierte von Revolverschüssen.

Keighly warf sich hinter eine Pferdetränke, wie sie es in Wildwestfilmen gesehen hatte, und blieb dort hocken, zitternd vor Angst und Übelkeit.

Zwei Männer stürzten aus der Bank und feuerten Schüsse auf ein Ziel ab, das irgendwo hoch über ihren Köpfen lag – auf dem Dach des Gebäudes auf der anderen Straßenseite offenbar.

Taft raschelte, als jemand herbeieilte und sich neben Keighly hockte. Mit einem Seitenblick sah sie, daß es Oralee war, die Frau, die in solcher Panik auf die Ranch gekommen war, um Darby abzuholen.

»Sind Sie verrückt?« zischte Oralee. »Sie hätten erschossen werden können!«

Keighly beachtete sie nicht, ihre ganze Aufmerksamkeit galt den Vorgängen auf der Straße. Einer der beiden Banditen stürzte getroffen auf den Boden; der andere zögerte, riß seinem Gefährten dann die Satteltaschen aus der Hand und flüchtete, noch immer wild um sich schießend, in eine Gasse. Wenige Sekunden später hörte Keighly den Hufschlag des Pferds, auf dem der Bandit die Flucht ergriffen hatte.

Keighly wollte sich erheben, aber Oralee zog sie rasch wieder zurück.

»Sie bleiben, wo Sie sind!« fuhr sie sie an. »Es ist erst vorbei, wenn Darby und der Marshal es sagen!«

Keighly atmete tief durch und versuchte, klar zu denken. Der angeschossene Bandit lag mitten auf der Straße und verblutete im Staub. Sie mußte Darby sehen, um sich zu überzeugen, daß er unverletzt war. Wieder stand sie auf, und diesmal konnte auch Oralee sie nicht zurückhalten.

Die plumpen Absätze ihrer altmodischen Schuhe klapperten auf den Holzplanken, als sie über den Bürgersteig rannte, aber sie hörte es kaum, so laut dröhnte das Blut in ihren Ohren.

»Darby«, wisperte sie im Laufen. »Darby ...«

Dann, ganz plötzlich, sah sie ihn. Er saß auf dem Dach von Jack Ryersons Kanzlei und hielt den reglosen Simon in den Armen. Zwei oder drei Männer waren auf der Straße unter ihm erschienen.

»Laß ihn vorsichtig herunter«, sagte einer von ihnen, und Keighly erkannte erst jetzt Will, der zu Darby aufschaute und die Arme ausstreckte. »Sehr vorsichtig, Darby!«

»Wie schlimm ist er verwundet?« fragte ein anderer Mann.

»Einer von euch soll Doc Bellkin holen!« schrie Darby.

Sein Hemd war blutverschmiert, und sein langes Haar hatte sich aus dem Lederriemen gelöst, mit dem er es zusammenband. Er sah aus wie ein Wilder, der imstande war, jemanden mit bloßen Händen zu ermorden, und eine schlimmere Furcht, als Keighly je zuvor erfahren hatte, erfaßte sie, als er vom Dach sprang und, noch immer den 45er Revolver in der Hand, mit entschiedenen Schritten auf den Mann zuging, der reglos auf der Straße lag.

Keighly hielt ganz unbewußt den Atem an.

»Jarvis Shingler«, sagte Darby zu dem Umstehenden, während er seine Waffe ins Halfter schob und die Hand ausstreckte, um den Puls des Mannes zu fühlen. Er verharrte einen Moment, dann schüttelte er den Kopf.

In der Zwischenzeit ging jemand in die Bank, um nachzusehen, und kam rasch wieder hinaus. »Horace ist nichts passiert«, rief er. »Er ist mit dem Schrecken davongekommen.«

Keighly umklammerte das grobe Holzgeländer des Bürgersteigs und ließ ihren Mann nicht aus den Augen. Simon wurde bereits von vier Männern die Stufen zu Doc Bellkins Praxis hinaufgetragen. Er war blaß und offenbar bewußtlos, und Keighly spürte, wie ihr die Tränen kamen. Sie wollte nicht Simons Frau werden, niemals, aber daß das Schicksal ihr die Entscheidung durch seinen verfrühten Tod abnahm, war ganz sicher nicht ihr Wunsch gewesen.

Darby wollte den anderen schon folgen, als er Keighly bemerkte. Hinter ihm bückte sich ein anderer Mann, um Jarvis Shinglers Leiche von der Straße auf den Bürgersteig zu ziehen.

»Keighly«, sagte Darby, und seine Stimme klang so rauh, als kostete es ihn große Mühe, ihren Namen auszusprechen.

Aber es kümmerte sie nicht, ob er wütend war. Er lebte, wie durch ein Wunder lebte er; nur das war wichtig. »Alles in Ordnung, Darby?«

Er schaute auf sein blutverschmiertes Hemd. »Ja.«

»Was ist passiert?« Keighly wagte nicht, sich ihm zu nähern, obwohl sie ihn buchstäblich mit ihren Blicken verschlang. Sie war so sicher gewesen, daß er sterben würde, so furchtbar sicher …

Sein Ton und sein Verhalten blieben abweisend. »Duke und Jarvis Shingler hatten vor, heute die Bank zu überfallen. Simon hörte es vor ein paar Stunden.« Darby warf einen nicht zu deutenden Blick auf Dr. Bellkins Praxis, in die man seinen ältesten Bruder eben erst gebracht hatte. »Anscheinend wollte er den Helden spielen. Wenn Oralee nicht gewesen wäre, hätten weder Will noch ich jemals erfahren, was für ein gottverdammter Narr er eigentlich ist.«

Keighly war entsetzt über das, was ihrem Schwager zugestoßen war, aber das einzige, was zählte, war, daß Darby nichts geschehen war. »Wird er … sterben?«

Die Hände in die Hüften gestützt, betrachtete Darby sie ein paar Sekunden lang. Die Flecken von dem Jod, das sie auf seine Fingerknöchel aufgetragen hatte, waren noch gut zu sehen, und die Schwellung an seiner Lippe war nur leicht zurückgegangen. »Ich weiß es nicht«, erwiderte er. »Er hat so stark geblutet, daß ich nicht sehen konnte, wie schwer er verletzt war. Ich bin nicht erfreut darüber, daß du hergekommen bist, Keighly. Du hättest zu Hause bleiben sollen, wo es Leute gibt, die dich beschützen.«

Sie wandte sich bereits zur Arztpraxis, weil sie Darbys Vorwürfe jetzt nicht ertragen hätte. Unter den gegebenen Umständen war ihr gar nichts anderes übriggeblieben, als ihm zu folgen. Und im übrigen wußte sie, daß auch er nicht anders gehandelt hätte, wenn die Lage umgekehrt gewesen wäre.

Die beiden Männer, die Will geholfen hatten, Simon zu Dr. Bellkin zu bringen, kamen jetzt mit grimmigen Gesichtern aus der Praxis. Keighly ging an ihnen vorbei, ohne stehenzubleiben, und Darby kam gleich hinter ihr.

In der Praxis war der alte Arzt bereits damit beschäftigt, das Blut zu stillen, das aus einer Wunde in Simons linker Schulter floß.

»Die Kugel hat sein Herz nur knapp verfehlt«, sagte der Arzt, ohne aufzuschauen.

Simon war bewußtlos und blaß wie eine Leiche. Will stand am Fußende des Tischs, auf dem sein Bruder lag, und seine Gesichtsfarbe war auch nicht sehr viel besser.

»Kann ich irgendwie helfen?« fragte Keighly. Sie hatte den Arzt gemeint, aber es war ihr Mann, der ihre Frage beantwortete.

»Ja«, antwortete Darby mit einer ruhigen Entschiedenheit, der sie sich nicht zu widersetzen wagte. »Du kannst dich auf den Stuhl dort an der Tür setzen und uns nicht behindern.«

Keighlys Kehle wurde eng, und am liebsten hätte sie geweint, aber sie beherrschte sich. Was machte es jetzt schon, daß Darby sie gekränkt und ihren Stolz verletzt hatte? Es war gut möglich, daß Simon um sein Leben kämpfte, und das letzte, was Doc Bellkin, Will und Darby jetzt brauchten, war, von ihrer Arbeit abgelenkt zu werden.

Doc Bellkin hob ein glänzendes, spitzes Instrument auf und begann damit in Simons Wunde herumzustochern. Simon, der allmählich wieder zu sich kam, stöhnte auf und krümmte sich.

»Haltet ihn fest«, sagte der Arzt, ohne den Blick zu heben. Seine Hände und Unterarme waren blutverschmiert wie Darbys Hemd. »Die Kugel liegt ganz in der Nähe seines Herzens. Sorgt um Himmels willen dafür, daß er sich nicht bewegt!«

Sofort schloß Will die Hände um Simons Beine, während Darby die Arme seines Bruders packte.

Simon biß die Zähne zusammen, und stöhnend versuchte er, sich aufzubäumen, aber Will und Darby hielten ihn unerbittlich fest.

Galle stieg in Keighlys Kehle auf, als sie die Vorgänge beobachtete, aber sie war unfähig, den Blick von ihnen abzuwenden, obwohl sie zutiefst entsetzt war über das, was sich vor ihren Augen tat.

»Können Sie ihm nicht etwas gegen die Schmerzen geben?« fragte Will einmal, als es ganz besonders schlimm wurde.

»Nein«, erwiderte Doc Bellkin ungerührt, »das kann ich nicht. Simon steht unter Schock, und wenn ich ihm jetzt Morphium gäbe, würde ich vielleicht ein Herzversagen auslösen.« Der Arzt hatte Keighly nicht einmal angesehen, aber ein paar Minuten später sagte er etwas zu ihr. »Zünden Sie ein Feuer an, Mrs. Elder. Ein richtig schönes, großes Feuer.«

Keighly brach der Schweiß aus bei dem Gedanken, wozu an einem heißen Sommertag ein Feuer nötig sein könnte, aber sie tat, wie ihr geheißen worden war. Es gelang ihr nicht gleich, das Holz zu entzünden, doch nach mehrmaligen Versuchen schaffte sie es, denn Manuela hatte ihr gezeigt, wie man es machte, und bald loderten die Flammen in dem kleinen Ofen in der Zimmerecke.

»Legen Sie jetzt ein Eisen in die Flammen«, befahl der Arzt.

Keighly schluckte, um sich nicht zu übergeben, und obwohl alles in ihr sich dagegen auflehnte, nahm sie einen Schürhaken von dem Halter an der Wand und schob ihn in die Flammen.

Dann kehrte sie mit zitternden Knien zu ihrem Stuhl zurück und setzte sich.

Darby stand über seinen Bruder gebeugt, dessen Arme er noch immer fest umklammert hielt, und sprach leise auf ihn ein. »Weißt du noch, wie du Callie Abbot eines Samstags eingeladen hast, mit dir auszugehen, und die ganze Zeit dann nur mit Susie Masters getanzt hast? Um es dir heimzuzahlen, erzählte Callie ihrem Pa, du wärst es gewesen, der am vierten Juli eine Stange Dynamit ins Klo der Baptistenkirche gesteckt hatte.«

Simon gab einen Ton von sich, der halb ein Schluchzen und halb ein Lachen war.

»Und dann stellte sich heraus, daß es in Wirklichkeit unser Will gewesen war?«

»Ich war es auch nicht«, wandte Will ein und wechselte einen verzweifelten, verschwörerischen Blick mit dem Geschichtenerzähler. »Du warst es, Darby. Du bist derjenige, der …«

»Und fast hättest du dir eine Tracht Prügel dafür eingehandelt, nicht?« Darby redete jetzt schneller. Die Geschichte ging endlos weiter, sinnlos, verwirrend und verzerrt, und irgendwann gab Keighly es auf, etwas davon verstehen zu wollen.

Doc Bellkin verließ den Untersuchungstisch, um in den Ofen zu schauen, wo der Schürhaken bereits glühte, und Keighly wäre am liebsten aufgesprungen, um zu fliehen, aber sie war wie erstarrt und nicht einmal in der Lage, ihre Augen zu schließen.

»Geh jetzt, Keighly«, sagte Darby, ohne sie dabei anzusehen. »Laß uns allein.«

Sie wollte ihm gehorchen, wollte es wirklich, aber die Muskeln in ihren Beinen waren wie gelähmt vor Furcht.

»Haltet ihn gut fest«, warnte Doc Bellkin, während er ein Handtuch um den Griff des heißen Eisens wickelte und es aus dem Feuer zog.

Schweiß lief in Strömen über Darbys und Wills Gesicht.

»Großer Gott«, murmelte Will.

Darby redete noch schneller, seine Stimme überschlug sich fast bei seinen Worten, und Keighly hörte für einen Moment lang auf zu atmen.

Ein schreckliches, zischendes Geräusch erklang, und Simon stieß einen gellenden Schrei aus, der von den Wänden der kleinen Praxis widerhallte. Es roch nach verbranntem Fleisch, und Keighly schlug eine Hand vor den Mund, um das Würgen zu ersticken, das in ihrer Kehle aufstieg.

Tränen rannen über Darbys und Wills Gesichter, als Simon plötzlich aufhörte, sich zu wehren und ganz still liegenblieb.

»Es ist vorbei«, sagte Darby zu seinem Bruder. »Es ist vorbei.«

Dr. Bellkin legte den Schürhaken beiseite und untersuchte die Wunde, die er gerade ausgebrannt hatte. Dann ging er zu Keighly und gab ihr eine Schüssel, in die sie sich prompt erbrach.

Darby kniete neben ihr nieder, strich ihr das Haar zurück und wartete, bis es vorüber war. Ruhig hielt er die Schüssel, während sie ihren Mund mit dem Wasser spülte, das Will ihr fürsorglich gebracht hatte.

»Besser jetzt?« fragte Darby und legte das feuchte Tuch, das der Arzt ihm gab, auf ihren Nacken.

Sie wollte nicken, begann jedoch statt dessen laut zu schluchzen.

»Bring deine Frau lieber nach Hause«, hörte sie Doc Bellkins wie aus weiter Ferne sagen.

Darby stand auf und strich Keighly übers Haar. »Was ist mit Simon?« fragte er.

»Ich werde ihn für ein, zwei Tage hierbehalten, wo ich ihn besser pflegen kann«, antwortete der Arzt.

»Meine Tochter …« wandte Simon, der inzwischen wieder bei Bewußtsein war, mit schwacher Stimme ein.

233

Doc Bellkin legte gerade einen sauberen Verband über seiner Wunde an.

»Wir kümmern uns um Etta Lee«, sagte Will, so ernst und feierlich, als hätte er einen Eid geschworen.

Darby legte die Arme um Keighly und hob sie auf. Sie konnte Simons Blut an seinem Hemd riechen, und der Gestank verbrannten Fleisches hing nach wie vor im Raum. »Komm zu uns nach Hause, wenn du dich um Etta Lee gekümmert hast«, sagte er zu Will. »Wir haben etwas zu erledigen, wir beide.«

Keighly war erschüttert und benommen, aber als sie begriff, was Darby meinte, wurde sie von neuer Furcht erfaßt. Einer der Shingler-Brüder war erschossen worden, aber der andere war entkommen.

»Er dürfte nicht allzu schwer zu finden sein«, erwiderte Will zustimmend.

»Nein«, wisperte Keighly, aber sie wußte, daß niemand auf sie hörte.

Darbys Pferd stand in der Gasse zwischen dem Gemischtwarenladen und der Kanzlei. Er hob Keighly in den Sattel, setzte sich dann hinter sie und umschlang sie fest mit seinen Armen. Die Stute war noch immer am Ende der Straße angebunden, wo Keighly sie zurückgelassen hatte, gegenüber dem *Blue Garter*.

Eine Frau in einem giftgrünen Satinkleid kam aus dem Saloon, überquerte die Straße, um Tillie loszubinden, und führte sie zu Darby.

»Danke, Babe«, sagte er, als sie ihm die Zügel reichte.

Keighly erwachte lange genug aus ihrer Benommenheit, um zu murmeln: »Das ist doch hoffentlich nur ihr Spitzname?«

Darby lachte, aber es klang nicht fröhlich. Eine ganze Weile sagte er nichts, und als er es tat, war sein Tonfall bitterernst. »Du hättest heute erschossen werden können«, sagte er.

Sie legte den Kopf an seine Schulter und schloß die Augen vor der nachmittäglichen Sonne. »Du auch«, entgegnete sie. »Halt mir keine Vorträge, Darby. Es ist schlimm genug zu wissen, was Simon durchgemacht hat. Ich glaube nicht, daß ich zusätzlich noch eine Predigt ertragen würde.«

Ihr war, als zöge Darby sie für einen winzigen Moment noch fester an sich, aber sicher war sie sich dessen nicht. Er war sehr ärgerlich auf sie gewesen, als er sie dort auf dem Bürgersteig gesehen hatte, und der kalte Blick in seinen Augen hatte sie zutiefst verletzt.

»Na schön«, gab Darby nach, und sie hörte seine Müdigkeit und Qual und dachte daran, wie verzweifelt er sich bemüht hatte, Simon während Dr. Bellkins barbarischer, aber vermutlich notwendiger Behandlung abzulenken. »Keine Vorhaltungen.«

»Du warst sehr wütend auf mich.«

»Ja«, erwiderte er freimütig. »Am liebsten hätte ich dich erwürgt.«

Sie schloß die Augen, sehnte sich nach ihrem Bett und Schlaf »Ich weiß«, sagte sie. »Ich glaube, das hätte nicht so weh getan wie der Blick in deinen Augen, nachdem du mich bemerkt hattest.«

Er beugte sich vor und küßte ihren Nacken. »Ich entschuldige mich dafür«, antwortete er. »Als ich dich bemerkte, sah ich dich in Gedanken stürzen und blutüberströmt zusammenbrechen wie vorher Simon. Wütend zu werden war das einzige, was mich in diesem Augenblick davor bewahrt hat, in Tränen auszubrechen.«

Keighly war gerührt und begann wieder zu weinen, leise zunächst nur, dann immer lauter und verzweifelter. Darby versuchte nicht, sie zu beruhigen.

Als sie die Ranch erreichten, hob er zuerst Keighly aus dem Sattel, bevor er selbst abstieg. Manuela starrte entsetzt sein blutiges Hemd an, während er Keighly ins Haus führte.

»Wirst du vorsichtig sein?« flehte sie, als Darby sie auszog wie ein Kind und dann zärtlich zudeckte. Sie wußte, daß sie ihn nicht daran hindern konnte, mit Will den zweiten Bankräuber zu verfolgen; sie würden den Mann finden – und wenn auch aus keinem anderen Grund, als daß er ihren Bruder angeschossen hatte.

Darby küßte ihre Stirn. »Natürlich werde ich das«, erwiderte er. »Ich möchte doch zu dir zurückkommen.« Damit zog er sein blutverschmiertes Hemd aus und nahm ein frisches aus dem Schrank. Es war ihm anzusehen, daß er in Gedanken bereits weit entfernt war.

14. Kapitel

Keighly schlief sehr schlecht, wälzte sich unruhig im Bett herum und fuhr immer wieder aus furchtbaren Träumen auf, die wie Gespenster ihr Bewußtsein flohen, sobald sie die Augen öffnete. Zwischen diesen Alpträumen und Anfällen von nervöser Unruhe schlief sie so tief und traumlos, als wäre sie in Trance.

Sie erwachte am nächsten Tag schon im Morgengrauen, erschöpft und ausgelaugt, aber obwohl ihre Knie vor Schwäche zitterten, stand sie auf. Sie fühlte sich nicht viel solider als ein Schattenbild im Nebel, aber ihre größte Sorge galt dennoch weder ihr selbst noch dem Kind, das sie erwartete. Es war Darby, um den sie sich sorgte.

Darby, der mit Will einem Verbrecher namens Duke Shingler nachjagte ...

Während sie ihre Zähne putzte und ihr Haar kämmte, rief sie sich ins Gedächtnis, was ihr Mann ihr über die Shingler-Brüder erzählt hatte. Sie waren Diebe und kaltblütige Mörder, die glaubten, sich an Darby rächen zu müssen.

Einer von ihnen war jetzt tot, nach einer Schießerei auf der Hauptstraße von Redemption, und es war anzunehmen, daß es den überlebenden Bruder jetzt höchstens noch mehr nach Darbys Blut gelüstete.

Bitte, beschwor sie Darby in Gedanken, als sie durch das stille Haus zur Küche ging, *sei vorsichtig* ...

Sie hatte das Frühstück schon vorbereitet, als Manuela gähnend aus dem Anbau neben der Küche kam. Bei Keighlys Anblick lächelte sie, aber auch ihr Blick verriet Sorge.

»Fühlen Sie sich besser, Mrs. Elder?«

»Bitte nennen Sie mich Keighly.«

Manuela schien überrascht und zögerte ein wenig, bevor sie nickte. Keighly hatte bereits Wasser gepumpt und hereingetragen, und auf dem Herd stand frischer Kaffee.

»Es wird heute Regen geben«, meinte Manuela, als sie ans Fenster trat und hinausschaute.

»Ja«, stimmte Keighly zu. Sie hatte die Kühle in der Luft gespürt, als sie zum Brunnen gegangen war, und die dunklen Wolken gesehen, die sich am Himmel zusammenzogen. Die Cowboys waren noch vor ihr aufgestanden, und ihr Lagerfeuer brannte bereits, als Keighly das Haus verließ. »Ich denke, wir sollten einen der Männer bitten, den Wagen anzuspannen und Pablo zur Schule zu fahren.«

Manuela nahm sich Kaffee und kehrte dann zurück ans Fenster. In der Ferne zuckten Blitze über den noch immer dunklen Himmel, und Donner erschütterte das Dach über ihren Köpfen. »Mr. Elder sagte, ich solle ihn zu Hause behalten und selbst unterrichten«, sagte sie. »Pater Ambrose wird sicher kommen, um nach uns zu sehen, dann werde ich ihn fragen, welche Lektionen Pablo durcharbeiten soll.«

Keighly hatte genug Haferbrei und Toast für alle vorbereitet und begann den Tisch zu decken. »Was hat Mr. Elder sonst noch angeordnet?« erkundigte sie sich beiläufig.

Manuela drehte sich zu ihr um. »Er befahl den Männern, Wache zu stehen, und daß Sie und ich uns auf gar keinen Fall vom Haus entfernen sollten, ganz gleich, was geschieht.«

Keighly seufzte, sagte aber nichts. Sie hatte es schon während der Quarantäne gehaßt, eingesperrt zu sein, und haßte es nun genauso, aber es wäre sinnlos und dumm gewesen, aus purem Trotz Darbys Anweisungen zu mißachten.

Und deshalb verbrachte sie den Morgen damit, ihr Tagebuch auf den neuesten Stand zu bringen.

Am Nachmittag verzog sich das Gewitter, und pflichtbewußt nahm Keighly ihre Schießübungen wieder auf. Beim ersten Versuch traf sie gleich sieben von zehn Flaschen und belohnte sich für ihre Erfolge, indem sie zu ihrer Skulptur zurückkehrte. Sie war so versunken in ihre Arbeit, daß sie überrascht war, wie viel Zeit vergangen war, als Pablo später kam, um ihr zu sagen, daß das Abendessen fertig war.

Die Cowboys machten sich hungrig über das gebratene Huhn mit Kartoffelpüree und gedünsteten Löwenzahnblättern her und kehrten dann in die Scheune zurück, wo sie wegen des Regens ihr Lager aufgeschlagen hatten.

Keighly ließ sich nicht davon abbringen, das Geschirr zu spülen, da Manuela das Essen zubereitet hatte, und danach setzten sich die beiden Frauen an den Tisch, an dem schon Pablo saß und seine Rechenaufgaben erledigte. Während Manuela mit rührender Aufmerksamkeit ihren Sohn beaufsichtigte, las Keighly einen Roman, den Betsey ihr geliehen hatte, ein Melodrama, in dem die Heldin Höllenqualen litt, weil sie sich in den falschen Mann verliebt hatte.

Es war schon Mitternacht, als sie sich endlich dazu überwinden konnte, in das leere Schlafzimmer zu gehen, in dem sie mit Darby so glücklich gewesen war, sich zu entkleiden und ihr Nachthemd anzuziehen. Nachdem sie sich gewaschen und ihre Zähne geputzt hatte, schlug sie die Decke zurück, legte sich ins Bett und löschte die Lampe auf dem Nachttisch.

Erst jetzt, als sie im Dunkeln lag, ließ sie den Tränen, die sie den ganzen Tag zurückgehalten hatte, freien Lauf.

Darby. Sie konnte nicht aufhören, an ihn zu denken, und in ihrer Phantasie sah sie ihn verwundet, blutend und schmerzgequält wie Simon – oder, was noch schlimmer war, reglos auf dem Boden und tot wie Jarvis Shingler. Lag er vielleicht in diesem Augenblick schon irgendwo im Regen?

Obwohl sie körperlich und seelisch zutiefst erschöpft war, gelang es ihr nach einer Weile, Schlaf zu finden.

Am nächsten Morgen lud sie grimmig die 38er Pistole, die Darby ihr dagelassen hatte, stellte sechs Flaschen auf den Zaun und schoß eine nach der anderen ab.

Dann, weil es ihr das Gefühl gab, wenigstens irgend etwas zu tun, um Will und Darby beizustehen, lud sie die Waffe nach, reihte ein halbes Dutzend gesprungener Einmachgläser auf und verfehlte auch diesmal nicht ein einziges davon. Es verschaffte ihr eine eigenartige Befriedigung, die Gläser und Flaschen in tausend Splitter zerspringen zu sehen.

»War das Darbys Idee?« fragte eine Stimme hinter ihr.

Keighly ließ die leere 38er sinken und drehte sich zu Pater Ambrose um, der in seiner langen Kutte und mit dem groben Strick um die Taille wie ein mittelalterlicher Mönch aussah. Das einzige, was zu diesem Bild noch fehlte, war die Tonsur – aber der Priester hatte dichtes, dunkles Haar.

»Ja«, erwiderte sie knapp, weil sie nicht die Absicht hatte, sich auf eine Unterhaltung über die Vor- und Nachteile von Waffen einzulassen. Obwohl Ambrose häufig zu Besuch kam, war er immer noch ein Priester, und Priester waren häufig Überbringer schlechter Nachrichten. »Ist etwas passiert?«

Ambrose schüttelte rasch den Kopf. »Nein, Mrs. Elder. Simon erholt sich in Angus' Haus von seiner Schußverletzung; er hat starke Schmerzen, aber die Wunde hat sich nicht entzündet, und wie Angus sagt, muß es manchmal weh tun, um zu heilen.«

»Und Angus selbst? Wie geht es ihm?« Keighly hatte die Warnung des Arztes, Angus sei keinesfalls außer Gefahr, noch nicht vergessen. »Dies alles muß doch ein schwerer Schock für ihn gewesen sein.«

Ambrose lächelte. »Natürlich war es das. Und deshalb streift er wie ein eingesperrter Tiger durch das Haus, wütend, daß er nicht dreißig Jahre jünger ist und Will und Darby helfen kann, diesen Shingler zu verfolgen.«

Keighly schob kameradschaftlich die Hand unter den Arm des Priesters und steckte die Pistole in die Schürzentasche. »Ich kann sehr gut nachempfinden, wie hilflos Angus sich jetzt fühlt, obwohl es in meinem Fall nicht das Alter ist, das ein Problem darstellt. Auch ich wäre lieber bei Darby, anstatt hier herumzusitzen und zu warten.«

»Das sagte Mrs. Kavanagh auch, als ich sie heute mor-

240

gen besuchte.« Ambrose drückte ihre Hand. »Und wie kommt Pablo mit seinem Unterricht voran?«

»Manuela setzt ihn jeden Abend an seine Tafel und seine Schulbücher, und wir beide helfen ihm, so gut wir können.«

Ambrose seufzte. »Ich fürchte, Erziehung ist hier draußen Glückssache, selbst in guten Zeiten. Ich bemühe mich, die Missionsschule aufrechtzuerhalten, aber in letzter Zeit, scheint mir, gibt es ein Problem nach dem anderen.«

Keighly und Pater Ambrose setzten sich auf die Eingangsstufe zur Küchentür, weil das Wetter zu schön war, um drinnen zu bleiben. Darbys Männer waren mit den Pferden beschäftigt, und Manuela nahm die Wäsche ab, die sie am Morgen aufgehängt hatte. Pablo, der seinen Lehrer wahrscheinlich längst gesehen hatte, war verdächtig abwesend.

»Kennen Sie die Kavanaghs schon lange?«

»Zehn Jahre«, erwiderte Ambrose. »Simon und ich haben zusammen in Boston studiert.«

»Simon wollte Priester werden?« fragte Keighly verblüfft.

Ambrose lachte. »Nein, Simon ist Presbyterianer. Mein Vater ließ mich Jura studieren, weil er hoffte, daß ich dann nicht Priester würde, sondern heiraten und ihm ein Dutzend Enkelkinder schenken würde.«

»Aber Sie und Simon blieben trotzdem Freunde.«

»Ja.«

Keighlys Unterlippe zitterte; sie verschränkte ihre Hände und richtete den Blick auf die Koppel, wo zwei von Darbys Männern versuchten, einen sich aufbäumenden jungen Hengst zu beruhigen, der eben erst eingefangen worden war. »Ich war dort, in Dr. Bellkins Praxis, als ... als ...«

»Als Simons Wunde ausgebrannt wurde?« fragte Pater Ambrose leise. »Das muß schrecklich gewesen sein.«

»Für Simon war es natürlich noch viel schlimmer als für alle anderen«, sagte Keighly. »Aber der Geruch, und wie Simon geschrien hat ...«

»Simon sagte mir, Will und Darby hätten ihm geholfen, diesen schweren Moment zu überstehen.«

»Sie waren so stark«, erwiderte Keighly und schluckte, als sich ein Kloß in ihrer Kehle bildete. »Sie hätten sie sehen sollen. Beide hätten liebend gern mit Simon getauscht, wenn es möglich gewesen wäre, um ihm seine Qualen zu ersparen. Und das waren dieselben Männer, die sich erst kurz zuvor in Betseys Garten eine wilde Prügelei geliefert hatten!«

»Sie hatten schon immer Schwierigkeiten miteinander, diese drei.«

Keighly schwieg eine Weile und schaute nachdenklich zum Horizont hinüber. Sie wünschte sich nichts sehnlicher, als Darby in den Hof reiten zu sehen – schmutzig, unrasiert und wund vom langen Reiten, aber lebendig, unverletzt und mit sich selbst in Frieden.

Doch weit und breit war nichts zu sehen, der Horizont war so leer, als wäre er ein riesiges Spiegelbild von Keighlys Seele.

Am liebsten hätte sie sich jetzt Pater Ambrose anvertraut und ihm von dem Spiegel im *Blue Garter* erzählt, von ihren Zeitreisen und der Angst, wieder in jene andere Welt zurückversetzt zu werden. Aber sie wagte es noch immer nicht.

»Werden Sie zum Abendessen bleiben?« fragte sie statt dessen.

Pater Ambrose seufzte und schüttelte den Kopf. »Ich muß zur Mission zurück«, antwortete er und richtete sich auf. Sein Blick fiel dabei auf Keighlys halbfertige Skulptur, die nur wenige Schritte von ihnen entfernt im Hof stand, und er ging hinüber, um sie zu betrachten. Sein Lächeln verriet unverhohlene Bewunderung, als er sich zu Keighly umdrehte, die ihm gefolgt war. »Wunderschön«, sagte er mit aufrichtiger Begeisterung.

Keighly lächelte erfreut, aber auch eine Spur verlegen. »Es gibt Momente, in denen ich mich dafür hasse, sie begonnen zu haben«, gestand sie. »Ich glaube, jetzt, wo sie kleiner ist und handlicher, werde ich sie von den Männern in das Wohnzimmer bringen lassen. An den Fenstern müßte ich genügend Licht zum Arbeiten haben.«

»Wunderbar«, sagte Pater Ambrose. »Vielleicht könnten Sie auch irgendwann einmal eine kleinere Statue für unsere Mission anfertigen. Eine Muttergottes oder einen Heiligen.«

Keighly lächelte erfreut; von ihrer Kunst zu sprechen, lenkte sie vorübergehend von ihren mannigfaltigen Problemen ab. »Das ist schon möglich, denke ich«, erwiderte sie.

Ambrose senkte beschämt den Blick. »Entschuldigen Sie. Das war unverschämt von mir«, sagte er. »Alle werden Ihre Skulpturen kaufen wollen, sobald sie diese hier gesehen haben. Entschuldigen Sie bitte, Mrs. Elder.«

Belustigt verschränkte Keighly ihre Arme. »Ich bezweifle, daß man Sie als ›unverschämt‹ bezeichnen könnte, Pater, aber Sie sind ganz gewiß ein Schmeichler.«

»Das ist eine der zahlreichen schlechten Eigenschaften, mit denen ich zu kämpfen habe«, gab Ambrose zu, und obwohl er grinste, erschien eine dunkle Röte auf seinen sonnengebräunten Wangen.

Danach ging er ins Haus, um nach Pablo zu sehen, den Manuela inzwischen aufgespürt und in die Küche zurückgescheucht hatte.

Keighly ließ die drei allein und ging zu den Männern, die am Zaun der Koppel standen und zusahen, wie ein anderer Cowboy versuchte, denselben temperamentvollen Hengst zu reiten, den sie schon vorher zu bändigen versucht hatten. Keighly lächelte und dachte, daß sie diese Aufgabe besser Darby überließen, wenn er heimkehrte.

Und da verblaßte ihr Lächeln. *Wenn* er heimkehrte.

Der Gedanke, daß er vielleicht nie wieder zurückkehren würde – oder Will ihn in eine Decke gehüllt und quer über dem Sattel liegend zu ihr zurückbrachte – löste ein Schaudern in ihr aus.

Der Cowboy, den Darby für die Dauer seiner Abwesenheit zum Vorarbeiter ernannt hatte, ein hagerer Mann mit einer Haut wie Leder und weisen alten Augen, begrüßte sie höflich. »Mrs. Elder«, sagte er.

»Hallo, Mr. Otis«, antwortete sie, plötzlich verlegen. Beinahe jeden Abend nahmen dieser Mann und seine fünf Kollegen ihr Abendessen in der Küche ein, und dennoch kannte sie nicht einmal ihre Vornamen. Darby sprach die Männer immer mit ihren Vornamen an.

»Was kann ich für Sie tun, Ma'am?« fragte Otis. Doch so höflich und respektvoll er auch war – Keighly wußte, daß er Darbys Anweisungen den Vorrang vor jeder Bitte geben würde, die sie äußern mochte. Falls sie beispielsweise vorhatte, die Ranch unbegleitet zu verlassen, würde sie auf höflichen, aber unerschütterlichen Widerstand stoßen.

Keighly wandte sich um und deutete auf die Statue. »Meine Skulptur«, sagte sie. »Glauben Sie, Sie könnten sie ins Wohnzimmer schaffen und auf den großen Tisch vor dem Fenster stellen?«

Otis lächelte, und Keighly sah, daß ihm mehrere Schneidezähne fehlten. »Wir werden sie im Hof vermissen, die Jungs und ich«, sagte er. »Aber sobald ich zwei Männer habe, die sauber genug sind, um das Wohnzimmer einer Dame zu betreten, bringen sie die Skulptur herein.«

Keighly dankte ihm und kehrte zum Haus zurück, wo Ambrose sich gerade an der Hintertür verabschiedete. Manuela hatte ihm ein Stück von dem Zimtkuchen mitgegeben, den sie morgens gebacken hatte.

Als der Priester fort war, ging Keighly ins Wohnzimmer, um den großen Eichentisch in die richtige Position zu bringen, so daß sie genügend Licht hatte, wenn sie ihre Arbeit an der Statue wieder aufnahm.

Wie versprochen, trugen kurz darauf zwei Männer die schwere Skulptur durch die nur selten benutzte Eingangstür herein. Als Keighly ihr Werk an Ort und Stelle sah, war sie froh über ihre Entscheidung, es hereinzubringen. Manuela hatte noch mehr Regen vorhergesagt, und Keighly hätte es unerträglich gefunden, nicht hinaus zu können, um ihre Arbeit an der Statue fortzusetzen.

Nach dem Abendessen, als das Geschirr gespült war und Keighly ihr Buch ausgelesen hatte, wußte sie nichts mehr mit sich anzufangen. Es war zu dunkel, um noch an der Skulptur zu arbeiten, sie hatte einen Punkt erreicht, wo Lampenlicht nicht mehr genügte. Einsamer und niedergeschlagener als je zuvor stand sie am Wohnzimmerfenster und schaute in die Finsternis hinaus.

In jenen Momenten war die Macht, die sie zu dem Spiegel im *Blue Garter* hinzog, geradezu beängstigend stark. Obwohl sie wußte, wie unvernünftig es gewesen wäre, dachte Keighly daran, sich aus dem Haus zu schleichen und zu Fuß in die Stadt zu gehen, um sich ihrer Nemesis ein für allemal zu stellen und deren Macht damit vielleicht zu brechen.

Sie würde ihre Pistole aus der abgeschlossenen Schublade im Schreibtisch nehmen, zum *Blue Garter Saloon* gehen und den Spiegel in tausend Scherben schießen ...

Keighly schüttelte den Kopf. Es war nahezu ausgeschlossen, daß es ihr gelingen würde, den Spiegel zu zerstören – jemand würde sie aufhalten, bevor sie auch nur einen einzigen Schuß abfeuern konnte. Und falls es tatsächlich doch gelingen sollte, würde Simons Stellvertreter sie verhaften, der verhaßte Spiegel würde durch einen anderen ersetzt werden und dann vermutlich die gleiche Bedrohung für sie darstellen wie zuvor ...

»Gute Nacht ... Keighly«, sagte Manuela von der Tür.

»Gute Nacht, Manuela«, erwiderte Keighly und wandte sich lächelnd zu ihr um. Sie und die Haushälterin waren zwar noch keine Freundinnen – dazu war Manuela zu diskret –, aber sie machten Fortschritte.

Manuela ging, Keighly hörte, wie die Tür hinter ihr zufiel, und eine tiefe Stille legte sich über das Haus.

Keighly wandte sich zurück zum Fenster, lehnte die Stirn an das kühle Glas und wartete auf Darbys Heimkehr, wie sie es nahezu unablässig tat, seit er fortgeritten war.

Ein Lagerfeuer brannte in einem kleinen Kreis aus Steinen, und Darby und Will lagen in ihren Decken dicht daneben. Sie waren voll bekleidet und trugen ihre Waffengurte und ihre geladenen Revolver, selbst wenn sie schliefen.

Doch jetzt betrachtete Darby stirnrunzelnd den dunklen Himmel. Er und Will hatten Shingler zwei Tage und Nächte lang verfolgt. Zu Anfang war seine Spur noch gut zu erkennen gewesen, doch mit der Zeit war sie verblaßt, und seit mehr als vierundzwanzig Stunden hatten sie überhaupt keine Spuren mehr von ihm gefunden.

»Hältst du es für möglich, daß er umgekehrt ist?« fragte Will. Er lag am Feuer, den Hut über den Augen und die Hände hinter dem Kopf verschränkt. Destry und Wills Pferd Shadrach waren in der Nähe angepflockt. »Vielleicht will er ja zu Simon, weil er glaubt, *er* hätte seinen Bruder erschossen.«

Darby seufzte. Er hatte viele Nächte seines Lebens im Freien verbracht, und früher war es ihm stets gelungen, Ruhe zu finden, indem er die Sterne über sich betrachtete. Die Ehe muß mich verweichlicht haben, dachte er, weil er Keighly so heftig vermißte, daß er sich nicht auf die Konstellationen der Sterne konzentrieren konnte. Er wollte neben ihr in ihrem warmen, sauberen Bett liegen; er wollte …

»Es wäre möglich«, erwiderte Darby brüsk. »Aber Simon ist sicher auf der Triple K.«

»Machst du dir um Keighly Sorgen?«

»Ja, verdammt«, gab Darby zu. »Ich habe fünf gute Männer, die für mich arbeiten, aber es kann immer etwas schiefgehen, und falls Duke auch nur ahnt, wie wichtig meine Frau mir ist, dann dürfte sie sich in Gefahr befinden.« Er war hellwach und gleichzeitig so müde wie noch nie zuvor in seinem Leben. »Was ist mit Betsey und den Kindern?«

»Meine Männer beschützen sie«, antwortete Will, aber es klang ganz und gar nicht, als ob er mit dem Arrangement sehr zufrieden wäre. »Sollen wir morgen zurückreiten?« fragte er.

Darby rollte sich aus seiner Decke und griff nach seinen Stiefeln. »Wir reiten heute nacht noch«, sagte er. »Vergiß nicht, daß wir zwei Tagesritte von Redemption entfernt sind.«

Will war fast genauso schnell wie Darby in den Stiefeln. »Shingler ist bestimmt nicht dumm genug, dorthin zurückzukehren, solange die halbe Stadt ihn sucht.«

Darby entfernte bereits das Seil, mit dem er Destrys Vorderbeine zusammengebunden hatte. »Ich bin mit Jarvis und Duke geritten«, sagte er, als er dem Pferd die Satteldecke überwarf und dann den Sattel selbst befestigte. »Duke ist der Älteste – er war immer sehr besorgt um Jarvis, obwohl sie sich ständig stritten. Und er trank auch zuviel Whisky – ein Teil seines Gehirns ist vermutlich längst verrottet.«

Will stieß einen ärgerlichen Pfiff aus, warf Erde über das Lagerfeuer und schwang sich auf den Rücken seines Wallachs. »Verdammter Mist«, murmelte er. »Wenn dieser Bastard das von Anfang an geplant hatte, käme ich mir wie der größte Narr auf Erden vor!«

»*Falls* er das geplant hat, Bruder«, erwiderte Darby und lenkte Destry nach Südwesten, in Richtung Heimat, »wird es das geringste unserer Probleme sein, daß wir uns wie Narren vorkommen.«

Das Gewitter zog am späten Vormittag auf und zwang Keighly, ihren Meißel wegzulegen, weil das Licht zu schwach war. Sie hatte kaum den Staub von ihren Händen abgewaschen, als Mr. Otis an der Küchentür klopfte.

Er trug einen Regenmantel, und hinter ihm konnte Keighly die anderen Männer sehen, die ähnlich gekleidet waren und auf ihren Pferden saßen. Donner grollte unter den tiefhängenden Wolken, und der Wind wurde immer heftiger. In der Ferne schlugen gelbe Blitze in den nassen Boden ein.

Otis tippte sich grüßend an den Hut. »Einer der Männer ist hinausgeritten, um nach den Rindern zu sehen,

Ma'am«, sagte er. »Sie sind sehr verängstigt wegen des Gewitters, und es wäre besser, wenn wir sie in die Schlucht bei der Triple K treiben würden, bevor sie in Panik geraten und sich bei einer Stampede verletzen. Wir kommen zurück, so schnell wir können, aber bis dahin muß ich Sie bitten, im Haus zu bleiben, Mrs. Elder.«

Während Keighly nickte, gab es einen ohrenbetäubenden Donner genau über ihnen. Die Pferde im Hof scheuten, wieherten schrill und verdrehten die Augen, bis nur noch das Weiße darin zu sehen war, aber ihre Reiter versuchten nicht einmal, sie zu beruhigen – vielleicht wußten sie, wie sinnlos das gewesen wäre.

Keighly schloß die Tür und legte den Riegel vor, ging dann zur vorderen Eingangstür und tat das gleiche. Pablo fürchtete sich bei Gewitter, aber er saß tapfer in der Küche und tat, als mache es ihm Spaß. Manuela rollte ruhig den Teig für eine Apfeltorte aus.

Entnervt vom Donnergrollen und ihren eigenen Sorgen, die nichts mit Gewitter, verängstigten Rindern oder entlaufenen Banditen zu tun hatten, ging Keighly in der Küche auf und ab. Sie zündete sämtliche Lampen an, um die Finsternis zu vertreiben, brühte Kaffee auf und schüttete dann prompt die erste Tasse in den Ausguß.

Wie lange war Darby jetzt schon fort – drei Tage? Vier? Sie war nicht sicher. Sie schlief nachts nicht, außer, wenn sie für fünf bis zehn Minuten eindöste, und obwohl sie versuchte, sich zum Essen zu zwingen, war ihre Kehle wie zugeschnürt. Das Schlucken fiel ihr so schwer, daß sie nicht einen einzigen Bissen hinunterbrachte.

Es schien fast, als hätten der sintflutartige Regen und das Klopfen an der Hintertür im selben Augenblick begonnen.

Keighly, die im dunklen Wohnzimmer im Schaukelstuhl saß, fühlte, wie ihr Herz vor Freude und Erleichterung fast stehenblieb.

Das konnte nur Darby sein, der zurückgekehrt war und verschlossene Türen angetroffen hatte! Keighly rannte durch das Haus, während der Wind um die soliden Wände heulte und der Regen auf das Dach trommelte.

Ohne lange nachzudenken, schob sie den Riegel zurück, riß die Tür auf und fuhr zusammen, als ein eisig kalter Wind sie traf. Der Mann, der auf der Schwelle stand, trug einen langen Staubmantel und einen durchnäßten Hut, den er tief ins Gesicht gezogen hatte. Aber Keighly fiel nicht einmal auf, daß er ein Fremder war – sie sah nur, daß er nicht Darby war.

»Mein Name ist Mitchell«, sagte der Mann und legte eine Hand an die Tür, als Keighly sie schließen wollte, zumindest ein wenig, weil sie in dem kalten Wind fröstelte. »Ich arbeite seit ein paar Tagen auf der Triple K.«

»Sie kommen von der Triple K?« fragte Keighly, noch immer wie gelähmt von der Enttäuschung, daß es nicht Darby war, der vor der Tür stand. »Wie geht es Mr. Kavanagh?«

»Nicht gut, fürchte ich«, sagte Mr. Mitchell, während er sich an Keighly vorbeidrängte und in die dunkle Küche trat.

»Deshalb bin ich hier. Sie werden auf der Triple K gebraucht, falls Sie hier fort können. Mr. Kavanagh hat sich eine Lungenentzündung bei diesem schlechten Wetter geholt.«

Keighly, die noch angekleidet war, nahm bereits einen Umhang mit Kapuze von dem Haken an der Tür. »Würden Sie bitte die graue Stute satteln, die Sie in der Scheune finden, während ich meine Sachen packe und eine Nachricht für Manuela schreibe?«

»Das ist nicht nötig«, antwortete Mr. Mitchell höflich. »Ich habe einen Wagen mitgebracht.«

»Die Erde ist wahrscheinlich zu aufgeweicht für einen Wagen«, wandte Keighly ein. »Zu Pferd sind wir bestimmt viel schneller.«

»Die Straßen sind in Ordnung«, beharrte Mitchell und schaute sich suchend um. »Ich hatte eigentlich erwartet, Wachen vorzufinden, wie drüben bei uns auf der Triple K. Wo sind die Männer?«

»Unsere Rinder hatten Angst vor dem Gewitter«, antwortete Keighly geistesabwesend, während sie rasch eine Nachricht auf Pablos Schiefertafel schrieb. »Sie mußten von den Weiden in eine geschützte Schlucht getrieben werden.«

»Beeilen Sie sich lieber, Ma'am. Mr. Kavanagh ging es sehr schlecht, als ich die Ranch verließ, und er verlangt nach Ihnen.«

Keighly wappnete sich dagegen, Angus zu verlieren, den sie inzwischen wie einen Vater liebte. »Ist jemand losgeritten, um den Arzt zu holen?«

»O ja, Ma'am, selbstverständlich«, erwiderte der Fremde. Im schwachen Schein der Laterne, die sie angezündet hatte, um die Nachricht für Manuela zu schreiben, sah Keighly, daß er ein ziemlich großer, gutaussehender Mann war. »Der Arzt müßte etwa um die gleiche Zeit wie wir eintreffen. Er wird sich freuen, wenn Sie da sind und ihm helfen.«

Keighly zog die Kapuze über den Kopf und trat tapfer in den sintflutartigen Regen hinaus. Es schien kein Sauerstoff mehr in der Luft zu sein, nur Wasser, und einen schrecklichen Moment lang hatte sie das Gefühl, im Regen zu ertrinken.

Doch Mr. Mitchell nahm ihren Arm und zog sie durch das nasse Gras, und sie sah so wenig, daß sie sich fragte, wie sie den Weg zur Triple K finden sollten, wo ihr Schwiegervater, mit dem Fieber und dem Tode ringend, auf sie wartete.

Es war weit und breit kein Wagen zu sehen, nur ein Pferd, das fröstelnd im strömenden Regen stand.

Keighly blieb abrupt stehen und versuchte, sich von Mitchell loszureißen. »Lassen Sie mich los!« schrie sie und merkte, daß der Mann sie über das Heulen des Winds fast nicht verstehen konnte. Es war ausgeschlossen, daß Manuela sie hinter den dicken Mauern des Blockhauses hören würde. »Wer sind Sie?«

Er drückte die Mündung einer kleinen Pistole, eines Derringers vielleicht, an ihre Rippen. »Wissen Sie das

250

nicht?« brüllte er zurück. »Denken Sie doch einmal nach, Mrs. *Elder*. Ich bin ziemlich sicher, daß Darby Ihnen schon von mir erzählt hat.«

Unter anderen Umständen hätte Keighly sich gewehrt, aber die Waffe an ihren Rippen schloß das aus. Nicht nur sie würde getötet werden, falls die Pistole losging, sondern auch das Kind, das sie unter dem Herzen trug.

Duke Shingler, dachte sie bestürzt. Gott, was war sie doch für eine Närrin gewesen, die Tür zu öffnen, ohne nachzufragen. Und dann hatte sie auch noch seine Geschichte geglaubt und ihn ins Haus gelassen! Sie konnte von Glück sagen, daß er sie nicht alle umgebracht hatte – Pablo, Manuela und sie selbst.

Sie ließ sich von ihm aufs Pferd heben und blieb steif sitzen, während er hinter ihr aufsaß und mit einer Hand die Zügel vom Sattelhorn losband. Das Tier setzte sich nur äußerst unwillig in Bewegung, so naß und kalt, wie es hier draußen war, aber als Shingler ihm seine messerscharfen Sporen in die Flanken trieb, machte es einen Satz nach vorn und stürzte sich in die Finsternis.

Während sie durch die Dunkelheit dahinritten, versuchte Keighly, sich mit einem positiven Aspekt der Situation zu trösten: Angus lag nicht im Sterben, das war eine Lüge gewesen.

Erstaunlich ruhig, weil sie irgendwie noch immer unter Schock stand, fragte sie sich, ob Shingler vorhaben mochte, sie zu vergewaltigen und zu töten. Sie hegte keinen Zweifel mehr, daß er sie zum Werkzeug seiner Rache an Darby auserkoren hatte und sie vermutlich auch als Köder nutzen würde, um seinen alten Feind in eine Falle zu locken, aus der es kein Entrinnen gab.

Das war das Schlimmste überhaupt – das Wissen, daß sie selbst vielleicht das Instrument sein würde, das ihren Mann vernichtete. Sie, die ihn mehr liebte als ihr eigenes Leben, würde vermutlich dabei helfen, Darby in die todbringende Falle zu locken.

Irgendwie hatte sie stets geahnt, daß es auf diese Weise enden würde.

Während es unablässig regnete, stapfte das Pferd durch Schlamm und nasses Gras. Keighly war bis auf die Haut durchnäßt, aber das kümmerte sie nicht im geringsten. Im Verlauf der letzten schrecklichen Minuten war ein Feuer in ihr entbrannt, das nun endlich die Schwäche verdrängte, die sie schon seit Wochen quälte, und diese durch finstere Entschlossenheit ersetzte.

Zu ihrem eigenen Erstaunen wunderte es sie nicht, daß Shingler, anstatt in irgendein verborgenes Versteck in den nahen Bergen zu reiten, auf die Stadt zuhielt. Der kleine Ort war des schlechten Wetters wegen still und menschenleer; es brannten weder Lichter in den Fenstern, noch standen Pferde oder Wagen auf der Straße.

Shingler zügelte sein Pferd vor dem *Blue Garter Saloon*, saß ab und streckte eine Hand nach Keighly aus. Seine Zähne blitzten im Dunkeln, als er lächelte, und eine Welle neuer Furcht erfaßte Keighly.

»Kommen Sie, Mrs. Elder«, sagte er und hob sie von dem Pferd. »Wir wollen doch diese nassen Sachen ausziehen, nicht?«

15. Kapitel

Dr. Julian Drury schaffte es einfach nicht, sich von Redemption fernzuhalten, obwohl er sich inzwischen ziemlich sicher war, daß er Keighly nicht mehr liebte. Zeit und Distanz hatten ihm geholfen, die Dinge aus einer anderen Perspektive zu betrachten, und nun wußte er, daß Keighly recht gehabt hatte, ihre Beziehung zu beenden.

Dennoch stimmte irgend etwas nicht. Es war ihm nicht gelungen, sie telefonisch zu erreichen, und weder ihre Freunde in Los Angeles noch Molly und Peter, die beiden Collegestudenten, die ihr in der Galerie aushalfen, hatten in letzter Zeit etwas von ihr gehört. Während es durchaus möglich war, daß Keighly es ihrer Trennung wegen vermieden hatte, sich bei ihm zu melden, sah es ihr ganz und gar nicht ähnlich, auch den Kontakt zu allen anderen Freunden und Bekannten abzubrechen.

Obwohl Julian sehr beschäftigt mit seiner Praxis und fest entschlossen war, sein Leben ohne Keighly fortzusetzen, machte er sich große Sorgen.

Es war durchaus möglich – wahrscheinlich sogar –, daß sie jemand anderen kennengelernt hatte. Wenn sie mit einem anderen Mann auf und davon gegangen war, bestand für ihn kein Grund zur Sorge. Julian wünschte ihr alles Glück der Welt. Aber Keighly hätte genausogut entführt worden sein können, vielleicht sogar ermordet; Fälle wie dieser erschienen regelmäßig in den Zeitungen und in den Abendnachrichten.

Und so flog er schließlich nach Las Vegas, mietete sich einen Wagen und fuhr nach Redemption. Die Renovierungsarbeiten im Haus schienen beendet zu sein, wie er nach einem Blick durch eins der Fenster schloß, aber nichts deutete darauf hin, daß jemand in diesem stattlichen Gebäude wohnte.

»Suchen Sie jemanden, Mister?«

Julian drehte sich um und entdeckte einen Jungen hinter sich, der etwa zehn Jahre alt war und glänzendes braunes Haar und Sommersprossen hatte. »Ja, das tue ich allerdings«, erwiderte Julian. Als Kinderarzt besaß er die Angewohnheit, mit Kindern im selben Ton wie mit Erwachsenen zu sprechen. »Ich bin Dr. Drury, ein Freund von Keighly Barrow. Hast du sie in letzter Zeit gesehen?«

Der Junge schüttelte den Kopf und musterte Julian prüfend. Mißtrauisch. Fremde waren etwas Ungewöhnliches in dieser kleinen Stadt und somit auch suspekt. »Tim Felder hat sie gesehen, als er die Wände isoliert hat. Er sagte, sie wäre richtig durchsichtig gewesen.«

Julian war alles andere als abergläubisch, aber dennoch begann er ein starkes Unbehagen zu verspüren. »Das ist wahrscheinlich Unsinn, meinst du nicht?« fragte er und schob die Hände in die Taschen seiner maßgeschneiderten Designerhosen, zu denen er teure Lederschuhe und ein blau-weiß gestreiftes Hemd trug, das am Kragen offenstand. »Menschen sind nicht durchsichtig. Wie heißt du?«

»Bobby«, antwortete der Junge und verbesserte sich dann rasch: »Bob.«

Julians Sorge wuchs, nicht des Jungen wegen, sondern weil er sich daran erinnerte, wie oft er bei Keighly den Eindruck gehabt hatte, daß sie gar nicht richtig da war – selbst wenn sie bei ihm gewesen war. Daß er sie irgendwie mit seiner Phantasie *erschaffen* hatte, aber nicht etwa, weil er gottähnliche Macht besaß, sondern weil er sie so sehr gebraucht hatte und begehrte.

Heute wußte er, daß er sie aus den falschen Gründen gebraucht und begehrt hatte. Keighly, die romantischere von ihnen beiden, war zuerst aus diesem unsinnigen Traum erwacht.

»Nun, Bob«, sagte Julian so ruhig, wie er konnte, »dann werde ich jetzt einmal hineingehen und mich umsehen.«

»Haben Sie einen Schlüssel?«

Trotz seiner Besorgnis, die von Sekunde zu Sekunde größer wurde, lächelte Julian über Bobbys gerechtfertigten Einwand. »Ich weiß, wo Miss Barrow ihn versteckt«, erwiderte er, bevor er sich abwandte und zur Veranda hinüberging.

Wie erwartet, lagen die glänzenden neuen Schlüssel in der Auffangschale eines Blumentopfs mit verdorrten Geranien.

Julian schüttelte den Kopf, als er die Tür aufschloß. Wie oft hatte er Keighly schon gebeten, vorsichtiger zu sein?

Ein eigenartiges Summen erfüllte das Innere des großen Hauses; es war mehr als Stille und doch weniger als ein Geräusch. Julians Herz schlug unwillkürlich schneller, als erwartete er, jeden Augenblick um eine Ecke zu biegen und Keighly zu begegnen – oder ihrem Schatten, der an ihm vorbeihuschte wie ein Gespenst. Lautlos, transparent ...

O Gott, dachte er, *hoffentlich ist sie nicht tot. Und wenn, dann soll sie wenigstens nicht gelitten haben.*

»Keighly?« rief er.

Keine Antwort; obwohl er sich natürlich eine erhofft hatte, hatte er im Grunde nicht damit gerechnet.

Methodisch begann er das ganze Haus zu durchsuchen. Er fing im Keller an und arbeitete sich von dort durch jedes Zimmer bis zum Dachboden.

Er fand keine Spur von Keighly, obwohl ihre Kleider noch im Schrank ihres Schlafzimmers hingen. In der Bibliothek stand eine große alte Truhe voller verstaubter Andenken an irgendeine Vorfahrin. Im selben Zimmer, auf dem Kaminsims, entdeckte er eine wundervolle Statue, die einen Reiter auf einem galoppierenden Pferd darstellte und Julian irgendwie erschütterte.

Keighly hatte also wieder mit dem Bildhauern angefangen – die Skulptur war ganz eindeutig ihr Stil, und für Julian war offensichtlich, daß sehr viel Arbeit, Zeit und Liebe in dieser Statue steckte. Erst als er sie aus der Nähe betrachtete und berührte, begriff er, daß sie unmöglich Keighlys Werk sein konnte. Die ursprünglich rauhe Oberfläche des Granits war von der Zeit geglättet worden und hatte eine dunklere Farbe angenommen – nur sehr viele Jahre konnten eine derartige Patina schaffen. Ein neuer, roher Stein wäre nichts anderes als das gewesen – roh.

Stirnrunzelnd wandte Julian sich von der Skulptur ab

und starrte auf die Truhe, ohne sie jedoch wirklich wahrzunehmen. Und das war der Moment, als er die Töne aus dem Ballsaal hörte – einem Raum, den er sich eben erst angesehen hatte. Es klang wie eine fast unmerkliche Bewegung ungestimmter Harfensaiten und wie das leise Klirren von Kristall.

»Keighly?« rief er, zum dutzendsten Mal vielleicht schon, und ging unsicher auf den Ballsaal zu.

Er sah sie, als er die Schwelle überschritt – sah sie und sah sie zugleich *nicht*.

Keighly. Sie stand mitten in dem großen Raum bei der alten Harfe, in einem Kleid im viktorianischen Stil, über dem sie einen Umhang mit Kapuze trug, und sie war naß, als wäre sie eben erst in einen Bach gefallen.

Julian konnte so klar durch sie hindurchsehen, als ob sie nur ein Bild auf einem Fotonegativ wäre. Sie schien ihn nicht zu bemerken, ihr Kinn war trotzig vorgeschoben, und ihre Augen funkelten vor Zorn. Haßerfüllt schaute sie jemanden an, obwohl im ganzen Raum kein anderer Mensch zu sehen war.

»Keighly«, flüsterte Julian.

Sie antwortete nicht. Ihr Haar war länger, als er es zuletzt gesehen hatte, und so naß, daß es sich kräuselte.

»Keighly«, sagte er noch einmal und merkte, daß er weinte. Er bezweifelte nicht, daß er sie wirklich sah – er war ein Mann, der seinen eigenen Wahrnehmungen vertraute, und sie hatten ihn noch nie getrogen. Er war kein Mensch, der zu Halluzinationen neigte oder gar Gespenster sah.

Bis jetzt natürlich.

Seine schlimmsten Befürchtungen bestätigten sich, als er dort stand, Keighly anstarrte und versuchte, sich mit Tatsachen abzufinden, die sein Verstand weit von sich wies. Keighly war tot, und aus irgendeinem Grund ging sie in diesem Haus um …

»O Gott«, schluchzte Julian und bemühte sich, seine Haltung wiederzugewinnen. Zögernd begann er auf Keighly zuzugehen, doch dann hielt er wieder inne.

»*Keighly*«, sagte er flehend, aber sie schaute ihn nicht an und hörte ihn auch nicht.

Und so blieb er stehen, wo er war, und starrte sie nur schweigend an, bis sie sich schließlich von einer Sekunde auf die andere buchstäblich in Luft auflöste.

Erst da erwachte Julian aus seiner Starre und ging ins Gästebad im Erdgeschoß, um sich das Gesicht mit kaltem Wasser zu waschen. Als das geschehen war, ging er hinaus zu seinem Wagen, holte seine Arzttasche und seinen Koffer und kehrte ins Haus zurück. Er rasierte sich und duschte, und danach begann er sich wieder ein bißchen wie er selbst zu fühlen.

Ruhig, nüchtern und vernünftig.

Telefonisch bestellte er eine Pizza für das Abendessen, schob dann einen bequemen Sessel in den Ballsaal und setzte sich hinein, um seine ganz private Wache zu beginnen.

Er würde nicht eher dieses Haus verlassen, bis er herausgefunden hatte, was Keighly zugestoßen war.

Das Innere des *Blue Garter Saloon* war dunkel und beklemmend wie ein Grab. Keighly bemühte sich, nicht in ihrem durchnäßten Kleid und Umhang zu erschaudern, als der Bandit zuerst eine Lampe anzündete und dann noch eine weitere.

»Wo sind sie alle?« fragte sie mit einem verwirrten Blick zum ersten Stock, wo die Mädchen normalerweise ihr Geschäft betrieben. Auch dort war alles finster, nicht das leiseste Geräusch war zu vernehmen.

Duke grinste. Es verblüffte Keighly immer wieder, wie attraktiv er war, sie hätte nie erwartet, daß ein Mann, der so von Grund auf schlecht war, schön sein könnte wie ein Chorknabe. Aber das war Duke Shingler. »Oh, die Mädchen sind natürlich oben – zumindest die, die nicht fortgegangen sind, als Darby den Saloon verkaufte. Aber sie sind klug genug, um sich nicht einzumischen.«

Galle stieg in Keighlys Kehle auf. Am Tag des Bankraubs und der Schießerei hatte Oralee keine Bedenken gehabt, sich einzumischen – damals war sie aus dem *Blue Garter* gestürzt und hatte versucht, Keighly zu beschützen.

War alles in Ordnung mit Oralee, oder hatte Duke Shingler ihr und den anderen etwas angetan?

Er schlenderte hinter den Tresen und schenkte sich aus einer der dort aufgereihten Flaschen einen Whisky ein. »Ich würde vorschlagen, daß Sie die nassen Sachen ausziehen, Mrs. Elder«, sagte er.

Keighly hatte noch nie jemanden gehaßt, aber in jenen Augenblicken war sie sicher, daß sie Duke Shingler aus tiefstem Herzen haßte. Er hatte Simon angeschossen, und nun wollte er auch noch Darby töten. Sie würde verdammt sein, wenn sie ihm auch noch die Befriedigung verschaffte, sie zu demütigen.

»Gehen Sie zum Teufel, Mr. Shingler«, sagte sie, mit spöttischer Betonung auf dem ›Mister‹.

Eine Tür öffnete und schloß sich oben.

»Mischt euch hier nicht ein«, rief Duke in Richtung Treppe, »sonst bringe ich euch alle um. Mir ist es egal, ob ich einen mehr oder weniger ins Grab bringe.«

Stille.

Keighly schloß für einen Moment die Augen und betete, daß, wer immer auch das Geräusch verursacht hatte, den Mut besitzen möge, ihr zu helfen. Eine kurze Ablenkung würde ihr genügen, um sich im Dunkeln zu verstecken und einen Weg zu finden, sich zu verteidigen oder sich aus dem Raum zu schleichen.

Duke nippte ein paarmal an seinem Whisky und schien nachzudenken. Seine 45er lag auf der Bar. Keighly sehnte sich danach, sie in die Hände zu bekommen – nach all dem Üben war sie eine gute Schützin. Und hatte Darby nicht selbst gesagt, daß sie ein Naturtalent war?

»Wenn ich es mir richtig überlege«, schrie Duke den Frauen oben zu, »sollte eine von euch ein Kleid herunterbringen. Ich will nicht, daß meine reizende Gefangene hier unten sich erkältet, bevor ich sie benutzen kann.«

Es verging kaum eine Minute – Keighly berechnete sie nach ihren eigenen Herzschlägen – bevor ein gerüschtes blaues Taftkleid über das Geländer rutschte und auf den Billardtisch fiel.

Mt dem Lauf seines Revolvers deutete Shingler auf das Kleid. »Ziehen Sie das an«, befahl er.

»Vorher müßten Sie mich erschießen«, erwiderte Keighly. Sie war nicht sicher, daß er es nicht tun würde, aber sie hatte inzwischen einen Punkt erreicht, an dem es sie nicht mehr kümmerte. Hinter ihr ragte der Spiegel auf, ein dünner Vorhang zwischen einem Jahrhundert und dem nächsten, aber sie zog nicht einmal die Möglichkeit in Betracht, sich durch ihn in Sicherheit zu bringen.

Der Bandit lachte, setzte klirrend sein Glas ab und schenkte sich noch einmal Whisky nach. »Wenn Sie glauben, ich würde nicht auf eine Frau schießen«, sagte er, »dann wissen Sie doch nicht soviel über mich, wie ich dachte. Stellen Sie sich hinter das Piano, wenn es unbedingt sein muß, aber ziehen Sie die nassen Sachen aus.«

Keighly überlegte, daß die Möglichkeit, sich ungesehen umzukleiden, vermutlich die einzige Chance war, die sie die ganze Nacht bekommen würde, und wollte sie daher nicht ungenutzt lassen. So tat sie also, was Duke befohlen hatte, obwohl sie vor Angst zitterte, daß er jeden Augenblick erscheinen könne, um sie splitternackt ins Licht zu zerren. Aber als sie sich umgezogen hatte, stand er immer noch hinter der Bar.

Das Mieder des blauen Kleids war viel zu eng, die Ärmel hatten Flecken unter den Achselhöhlen, und der gerüschte Rock war zerknittert und zerrissen, aber Duke schien sehr zufrieden, als er sie sah.

»Wissen Sie, eins muß man Darby lassen – er hatte schon immer einen guten Geschmack in Frauen«, bemerkte er grinsend. »Ich bin ganz sicher, daß er kommen wird, um Sie zu holen.«

Keighly atmete tief ein und dann ganz langsam wieder aus. »Das wird er nicht«, entgegnete sie. »Er ist vermutlich meilenweit entfernt und sucht nach Ihnen.«

Duke lachte und schüttelte den Kopf. »Nein, Mrs. Elder. Darby mag mir zwar ein, zwei Tage nachgeritten sein, aber als die Spur verschwand, ist er hierher zurückgekehrt.« Er hielt inne und trank einen Schluck von seinem Whisky. »Nein, Ma'am. Er wird kommen. Wahrscheinlich sogar noch, bevor der Tag anbricht.«

»Er wird zuerst zur Ranch reiten.«

Shingler lächelte nachsichtig. »Sie irren sich«, widersprach er lächelnd. »Das Spiel begann hier, in diesem Saloon, und hier muß es enden. Das weiß Darby genausogut wie ich.«

»Sie glauben doch nicht allen Ernstes, er wäre dumm genug, in den Saloon zu kommen und sich von Ihnen erschießen zu lassen?« entgegnete Keighly und stützte die Hände in die Hüften.

In dem geborgten Kleid war ihr auch nicht viel wärmer als in ihrem eigenen nassen, aber das konnte natürlich auch an ihrer Angst liegen. Und an dem tiefen Ausschnitt.

»Ich glaube, er würde alles tun, damit Sie überleben«, erwiderte Shingler grinsend. »Warum kommen Sie nicht hierher und trinken etwas mit mir? Dann wird Ihnen sicher wärmer.«

»Sehr freundlich«, erwiderte Keighly und nahm ihren ganzen Mut zusammen, »aber mit jemandem wie *Ihnen* trinke ich nicht. Waren Sie es, der Simon angeschossen hat, oder war es Ihr Bruder?«

Es war ein Fehler gewesen, den toten Jarvis Shingler zu erwähnen. Dukes Gesicht verzerrte sich, seine Hand schloß sich um den Revolvergriff.

»Ich war's«, zischte er. »Ich hatte auf Darby gezielt, aber der Schuß ging daneben.«

Keighlys Herz dröhnte in ihren Ohren. Sie wußte, daß es wahrscheinlich sehr gefährlich war, Shingler zu verärgern, aber irgendein starker, seltsamer Instinkt zwang sie, es zu tun. »Darbys Schuß ging aber nicht daneben, oder?« fragte sie leise. »Er traf Jarvis mitten ins Herz, nicht wahr?«

Ein heiseres Schluchzen entrang sich Duke, das sowohl

Zorn wie Trauer ausdrückte. »Halten Sie den Mund!« brüllte er und richtete die 45er auf Keighly.

Feuer schoß aus dem Lauf, und der Knall war laut genug, um Tote aufzuwecken. Keighly wartete auf den Einschlag – die unsichtbare Kugel schien den Raum in Zeitlupe zu durchqueren –, aber dann zersplitterte eine Flasche auf dem Spieltisch neben ihr, und ein dunkler Fleck breitete sich auf dem verblaßten grünen Filztuch aus. Kein Klirren ließ darauf schließen, daß auch der Spiegel getroffen war.

Keighly sagte nichts. Sie wäre gar nicht dazu in der Lage gewesen, selbst wenn sie es gewollt hätte.

»Sie werden mit mir trinken«, sagte Duke, der plötzlich beängstigend ruhig wirkte. Er schob den Revolver in das Halfter, nahm sein Glas und die halbgeleerte Flasche Whisky und ging auf Keighly zu. »Setzen Sie sich dort an den Tisch«, befahl er und deutete mit der Flasche darauf. »Nein, warten Sie ... Sie können sich auf meinen Schoß setzen.«

Für einen Moment schloß sie die Augen. Ihre Angst nahm zu, aber im gleichen Maße auch die Kraft, die sie gewonnen hatte, als ihr klargeworden war, daß sie alle – sie, Darby und ihr ungeborenes Kind – sich in schrecklicher Gefahr befanden.

Wenn sie tat, was Shingler wollte, überlegte sie, bekam sie vielleicht eine Chance, an die 45er in seinem Halfter heranzukommen. Und je mehr er trank, desto besser waren ihre Aussichten, daß es ihr gelingen würde ...

Er zog einen Stuhl zurück und setzte sich darauf, mit einem spöttischen Blick auf Keighly, der sie geradezu herauszufordern schien, sich seinem Befehl zu widersetzen. Grinsend klopfte er auf seinen Schenkel.

Keighly befeuchtete ihre Lippen, so angewidert, daß sie kaum noch denken konnte, ganz zu schweigen davon, sich zu bewegen, als sie sich zwang, langsam auf ihn zuzugehen und bei ihm stehenzubleiben.

Shingler packte grob ihr Handgelenk und zog sie auf seinen Schoß. »Hat Darby Ihnen erzählt, daß er sich Jarvis und mir hier angeschlossen hat, in diesem Saloon? Seiner Mutter hat das überhaupt nicht gefallen – sie sagte, wir seien nicht die ›richtige Gesellschaft‹ für ihren Jungen. Können Sie sich das vorstellen? Nicht gut genug für den Bastard einer Hure? Harmony war nie verheiratet – Elder war bloß ein erfundener Name, den sie angenommen hat.«

Keighly wünschte Darby weit, weit fort, doch irgendein Instinkt verriet ihr, daß er schon ganz in der Nähe war und mit jedem Augenblick noch näher kam. Dukes Falle konnte jeden Moment zuschnappen.

»Ich rede mit Ihnen!« fuhr Duke sie an.

»Ja«, sagte Keighly ruhig und mit hart erkämpfter Würde. Elder mochte ein ›erfundener‹ Name sein, aber es war ihr Name, und sie war stolz darauf. »Darby hat mir erzählt, daß er Sie hier kennenlernte.«

Duke füllte sein Glas. Wieviel hatte er bisher getrunken? Fünf, sechs Gläser? Keighly hatte den Überblick verloren, aber es war anzunehmen, daß seine Reflexe allmählich nachließen.

»Es war der schlimmste Fehler meines Lebens, dieses Schlitzohr bei uns aufzunehmen. Er brachte Jarvis um – und er hat uns verraten. Nach allem, was wir für ihn getan hatten, ging er hin und verriet uns an den Sheriff!« Dukes glasige Augen glitzerten bedrohlich, als er an jene Zeit zurückdachte. Doch dann lächelte er, und das war sogar noch viel beängstigender. »Aber natürlich hatten wir Freunde, Jarvis und ich, und sie erwarteten uns auf der Straße zwischen Virginia City, wo wir verurteilt wurden, und dem Staatsgefängnis. Von diesem Tag an waren wir frei.«

»Sie haben die Männer ermordet, die Sie bewachten«, sagte Keighly leise.

Duke nickte, stürzte einen weiteren Drink hinunter und schenkte sich noch einmal nach. Doch diesmal hielt er das Glas an Keighlys Lippen. »Trinken Sie«, befahl er.

»Tut mir leid«, erwiderte Keighly. Aus dem Augenwinkel sah sie einen Schatten, der sich bewegte, und die Härchen an ihrem Nacken richteten sich auf. »Ich trinke keinen Alkohol.«

Duke lachte. »Sie sind ein eigensinniges Frauenzimmer«, meinte er. »Es wird Zeit, daß Ihnen jemand Manieren beibringt.«

In diesem Augenblick stürzte Keighly sich auf den 45er, in der Hoffnung, Duke zu entwaffnen, bevor er die Waffe ziehen konnte, aber er war zu schnell für sie und erheblich nüchterner, als sie gedacht hatte. Grob stieß er sie zu Boden, als er aufsprang und mit dem Revolver in der Hand herumfuhr.

Darby mußte den Saloon durch eine Hintertür betreten haben. Naß, wie auch Keighly es kurz zuvor gewesen war, stand er nur wenige Schritte entfernt vom Spiegel.

»Das war ein Fehler«, sagte er zu Shingler, in einem Ton, der eisig wie ein Grab im Winter war, und obwohl er Keighly dabei nicht ansah, wußten alle, was er meinte. Er hatte gesehen, wie Duke seine Frau niedergeschlagen hatte.

Keighly versuchte gar nicht erst, sich zu erheben. Auf die Hände gestützt, saß sie in dem schmutzigen Sägemehl und wandte keinen Blick von ihrem Mann. Sein Revolver steckte noch im Halfter an seiner Hüfte, aber er hielt ein Gewehr in beiden Händen, und sein rechter Zeigefinger krümmte sich schon um den Abzug.

»Nein«, sagte Keighly leise, aber das Wort hallte durch den Raum wider, als ob sie es in einen Tunnel hineingeschrien hätte.

Duke versetzte ihr einen Tritt, und plötzlich schien der ganze Raum zu explodieren.

Mit ausgestreckten Armen stürzte Keighly sich auf Shingler, um ihn aus dem Gleichgewicht zu bringen, bevor er einen Schuß abgeben konnte, aber sie verfehlte ihn. Doch im selben Augenblick fast feuerte Darby sein Gewehr ab, und als Duke getroffen zusammenbrach, löste sich ein Schuß aus seiner 45er.

Bevor Keighly hinsah, wußte sie es schon.

Darby war getroffen worden.

Keighly schrie auf und kroch zu ihrem Mann.

Ein roter Blutfleck breitete sich vorn auf Darbys Hemd aus, als er taumelte, gegen den Spiegel prallte – und durch das Glas in die Finsternis auf der anderen Seite stürzte.

»Darby!« schrie Keighly und versuchte, ihm zu folgen, aber der Spiegel war vollkommen solide und undurchdringlich, obwohl er stark zersplittert war.

Beide Hände an die kühle, unebene Oberfläche gepreßt, das Kleid durchnäßt von Shinglers Blut, sank Keighly auf die Knie und schrie und schluchzte.

Verblüfft verfolgte Julian Drury, wie der Spiegel, der eben noch eine gewalttätige Szene aus dem Wilden Westen wiedergegeben hatte, sich wie flüssiges Kristall bewegte und dann in einem Hagel winziger Splitter in sich zusammenfiel. Der Cowboy, der Mann, den Keighly so verzweifelt zu retten versucht hatte, landete auf dem staubigen Boden zu Julians Füßen, und der Spiegel war auf einmal wieder flach und bis auf wenige Sprünge völlig unbeschädigt.

Keighly war auf der anderen Seite – in einem blutgetränkten Kleid hockte sie vor dem Spiegel und preßte schluchzend ihre Hände an das Glas. Es war pure Agonie, was ihr Gesicht verriet, und es brach Julian das Herz, sie so hilflos und gequält zu sehen, ohne ihr zu Hilfe eilen zu können. Aber wie es charakteristisch ist für einen Arzt, hatte er sich sofort neben den verletzten Mann gekniet, der stark aus einer Wunde blutete, die Julian erst noch lokalisieren mußte, um das Blut zu stoppen, während er Keighly nach und nach verblassen sah, bis er nur noch einen alten Spiegel mit zahlreichen Sprüngen und schwarzem Blei darunter vor sich sah.

»Sie liebt dich also?« fragte Julian den bewußtlosen Cowboy, der vor ihm auf dem Boden lag. »Das erklärt natürlich alles, nicht? Und zugleich auch überhaupt nichts.«

Hastig untersuchte Julian seinen Patienten. Dann, nachdem er einen Druckverband angelegt hatte, um die

Blutung zu stillen, zog er Keighlys Luftmatratze herüber und hob den Mann darauf.

Sobald er dort lag, nahm Julian mit blutigen Fingern sein Handy aus der Hemdtasche und gab die Notrufnummer ein. Irgendwann würde er erklären müssen, wer der Mann war und woher er kam, aber jetzt war nicht der richtige Moment, um sich Erklärungen zurechtzulegen.

»Julian Drury«, sagte er knapp und klemmte des Telefon zwischen Ohr und Schulter, während er mit raschen, geübten Bewegungen seine Ärmel aufkrempelte. »Ich bin Arzt, und ich bin … Ach, ich weiß nicht, wie die Straße heißt – es ist Keighly Barrows Haus. Ein Mann ist angeschossen worden.«

Er hatte vergessen, wie klein die Stadt war.

»Tut mir leid, Doktor«, sagte die Frau am anderen Ende, »aber wir haben keine Ambulanz. Ich werde sofort Dan Ferris zu Ihnen schicken, er ist der Sheriff hier.«

»Sagen Sie ihm, daß er sich beeilen soll«, brüllte Julian, während er das Telefon mit der Schulter an sein Ohr preßte, weil er beide Hände brauchte, um die Blutung des Verwundeten zu stillen. Es war durchaus möglich, daß die Kugel eine Arterie getroffen hatte. »Und lassen Sie aus Las Vegas einen Helikopter kommen. Der Mann verblutet mir!«

»Haben Sie ihn angeschossen, Sir?«

»Nein«, erwiderte Julian und schaute auf den Mann herab, der ihm Keighlys Zuneigung geraubt hatte. Er war leichenblaß, wer immer er auch sein mochte, und glücklicherweise noch bewußtlos. »Verdammt – legen Sie endlich auf und beschaffen Sie mir Hilfe!«

»Sind Sie bewaffnet, Sir?«

Julian fluchte. »Nein«, sagte er. »Ich bin unbewaffnet.« Mit der Spitze seines blutverschmierten Daumens beendete er die Verbindung und warf das Telefon beiseite. Klappernd rutschte es über den glatten Marmorboden. »Halt durch, Cowboy. Halt durch – wir haben es bald geschafft.«

Ein leiser Ausruf an der Tür ließ Julian herumfahren.

265

Eine dunkelhaarige Frau stand dort, in Blue Jeans, einem weißen T-Shirt und einer Jeansjacke. *Erstaunlich*, dachte er, *was einem alles auffällt, wenn man bis zu den Ellbogen mit Blut beschmiert ist.*

»Geben Sie mir meine Tasche«, verlangte Julian barsch. »Sie steht dort neben dem Sessel.«

Die Frau gehorchte. »Wer sind Sie? Was ... was ist hier geschehen?«

Julian hielt eine gerissene Arterie zwischen Daumen und Zeigefinger der rechten Hand, während er mit der anderen in seiner Tasche wühlte. »Ich bin Julian Drury. Und was hier geschehen ist – das würden Sie mir ja doch nicht glauben, selbst wenn ich es Ihnen erzählen würde«, antwortete er, während er eine Klammer aus einem sterilen Päckchen nahm und die blutende Arterie damit schloß. »Suchen Sie ein paar Decken«, befahl er. »Und ein Kissen.«

Sie kam im gleichen Moment mit den Sachen zurück, in dem der Sheriff in den Ballsaal stürmte und sämtliche Lampen an der Decke einschaltete, so daß Julian für einen Moment geblendet war.

»Großer Gott!« rief der Sheriff aus. »Was ist denn hier los?«

Julian seufzte im stillen. Er war noch immer sehr beschäftigt, und es würde eine Weile dauern, bis der Rettungshubschrauber aus Las Vegas kam – falls überhaupt einer bestellt war.

»Der Mann ist angeschossen worden«, sagte er flach. »Das ist doch offensichtlich.«

»Wo ist die Tatwaffe?« wollte der Sheriff wissen.

»Himmelherrgott«, fuhr die Frau ihn an, »kann das nicht warten?«

»Nein, Miss Stephens«, erwiderte der Gesetzeshüter, während er sich neben den Verletzten kniete und Julians fieberhafte Bemühungen verfolgte. »Es ist meine Aufgabe, mich jetzt darum zu kümmern.«

»Hat diese dämliche Sekretärin in Ihrem Büro einen Helikopter angefordert?« fragte Julian.

»Ja«, erwiderte Dan Ferris. »Diese ›dämliche Sekretärin‹, die zufällig auch meine Frau ist, hat sofort angerufen, nachdem Sie aufgelegt hatten. Der Hubschrauber ist unterwegs.«

Die Ankunft des Notarztteams war dramatisch. Sie landeten etwas weiter unten auf der Straße, auf dem Fußballplatz der Highschool, und wurden von Miss Stephens in Empfang genommen, die sie zu Keighlys Haus und dem Patienten führte.

»Wie heißt er?« fragte Ferris, als der Cowboy auf eine Bahre gehoben und fortgetragen wurde.

Julian wollte mitgehen, aber Ferris hielt ihn zurück.

»Sie werden sich um ihn kümmern«, sagte er. Er war ein großer, gutaussehender Mann mit dichtem rotem Haar, in dem sich die ersten grauen Strähnen zeigte

»Ich weiß es nicht«, antwortete Julian.

»Darby Elder«, erklärte Miss Stephens in nachdenklichem Ton.

Und dann fuhren sie alle in die Stadt zur Polizeiwache.

Leute hasteten die Treppe des Saloons hinunter, stürmten durch die Tür und brachten Licht und Lärm herein, aber Keighly blieb vor dem Spiegel hocken, die Stirn am kühlen Glas und die Hände aufgerissen von den Splittern.

Frauen in verschlissenen Morgenmänteln umringten sie, zogen sie auf die Beine und führten sie zu einem Stuhl. Sie hatte keine Ahnung, wieviel Zeit verstrichen war, aber irgendwann erschien auch Will, ließ sich vor ihr auf die Knie nieder und entfernte behutsam die Glassplitter aus ihren Handflächen, einen nach dem anderen, bevor er eine antiseptische Flüssigkeit auftrug, die furchtbar brannte. Etwas in seinem Verhalten mußte alle anderen zurückgehalten haben, denn Keighly merkte, daß sie schweigend in einiger Entfernung standen.

»Sag mir, was geschehen ist«, bat Will leise, während er Keighlys Hände in saubere Verbände hüllte. »Wo ist mein Bruder?«

Keighly schluckte. »Dieser Mann – Duke Shingler – hat auf ihn geschossen.« Obwohl sie nicht hinschaute, war sie sich der Leiche, die hinter ihr auf dem Boden lag, sehr wohl bewußt, und auch der Männer, die danebenstanden, um sie fortzutragen.

»Dann war Darby also verwundet, als er den Saloon verließ?« entgegnete Will ruhig.

Sie hob den Kopf und schaute tief in seine gütigen, klugen Augen. Sie hätte es ihm nie erklären können, weder ihm noch irgend jemand anderem in Redemption. Es gab ganz einfach niemanden, der es verstehen würde.

»Ja«, sagte sie, obwohl sie sicher war, daß Darby tot war. »Er ist fort.«

Will war sichtlich verblüfft über ihre Antwort, aber er bedrängte sie nicht, noch mehr zu sagen, nicht in diesem Augenblick zumindest. Er wußte ebensogut wie Keighly, daß Darby keinen Grund gehabt hätte, die Flucht zu ergreifen, und daß er Keighly, *wenn* er es getan hätte, niemals zurückgelassen hätte.

Über die Schulter warf Will einen Blick auf den zersprungenen Spiegel und richtete sich dann auf.

»Ich bringe dich nach Hause«, erklärte er ruhig. »Und mach dir keine Sorgen, Keighly. Wir werden Darby suchen – Simon, ich und ein paar der Männer. Wir werden ihn finden.«

Keighly nickte stumm, obwohl sie nicht die geringste Hoffnung hegte, daß sie ihn finden würden. Er war fort, hinter dem Spiegel – in einer völlig anderen Welt.

Sie erlaubte Will, sie aufzuheben und aus dem Saloon zu tragen. Simon war gerade eingetroffen, und abgesehen davon, daß er einen Arm noch in der Schlinge trug, schien er sich inzwischen gut erholt zu haben. Er war in einem schnellen Einspänner gekommen, und Will hob Keighly vorsichtig auf den Sitz des Wagens. Die graue Stute, auf der sie in die Stadt geritten war, war hinten am Wagen angebunden, aber Darbys Wallach war nirgendwo zu sehen. Vielleicht stand das Tier hinter dem Saloon.

Wenn Destry gefunden wurde, was unvermeidlich war,

würde das unerklärliche Verschwinden ihres Mannes allen anderen noch rätselhafter vorkommen.

Keighly bedeckte mit beiden Händen ihr Gesicht und wünschte, Shinglers Kugel hätte sie statt Darby getroffen. Simon klopfte ihr ungeschickt und ein bißchen verlegen auf die Schulter, bevor er auf Wills Zeichen hin den kleinen Wagen wendete, um zur Ranch zurückzufahren. Will ritt neben ihnen und schilderte seinem älteren Bruder die Situation, so gut er konnte.

Keighly, in ihrem schmutzigen, zerfetzten Kleid, mit verbundenen Händen und einer Pferdedecke um die Schultern, trug nichts zur Unterhaltung bei, und erst sehr viel später, als sie zu Hause bei Manuela in ihrem Bett lag, fiel ihr auf, daß es nicht mehr regnete.

16. Kapitel

Um drei Uhr morgens, nach stundenlangem Verhör und nicht viel klüger als zuvor, ließ der Sheriff Francine und Julian endlich gehen.

»Sie kannten den Namen des Opfers, Miss Stephens«, hatte Ferris immer und immer wieder stur beharrt. »Ich habe selbst gehört, wie Sie ihn ›Darby Elder‹ nannten.«

»Ich stand unter Schock«, hatte Francine mit der gleichen Beharrlichkeit erwidert. »Ich weiß nicht, warum ich das gesagt habe. Ich habe wirklich keine Ahnung, wer er ist.«

Dann, endlich, nachdem Ferris Julian und Francine verboten hatte, Redemption ohne seine Erlaubnis zu verlassen, kehrten sie in einem Streifenwagen zu Keighlys Haus zurück.

Als Julian sich nach einer dringend benötigten Dusche umgezogen hatte und hinunterging, traf er Francine in der Küche an, wo sie Kaffee aufbrühte.

»Ich war mir ziemlich sicher, daß wir heute nacht sowieso nicht schlafen würden«, sagte sie.

Julian seufzte und strich mit einer Hand sein nasses Haar zurück. »Damit haben Sie wahrscheinlich recht«, stimmte er ihr zu. »Aber ich dachte, Sie wären längst gegangen.«

Lächelnd wandte sie sich von der Kaffeemaschine ab, lehnte sich an den Küchenschrank und verschränkte die Arme über der Brust, während sie Julian prüfend musterte. »Ich vermute, daß Sie Keighlys Ex-Freund sind«, meinte sie.

Julian war leicht gekränkt, zeigte es aber nicht. »Sie vermuten richtig«, bestätigte er. »Und Sie sind mir gegenüber im Vorteil, weil ich keine Ahnung habe, wer Sie sind. Nicht einmal nach diesem endlosen Verhör im Büro des Sheriffs.«

»Keighly und ich sind Freundinnen.«

»Na großartig«, sagte Julian, während er einen Schrank

öffnete und zwei Kaffeetassen herausnahm. »Dann können Sie mir vielleicht verraten, was hier vorgeht.«

»Sie haben sie gesehen, nicht wahr?«

Julian war anzumerken, wie entmutigt und enttäuscht er sich fühlte.

»Es ist schon gut«, sagte Francine sanft und legte eine Hand auf seinen Rücken.

Er hob den Kopf und schaute ihr in die Augen. »Ist es das? Ich habe gesehen, wie Darby Elder angeschossen wurde – auf der anderen Seite dieses großen Spiegels dort im Ballsaal. Und Keighly war bei ihm und versuchte, ihn zu retten.«

»Setzen Sie sich«, bat Francine und deutete auf den Campingtisch und die beiden Klappstühle im Mittelpunkt der großen Küche.

Julian tat es, hauptsächlich, weil er viel zu müde zum Stehen war. »Ich frage Sie noch einmal, Miss Stephens. Was wissen Sie über diese Vorgänge?«

Sie schenkte ihnen Kaffee ein, trug die Tassen zum Tisch und lächelte traurig, als sie sie dort abstellte. »Ich kann Ihnen einige Ihrer Fragen beantworten«, erwiderte sie leise.

»Und was gibt es da zu lächeln?« fragte Julian schroff. »Ihnen ist doch hoffentlich klar, daß nach wie vor Gefahr besteht, daß Sie und ich eines Verbrechens angeklagt werden?«

»Ich dachte nur gerade, daß Keighly einen seltsamen Geschmack in Möbeln hat«, erwiderte Francine. »Sie muß all diese Sachen hier im Warenhaus gekauft haben. Und niemand wird Anklage gegen uns erheben, Julian. Wenn der Sheriff die Möglichkeit gehabt hätte, uns heute nacht zu verhaften, hätte er es auch getan. Er weiß aber, daß er ohne Tatwaffe keinen Haftbefehl bekommt, ganz zu schweigen von dem fehlenden Motiv. Wenn die Leute von der Spurensicherung in Las Vegas morgen den Ballsaal untersuchen, werden sie keine Spuren von Schießpulver entdecken – oder irgend etwas anderem, was uns mit der Schießerei in Verbindung bringen könnte.«

271

Julian trank einen Schluck Kaffee. Er war erfreulich stark. »Sie sehen zuviel fern«, bemerkte er.

Sie lachte. »Ich weiß«, antwortete sie. »Aber ich habe trotzdem recht. Sie werden sehen.«

»Erzählen Sie mir lieber, was Sie wissen«, bat Julian.

»Der Spiegel im Ballsaal scheint eine Art Fenster ins neunzehnte Jahrhundert zu sein«, begann Francine – und dann wurde die Geschichte immer abenteuerlicher.

Sie endete damit, daß Francine ihn zu der Truhe führte, die er vorher schon gesehen hatte, und ihm die Fotografien und anderen Gegenstände darin zeigte.

Julian rieb sich mit Daumen und Zeigefinger die Augen, während er eine Aufnahme von Keighly betrachtete, auf der sie ein Hochzeitskleid trug und hinter jenem Mann stand, der heute abend, bewußtlos und dem Tode nahe, nach Las Vegas ins Krankenhaus geflogen worden war.

Angesichts der lebensgefährlichen Schußwunde, die Keighlys Ehemann erlitten hatte, war es durchaus möglich, daß Darby Elder längst gestorben war.

Julian konnte sich nicht dazu überwinden, die alten Zeitungsausschnitte aus der Truhe zu lesen oder all die anderen Andenken aus längst vergangenen Zeiten zu betrachten. Es schmerzte ihn zu sehr, sich vorzustellen, daß Keighly sich in einen Mann verliebt hatte, um ihn gleich darauf wieder zu verlieren. Es brach Julian fast das Herz, daran zurückzudenken, wie sie ausgesehen hatte, als sie versuchte, durch den Spiegel zu Darby zu gelangen.

Julian trat vor den Kamin und strich nachdenklich und bewundernd über den kühlen Stein der Statue des Reiters und seines Pferds.

»Dann ist sie also doch ihr Werk«, wisperte er.

Francine trat neben ihn. »Ja.«

»Gibt es irgendeine Möglichkeit, wie wir ihr helfen könnten?«

Sie seufzte. »Ich weiß es nicht. Wirklich nicht.«

Ohne Manuelas oder Betseys heftige Proteste zu beachten, kehrte Keighly noch am selben Tag in die Stadt zurück. Nichts konnte sie mehr von ihrem Kurs abbringen.

Begleitet wurde sie von Pablo, der sich immer wieder wachsam umschaute und in grimmiger Entschlossenheit die Zähne zusammenbiß. Er war zwar nur ein kleiner, aber ausgesprochen mutiger Beschützer, und niemand, der ihn sah, hätte auch nur den geringsten Zweifel an seiner Ergebenheit für Keighly hegen können. Es war klar, daß er für sie gestorben wäre, falls das notwendig gewesen wäre.

Will und Simon waren bereits im Büro des Marshals, als Keighly eintraf und Pablo draußen bei den Pferden ließ. Bei ihrem Eintreten verstummte das bisher lebhafte Gespräch der beiden Männer, und sie starrten sie verwundert und – in Simons Fall zumindest – eine Spur verärgert an.

»Was machst du hier, Keighly?« fragte er.

»Ich kam, um euch zu sagen, daß es sinnlos ist, nach Darby zu suchen. Weil ihr ihn nicht finden werdet.«

Will ging zu Keighly, nahm ihren Arm und schob sie zu einem Sessel. »Wenn du weißt, wo Darby ist«, meinte er sanft, »dann mußt du es uns sagen. Er ist verletzt, und niemand wird ihm Duke Shinglers Tod anlasten, falls es das ist, was dir Sorgen macht. Es war ganz entschieden Notwehr.«

Keighly schloß für einen Moment die Augen. »Ich weiß nicht, wo er ist«, entgegnete sie leise.

»Aber du behauptest dennoch, daß es sinnlos wäre, ihn zu suchen?« hakte Simon nach. »Wie kannst du dir so sicher sein, wenn du gar nicht weißt, wo er jetzt ist?«

»Er ist …« Keighly hielt inne. »Er ist tot.« Die Zeitungsartikel hatten es schon vorausgesagt. Sie hatte nur nicht damit gerechnet, daß es *so* geschehen würde – daß Darby durch den Spiegel fiel, wenn er erschossen wurde.

Großer Gott – war es möglich, daß er in diesem Augenblick in einer Blutlache auf dem Marmorboden ihres Ballsaals lag? Wie lange würde es wohl dauern, bis ihn jemand fand?

Simon schenkte aus einem Eimer Wasser in einen Becher und gab ihn Keighly. Sie nahm ihn mit zitternden Händen und trank, bis sie etwas von ihrer Kraft zurückkehren fühlte.

»Wir müssen Darby finden, Keighly«, sagte Will. »Es ist möglich, daß er schwer verletzt ist und Angst hat, jemanden um Hilfe zu bitten. Die Leute hier haben ihn immer wie einen Gesetzlosen behandelt, und deshalb denkt er jetzt wahrscheinlich ...«

»Nein«, unterbrach Keighly ihn mit Tränen in den Augen. »Ihr klammert euch an den Gedanken, daß er lebt – was ich sehr gut nachempfinden kann – aber ich sage euch, daß Darby tot ist. Ich weiß es!«

In Gedanken sah sie es wieder vor sich – wie Darby taumelte, tödlich getroffen, und in das plötzlich nachgiebige, flüssige Glas des Spiegels eintauchte, das ihn einhüllte und schließlich ganz aufsog. Obwohl all das innerhalb weniger Sekunden stattgefunden hatte, erinnerte Keighly sich an jede Einzelheit des grausigen Geschehens.

Und würde sich für den Rest ihres Lebens daran erinnern.

»Warum bist du so sicher, daß Darby tot ist?« fragte Simon noch einmal. Ruhig. Sachlich. Er würde ein guter Marshal sein, wenn es ihm gelang, lange genug am Leben zu bleiben.

Keighly antwortete nicht auf seine Frage, sondern saß steif in ihrem Sessel und kämpfte mit den Tränen.

»Laß sie in Ruhe«, sagte Will nach einer Weile. »Sie hat genug durchgemacht.«

Simon ignorierte ihn, obwohl seine Stimme noch immer sehr behutsam klang. »Warum bist du in die Stadt zurückgekommen, Keighly? Du glaubst gar nicht, daß Darby tot ist, nicht?«

»Ich sagte, du sollst sie in Ruhe lassen«, wiederholte Will. Obwohl er seine Stimme nicht erhob, haftete ihr jetzt eine gewisse Schärfe an.

»Schon gut, Will«, meinte Keighly seufzend. »Ich kam nach Redemption, Simon, weil ich hoffte, mich geirrt zu

274

haben, als ich dachte, Darby sei gestorben. Ich hoffte, sie hätten meinen Mann in der Zwischenzeit gefunden.«

Simon trat einen Schritt zurück, als Keighly aufstand, weil ihm offenbar bewußt war, daß sie seine Hand zurückgestoßen hätte, wenn er versucht hätte, ihr zu helfen. Sie wollte sich nicht angewöhnen, sich auf einen anderen Mann außer Darby zu verlassen, und erst recht nicht auf ihren Schwager Simon, den Mann, den das Schicksal zu ihrem zukünftigen Ehemann ausersehen hatte.

»Danke«, sagte sie und verließ tapfer das Büro des Marshals.

Pablo folgte ihr unverzüglich, als sie die Straße überquerte und ohne das geringste Zögern den Saloon betrat. Der neue Besitzer, der jeden Augenblick von der Ostküste erwartet wurde, würde ein ziemliches Chaos in seinem Geschäft vorfinden.

Die Frauen befanden sich im Aufbruch, einschließlich Oralee. Der Saloon war vollgestellt mit Kisten, Truhen und Hutkartons und wimmelte vor Geschäftigkeit.

Blutige Klumpen Sägemehl lagen noch dort, wo Duke Shingler, der Mörder ihres Mannes, zusammengebrochen war, aber Keighly sah nichts anderes als den Spiegel. Oder das, was von ihm übriggeblieben war.

Das zerbrochene Glas gab ein verzerrtes, unvollständiges Bild von ihr selbst wider, wie ein Puzzle, dessen Teile durcheinandergeraten waren, aber von der Welt auf der anderen Seite des Spiegels war nicht das geringste zu erkennen. Vielleicht war die Tür zwischen dem neunzehnten und zwanzigsten Jahrhundert endgültig zugefallen, und es gab keinen Weg zurück mehr.

Aber was machte das schon, wenn sie und Darby nie wieder zusammensein konnten?

Keighly hob das Kinn. Sie konnte nicht aufgeben; das war ausgeschlossen. Sie mußte an ihr Baby denken.

»Kommen Sie nach Hause, Mrs. Elder«, bat Pablo und nahm ihren Arm. »Bitte, kommen Sie. Vielleicht wartet Mr. Elder dort ja schon auf Sie.«

Das glaubte Keighly nicht, aber sie sah auch keinen

Sinn darin, in diesem makabren Raum zu verweilen, wo es nach Schießpulver und Blut roch, nach Schweiß und Sägemehl, kaltem Rauch und billigem Whisky. Die Erinnerung an das, was hier geschehen war, war noch zu lebendig; sie sah es wieder und wieder vor sich, bevor Pablo ihren Arm ergriff und sie nach draußen führte.

Er lief los, um ihr Pferd zu holen, und auch er war klug genug, ihr keine Hilfe anzubieten, als sie sich in den Sattel schwang. Simon und Will ritten hinter Keighly und Pablo, in einiger Entfernung, aber fest entschlossen, sie nicht aus den Augen zu lassen, was sie einerseits beruhigte und andererseits verärgerte.

Darby war nicht während ihrer Abwesenheit aus dem zwanzigsten Jahrhundert auf die Ranch zurückgekehrt, so wie sie sich selbst einmal in einem Schlafzimmer der Triple K wiedergefunden hatte. Obwohl Keighly das auch gar nicht erwartet hatte, durchsuchte sie das kleine Haus, in dem sie zusammen gelebt hatten, Zimmer für Zimmer, und war sehr enttäuscht, als sie ihn nicht fand.

Sie tat kein Auge zu in jener Nacht, weil sie sich um Darby sorgte und hoffte, daß er in Sicherheit war, falls er verletzt sein sollte, oder in Frieden ruhte, falls er tot war. Sie blieb aufrecht in einem Sessel sitzen, die ganze Nacht lang, und hielt eins seiner Hemden an ihre Brust gepreßt, zu erschüttert, um zu weinen, und zu erregt, um sich hinzulegen und zu versuchen, Schlaf zu finden.

Im Morgengrauen schließlich zog sie ein Kleid an, das Darby sehr gefallen hatte, schickte Pablo in die Scheune, um einen Wagen anzuspannen, und fuhr in die Stadt zurück. Diesmal war der *Blue Garter Saloon* abgeschlossen, Keighly holte sich den Schlüssel von Jack Ryerson, dem Anwalt, trat ein und strich geistesabwesend über die Saiten der Harfe, während sie den zerbrochenen Spiegel anstarrte und darauf wartete, daß etwas geschah.

Doch es tat sich nichts, außer vielleicht, daß sie für einen flüchtigen Moment lang wieder das Gefühl hatte, unwirklich und transparent zu sein – als bestünde sie aus Dampf und Nebel, der sich in der Hitze der Sonne in

Nichts auflösen würde. Aber sich aufzulösen oder nicht, war ihre geringste Sorge; ihr einziges Ziel in diesem Augenblick war, zu Darby zurückzufinden.

Was vermutlich ausgeschlossen war.

Pablo wartete, bis sie wieder bereit war, heimzukehren, übernahm die Zügel und lenkte den Wagen zur Ranch zurück, ohne auch nur ein einziges Wort zu äußern. Er war vor der Schießerei ein kleiner Junge gewesen, doch Keighlys Tragödie hatte ihn noch vor der Zeit zum Mann gemacht.

Darby wußte, was geschehen war, noch ehe er die Augen aufschlug. Er erinnerte sich, daß Oralee vom Dach des *Blue Garter* herabgestiegen und ihm auf der Straße entgegengelaufen war, um ihm schluchzend zu berichten, daß Duke Shingler Keighly im Saloon gefangenhielt und vorhatte, sie und alle anderen umzubringen. Will hätte ihm eine Hilfe in dieser Situation sein können, da er ein guter Schütze war und seine Fäuste zu gebrauchen wußte, aber er war bereits heimgeritten, um nach Betsey und seinen Jungen zu sehen.

Darby erinnerte sich, den Saloon durch die Hintertür betreten zu haben, erinnerte sich an Shingler, wie er Keighly zu Boden gestoßen hatte, an den Schußwechsel und den brennenden Schmerz danach, als die Kugel seine Brust durchbohrte. Er erinnerte sich, wie er getaumelt und durch das Glas gestürzt war, und danach hatte er nur noch Schmerz empfunden ...

»Hey«, sagte eine Frauenstimme sanft. »Sind Sie bei Bewußtsein?«

Darby hob die Lider, was ihn einige Mühe kostete, und richtete den Blick auf das Gesicht vor ihm. Eine hübsche Frau beugte sich über ihn. »Wo ist ... Keighly?« stieß er hervor.

»Sie ist nicht hier. Mein Name ist Francine.«

Eine weit schlimmere Qual als die des Schmerzes, der ihn immer noch beherrschte, erfaßte ihn. »Wo bin ich?«

»In einem Krankenhaus in Las Vegas«, antwortete sie. »Sie liegen schon fünf Tage hier.«

»Ich muß zu ihr zurück«, sagte er, sehr langsam und betont, falls seine Kraft ihn verlassen sollte, bevor er sich dieser Frau verständlich gemacht hatte. »Zurück zu Keighly. Um zu sehen … ob ihr nichts geschehen ist.«

»Keighly wurde nicht verletzt«, antwortete Francine, und er glaubte ihr. Sie besaß eine sehr starke Ähnlichkeit mit jemandem, den er kannte, obwohl er nicht hätte sagen können, wer es war, und ihre Hände waren sanft, als sie seinen Kopf anhob und ein Glas kühles Wasser an seine Lippen hielt. »Ich könnte mir allerdings vorstellen, daß sie sich furchtbare Sorgen um Sie macht.«

Darby runzelte die Stirn. Diese Frau war sehr merkwürdig gekleidet, und auch der Raum, in dem er lag, war ausgesprochen eigenartig. Seltsame Maschinen umringten das Bett, in dem er lag. »Ist das … ihre Welt?«

Francine nickte. »Ja.«

Viel ist das nicht, dachte Darby, *ohne Keighly*. Er schaute an sich herab, sah den dicken Verband an seiner Schulter, die Lampe neben seinem Bett und die noch viel hellere an der Decke, deren Licht ihm in den Augen schmerzte. »Sie haben sich um mich gekümmert?«

»Dr. Drury hat Ihre Wunde behandelt, bevor die Sanitäter und der Rettungshubschrauber erschienen«, sagte sie. »Er ist unten und erledigt die Formalitäten.«

Darby wünschte, die Frau möge Englisch sprechen.

»Er regelt die Sache mit der Polizei und der Versicherung«, erklärte sie lächelnd. »Es war nicht leicht, denen zu erklären, woher Sie kamen. Gut, daß Julian ein angesehener Bürger ist und ich aus der berühmten Kavanagh-Familie stamme.«

Verwirrt starrte Darby zu ihr auf. »Sie sind eine Kavanagh?«

»Ja, obwohl ich heute Stephens heiße. Mein Ur-Ur-Großvater war Simon Kavanagh.

Darby pfiff leise durch die Zähne. »Ich will verdammt sein!« sagte er.

278

»Ach, das glaube ich nicht«, entgegnete sie lächelnd. »Sie scheinen doch ein netter Mann zu sein. Haben Sie eine Idee, wie wir Keighly eine Nachricht zukommen lassen könnten, daß alles in Ordnung mit Ihnen ist?«

»Sie wissen Bescheid?« fragte Darby. »Über unsere Trennung, meine ich, und alles andere?«

»Allerdings«, bestätigte Francine. »Keighly hat es mir erzählt.«

»Und Sie glaubten es, nur weil jemand es Ihnen erzählte?«

Sie grinste, und da erkannte er, wie sehr sie Etta Lee, Simons Tochter, ähnelte.

»Es gibt Beweise. Zeitungsausschnitte. Grabsteine. Sogar Fotografien.«

»Dieser Spiegel – ist er hier, an diesem Ort?«

Francine schüttelte den Kopf. »Er ist in Redemption. Wir sind hier in Las Vegas.«

Sofort versuchte Darby, aufzustehen, aber sie drückte ihn sanft wieder auf das Bett zurück. »O nein, das kommt nicht in Frage, Cowboy. Sie sind noch viel zu schwach, um aufzustehen. Das Gewebe an Ihrer Schulter braucht ein paar Tage, um zu verheilen, und außerdem kommen Sie hier sowieso nicht ohne Entlassungsschein heraus.«

Darby besaß nicht die Kraft, sich gegen sie zu wehren, sonst hätte er es getan. Doch schwach, wie er war, blieb ihm gar nichts anderes übrig, als sich zu fügen. »Ich kann nicht hierbleiben«, sagte er.

»Ich weiß«, pflichtete Francine ihm bei und strich seine Decken glatt. »Wenn die Zeit kommt, von hier fortzugehen, werden Julian und ich alles tun, um Ihnen zu helfen.«

Ein dunkelhaariger Mann erschien in der Tür des Krankenzimmers.

»Ich bin Julian Drury«, stellte er sich vor, als er zum Bett hinüberkam und mit unergründlichem Gesichtsausdruck auf Darby herabschaute. Er reichte ihm nicht seine Hand, was jedoch in Ordnung war, da Darby ohnehin zu schwach gewesen wäre, sie zu schütteln.

279

»Müßte ich Sie kennen?« fragte Darby ernst, aber nicht unfreundlich.

Der Arzt schüttelte den Kopf. »Nein, wahrscheinlich nicht. Keighly und ich waren einmal befreundet, und ich dachte, sie hätte Ihnen vielleicht von mir erzählt.«

Seine Worte versetzten Darby einen Stich. Dies war also der Mann, den Keighly ein oder zweimal beiläufig erwähnt hatte … Der Mann, mit dem sie einst verlobt gewesen war. »Darby Elder«, sagte er und stöhnte auf, als ihn ein jäher Schmerz durchzuckte.

»Es ist Zeit für Ihre Medizin«, bemerkte Drury. »Francine, würdest du bitte so freundlich sein, die Krankenschwester zu holen?«

Francine ging hinaus, und Drury zog sich einen Stuhl an Darbys Bett. »Erzählen Sie mir von Keighly«, bat er ihn.

Darby litt, und nicht nur, weil er Schmerzen hatte. Er fühlte sich unvollständig ohne seine Frau, und wenn er nicht den Weg zu ihr zurückfand, wußte er nicht, wie er ohne sie weiterleben sollte. »Ich bin nicht sicher, ob ich darauf antworten möchte«, erwiderte er mühsam, denn er fühlte sich sehr schwach, und ihm war schwindlig.

»Sie haben ihr das Leben gerettet«, sagte Drury, als hätte Darby nichts gesagt. »Dieser Schurke – wer immer er auch war – hatte vor, sie umzubringen, sobald er Sie getötet hatte.«

Darby schluckte bei der Erinnerung daran. Er hatte nie größere Angst empfunden als in jenem Augenblick, als er dachte, daß Shingler sich umdrehen und Keighly erschießen würde, die hilflos in dem schmutzigen Sägemehl auf dem Boden des *Blue Garters* lag. »Sie haben gesehen, was geschah?« fragte er den Arzt.

Drury nickte. »In dem Spiegel. Die Macht des Einschlags dieser Kugel hat Sie rückwärts durch das Glas geschleudert.«

»Ich glaube, ich bin durch mehr als Glas gestürzt«, entgegnete Darby mit grimmigem Humor. Seine Schulter fühlte sich an, als hätte Dr. Bellkin sie seiner Schüreisen-Methode unterzogen, so wie bei Simon. Und vor vielen

Jahren auch bei Angus. »Wenn Sie mir helfen würden, hier herauszukommen, könnte ich vielleicht zu ihr zurückkehren ...«

»Das kann warten«, erklärte Drury.

Darby war nicht sicher, ob das stimmte, aber er wußte, daß er es aus eigener Kraft nicht bis Redemption schaffte, noch nicht jedenfalls, so daß ihm gar nichts anderes übrigblieb, als sich in Geduld zu üben.

»Ist Keighly glücklich dort in jener anderen Welt? In jener anderen Zeit?« beharrte Dr. Drury.

Darby dachte daran, wie er und Keighly zusammen gelacht und geweint hatten, wie sie sich geliebt und sich gestritten hatten und Pläne für eine Familie und ein gemeinsames Leben geschmiedet hatten. »Ja«, sagte er mit Überzeugung. »Sie war glücklich.« Es entging ihm dabei nicht – nicht einmal in seinem gegenwärtigen Zustand, der ähnlich wie ein Kater nach einer durchzechten Nacht war –, daß Keighly im striktesten Sinne der Realität längst tot war. Genauso tot wie Angus, Simon und Etta Lee, Will, Betsey und ihre Horde kleiner Jungen. Gott – das Wissen war fast nicht zu ertragen, und schon gar nicht in einem Augenblick wie diesem.

»Sie werden gut für Keighly sorgen?« fragte Drury.

In diesem Augenblick betrat eine Frau in einem kurzen weißen Kleid und einer sonderbaren Kopfbedeckung das Zimmer. Sie hielt eine Nadel in der Hand und füllte sie aus einem Glasröhrchen, als sie an Darbys Bett trat.

»Wenn es mir gelingt, zurückzukehren, ja«, beantwortete er Drurys Frage. »Was ist das?« fragte er dann mit einem Blick auf das eigenartige Instrument in der Hand der Krankenschwester.

»Das wird Ihnen helfen einzuschlafen«, erwiderte die Frau.

»Ich versuche aufzuwachen, und nicht einzuschlafen«, entgegnete er. Doch kaum hatte er es ausgesprochen, stach die Frau die Nadel schon in seinen Arm, und alles wurde schwarz um ihn.

Wieder und wieder fühlte Keighly sich in den nächsten Tagen wie magisch von dem zersprungenen Spiegel im *Blue Garter* angezogen. Simon, Will und Männer aus der Stadt und von der Ranch suchten die gesamte Umgebung nach Darby ab, fanden aber, wie Keighly bereits erwartet hatte, nicht die geringste Spur von ihm.

Natürlich gab es alle möglichen Theorien: Er sei von Indianern gefangengenommen worden. Er sei seiner Frau und Ranch überdrüssig geworden und habe sein Vagabundenleben wieder aufgenommen. Die Shinglers hätten irgendwo in den Bergen von Mexiko eine Kiste mit Wells-Fargo-Gold vergraben, und Darby kenne das Versteck.

Keighly ignorierte das Gerede.

Sie war zu vertieft in ihr eigenes Leid, aß kaum noch und schlief fast nie. Sie beobachtete, wartete und hoffte, obwohl ihr die ganze Zeit bewußt war, daß das Schicksal nun endlich seinen Lauf genommen hatte.

Dann, eine volle Woche nach der Schießerei, öffnete der Himmel seine Schleusen, wie um sein Mitleid zu bekunden, und ein sintflutartiger Regen überschwemmte die Umgebung, trommelte auf die Zinndächer der Stadt, verwandelte die Straßen in zwanzig Zentimeter tiefen Schlamm und zerstörte die Telegrafenmasten und einen Teil der Eisenbahnschienen, die Redemption mit dem Rest der Welt verbanden.

Keighly, die wieder einmal den verlassenen Saloon besucht hatte, saß allein an einem Tisch beim Spiegel, starrte in das zersprungene Glas und trauerte.

Der Blitz war blaugolden und zuckte durch den Saloon wie ein Tänzer in einem glitzernden Kostüm, was sogar Keighly zwang, ihn zu bemerken. In stummer Verblüffung verfolgte sie, wie es auf einmal gleißend hell im Raum wurde und dann, genauso plötzlich, stockfinster wie im tiefsten Minenschacht Nevadas.

Keighly schrie auf, ebensosehr aus Erregung wie aus Furcht, doch als sie aufstehen wollte, wurde sie auf die Knie zurückgeschleudert. Sie sah auf einmal nichts mehr, hatte kein Gefühl mehr für oben oder unten, links und rechts, und alles schien ganz plötzlich vollkommen ohne Substanz zu sein, ohne Form und ohne Farbe.

Wieder stieß sie einen Schrei aus, einen heiseren Schrei, der in ihrer Kehle schmerzte, und dann verlor sie das Bewußtsein.

Ein Tag und eine Nacht waren vergangen, soweit Darby es beurteilen konnte, bis er endlich in der Lage war, sich aus dem Bett zu erheben, und selbst dann landete er kraftlos auf den Knien. Es war dunkel, und ein heftiger Wüstenregen prasselte an die Fenster und kühlte und reinigte die schwüle Luft.

Eine Zeitlang blieb er auf dem Boden liegen und atmete tief durch, um Kraft zu sammeln. Er wußte nicht, wo Francine und Dr. Drury waren, und es kümmerte ihn auch nicht. Und die Krankenschwestern – nun ja, sie hatten ihn jetzt lange genug in diesem Raum gefangengehalten. Er mußte irgendwie zu dem Spiegel in Keighlys Haus gelangen und einen Weg finden, zu ihr zurückzukehren.

Nach einer Weile schleppte er sich bis zur Tür, doch die Anstrengung schwächte ihn so sehr, daß er sich gute fünf Minuten an die Wand lehnen und warten mußte, bis sein Herzschlag sich soweit beruhigt hatte, daß er wieder atmen konnte. Dann, unter Aufbietung seiner ganzen Willenskraft, richtete er sich mühsam auf.

Der Korridor draußen schwankte und verfinsterte sich vor ihm; Darby klammerte sich an den Türrahmen, bis er sicher sein konnte, daß er bei Bewußtsein bleiben würde. Dann, die Wand als Stütze nutzend, begann er sich mit entnervender Langsamkeit über den Gang zu bewegen.

Keine der Krankenschwestern war in Sicht, aber als er einen offenen Raum erreichte, sah er dort Francine Stephens in einem Sessel sitzen. Auch sie bemerkte ihn und sprang erschrocken auf.

Darby wagte nicht zu sprechen, flehte sie aber mit den Augen an, ihn nicht zu verraten. Er war am Rande der Ver-

283

zweiflung angelangt und wußte, daß das letzte bißchen Kraft ihn jeden Augenblick verlassen konnte.

Er besaß nicht mehr genug davon, um mit irgend jemandem zu diskutieren.

Francine schien zu zögern, kam dann aber zu ihm hinüber und nahm seinen Arm. Sie war schlank und zierlich, aber überraschend kräftig.

»Kommen Sie«, wisperte sie, während sie ihn stützte. »Ich bringe Sie zurück zum Spiegel.«

Darby wußte später nicht, wie er aus dem Krankenhaus gekommen war, ohne das Bewußtsein zu verlieren, aber mit Francines Hilfe schaffte er es. Sie setzte ihn in ein Gefährt, das wie eine schlankere, schnittigere Version der Automobile aussah, die er in Zeitungen seiner eigenen Zeit gesehen hatte, und nachdem sie auf der Fahrerseite eingestiegen war, setzte sie das Vehikel in Bewegung und fuhr mit quietschenden Reifen vom Parkplatz.

Das späte zwanzigste Jahrhundert stellte keine besonders große Überraschung mehr für ihn dar, da er Bilder davon in dem schwarzen Kasten in einer Ecke seines Zimmers gesehen hatte, den eine der Krankenschwestern für ihn eingeschaltet hatte. Er hatte Gebäude gesehen wie das, an dem sie gerade vorüberfuhren, hell erleuchtet und mit riesigen Fenstern, die wie glühende Augen wirkten, voller Menschen und lauter als der *Blue Garter* am Samstagabend.

Er haßte diese Welt.

»Wie halten Sie das nur aus?« fragte er Francine. »All diesen Lärm, all diese Leute?«

Francine lachte. »Reine Gewohnheitssache, Cowboy.«

Da legte er erschöpft den Kopf zurück, schloß die Augen und schlief ein.

Als er erwachte, standen sie vor einem großen Haus, und es regnete in Strömen.

»Sie können unmöglich in diesem Krankenhauskittel herumlaufen«, meinte Francine, nachdem sie ihm geholfen hatte, sich ins Haus zu schleppen.

»Wo ist dieser Dr. Drury?« fragte Darby. »Er hatte in

etwa meine Größe. Vielleicht hat er ein paar alte Klamotten, die ich mir borgen kann.«

»Klamotten?« fragte Francine grinsend.

»Kleider«, sagte Darby stirnrunzelnd. Er war nicht aufgelegt für Scherze.

»Julian ist nach L. A ... nach Los Angeles zurückgekehrt. Er hat dort eine Praxis. Aber vielleicht hat er nicht alle seine Sachen mitgenommen.« Sie führte Darby in den Ballsaal und half ihm in einen Sessel, der an der Wand stand. »Bleiben Sie dort sitzen und ruhen Sie sich aus«, befahl sie. »Ich werde nachsehen, ob ich etwas für Sie finde.«

Darby lehnte sich zurück und schloß die Augen. Er war todmüde, und jede Faser seines Körpers schmerzte.

Francine kehrte mit leeren Händen zurück. »Tut mir leid, aber da war nichts außer einem pinkfarbenen Bademantel, und ich glaube nicht, daß der zu Ihnen paßt.«

Jetzt redete sie schon wieder Unsinn. »Ich werde zurückkehren«, sagte er. »Und es interessiert mich nicht, ob ich es in diesem Krankenhauskittel oder nackt tue.«

»Das sind Sie praktisch schon«, beschied Francine ihn, als er schwankend aufstand und zu der Matratze hinüberging, die mitten in dem großen Raum lag.

Beim Gehen spürte er einen kühlen Luftzug, wo eigentlich keiner sein sollte. »Ich lege mich ein bißchen hin«, sagte er und tat es.

»Tun Sie das«, antwortete Francine.

Als er erwachte, war es stockfinster im Raum, und der Regen hämmerte wie tausend kleine Fäuste an die Fensterscheiben. Ab und zu zerriß ein Blitz die Dunkelheit und erhellte flüchtig die Umgebung, während oben am Himmel Donner grollte. Doch selbst in all diesem Lärm war eine leise Melodie zu hören, die wie das Wispern einer Harfe klang.

Schweiß durchtränkte Darbys Krankenhauskittel, glitzerte auf seinem Gesicht und seinen Händen, als er sich aufsetzte und dann aufrichtete, sehr langsam und sehr vorsichtig, weil jede Bewegung höllisch schmerzte. Er ertrug den Schmerz jedoch, weil er ihm – vielleicht – die Möglichkeit verschaffte, daß er Keighly wiederfand. Das war alles, was er wollte, alles, worum er das Leben oder Schicksal bat.

Die Harfenklänge, die disharmonisch klangen, aber dennoch wunderschön, verliehen ihm die Kraft, sich auf den Beinen zu halten. Unter Aufbietung seiner ganzen Willenskraft tastete er sich im Dunkeln zu dem Spiegel vor, ohne sich auch nur einen Moment des Zögerns zu gestatten, weil er wußte, daß seine Kraft ihn jeden Augenblick verlassen konnte.

Dann endlich, als das Gewitter seinen ohrenbetäubenden Höhepunkt erreichte, berührten seine Hände das kühle Glas des Spiegels. In diesem Moment schien der große Raum in gleißendem Licht zu explodieren, und Darby blinzelte und riß verblüfft die Augen auf.

Nachdem er wieder etwas zu Atem gekommen war und neue Kraft gesammelt hatte, richtete er den Blick auf das Glas. Wieder zuckten Blitze durch den Raum, und er sah, daß der Spiegel auf dieser Seite unbeschädigt war, weder gesprungen noch zerbrochen.

Darbys Knie versagten ihm den Dienst, und außerstande, sich noch länger aufrechtzuhalten, taumelte er und stürzte auf den Boden. Eine allumfassende Schwärze stieg in ihm auf, die er als erstickend und tröstlich zugleich empfand, und löschte alle seine Sinne aus.

Als Keighly erwachte, lag sie auf dem kalten Boden im Ballsaal ihrer Großmutter, und Francine kniete mit besorgter Miene neben ihr.

»Wo ist Darby?« schrie Keighly, als ihre Freundin ihr behutsam auf die Beine half. »Wo ist er?«

Tränen schimmerten in Francines langen, dunklen Wimpern. Da sie auf Keighlys verzweifelte Frage keine Antwort wußte, schüttelte sie nur stumm den Kopf.

Wieder schrie Keighly auf, aus Protest und Qual und unsagbarer Trauer.

Francine stützte sie, so gut sie konnte, als sie ihr die Treppe hinaufhalf.

Weinend legte Keighly sich auf das Bett in ihrem früheren Kinderzimmer. Ihre Trauer war so überwältigend, daß sie heulte und schluchzte wie ein kleines Kind und Worte nicht mehr ausreichten, um sie zu beruhigen.

Francine ging hinaus, und kurz darauf erschien ein Arzt und gab Keighly eine Spritze, worauf sie einschlief und einen furchtbaren Alptraum nach dem anderen erlebte.

Sie wußte nicht, wieviel Zeit verstrichen war – und würde es vielleicht nie erfahren –, als Julian kam. Nach einer geflüsterten Beratung mit Francine gab er Keighly eine weitere Spritze, die sie wieder sehr benommen machte.

Sie alle wußten, daß die Ruhe, die sie zeigte, falsch und deshalb vorübergehend war.

»Verdammt, Julian«, sagte sie mit rauher Stimme, weil ihre Kehle noch wund von ihren Tränen war, »ich bin *schwanger*, und du hast mir eine Droge gegeben …«

Julian seufzte und fuhr sich mit der Hand durch sein bereits wirres dunkles Haar. »Ich bezweifle, daß ein leichtes Beruhigungsmittel dir mehr schaden könnte als ein Anfall von Hysterie«, antwortete er. »Beruhige dich, Keighly. Francine und ich sind keine Feinde – wir sind auf deiner Seite.«

Keighly schloß beschämt die Augen. Julian hatte natürlich recht. »Wo ist Darby? Was ist aus ihm geworden?«

Francine setzte sich zu Keighly auf das Bett und nahm ihre Hand. »Julian hat ihm das Leben gerettet«, sagte sie ruhig. »Aber Darby wollte unbedingt zu dir zurück. Er war im Krankenhaus in Las Vegas, und ich … ich habe ihn hierher zurückgebracht …« Errötend hielt sie inne und warf Julian einen hilfesuchenden Blick zu. »Ich dachte, er schliefe, und deshalb ließ ich ihn allein. Aber am nächsten Morgen, als ich nach ihm sehen wollte, war er nicht mehr da.«

Keighly schloß die Augen, als Übelkeit in ihrer Kehle aufstieg. »Er ist durch den Spiegel getreten …«

»Wir haben es nicht gesehen«, sagte Francine schnell.

Julian ging ins Bad und kehrte mit einem feuchten Tuch zurück, das er auf Keighlys Stirn legte. »Versuch bitte, Ruhe zu bewahren, Keighly. Zu dritt werden wir schon irgendwie eine Lösung finden.«

»Hast *du* etwas gesehen?« fragte Keighly und umklammerte seinen Arm. Das Beruhigungsmittel begann bereits zu wirken, sie wehrte sich zwar gegen den Effekt, aber sie wußte, daß es sinnlos war. »Bitte, Julian – wenn du mir irgend etwas erzählen kannst …«

Francine und Julian wechselten einen Blick. Dann räusperte Julian sich umständlich.

»Ich habe dich im Saloon gesehen, Keighly«, sagte er schließlich leise. »Und ich sah auch, wie Darby angeschossen wurde.«

»Dann warst du also dort – das war es, was Francine meinte, als sie sagte, du hättest ihn gerettet«, murmelte Keighly. »Gott sei Dank, daß du da warst, Julian.«

»Schlaf jetzt«, sagte er und strich zärtlich das feuchte Haar aus ihrer Stirn.

Es war der alte Herb Wallace, der Darby entdeckte, als er in der Hoffnung, noch eine volle Flasche zu finden, bevor der neue Eigentümer eintraf, im Saloon herumschlich. Er sah Darby auf dem Fußboden des *Blue Garter* liegen, bewußtlos, in einem weißen Kittel und mit einem blutdurchtränkten Verband um die Brust. Oder zumindest wurde es Darby so geschildert, als er Stunden später auf der Triple K erwachte.

Simon stand auf der einen Seite seines Betts und Will auf der anderen, während Angus vom Fußende her auf ihn herabsah.

Darby haßte es allmählich, wie ein Invalide herumzuliegen, während andere sich über seinen Körper beugten und über seinen Gesundheitszustand diskutierten. Aber seine einzig wahre Sorge galt jetzt Keighly. »Meine Frau«, waren seine ersten Worte. »Wo ist Keighly? Ihr ist doch hoffentlich nichts zugestoßen?«

Will und Simon wechselten einen Blick.

»Nun sagt schon!« herrschte Darby seine Brüder an, obwohl er die Antwort bereits zu kennen glaubte. Und hoffte, daß er sich geirrt hätte.

»Wir wissen nicht, wie es ihr geht«, antwortete Simon schließlich, zog einen Stuhl heran und ließ sich darauf fallen, als wäre er hundert Jahre alt statt in der Blüte seines Lebens. »Pablo hat sie als letzter gesehen. Er sagte, sie wäre im *Blue Garter* gewesen, wo sie in einem Sessel saß und anstarrte, was von dem Spiegel dort noch übrig war. Dann kam ein Gewitter auf, und Pablo ging hinaus, um nach den Pferden zu sehen. Als er zurückkam, war Keighly fort.«

Darby schloß die Augen. Das kann nicht sein, dachte er, obwohl er wußte, daß es so war. Er und Keighly hatten sich irgendwie verpaßt. Sie war in ihrem Jahrhundert, und er war wieder in seinem eigenen. Vielleicht, dachte er unglücklich, wird das nun so bleiben. Immerhin war es ganz und gar nicht üblich, daß Menschen durch die Zeit reisten. *Das hier* – daß sie dort war und er hier – war das Normale.

»Und Duke Shingler?«

Angus ging zum Schrank und kehrte mit einem Glas Brandy zurück. »Shingler ist tot«, sagte er. »Gott sei Dank. Hier, einen Schluck, Darby. Das wird dir helfen.«

»Nichts kann mir noch helfen«, antwortete Darby, nahm aber dennoch das Glas und stürzte dessen Inhalt hinunter, bevor er seinen Blick auf Simon richtete. »Und jetzt werde ich wohl wegen Mords an diesem Schuft gesucht.«

»Du wirst wegen gar nichts gesucht«, erwiderte Simon. »Alle wissen, daß es Notwehr war. Aber das ändert leider nichts daran, daß viele Leute Keighlys Verschwinden sehr verdächtig finden. Was weißt du darüber, Darby? Es gibt etwas, was du uns verschweigst, und wenn wir dir helfen sollen, mußt du uns die Wahrheit sagen.«

»Ihr könnt mir nicht helfen«, meinte Darby traurig. »Niemand kann es.«

Will setzte zu einer Entgegnung an, und auch Simon wollte etwas sagen.

Angus jedoch brachte beide mit einer Geste zum Verstummen. »Laßt ihn in Ruhe«, befahl er. »Laßt ihn einfach bloß in Ruhe.«

Teilnahmslos saß Keighly auf dem Fensterplatz des Flugzeugs neben Julian und starrte den Fernsehbildschirm einige Reihen weiter an. Francine, die ihren Platz am Gang hatte, blätterte in einer Zeitschrift.

Drei Wochen waren seit Keighlys Rückkehr aus dem neunzehnten Jahrhundert vergangen.

Während sie sich langsam erholt und ihre Kraft zurückgewonnen hatte, war Francine fast ständig bei ihr gewesen; Julian dagegen war zwischen Nevada und Kalifornien hin- und hergeflogen, so oft es seine Tätigkeit als Kinderarzt erlaubte.

Keighly hatte mehrere verzweifelte Versuche unternommen, zu Darby zurückzukehren, aber nicht ein einziges Mal Erfolg gehabt. Der Spiegel im Ballsaal ihrer Großmutter wollte sie weder aufnehmen noch ihr den Mann zurückgeben, den sie liebte.

In der Nacht zuvor hatten sie, Francine und Julian Stunden damit verbracht, den Inhalt der Truhe zu überprüfen, und Keighly war noch immer zutiefst erschüttert von dem, was sie gefunden hatten – was im Grunde gar nichts war, abgesehen von einigen alten Haarbändern, einer Sammlung vergilbter Ansichtskarten und zwei von Etta Lee Kavanagh verfaßten Tagebüchern. In diesen Tagebüchern hatte nichts über Darby oder Keighly gestanden. Das Leben, das Etta Lee beschrieb, die anscheinend nie geheiratet hatte, war allem Anschein nach mühselig, freudlos und leer gewesen. Etta Lee war als reiche Frau gestorben, in hohem Alter, aber die Aufgabe, den Namen und die Geschäfte der Familie fortzuführen, war ihrem jüngeren Bruder Timothy und Wills vier Söhnen zugefallen.

Francines Fotografien erzählten eine andere Geschichte, aber sie waren wertlos, nun, wo der Kurs von Darbys und Keighlys persönlicher Geschichte verändert worden war.

»Keighly«, beharrte Julian leise. »Iß etwas. Wenn du es schon nicht für dich selbst tust, dann wenigstens für dein Kind.«

Keighly betrachtete das Essen auf dem Tablett vor ihr, schluckte, weil Galle ihr in der Kehle aufstieg, und griff mit dem ganzen Eifer eines Roboters nach ihrer kleinen Plastikgabel.

»Warum bist du so nett zu mir?«

»Weil ich dein Freund bin«, antwortete Julian.

Ein Freund war er tatsächlich, genauso wie Francine ihre Freundin war.

Eines Tages, dachte Keighly, werde ich hoffentlich wieder in der Lage sein, Dankbarkeit für ihre Freundschaft zu empfinden.

17. Kapitel

Als Keighly in der kleinen Diele ihres Apartments in Los Angeles stand, beschlich sie wieder das Gefühl, kein ganzer Mensch, sondern nichts weiter als der bloße Schatten irgendeiner weit entfernten, solideren Person zu sein. Am liebsten wäre sie jetzt auf der Stelle umgekehrt, hinausgelaufen und gerannt, bis der Wind auch die letzten Reste ihres Bilds davontrug – aber da war das Kind, an das sie denken mußte. Das Baby brauchte sie.

»Vielleicht wäre es besser«, meinte Julian leise, als er hinter ihr den Raum betrat, in jeder Hand eine Reisetasche, »wenn du bei mir wohnen würdest. Immerhin ist Francine als Anstandsdame da.«

Francine, die Julian in den vergangenen Wochen sehr nahegekommen war, war in seiner Wohnung geblieben, weil sie starke Kopfschmerzen nach der Reise hatte.

Kein Wunder, nach allem, was sie alle drei in diesen letzten Wochen durchgemacht hatten.

Keighly schaute Julian an und schüttelte den Kopf. Er war ausgesprochen nett zu ihr gewesen, und sie schuldete ihm sehr viel; vermutlich hatte er Darby davor bewahrt, nach der Schießerei zu verbluten, und gemeinsam mit Francine hatte er Keighly in ihrer schlimmsten Not geholfen. »Es ist meine Wohnung«, antwortete sie, »und mein Zuhause.«

Aber beide wußten, daß das nicht stimmte – ihr Zuhause war im neunzehnten Jahrhundert, bei Darby Elder.

Julian trug die Koffer ins Schlafzimmer und ging dann zu Keighly, die in der Küche Wasser für Tee und den starken Instantkaffee aufsetzte, den Julian so gerne trank. Früher, in der Zeit vor Keighlys letztem Besuch in Redemption, hatten sie oft über seine Koffeinabhängigkeit gescherzt.

»Setz dich«, forderte sie ihn freundlich auf und deutete mit einer Kopfbewegung auf den kleinen englischen Tisch aus hellem Kiefernholz.

292

Müde ließ Julian sich auf einen der Stühle sinken. »Wieso bist du eigentlich so sicher, daß du schwanger bist?« fragte er, während er sie prüfend musterte.

Keighly warf unwillkürlich einen Blick auf den kleinen magnetischen Kalender, der am Kühlschrank klebte. Drei Monate waren vergangen, seit sie das zwanzigste Jahrhundert verlassen hatte, aber im neunzehnten waren beinahe fünf verstrichen. Es schien nur wenig oder gar kein Zusammenhang zwischen der Zeitrechnung des einen oder anderen Jahrhunderts zu bestehen.

»Ich könnte jetzt meine Bluse hochheben und es dir zeigen«, sagte sie in einem lahmen Versuch, zu scherzen. Nachdem sie den Wasserkessel aufgesetzt und die Gasflamme darunter angezündet hatte, setzte sie sich zu Julian an den antiken Eßtisch. Sie hatten ihn zusammen gekauft, an einem Sonntagnachmittag, bei einer Versteigerung, als sie noch beabsichtigten, zu heiraten. Wie lange das schon zurückzuliegen schien!

»Es ist ziemlich ernst mit dir und Francine, nicht wahr? Es geht mich ja eigentlich nichts an, aber ich muß zugeben, daß es mich doch interessiert, weil ihr schließlich beide meine Freunde seid.«

Julian wirkte im ersten Moment verlegen und schien sich auch ein wenig unbehaglich zu fühlen. Er hätte dringend eine Rasur benötigt, und seine Kleider, die sonst immer so tadellos waren, sahen aus, als ob er tagelang darin geschlafen hätte. »Es *ist* ernst mit uns«, gab er schließlich seufzend zu. »Aber frag mich nicht, wie es weitergeht. Sie hat eine Ranch in Nevada, ein Geschäft in Chicago und einen Sohn in Vermont. Und als ob das noch nicht kompliziert genug wäre, habe *ich* hier eine Praxis in Los Angeles.«

Keighly lächelte. Hinter ihnen summte der Kessel, als das Wasser darin zu sieden begann. »Verpatz es nicht, Julian. Laß dir nicht von logistischen Überlegungen die Chance zerstören, mit Francine zu leben. Du brauchst mehr zum Glücklichsein als deine Praxis hier.«

Julian grinste und zog eine Augenbraue hoch. »Und du

bist nicht mal ein ganz klein bißchen eifersüchtig?«
scherzte er.

»Nicht mal ein ganz klein bißchen«, bestätigte Keighly
und drückte lächelnd seine Hand. »Ich möchte, daß du
glücklich bist, Julian. Und auch Francine. Ihr verdient
beide nur das beste, was auf dieser Welt zu haben ist.«

»Aber wenn es dir nicht gelingt, zurückzukehren, wirst
du ganz allein sein ...«

Der Kessel pfiff, und Keighly erhob sich, um Tee für
sich und Kaffee für Julian aufzubrühen. »Ich werde nicht
allein sein«, widersprach sie. »Ich werde das Baby haben.«

»Keighly ...«

Sie brachte Tassen, Löffel, Zucker und Milch zum Tisch.
»Ich *werde*, zurückkehren, Julian«, sagte sie und schaute
ihm ruhig in die Augen. »Ich weiß zwar noch nicht, wie
ich es anstellen soll oder wann es geschehen wird, aber ich
kann nicht hierbleiben – nicht in diesem Jahrhundert und
nicht an diesem Ort. Ich kann es einfach nicht.«

Er nahm ihre Hand und drückte sie. Ein gequälter Blick
erschien in seinen blauen Augen. »Keighly, Liebes –
meinst du nicht, du solltest besser diese ... Episode vergessen und dein normales Leben wiederaufnehmen?«

Keighlys Hände zitterten, als sie ihren Tee einschenkte, Zucker hinzufügte und ihn umrührte. Sie und
Julian waren gute Freunde – in ihrem Fall war das entschieden besser, als Liebende zu sein – aber sie konnte
sich trotzdem nicht überwinden, ihm zu erzählen, daß sie
alles, was sie in Los Angeles besaß, verkaufen und verschiedenen Wohlfahrtsorganisationen spenden wollte,
um dann nach Redemption zurückzukehren. Dort, im
Haus ihrer Großmutter, würde sie ruhig und zurückge-
zogen leben, während sie auf eine Chance wartete, ins
neunzehnte Jahrhundert und zu dem geliebten Mann
zurückzukehren.

»Du warst ein guter Freund«, erwiderte sie ausweichend. »Dafür bin ich dir sehr dankbar, Julian.«

Er starrte in seinen Kaffee und überlegte offenbar, ob es
sinnvoll wäre, sie zu bedrängen, in Los Angeles zu blei-

ben. »Ich habe dich sehr lange Zeit als selbstverständlich angesehen«, sagte er, als er endlich wieder zu ihr aufschaute. »Das tut mir sehr, sehr leid, Keighly.«

Sie lächelte. »Ich habe genausoviele Fehler gemacht wie du. Vielleicht habe ich dich unbewußt sogar dazu ermutigt, mich so zu behandeln, um eine gewisse Distanz zwischen uns zu wahren.« Seufzend hielt sie inne und wärmte ihre Finger an der Teetasse. »Aber mach diesen Fehler bitte nicht bei Francine«, ermahnte sie ihn leise. »Du könntest eine ganz wundervolle Beziehung mit ihr haben, aber nicht, wenn du sie nicht an dich heranläßt.«

Er nickte. »Ich weiß. Und du hast mein Wort darauf, Keighly, daß ich alles tun werde, um es diesmal richtig zu machen.«

Keighly fühlte sich veranlaßt, Julian gegen seine selbstkritischen Äußerungen zu verteidigen. »Du hast vorher auch nichts Schlimmes getan«, gab sie zu bedenken. »Ich war die falsche Frau für dich, und du warst der falsche Mann für mich. Nichts, was wir beide hätten sagen oder tun können, hätte daran etwas ändern können.«

»Jedenfalls scheinst du überzeugt davon, daß Francine und ich zusammenpassen.«

»Allerdings«, erwiderte Keighly ohne Zögern. Trotz allem, was geschehen war, hatte sie gespürt, wie der Funken zwischen ihren Freunden übersprang, und sie war über diese Entwicklung sehr erfreut gewesen. Obwohl es anfangs vielleicht noch so ausgesehen haben mochte, als ob sie nicht zusammenpassen würden, hatten Francine und Julian ähnliche Interessen, und sie hatten beide erst vor kurzem herausgefunden, daß sie mehr vom Leben brauchten als das, was der berufliche Erfolg ihnen gab. »Ich bin mir völlig sicher.«

Julian trank seinen Kaffee aus, schaute in den Kühlschrank und die Küchenschränke und tat seine ärztliche Ansicht dazu kund – daß nicht einmal genug für eine Maus zu essen da war, geschweige denn für eine schwangere Frau, die in ihrem Zustand liebevolle Fürsorge benötigte. Er würde seine Haushälterin mit Lebensmitteln

295

schicken, sagte er. Bis dahin solle Keighly sich ein wenig
ausruhen.

Sie nahm eine Dusche sobald Julian fort war, bezog
dann ihr Bett mit frischen Laken und legte sich hinein,
worauf sie unverzüglich einschlief. Sie erwachte, als es
schon dunkel war, und hörte, daß jemand in der Küche
mit Töpfen und Geschirr hantierte. Der aromatische Duft
einer würzigen Tomatensauce drang in ihr Zimmer.

Lächelnd stand Keighly auf und zog einen Morgenrock
über ihr kurzes Nachthemd.

Die Stereoanlage spielte leise Musik, als sie durch das
Wohnzimmer ging.

Julian, in Jeans und Sweatshirt, war in der Küche und
versuchte, sich nützlich zu machen, stand aber offensichtlich nur im Weg, während Francine, die ähnlich wie er
gekleidet war, mit der Zubereitung irgendeines Nudelge-
richts beschäftigt war.

»Bin ich zu der Party eingeladen?« fragte Keighly
lächelnd.

Julian und Francine, die gerade über irgendeinen kleinen und vermutlich recht intimen Scherz gelacht hatten,
waren beide über Keighlys Erscheinen überrascht. Während sie ihre Freunde betrachtete, verspürte sie große
Zuneigung für sie, aber auch ein bißchen Neid. Denn
immerhin waren sie zusammen, während sie und Darby
getrennt waren, vielleicht sogar für immer.

Francine legte den Kochlöffel nieder und kam zu
Keighly, um sie zu umarmen. »Wie fühlst du dich?« fragte
sie.

»Miserabel«, antwortete Keighly aufrichtig. »Aber ich
scheine Fortschritte zu machen, denn diese Pasta riecht
wirklich sehr verlockend. Zum ersten Mal seit Tagen ver-
spüre ich wieder Hunger.«

Sie aßen Salat und Tortellini, und dazu gab es Knob-
lauchbrot und Chianti. Keighly verzichtete auf den Wein
und trank statt dessen Mineralwasser.

»Ihr müßt wirklich aufhören, mich derart zu verwöh-
nen«, sagte sie und fühlte sich nach dem Essen schon

erheblich kräftiger. Julian spülte das Geschirr und das Besteck ab und räumte beides in die Spülmaschine, während Keighly und Francine am Tisch saßen und sich unterhielten. »Du hast selbst gesagt, Julian, ich sollte mein normales Leben wieder aufnehmen.«

Francine und Julian wechselten einen Blick.

»Wie sehen also eure Pläne aus?« fragte Keighly rasch, weil sie keine weiteren Vorträge hören wollte. Sie hatten beide ihren Standpunkt klargemacht, und sie war das Thema leid. »Wirst du nach Redemption ziehen, Julian, und ein Landarzt werden, oder wirst du, Francine, nach Los Angeles kommen und eine neue Werbeagentur eröffnen?«

Francine schaute kurz zu Julian hinüber. »Ich ziehe nach Los Angeles«, sagte sie. »Und ich werde auch eine Agentur eröffnen, obwohl ich in den ersten Jahren wahrscheinlich nur zu Hause arbeite.«

So, sie haben also bereits über ihre Zukunft gesprochen, dachte Keighly froh.

»Wir hoffen, daß wir schon sehr bald Kinder haben werden«, fügte Julian hinzu und tauschte einen weiteren Blick mit Francine, sehr zärtlich diesmal und prickelnd vor Elektrizität.

Keighly hätte fast geweint, so schmerzlich vermißte sie Darby in jenen Augenblicken, aber sie beherrschte sich und lächelte. »Ich bin sehr müde«, sagte sie. »Ich glaube, ich gehe jetzt wieder ins Bett.«

»Wir räumen noch die Küche auf, und morgen früh rufe ich dich an, um zu hören, wie es dir geht«, versprach Francine, während sie Keighlys Hand drückte. »Oder wäre es dir lieber, wenn ich über Nacht bleibe?« fügte sie dann stirnrunzelnd hinzu.

Keighly schüttelte den Kopf. Sie brauchte Ruhe, und was Francine wirklich wollte, war, bei Julian zu sein. »Nein, das ist nicht nötig, ich komme schon allein zurecht. Aber trotzdem vielen Dank. Euch beiden.«

Julian küßte Keighly auf die Stirn, und Francine umarmte sie noch einmal.

Sie schlief schon und träumte von Darby, als ihre Freunde die Wohnungstür hinter sich abschlossen.

Ein Monat verging, bevor Keighly ihre Galerie geschlossen und das meiste ihres Geldes gespendet hatte. Sie war in ausgezeichneter körperlicher Verfassung, und ihre Schwangerschaft war jetzt offiziell bestätigt worden, zuerst durch einen Apothekentest und dann durch eine Untersuchung bei einer der besten Frauenärztinnen in Los Angeles, Dr. Jennifer Stalanders, eine Kollegin von Julian. Aber das Gefühl, beständig mehr an Lebenskraft einzubüßen, verließ Keighly nie, weder tagsüber noch nachts. Eine unerschütterliche Melancholie beherrschte sie, und ihre schlimmste Furcht war jetzt nicht länger, nie wieder zu Darby zurückzukehren, sondern daß sie sterben könnte. Sie wollte ihr Kind nicht allein in dieser Welt zurücklassen.

Aus diesem Grund änderte sie ihr Testament und bestimmte, nachdem sie ihre Erlaubnis eingeholt hatte, Julian und Francine, die zu Weihnachten heiraten wollten, zu den gesetzlichen Vormündern ihres Kindes. Diese Bitte, obwohl sie ohne das geringste Zögern gewährt wurde, beunruhigte Julian und Francine natürlich sehr.

Keighly lebte wie ein Roboter, stand morgens auf, nahm ein gutes Frühstück zu sich, schluckte ihre Vitamintabletten, machte einen langen Spaziergang und verbrachte den Rest des Tages mit Konferenzen und Terminen. Im allgemeinen aß sie abends mit Francine, mit Julian oder mit beiden, je nachdem, wer von ihnen Zeit hatte, und ging sehr früh schlafen.

Am Morgen ihres letzten Tags in Kalifornien kamen Vertreter eines Obdachlosenheims, um ihre Möbel abzuholen. Auch Julian und Francine waren bei ihr, Julian, weil er vorbeigekommen war, um dafür zu sorgen, daß Keighly keine schweren Lasten schleppte, und Francine, um sie nach Redemption zu begleiten und bei ihr zu bleiben, bis sie sich eingelebt hatte.

»Das ist keine gute Idee«, sagte Julian, zum tausendsten Mal vielleicht schon. »Es sind überhaupt keine Möbel in diesem großen, leeren Mausoleum, das du Haus nennst.« Er begann sich für das Thema zu erwärmen. »Du wirst wie eine Einsiedlerin leben, Keighly, du wirst auf deiner Luftmatratze vor diesem verdammten Spiegel liegen und darauf warten, daß etwas geschieht!«

Keighly lächelte traurig über das Bild, das er von ihr heraufbeschwor – eine moderne Miss Havisham, die ziellos durch einst elegante Räume wanderte und täglich schrullenhafter wurde. »Ich werde arbeiten, Julian«, sagte sie, um ihn zu beruhigen. »Und es ist ja nicht, als wäre ich allein.«

»Francine ist keine Ärztin.«

Francine warf ihrem zukünftigen Ehemann einen Blick zu. »Ich bin durchaus in der Lage, Neun-Eins-Eins zu wählen, Julian«, erwiderte sie spitz. »Außerdem hat Redemption ein gutes Notarztteam, und der dort ansässige Gynäkologe mag zwar nicht solch erstklassige Referenzen besitzen wie Dr. Stalanders, aber er hat einige hundert Kinder in all den Jahren auf die Welt gebracht.«

»Laß uns gehen«, sagte Keighly. Jetzt, wo sie tatsächlich im Begriff war, nach Redemption zurückzukehren, konnte sie es kaum noch erwarten aufzubrechen. »Wir verpassen sonst noch unser Flugzeug.«

Julian verschloß die Wohnungstür und versprach, den Schlüssel bei seiner Sekretärin zu hinterlegen, damit der Immobilienmakler ihn dort abholen konnte. In nachdenklichem Schweigen fuhr er Francine und Keighly zum Flughafen, und als sie dort eintrafen, verabschiedete er sich von Francine mit einem liebevollen Kuß und wandte sich dann an Keighly.

Sanft, aber entschieden umfaßte er ihre Oberarme und schaute ihr ernst und prüfend in die Augen. Er schien etwas sagen zu wollen, seufzte aber dann nur und küßte sie auf die Stirn, bevor er sich zum Gehen wandte.

Der Flug nach Las Vegas verlief ohne besondere Ereignisse, und Keighly verbrachte ihn in einer Art träumerischer Versonnenheit wie schon bei ihrer Heimkehr nach Los Angeles mit Julian. Die Schwäche, die sie spürte, war besorgniserregend, obwohl sie überhaupt nicht körperlichen Ursprungs war, und da Keighly nicht wußte, wie sie es Francine erklären sollte, und sie sie nicht beunruhigen wollte, sprach sie nicht darüber. Es war einfacher so.

Als sie in einem Mietwagen, mit Francine am Steuer, den Flughafen von Las Vegas verließen, war Keighly so schwindlig, als ob sie jeden Augenblick in Ohnmacht fallen müsse. Schützend legte sie eine Hand an ihren Bauch und betete zu Gott, er möge das Kind beschützen und überleben lassen, ganz gleich, was ihr passierte. Das Glück und Wohlbefinden des Kindes lag ihr sogar noch mehr am Herzen als ihr eigenes, aber sie spürte, daß irgendein Veränderungsprozeß begonnen hatte, sowohl innerlich wie äußerlich.

»Fühlst du dich nicht wohl?« fragte Francine mit einem besorgten Blick auf Keighly, als sie auf die Schnellstraße einbogen, die sie nach Redemption bringen würde.

Keighly wünschte, eine Antwort auf diese Frage zu besitzen. »Es geht gerade noch«, antwortete sie, was der Wahrheit so nahe kam, wie sie es wagen durfte. In Wirklichkeit hatte sie das Gefühl, ihre Seele sei wie ein unsichtbarer Luftballon, der am Ende einer langen, ausgefransten Kordel zerrte und im Begriff war, sich gleich loszureißen und davonzuschweben.

»Es gefällt mir nicht, wie du das sagst.«

Keighly seufzte. »Du würdest es nicht verstehen, selbst wenn ich versuchen würde, es zu erklären. Ich begreife es ja selbst nicht, Francine – wie könnte es dann ein anderer verstehen?«

»Versuch doch wenigstens, mir zu erklären, was du fühlst.«

Eine Träne rollte über Keighlys Wange. Bis dahin war ihr nicht einmal bewußt gewesen, daß sie weinte. »Ich fühle mich, als ob ich gar nicht richtig existieren würde«, sagte sie mit erstickter Stimme. »Ich kann mich bewegen, denken, reden und so weiter – aber gleichzeitig fühle ich

300

mich irgendwie ... *körperlos*, so wie der Schatten Peter Pans. Und das beängstigt mich.«

Francine lenkte den Wagen auf den Seitenstreifen und schaltete die Blinkanlage ein. »Warum hast du mir bisher nichts davon gesagt – und warum hast du nicht mit Julian darüber gesprochen?« fragte sie.

»Wahrscheinlich, weil es so verrückt klingt. Ich bin nicht krank, Francine, und ich bin auch nicht verrückt. Es ist, als wäre ich durch irgendeinen Riß im Himmel gefallen ... und glaub mir, es gibt nichts, was du tun könntest oder irgend jemand sonst, um mir zu helfen.«

»Und das Kind?«

»Das macht mir am meisten angst«, gab Keighly zu und schlug beide Hände vors Gesicht. »Wenn irgend etwas Verrücktes mit mir geschieht – und wir wissen beide, daß das möglich ist –, was soll dann aus meinem Kind werden? Wird es in irgendeinem schwarzen Loch zurückbleiben – zwischen zwei verschiedenen Dimensionen?«

Selbst Francine, so intelligent sie war, hatte darauf keine Antwort. Sie schaute Keighly nur prüfend an, seufzte schwer und lenkte den Wagen wieder auf die Straße.

Der Pickup, der mit überhöhtem Tempo fuhr, rammte sie kurz vor Redemption, prallte vorn gegen die Motorhaube und schleifte den kleinen Mietwagen einen schrecklichen Moment lang mit.

Francine kämpfte verzweifelt mit dem Lenkrad, aber es war sinnlos, und Keighly saß starr vor Entsetzen neben ihr, eingeschnürt von ihrem Gurt und die Hände auf den Bauch gepreßt, in einem vergeblichen Versuch, das Kind darin zu schützen. Keine der beiden Frauen schrie, es blieb ihnen keine Zeit dazu.

Ein weiterer ohrenbetäubender Aufprall erschütterte den kleinen Wagen, und dann drehte er sich mitten auf der Straße, während andere schnell herannahende Fahrer verzweifelt versuchten, ihnen auszuweichen.

»Baby«, wisperte Keighly, als Dunkelheit sie einzuhüllen begann. »Es tut mir leid ... so leid.«

Francine war benommen, aber nicht bewußtlos. Soweit sie sagen konnte, hatte sie sich nichts gebrochen und auch keine anderen ernsthaften Verletzungen davongetragen; nur die Prellungen und Schnitte, wie sie bei Autounfällen üblich waren. Überall um sich herum hörte sie das Klappern fallenden Metalls und roch verkohltes Gummi, und es kam ihr fast so vor, als ob jene schrecklichen Momente, in denen der Unfall sich ereignet hatte, nie wieder aufhören wollten.

Endlich gelang es ihr, sich auf dem mit Glassplittern übersäten Sitz nach Keighly umzudrehen.

Was sie sah, veranlaßte sie zu dem Gedanken, daß sie vielleicht doch verletzt war, eine schwere Gehirnverletzung erschien ihr das Wahrscheinlichste.

Keighly verblaßte – *verblaßte* wie ein Gespenst in einem Film.

»Nein!« schrie Francine und griff nach ihrer besten Freundin, aber ihre Hand glitt durch Keighlys Schulter und berührte den Sitz dahinter. »Keighly – das kannst du doch nicht tun ... bleib hier ...«

Keighly lächelte sie an, friedlich, aber mit unendlicher Trauer in den Augen. Sie war jetzt verschwommen wie ein auf Nebel projiziertes Bild, und obwohl ihre Lippen sich bewegten, hörte Francine nicht, was sie sagte.

Hemmungslos begann Francine zu weinen und zu schluchzen. Als ein Streifenpolizist und einer der Passanten die Wagentür öffneten und fragten, ob sie verletzt sei, war Keighly bereits verschwunden.

»Beruhigen Sie sich, Ma'am«, sagte der Beamte freundlich. »Es ist vorbei. Wir werden uns jetzt um Sie kümmern.«

Der Mann neben ihm kniff die Augen zusammen und betrachtete das Chaos im Inneren des kleinen Wagens. »Ich hätte schwören können, daß noch jemand hier bei dieser Dame war«, meinte er.

Francine schüttelte den Kopf. »Nein«, antwortete sie, und ihre Kehle wurde eng von neuen Tränen, »ich war allein im Wagen.«

»Was ist geschehen?« fragte Julian, als er Francine an jenem Abend im Krankenhaus in Las Vegas besuchte. Obwohl sie mehrfach beteuert hatte, sie sei nicht verletzt, hatten die Ärzte darauf bestanden, daß sie vierundzwanzig Stunden zur Beobachtung in der Klinik blieb, und Julian hatte sie, als er anrief, in ihrer Ansicht unterstützt.

Francine schlang die Arme um Julians Nacken. »Keighly«, wisperte sie, als sie endlich Worte fand und den Mut, sie auszusprechen. »Keighly ist fort. Sie ist verschwunden, Julian.«

Er ging zur Zimmertür und schloß sie, kehrte dann zu Francines Bett zurück und runzelte die Stirn. »Was willst du damit sagen? Daß sie aus dem Wagen gestiegen und fortgegangen ist?«

»Nein«, antwortete Francine und schüttelte den Kopf. »Sie *verschwand* ganz einfach, Julian – löste sich buchstäblich in Luft auf, wenn du so willst. Sie hatte mir gerade erzählt, sie habe das Gefühl, überhaupt nicht mehr real zu sein – das Wort, das sie benutzte, um ihren Zustand zu beschreiben, war ›körperlos‹, wenn ich mich recht entsinne.«

»Allmächtiger!« stöhnte Julian und fuhr sich mit der Hand durchs Haar. Nach der überstürzten Reise war er längst nicht so gepflegt wie sonst, aber Francine liebte ihn dafür höchstens nur noch mehr. »Das ist doch Unsinn! Natürlich war sie *real*!«

»Ich bin mir dessen nicht so sicher«, erwiderte Francine nachdenklich und ließ sich seufzend auf die Kissen sinken. »Es gibt soviel, was wir nicht wissen, Julian. Die Leute denken immer, der Körper sei realer als der Geist, aber wäre es nicht möglich, daß die Seele den Körper *erschafft*, damit er ihren Zwecken dient, anstatt bei der

Empfängnis, Geburt oder wann auch immer in ihn einzudringen?«

Julian verschränkte seine Finger mit Francines und legte seine Stirn an ihre. »Du verwirrst mich. Ich bin zu pragmatisch für diese mystischen Ideen«, sagte er und küßte sie zärtlich auf die Lippen. »Hast du deinen Sohn benachrichtigt?«

Sie lächelte beim Gedanken an ihr Gespräch mit Tony und nickte zustimmend. »Er kommt in vier Wochen nach Los Angeles, um einen Monat bei mir zu bleiben. Du hast doch nichts dagegen, oder?«

Er strich ihr übers Haar. »Ich werde mich dazu zwingen müssen, dich mit ihm zu teilen«, sagte er, »Ich danke dir, Francine.«

»Wofür?« fragte sie in aufrichtiger Verblüffung.

»Daß du nicht gestorben bist. Ich hätte es nicht ertragen, nachdem ich so lange auf jemanden wie dich gewartet hatte. Aber jetzt ruh dich bitte aus, mein Liebling. Ich werde in der Nähe sein, falls du mich brauchst.«

Francine schloß die Augen, ein zufriedenes Lächeln erschien um ihren Mund. Es blieb noch immer das Rätsel, was aus Keighly geworden war, und Francine wußte, daß sie es vermutlich niemals lösen würden, aber sie hatte schon so eine Ahnung, was geschehen war ...

O ja, sie hatte ihre Theorien dazu.

Der Übergang ins neunzehnte Jahrhundert – Keighly wußte, daß sie nun für immer dort bleiben würde, weil es eine solch unglaublich intensive Erfahrung war – war ein ausgesprochen merkwürdiges Erlebnis, obwohl Keighly, nachdem der erste Schock verflogen war, keine Angst dabei verspürte.

Sie hatte Francine wie durch eine Wand aus durchsichtigem, gelatineartigen Material gesehen, sie aber nicht berühren können, und war auch nicht in der Lage gewesen, etwas zu ihr zu sagen.

Und dann, ganz unvermittelt, hatte Keighly sich zu drehen begonnen, schneller und schneller wie ein Wirbelsturm. Licht explodierte in gleißend hellen Farben um sie herum, und dann folgte ein schmerzhaft harter Aufprall, und Keighly spürte plötzlich wieder ihre Hände und Füße, ganz zu schweigen von ihrem Kopf und allen anderen Gliedern, die schmerzten, als wäre sie unter einen Lkw geraten.

Also habe ich mir den Unfall nicht nur eingebildet, schloß sie grimmig. Er hatte sich wirklich ereignet, und der beste Beweis dafür waren die Schmerzen in ihren Knochen und in ihren Muskeln.

Sie stöhnte leise.

»Keighly?« Die Stimme war vertraut, besorgt und weiblich, aber Keighly wußte sie nicht unterzubringen und wagte nicht, die Augen zu öffnen. »Alles in Ordnung, Keighly? Kannst du dich bewegen?«

Sie zwang sich, die Lider zu heben, und stellte verwundert fest, daß Betsey Kavanagh neben ihr auf dem Holzfußboden kniete, auf dem sie lag.

»Wo bin ich?« fragte sie. Es war eine dumme Frage, aber sie mußte sie einfach stellen.

»Auf der Triple K natürlich, Liebes. Es sieht ganz so aus, als ob du gestolpert und die Treppe heruntergefallen wärst.«

Die Triple K! Keighlys Herz setzte einen Schlag aus und begann dann vor Aufregung wie wild zu pochen. Langsam, vorsichtig richtete sie sich in eine sitzende Stellung auf. Sie war wieder im neunzehnten Jahrhundert!

»Wo ist Darby?« fragte sie und fürchtete die Antwort, während sie die Frage stellte.

»Er ist oben«, erwiderte Betsey stirnrunzelnd. »Weißt du, seit hier ständig alle verschwinden, beginne ich allmählich um meinen Verstand zu fürchten. Zuerst verschwand Darby, dann fanden wir ihn, und *du* warst plötzlich fort. Kannst du mir sagen, was hier eigentlich vorgeht?«

Keighly stieß einen Laut aus, der halb ein Schluchzen und halb ein Lachen war, und richtete sich mühsam auf.

Sie war noch ein bißchen unsicher auf den Beinen, aber ansonsten ganz in Ordnung, soweit sie das beurteilen konnte, und sie trug immer noch den Hosenanzug mit der weiten Jacke, den sie getragen hatte, als der Unfall sich ereignete – über hundert Jahre weiter in der Zukunft.

»Ich bin sicher, daß es eine ganz vernünftige Erklärung für dies alles gibt«, sagte sie und schüttelte den Staub von ihren Händen. »Ich kenne sie nur leider nicht.«

Betsey betrachtete mit großen Augen den merkwürdigen Aufzug ihrer Schwägerin. »Ich habe noch nie solche Kleider an einer Frau gesehen«, bemerkte sie. »Will würde wahrscheinlich einen Anfall kriegen, wenn ich Männerhosen trüge.« Aber ihr war anzusehen, daß die bloße Vorstellung ihr gefiel. »Wenn ich einfach ein Schnittmuster für die Hosen meiner Jungen etwas verändern würde ...«

Keighly hielt sich einen Moment am Treppengeländer fest, obwohl sie es kaum erwarten konnte, hinaufzulaufen in den ersten Stock. Aber sie mußte an ihr Baby denken; sie durfte jetzt nicht hastig oder unvorsichtig sein. Und doch mußte sie Darby so schnell wie möglich sehen; sie konnte keine Sekunde länger ohne ihn sein.

Denn immerhin war er der Grund, daß sie zurückgekehrt war.

»Es ist wohl besser, wenn ich Simon, Will und den anderen sage, daß du wieder da bist«, erklärte Betsey, während sie sich bereits zur Tür wandte. »Sie haben ganz Nevada auf den Kopf gestellt, um dich zu suchen. Wage ja nicht, jetzt wieder zu verschwinden!«

Keighly lachte und weinte zugleich, als sie langsam die Treppe hinaufstieg. Sie hatte eine Menge grundlegender Veränderungen erlebt, seit sie sich vom zwanzigsten Jahrhundert losgesagt hatte, aber nun war sie zurückgekehrt, war wieder in derselben Welt wie Darby. Und nun fühlte sie sich auch nicht mehr wie eine bloße Projektion, sondern wie eine richtige Frau aus Fleisch und Blut.

Sie fand ihren Mann in einem der Gästezimmer, wo er mit dem Rücken zur Tür am Fenster stand. Er trug einen dicken Verband unter seinem losen, weiten Hemd. »Ich habe es dir vorhin schon gesagt, Betsey«, sagte er, ohne sich umzudrehen. »Ich will nichts essen, also nimm gleich wieder mit, was du gebracht hast, und laß mich in Ruhe.«

Leise zog Keighly die Tür hinter sich zu. »Ich glaube, dir wird gefallen, was ich mitgebracht habe«, sagte sie.

Darby versteifte sich und drehte sich dann auf dem Absatz um, um sie mit fassungslosen Blicken anzustarren. »*Keighly?*«

»Ja, ich bin wieder da. Und diesmal bleibe ich auch.«

Er hatte eine Tasse in der unverletzten Hand gehalten, die ihm entglitt und auf dem Boden zerschellte, splitterte wie der Spiegel im Saloon, als Duke Shingler auf ihn geschossen hatte. Sowohl Keighly wie auch Darby zuckten bei dem klirrenden Geräusch zusammen.

Aus schmalen Augen betrachtete er sie und rührte sich nicht vom Fleck. »Wahrscheinlich träume ich nur«, sagte er. »Aber ich hoffe zu Gott, daß du mich nicht aus diesem Traum erweckst, Keighly.«

Lächelnd durchquerte sie den Raum, schlang die Arme um Darby und schmiegte sich an ihn, um seinen Duft zu atmen und sich an der Härte seines muskulösen Körpers zu erfreuen. »Ich liebe dich«, sagte sie und küßte ihn. »Und ich bin ganz gewiß kein Traum.«

Er stieß einen rauhen Seufzer aus, der ihr das Herz zerriß, und senkte den Kopf, um seine Stirn an ihre zu lehnen. Als er sprach, klang seine Stimme heiser, als weinte er. »Großer Gott im Himmel, Keighly – ich dachte schon, ich hätte dich und unser Kind verloren! Ich wollte nicht mehr weiterleben, aber mir fiel auch kein guter Weg zum Sterben ein.«

»Ich hätte es dir nie verziehen, wenn du dich umgebracht hättest«, antwortete sie und nahm seine Hand. »Komm jetzt, Mr. Elder, ich möchte eine richtige Wiedervereinigung – und falls ich mich nicht gründlich irre, willst du das auch.«

Er lachte, zog sie mit seinem unverletzten Arm noch fester an sich und küßte sie so leidenschaftlich, daß es ihr den Atem raubte. Als er kurz darauf die Tür verriegelte, blieb Keighly bebend vor Erwartung stehen. In ihren Augen brannten Freudentränen, aber ihr Körper brannte von etwas völlig anderem.

Darby kehrte zu ihr zurück, legte eine Hand unter ihr Kinn und nahm hungrig ihren Mund in Besitz. Es war gut, daß er sie zum Bett führte und sie sanft auf die Matratze legte, weil sie sich keine Sekunde länger auf den Beinen hätte halten können.

»Wirst du mir jetzt ganz genau erzählen, Mrs. Elder, was geschehen ist?«

Er blieb neben dem Bett stehen, schaute auf sie herab und verschlang sie mit den Blicken. »Die Wahrheit ist«, gestand sie leise, während sie nach Atem rang, als Darby sie auszuziehen begann, »daß ich mir nicht sicher bin. Die Erinnerung daran verblaßt, so daß mir jetzt alles nur noch wie ein Traum vorkommt – oder wie ein Märchen, das ich irgendwann einmal vor langer Zeit gehört habe ...«

Darby zog seine Stiefel aus, streckte sich neben ihr aus und entblößte ihre Brüste und fing an, eine zu liebkosen. »Verlaß mich nie wieder«, sagte er, und es klang wie eine Bitte und ein Befehl zugleich.

Keighly hielt den Atem an, als er hungrig ihre Brustspitze zwischen seine Lippen nahm. Seine aufreizenden Zärtlichkeiten machten es ihr noch schwerer, sich an die Geschehnisse zu erinnern. Da war etwas mit einem Spiegel gewesen, und sie hatte mit einer Freundin einen furchtbaren Unfall gehabt ...

Oder war dies alles wirklich nur ein Traum gewesen?

Keighly hörte auf zu denken und überließ sich statt dessen ihren leidenschaftlichen Gefühlen und der liebevollen Umarmung ihres Mannes. Bald darauf waren sie vereint, verschmolzen durch ein Feuer, das sie selbst geschaffen hatten, und in jenen kostbaren Momenten war nichts anderes auf der Welt mehr wichtig.

Atemlos blieben sie liegen, als es vorbei war, noch immer halb angezogen und ihre Körper feucht vor Schweiß. Keighly war, als schwebte sie, aber es war kein beängstigendes Gefühl, sondern ein höchst befriedigendes und erfüllendes.

»Sie sind kein Gentleman, Sir«, sagte sie, als sie endlich wieder etwas sagen konnte. »Mitten am Tag eine Dame zu verführen!«

Darby lachte. »Du kannst von Glück sagen, daß wir nicht im Warenhaus waren, als wir uns wiedersahen. Denn sonst hätte ich dich wahrscheinlich auf einen der Stofftische gelegt, dir die Röcke hochgeschoben und dich gleich dort genommen.« Er hielt inne, und die Belustigung in seinen hellen Augen wich Verwirrung. »Aber du hattest ja gar keine Röcke an, nicht wahr?«

»Im Moment«, erwiderte Keighly schmunzelnd, »habe ich sozusagen gar nichts an.«

Er richtete sich auf einen Ellbogen auf und befingerte die Hose, die er ihr vorher ausgezogen hatte. »Hosen«, sagte er stirnrunzelnd. »Warum, zum Teufel, trägst du Männersachen, Keighly?«

Sie hätte es ihm wirklich gern erklärt, aber die Wahrheit war, daß sie sich nicht genau erinnerte, wie sie an die Hosen und das Jackett gekommen war, die sie getragen hatte, als sie am Fuß der Treppe aus ihrer Bewußtlosigkeit erwacht war. Diese Kleider mußten irgend etwas mit dem Ort zu tun haben, an dem sie sich vorher aufgehalten hatte und den sie so unbedingt hatte verlassen wollen.

»Ich hatte gehofft, du könntest es mir sagen«, erwiderte sie leise, »denn ich erinnere mich an nichts. Ich muß mir bei dem Sturz den Kopf gestoßen haben.«

»Du bist gestürzt?« Darby richtete sich jetzt ganz auf, um sie besser ansehen zu können. »Bist du verletzt?«

»Habe ich den Eindruck gemacht, ich wäre verletzt, als ich mich eben stöhnend auf dem Bett herumwarf?«

Sein besorgter Blick wich einem Lächeln. »Vielleicht hast du dir ja wirklich den Kopf gestoßen«, meinte er nach kurzer Überlegung.

»Möglich.« Sie nahm seine Hand und zog sie auf ihre Brust, weil sie das Gefühl liebte, seine rauhe, schwielige Hand auf ihrer zarten Haut zu spüren. »Es wäre wohl das

309

beste, wenn *du* mir jetzt erzählen würdest, was du weißt. Vielleicht belebt das ja mein Erinnerungsvermögen.«

»Als ich dich das erste Mal gesehen habe«, sagte er heiser und begann ihren Hals zu küssen, »hast du neben einem Spiegel gesessen und eine Puppe in den Armen gehalten. Ich fand, daß du das hübscheste Mädchen warst, das ich je erblickt hatte. Danach haben wir uns jedoch sehr lange nicht mehr wiedergesehen.« Seine Lippen glitten zu ihrem Schlüsselbein hinunter, und sie erschauerte erwartungsvoll. »Dann, eines Tages, warst du plötzlich wieder da, eine erwachsene Frau und schöner sogar noch, als du als Kind gewesen warst.«

»Aber woher kam ich?«

Darby streichelte ihre Brust und strich zärtlich über die harte Spitze. »Du erinnerst dich wirklich nicht?« murmelte er, bevor er seine Lippen darum schloß.

»Nein«, gestand sie, während sie ihre Hände in seinem Haar verschränkte und seinen Kopf noch näher an sich zog. Vielleicht müßte es mich ängstigen, dachte sie, daß meine gesamte Vergangenheit wie ausgelöscht ist und ich mich nicht daran erinnern kann. Doch eigenartigerweise war das nicht der Fall.

Darby strich mit der Zunge über die steife kleine Knospe, die sich ihm verlangend entgegendrängte. »Du kamst eines Tages mit der Postkutsche«, sagte er. »Ich trat gerade aus dem Futtermittelladen. Wir schauten uns an, und es war Liebe auf den ersten Blick.«

»Liebe«, wisperte Keighly und glaubte ihm. Es bestand kein Grund für sie, es nicht zu tun. Nicht der geringste.

18. Kapitel

Keighly fand das Tagebuch mit ihrer eigenen Handschrift drei Wochen, nachdem sie auf der Triple K die Treppe hinuntergestürzt war – oder *glaubte*, hinuntergestürzt zu sein. Sie und Darby waren trotz Angus' Protestes auf ihre eigene Ranch zurückgekehrt, und sie hatte an jenem Tag hart an Darbys Skulptur gearbeitet und war von Kopf bis Fuß mit Staub und Schweiß bedeckt. Weil sie ein Bad nehmen und ein sauberes Kleid zum Abendessen anziehen wollte, suchte sie in ihrer Kommode nach frischer Unterwäsche, doch dann berührten ihre Finger plötzlich den ledernen Einband eines Tagebuchs.

Es war weniger der Fund des Buchs, was sie zusammenfahren ließ, sondern vielmehr die seelische Erschütterung, die sie empfand, als sie das Tagebuch erkannte. Stirnrunzelnd nahm sie es heraus und schlug es auf.

Wenn es schon ein Schock war, ihre eigene Handschrift zu erkennen, war es ein noch viel größerer, die erste Eintragung zu lesen. Während Keighly las, merkte sie, daß die verlorenen Erinnerungen zurückkehrten, eine nach der anderen, schwach und zaghaft zunächst nur, doch dann immer fester in ihrem Bewußtsein haftend.

Das aufgeschlagene Buch in ihrer Hand, ging Keighly zu dem Sessel am Fenster und ließ sich stirnrunzelnd in die Kissen sinken.

Sie hatte alles schriftlich festgehalten – von ihrer ersten Begegnung mit Darby Elder im Spiegel des Ballsaals ihrer Großmutter bis hin zu Darbys Verschwinden nach der Schießerei im *Blue Garter Saloon*.

Danach hörten die Eintragungen auf.

Keighlys Absicht war es gewesen, ihre Zeitreisen schriftlich festzuhalten, für den Fall, daß sie sie vergessen sollte und vom Schicksal überrascht wurde. Als sie nun dort auf dem Sessel saß, erinnerte sie sich wieder klar und deutlich an all das, was sie vergessen hatte. Aber gab es jetzt noch irgend etwas zu befürchten? Auf Darby war

311

geschossen worden, wie vorausgesagt, doch dank Julian und Francine hatte er seine Verletzungen überlebt und war ins neunzehnte Jahrhundert zurückgekehrt. Keighlys Gedanken wanderten weiter zu Garrett, dem Sohn, den sie und Darby zusammen haben sollten. Würde der Junge immer noch in eine Welt hineingeboren werden, in der ihm der Tod durch Scharlach drohte?

Es gab natürlich keine Möglichkeit, dies zu erfahren. Vielleicht war das Kind, das in ihr heranwuchs, Garrett, vielleicht auch nicht. Wie jede andere Frau, die ein Kind unter dem Herzen trug, würde ihr nichts anderes übrigbleiben, als Geduld zu üben und abzuwarten.

Keighly erschauderte, als sie sich an den Unfall auf der Schnellstraße außerhalb von Redemption erinnerte und an die seltsame Veränderung, die danach mit ihr vorgegangen war. Sie hätte viel erfahren können, wenn es ihr und Francine gelungen wäre, das Haus zu erreichen und die Zeitungsausschnitte und die anderen Dinge in der Truhe durchzusehen, aber so weit waren sie leider nicht gekommen.

Keighly blieb eine Weile ruhig sitzen, um sich über all das klarzuwerden, bevor sie das Tagebuch in sein Versteck zurücklegte und das heiße Bad nahm, das sie vorbereitet hatte. Sie saß im Salon und las, als Darby kurz darauf hereinkam und, ohne sie gesehen zu haben, ins Schlafzimmer weiterging, um den Schmutz eines langen Arbeitstages abzuwaschen und saubere Kleider anzuziehen.

Als er wenige Minuten später in die Küche kam, wo Manuela Brathähnchen mit Kartoffelpüree und grünen Bohnen auftischte, erwartete Keighly ihn dort schon.

»Du siehst heute ganz besonders hübsch aus«, sagte er und küßte sie.

Keighly versuchte, sich gegen den beträchtlichen Charme ihres Mannes zu wappnen. »Du hast mich belogen«, beschuldigte sie ihn. Sie waren allein, da Pablo, Manuela und die Cowboys vorher schon gegessen hatten.

Darby zog einen Stuhl zurück und bedeutete seiner Frau, sich hinzusetzen. Nach kurzem Zögern gehorchte sie.

»Wie meinst du das, ich hätte dich belogen?« fragte Darby mit unschuldigem Gesichtsausdruck.

»Du sagtest, wir wären uns begegnet, als ich aus der Kutsche stieg, aber das ist nicht wahr. Ich habe mein Tagebuch gefunden, Darby. Das Tagebuch, das ich begonnen hatte, bevor Duke Shingler auf dich schoß.«

Er seufzte, zog sich ebenfalls einen Stuhl heran und setzte sich. »Oh«, meinte er und griff nach der Platte mit dem Brathähnchen.

»Ist das alles, was du dazu zu sagen hast?«

»Ich hatte meine Gründe, Keighly.«

»Und die wären?«

»Ich wollte nicht, daß du dich erinnerst und wieder anfängst, dich zu sorgen. Wir hatten endlich die Chance zu einem neuen Anfang – niemand lastete mir die Schuld am Tod der Shinglers an, und meine Brüder und ich hatten uns darauf geeinigt, die Triple K als gleichberechtigte Partner zu übernehmen, nachdem Angus endlich beschlossen hatte, sich zur Ruhe zu setzen. Und wir erwarteten ein Baby, Keighly. Was ich dir zu sagen versuche, ist, daß wir von jetzt an nach vorne schauen sollten und nicht zurück.«

Schweigend betrachtete sie ihren Mann. Er hatte gewußt, daß er im *Blue Garter* durch eine Kugel sterben würde, und das Wissen hatte ihn nicht sonderlich beunruhigt. Sie konnte sich nicht entsinnen, ihm von Garrett, ihrem Sohn, erzählt zu haben und von dem Scharlachfieber, das ihn vielleicht das Leben kosten würde – und wenn doch, dann hatte sie es nicht in ihrem Tagebuch vermerkt. Und sie dachte auch nicht daran, es jetzt zu erwähnen. Denn wenn *sie* Geheimnisse für sich bewahrte, konnte sie Darby keinen Vorwurf daraus machen, daß er das gleiche tat. Immerhin hatte er damit nur versucht, sie zu beschützen.

»Das stimmt schon, Darby. Daß wir in die Zukunft schauen sollten, meine ich.«

Schweigend begannen sie zu essen, seit langer Zeit zum ersten Mal wieder allein und ungestört.

»Simon hat eine Frau kennengelernt«, erzählte Darby irgendwann.

Keighly war entzückt. Diese Nachricht war noch erfreulicher, als sie vielleicht auf den ersten Blick erschien, weil sie bedeuten konnte, daß Darby nicht in jungen Jahren durch einen Unfall oder irgendeine Krankheit sterben würde, was Keighly keine andere Wahl gelassen hätte, als eine neue Ehe mit seinem älteren Bruder Simon einzugehen.

»Das hättest du mir auch gleich erzählen können, Mr. Elder«, antwortete sie lächelnd. »Wie heißt sie? Woher kommt sie? Sie kann unmöglich jemand aus Redemption sein, weil Betsey mir bestimmt von ihr erzählt hätte …«

Darby grinste. »Wie hätte ich es dir auch erzählen sollen, Mrs. Elder, wenn du unaufhörlich redest?«

Keighly biß sich auf die Lippen, rutschte auf ihrem Stuhl hin und her und wartete gespannt.

Darby ließ sich Zeit und nahm sich eine zweite Portion Kartoffelpüree und Hähnchen, bevor er endlich fortfuhr. Keighly mußte sich sehr zusammennehmen, um ihn nicht unter dem Tisch zu treten.

»Sie heißt Thora Downing und ist eine Rechtsanwältin aus San Francisco. Sie kam gestern mit der Postkutsche in die Stadt und hängte gleich ihr Namensschild auf der gegenüberliegenden Straßenseite von Jack Ryersons Büro auf. Natürlich ging Simon gleich zu ihr – als braver Bürger und als Marshal, dem sehr viel daran liegt, die Stadt wachsen und erblühen zu sehen –, um sich vorzustellen und ihr klarzumachen, daß eine Position als Lehrerin angebrachter für sie und eine solche Stellung auch gerade freigeworden sei. Sie warf ihn hinaus und schleuderte ihm einen Blumentopf hinterher, und seitdem behauptet er, sie sei das boshafteste Frauenzimmer, das der Herrgott je erschaffen hat.«

Keighly lachte und klatschte vor Entzücken in die Hände. »Er ist verrückt nach ihr!« rief sie.

Darby grinste. »Ja, den Eindruck hatte ich auch«, stimmte er zu.

314

Francine verließ das Krankenhaus schon einen Tag, nachdem sie eingewiesen worden war. Sie hatte mit ihrer Eigendiagnose recht gehabt, daß sie keine ernsthaften Verletzungen davongetragen hatte. Allerdings hatte sie bei dem Unfall einen schweren Schock erlitten, und sämtliche Muskeln in ihrem Körper schmerzten, genauso wie die Prellungen an ihren Armen und Beinen, an ihrem Bauch und ihren Schultern. Julian brachte sie zur Triple K, weil dies der Ort war, der am nächsten lag, und trieb sie fast zum Wahnsinn mit seiner Fürsorge. Als sie schließlich auf der Couch in ihrem Arbeitszimmer lag und im Fernsehen eine Seifenoper lief, bat sie Julian, sie wenigstens für kurze Zeit in Ruhe zu lassen.

Mit einem resignierten Seufzer ließ er sich in einem bequemen Sessel nieder und widmete seine ganze Aufmerksamkeit den Vorgängen auf dem Bildschirm. Erst als das Telefon klingelte, bewegte er sich wieder, griff nach dem Hörer auf dem Beistelltisch und fragte barsch: »Ja, bitte?« Doch sein Gesichtsausdruck veränderte sich sehr schnell; die Seifenoper war jetzt offenbar vergessen. »Ja, natürlich werden wir mit Ihnen reden ... Selbstverständlich ... Wir erwarten Sie.«

Julian legte auf und bedachte Francine mit einem ernsten Blick. »Das war Dan Ferris«, sagte er. »Er will mit uns über Darby Elders Verschwinden reden.«

»Er hat sich erstaunlich viel Zeit damit gelassen«, erwiderte Francine gelassen. Immerhin war schon über ein Monat vergangen, seit Darby ins neunzehnte Jahrhundert zurückgekehrt war.

»Mach dir keine Sorgen«, fuhr sie unbekümmert fort. »Keighly könnte überall sein, und was die Behörden angeht, so ist Darby schon seit über einem Jahrhundert tot. Dan Ferris tut das nur, damit er gut dasteht, wenn der richtige Sheriff von seiner Gallenblasenoperaton genesen ist und an seinen Arbeitsplatz zurückkehrt.«

»Trotzdem will er uns verhören«, sagte Julian. »Und er hat auch eine gewisse Miss Minerva Pierce gebeten, sich hier mit ihm zu treffen. Weißt du, wer sie ist?«

315

»Eine gute Freundin von mir und Keighly. Mach dich auf etwas gefaßt, Dr. Drury. Miss Pierce wird bestimmt verblüfft sein, dich hier anzutreffen, zumindest anfangs jedenfalls. Denn sie kennt dich bisher nur als lästigen Ex-Freund, der keine Ruhe geben will.«

Julian errötete. »Sehr schmeichelhaft.«

Francine lächelte. »Keine Sorge. Jetzt, wo du die Rolle getauscht hast und der Mann geworden bist, der zum Abendessen kam und für ein Leben blieb, wird dir verziehen werden.«

»Was sollen wir der Polizei erzählen?«

»Die Wahrheit«, antwortete Francine zuversichtlicher, als sie sich fühlte. »Daß wir nicht wissen, was aus Darby und Keighly geworden ist.« Doch plötzlich kam ihr ein Gedanke. »Hey – vielleicht gibt es ja doch noch eine Möglichkeit, etwas herauszufinden!«

»Wie?«

»Wir sollten uns die Truhe noch einmal genau vornehmen! Jedesmal, wenn Keighlys Schicksal sich verändert, verändert sich auch der Inhalt ihrer Truhe. Indem wir die Dinge überprüfen, die sie dort aufbewahrte, finden wir vielleicht heraus, was aus ihr geworden ist. Morgen fahren wir zum Friedhof und sehen nach, ob ihr Grab jetzt neben dem von Darby liegt.«

Julian fuhr sich in einer nervösen Geste mit der Hand durchs Haar, was er in letzter Zeit immer häufiger tat. Francine hatte sich bereits vorgenommen, seinen übertriebenen Koffeinverbrauch zu reduzieren.

»Ich bin nicht sicher, ob ich das ertrage – einen Grabstein mit Keighlys Namen darauf zu sehen, meine ich.«

»Es ist ein bißchen schaurig«, gab Francine zu. »Aber ich möchte mich überzeugen, daß dies alles nicht umsonst war, Julian. Bevor wir die Ranch offiziell zu unserem Feriendomizil ernennen und nach L. A. zurückkehren, um zu heiraten und in unser neues Haus zu ziehen, will ich soviel wie möglich über Keighlys Schicksal in Erfahrung bringen. Sie war meine Freundin.«

»Meine auch«, meinte Julian traurig und sah wie ein

316

enttäuschter kleiner Junge aus, als er sich zu Francine auf die Couch setzte und sie in die Arme zog. »Du bist die Frau, die ich liebe, Francine, und daran darfst du niemals zweifeln. Aber ich hatte Keighly gern und möchte, daß sie glücklich ist.«

Francine umarmte ihn und küßte ihn auf die Wange. Sobald der Vertreter des Sheriffs wieder fort war, würde sie Julian nach oben in ihr Zimmer führen und ihn leidenschaftlich lieben ...

»Keighly wußte, daß du ihr Freund warst, Julian«, sagte sie leise. »Sie war dir so dankbar dafür, daß du Darbys Leben gerettet und ihr geholfen hast, sich wieder in Los Angeles zurechtzufinden.«

»Aber wie wird die Polizei die Sache sehen?« fragte Julian.

Francine seufzte. »Ich schätze, daß sie gründliche Nachforschungen anstellen und entdecken werden, daß Keighly ihre Bankkonten aufgelöst und all ihren anderen Besitz verkauft hat, bevor sie von der Bildfläche verschwand. Wahrscheinlich werden sie annehmen, sie wollte als vermißt gelten, womit sie in gewisser Weise wohl auch recht hätten.«

Zwanzig Minuten später kam der stellvertretende Sheriff mit zwei nervösen Deputies und Miss Minerva Pierce, der städtischen Bibliothekarin, die einen Aktenkoffer und eine Kasserolle mit einem verführerisch duftenden Nudelgericht mitgebracht hatte. Nachdem die Beamten ihre Routinefragen gestellt hatten und gegangen waren, setzten sich Francine, Julian und Minerva in die Küche, um zu essen.

Als das erledigt war und Julian etwas ungeschickt die Spülmaschine einräumte, legte die ältere Dame ihren Aktenkoffer auf den Tisch, öffnete die Verschlüsse und klappte den Deckel auf.

»Ich nehme an«, sagte Minerva zu Francine, »daß Sie diesem Mann, da Sie ihn heiraten werden, zumindest einen Teil der Geschichte bereits erzählt haben?«

Francine warf Julian einen Blick zu. »Er weiß Bescheid.«

317

»Ich habe Fotokopien der Dokumente mitgebracht, die Sie bei jenem ersten Mal in Miss Barrows Truhe fanden«, fuhr Minerva fort. »Aber zuerst sollten Sie mir erzählen, was sich ereignet hat. Den Polizeiberichten habe ich nur entnehmen können, daß unsere Zeitreisende in dieses Jahrhundert zurückgekehrt ist, wenn auch nur für eine kurze Zeit.«

Francine nickte und erschauderte ganz unbewußt, als sie an den Unfall und an Keighlys unheimliches Verschwinden dachte. Es war eine Erfahrung, die sie nie vergessen würde, und es gab nur zwei Menschen auf der Welt, mit denen sie darüber sprechen konnte, nun, wo Keighly fort war: Julian und Minerva Pierce.

Sie überließ es Julian, Keighlys neuesten und sicherlich auch letzten Besuch in diesem Jahrhundert zu beschreiben; seine Version der Geschichte war knapp, aber sehr detailgetreu. Er erwähnte sogar die Schießerei, bei der Darby verwundet worden war, und schilderte der alten Dame, wie er und Francine Darbys Wunde im Ballsaal des Barrowschen Hauses notdürftig versorgt hatten.

Minervas Augen wurden groß, während sie seiner Erzählung lauschte. »Dann müßte die Truhe also noch in Keighlys Haus sein.«

Francine nickte. »Ja, aber ich bin sicher, daß die Polizei die Eingänge bewacht«, sagte sie bedauernd. »Wenn irgendeiner von uns versuchen würde einzudringen, würden sie uns bestimmt mit Keighlys Verschwinden in Verbindung bringen.«

»Unsinn.« Minerva winkte ab. »Sie haben gar nicht genug Beamte, um dieses oder irgendein anderes Haus über einen längeren Zeitraum zu bewachen. Ich werde morgen früh selbst hinfahren, und falls irgend jemand fragt, was ich dort tue, werde ich einfach sagen, ich sei gekommen, um Bücher abzuholen, die Miss Barrow nicht zurückgebracht hat. Wissen Sie zufällig, wo sie ihren Schlüssel aufbewahrte?«

Julian nickte eine Spur verlegen. »Auf der Terrasse in der Schale unter dem Topf mit den Geranien.«

318

Die Bibliothekarin verdrehte die Augen. »Niemand hier in Redemption käme auf die Idee, seine Türen abzuschließen, aber von einer jungen Dame aus Los Angeles dürfte man das eigentlich erwarten. Was man allerdings nicht erwarten würde, ist, daß sie so dumm sein könnte, ihre Schlüssel in einem so offensichtlichen Versteck zu lassen.«

»Keighly war altmodischer, als sie sich jemals eingestanden hätte«, meinte Julian, und Francine nahm seine Hand und drückte sie. Dann stand sie auf und suchte in den Schubladen ihres Schreibtischs nach den Polaroidfotos, die sie von Keighlys Grabstein aufgenommen hatte, kurz nachdem Keighly ihr ihre Geschichte anvertraut hatte.

»Ihre Idee ist gut, Minerva – Sie haben Ihr ganzes Leben hier in dieser Stadt verbracht, und niemand wird Sie verdächtigen, selbst wenn Sie Keighlys Haus am hellichten Tag betreten. Suchen Sie also die Truhe und bringen Sie mit, was sie darin finden. Julian und ich werden morgen früh zum Friedhof fahren und die Grabsteine der Kavanaghs mit diesen Fotos hier vergleichen.«

Julian runzelte die Stirn. »Wenn die Vergangenheit sich verändert hat und damit auch das, was von ihr übrig ist, müßte sich das dann nicht auch in den Fotokopien und Fotos widerspiegeln?«

»Darüber habe ich auch schon nachgedacht«, gestand Francine, »aber eigentlich glaube ich das nicht. Die Kopien und Fotos sind im Grunde genommen ein Eindruck jener Wirklichkeit, die in den Momenten existierte, in denen wir sie aufnahmen. Dasselbe gilt auch für die Grabsteine. Der von Darby Elder ließ darauf schließen, daß er achtzehnhundertsiebenundachtzig im *Blue Garter Saloon* erschossen wurde, und aus den Gegenständen, die wir in der Truhe fanden, ging hervor, daß seine Frau, eine gewisse Keighly Barrow, ein paar Jahre später seinen Halbbruder Simon heiratete und mehrere Kinder mit ihm hatte.«

Julian schloß die Augen. »Ich glaube, ich verstehe.«

Francine lächelte. »Keine Sorge, Liebling. Wir werden

319

dich schon durch das Labyrinth begleiten, Schritt für Schritt. Das werden wir doch, nicht wahr, Minerva?«

»Ich würde sagen, entweder hält er mit uns Schritt, oder er soll im Wagen warten«, erwiderte Minerva ein wenig ungeduldig, aber lächelnd. Sie begann ihre Papiere einzusammeln und steckte sie in den Aktenkoffer. »Na schön«, fuhr sie kurz darauf entschlossen fort, »dann sind wir uns also einig. Sie sehen sich auf dem Friedhof um, und ich fahre zu Keighlys Haus. Um zehn Uhr treffen wir uns dann in der Bibliothek, um unsere Eindrücke zu vergleichen.«

»Ich begleite Sie zu Ihrem Wagen«, sagte Julian und erhob sich, als Miss Pierce sich zum Gehen wandte.

Sie warf ihm einen prüfenden Blick zu, bevor sie nickte. »Danke«, erwiderte sie höflich.

Keighlys Wehen setzten an einem warmen Nachmittag im Mai ein, als sie zufrieden in einer Hängematte im Garten der Triple K lag, die bloßen, geschwollenen Füße auf einem weichen Kissen ruhend. Etta Lee saß im duftenden Gras ganz in der Nähe und las ihr aus einem Märchenbuch vor.

Plötzlich zog sich Keighlys umfangreicher Bauch zusammen; sie schnappte entsetzt nach Luft und umfaßte ihn mit beiden Händen. Der Fächer, den sie in der Hand gehalten hatte, fiel zu Boden und schloß sich mit einem leisen Klicken.

Etta Lee ließ ihr Buch fallen und sprang auf. »Ist es jetzt soweit?« fragte sie, und es klang entsetzt und entzückt zugleich. »Bekommst du jetzt das Baby? *Hier?*«

»Lieber würde ich es im Haus bekommen«, keuchte Keighly, während sie versuchte, ihren unförmigen Leib aus der Hängematte zu hieven, und feststellte, daß es ihr nicht möglich war. »Aber da ich es offenbar nicht bis nach Hause schaffe, lauf und hol Gloria und deinen Großvater, Etta Lee. Und dann schickst du Pablo heim, damit er seine Mutter holt – und deinen Onkel Darby. Ich glaube, er und

Will sind auf der Weide – « eine neue Wehe ließ sie sich vor Schmerz zusammenkrümmen – »am Cherokee Butte.«

Etta Lee rannte auf das Haus zu, kreischend, als wäre sie skalpiert worden, und Momente später schon kamen Angus und Gloria aus dem Haus gelaufen, während mehrere Cowboys aus der Scheune und den Koppeln stürzten. Keighly lag noch immer in der Hängematte, als sie sie erreichten.

Angus scheuchte alle außer Gloria fort und brüllte die Männer an: »Einer von euch soll meinen Sohn holen – verdammt, welchen glaubt ihr wohl?«

Eine Geburt war eigentlich Frauensache, aber nur mit Angus' Hilfe gelang es Gloria, Keighly aus der Hängematte zu befreien. Als das geschafft war, stützten sie sie und führten sie zum Haus.

»Das wird kein Vergnügen, das merke ich schon«, sagte Keighly, als eine weitere Wehe ihren Bauch zerriß.

»Nein«, bestätigte Gloria. »Aber es gibt eine Belohnung für die Schmerzen.«

Mit vereinten Kräften schoben und zogen die beiden Keighly die Hintertreppe hinauf und durch den Korridor zu dem Zimmer, das sie und Darby bewohnten, wenn sie sich auf der Ranch aufhielten. Dort zog Gloria mit erstaunlicher Geschwindigkeit Keighly aus und brachte sie zu Bett.

»Ich will Schmerztabletten«, murmelte Keighly. »Jede Menge. Und zwar auf der Stelle!«

»Psst«, sagte Angus, der ihnen während des Ausziehens höflich den Rücken zugewandt hatte. »Mir hat der Arzt einmal eine Wunde mit einem heißen Eisen ausgebrannt. Das hat höllisch weh getan.«

Nach dieser alles andere als beruhigenden Feststellung begann Angus aus Bettlaken Seile zu drehen und band sie an das Bettgestell wie die Zügel irgendeines lächerlichen Karrens, damit Keighly etwas hatte, um sich daran festzuhalten. In der Zwischenzeit kühlte Gloria ihre Stirn mit einem feuchten Tuch und murmelte ihr beruhigende Worte zu.

Die Wehen wurden immer heftiger.

Es war Keighly in den letzten Monaten gelungen, den größten Teil ihrer Vergangenheit aus ihrem Gedächtnis zu verbannen, doch jetzt, als sie im Kindbett lag, erinnerte sie sich an Krankenhäuser und Spritzen mit wundervoll beruhigenden Mitteln. Sie hatte ein Fernsehprogramm über die Lamaze-Methode zur schmerzlosen Geburt gesehen und versuchte, sich in Erinnerung zu rufen, wie sie atmen mußte.

»Ich will das nicht«, keuchte sie, als die Wehen für kurze Zeit ein wenig nachließen.

Betsey war inzwischen eingetroffen und beugte sich mit wissenden Blicken über sie. Angus war aus dem Raum verbannt worden. »Das hättest du dir früher überlegen sollen – vor neun Monaten, um genau zu sein«, antwortete Betsey lächelnd. »Aber mach dir keine Sorgen, Keighly. Es ist ziemlich schlimm, während es geschieht, aber dann vergißt man es sehr schnell.«

»Verzeih mir ... aber ... das beruhigt ... mich ganz ... und gar nicht.«

Betsey lachte. »Klar«, meinte sie. »Wenn du mir verzeihst, was ich über Will sagen werde, wenn ich demnächst an deiner Stelle bin.«

Sie hatten bereits vier Jungen und ein Mädchen namens Louisa. »Das kann ... nicht ... dein Ernst sein?« stieß Keighly mühsam hervor. »Du bist ... doch ... nicht ...?«

»O doch«, bestätigte Betsey. Und sah sogar richtig glücklich dabei aus, die Närrin.

Eine weitere Wehe erfaßte Keighly, und sie stieß einen schrillen Schmerzensschrei aus. Als sie danach erschöpft wieder in die Kissen sank, war sie in Schweiß gebadet, und ihre Kehle war rauh. »Das tue ich nie wieder«, wisperte sie. »Ich schwöre, daß ich nie, nie wieder ...«

»Rede ruhig und glaub es auch, wenn du dich dann besser fühlst, Liebes«, sagte Betsey nachsichtig, während sie die Decken zurückschlug und sich zu einer etwas intimeren Einschätzung der Situation vorbeugte. »Hol mir bitte heißes Wasser und saubere Tücher, Gloria – dieses Baby wird jeden Augenblick das Licht der Welt erblicken, und dann muß ich dasein, um es aufzufangen.«

Keighly schrie erneut und bäumte sich vor Schmerzen auf. Sie hörte Darby auf dem Korridor, und dann ertönte ein wiederholtes, dumpfes Klopfen, als ob er sich gegen die Tür werfen würde. Er brüllte ihren Namen, und dann war das Geräusch schneller Schritte zu hören.

»Ihr habt ihn ausgeschlossen?« stieß Keighly fassungslos hervor, als für einen Moment lang Ruhe folgte.

»Darby? Er wäre uns jetzt bloß im Weg«, erwiderte Betsey. »Er kann hereinkommen, wenn wir hier fertig sind, Mrs. Elder, und nicht eher.«

Keighly spürte, wie sich eine neue Wehe ankündigte, umklammerte die Bettlaken und schluchzte leise, weil sie zu müde war, um noch zu schreien. »Ich kann es nicht …«

Und dann, ganz plötzlich, verspürte sie einen furchtbaren, grausamen Schmerz, gefolgt von einem Gefühl unendlicher Erleichterung.

»Wieso? Du *hast* es doch schon geschafft«, erklärte Betsey stolz. »Ihr habt eine Tochter, Keighly.« Gloria war mit dem Wasser zurückgekehrt, und das Neugeborene schrie, als seine Tante Betsey ihm die Nabelschnur durchtrennte, sie abband und das Kind dann wusch.

Das kleine Mädchen wurde in eine Decke gehüllt und ruhte in Keighlys Armen, als Darby fünf Minuten später endlich gestattet wurde, das Zimmer zu betreten.

Er stürzte in den Raum, blieb dann aber in einiger Entfernung vom Bett stehen, als hätte er Angst, sich zu nahe heranzuwagen.

»Komm und schau dir deine Tochter an«, lud Keighly ihn lächelnd ein und glühte geradezu vor Stolz auf ihren Mann und ihre Tochter.

Darby näherte sich ihr langsam. Als er nahe genug war, schlug Keighly die dünne Decke zurück, die das Gesicht des Kindes bedeckte.

»Großer Gott«, sagte Darby in einer Mischung aus Mitleid und Entsetzen. »Sie sieht aus wie Angus!«

Keighly lachte. »Nur vorübergehend, hoffe ich.«

»Sie sind in den ersten Tagen alle ziemlich häßlich«, bemerkte Betsey auf dem Weg zur Tür. »Herzlichen Glückwunsch euch beiden.«

»Wie werden wir sie nennen?« fragte Darby, während er das Baby mit einer Faszination betrachtete, als wäre es das erste Kind, das je auf dieser Welt geboren worden war.

»Ich würde sie gern Harmony nennen«, erwiderte Keighly leise. Sie hatte lange über den Namen nachgedacht, aber Darby vorher nichts davon gesagt. Und selbst jetzt war ihr noch nicht ganz klar, wie er darauf reagieren würde,

Er schaute ihr prüfend in die Augen, als sei er nicht sicher, ob sie scherzte, doch dann erkannte er, daß sie es ernst meinte.

»Das wäre schön«, sagte er. »Und ihr zweiter Name sollte Kavanagh sein, wenn es dir recht ist.«

Keighly beugte sich vor und küßte ihn, um ihm zu zeigen, daß sie damit einverstanden war. Ihre Freude war überwältigend, weil dieses Kind nicht Garrett war, der Junge, der dazu verdammt gewesen wäre, an Scharlach zu erkranken und zu sterben. Sie und Darby hatten dem Schicksal zweimal ein Schnippchen geschlagen, wenn nicht sogar noch öfter: Er war nicht im *Blue Garter* erschossen worden, und die kleine Harmony, wenn Gott ihr gnädig war, würde ihr ganzes Leben lang gesund bleiben.

»Ich liebe dich, Darby Elder«, sagte sie.

»Und ich liebe dich«, antwortete Darby, und dann bückte er sich und küßte die winzige Stirn des Säuglings, der friedlich in Keighlys Armen schlief. »Und dich auch, Harmony Kavanagh-Elder. Dich auch, mein kleines Mädchen.«

Zwei Monate später heiratete Simon Thora Downing im Salon des Wohnhauses der Triple K, mit seinem Vater und seinen Brüdern als Trauzeugen und einer strahlenden Etta Lee als Brautjungfer. Thora, eine intelligente und ausgesprochen schöne Frau, war fest entschlossen, ihre An

waltspraxis auch nach ihrer Heirat mit Simon weiterzuführen. Daß sie eine gute Ehefrau sein würde, bezweifelte
niemand, nicht einmal Simon, obwohl er natürlich vorgezogen hätte, daß die frischgebackene Mrs. Kavanagh zu
Hause geblieben wäre wie fast alle anderen Frauen ihrer
Zeit.

Etta Lee vergötterte Thora; die beiden standen sich seit
ihrer ersten Begegnung schon sehr nahe. Etta Lee erzählte
allen, die bereit waren zuzuhören, daß sie Anwältin wie
ihre Stiefmutter werden wollte, und Keighly zumindest
war ziemlich sicher, daß sie dieses Ziel erreichen würde –
und höchstwahrscheinlich auch jedes andere, das sie sich
setzte.

Sobald Simon und Thora zu ihrer Hochzeitsreise nach
Denver aufgebrochen waren – Etta Lee blieb bei Will und
Betsey –, nahm Darby die erstbeste Gelegenheit wahr, um
seine Frau ins Haus zu führen.

»Was tust du?« flüsterte sie, als er sie an der Hand zur
Hintertreppe zog.

»Wir feiern Hochzeitsnacht«, erklärte Darby, als hätte
sie eine dumme Frage gestellt.

»Muß ich dich wirklich darauf hinweisen, daß dies
nicht unsere, sondern Simons und Thoras Hochzeit ist?«
fragte Keighly mit gespielter Strenge, obwohl ein erwartungsvolles Prickeln sie bereits erfaßt hatte. Sie und Darby
hatten sich seit Harmonys Geburt nicht mehr geliebt.
»Außerdem ist es noch nicht Abend, sondern erst früher
Nachmittag.

»Das mindeste, was wir tun können, ist, zu feiern«, entgegnete er grinsend. »Man sollte meinen, du freust dich
gar nicht für meinen Bruder und Thora, so wie du dich
anstellst, Mrs. Elder.«

Keighly glühte vor Erregung. »Natürlich freue ich mich
für sie«, sagte sie. Manuela paßte auf das Baby auf, so daß
sie und Darby mindestens eine Stunde Zeit hatten. »Ein
Anlaß wie dieser muß gefeiert werden.«

Der kleine Raum war voller Sonnenschein und Stille
und duftete nach blühenden Apfelbäumen. Keighly

stockte der Atem, als sie sah, daß das ganze Bett mit rosa-farbenen Apfelblüten bestreut war, und wandte sich zu Darby um, um zu sehen, ob er es gewußt hatte.

Er zwinkerte ihr zu, aber irgendwie wirkte er auch ein bißchen unsicher. Ihre Reaktion schien ihm sehr viel zu bedeuten. »Ich wollte eine romantische Atmosphäre schaffen«, sagte er. »Immerhin ist es fast so etwas wie das erste Mal.«

Keighly schlang die Arme um seinen Nacken und rich-tete sich auf die Zehenspitzen auf, um ihn zu küssen. »Es ist herrlich romantisch«, versicherte sie ihm. »Ich könnte dich unmöglich noch mehr lieben, Darby, als in diesem Augenblick.«

Er erwiderte ihren Kuß, sehr sanft und zärtlich anfangs, dann mit zunehmender Leidenschaft. Ein bißchen außer Atem löste er sich für einen Moment von ihr. »Du entschä-digst mich für alles Schlechte, das mir jemals zugestoßen ist, Keighly – du genau wie unser Baby«, sagte er rauh.

Sie streifte das elegante Jackett von seinen Schultern, ließ es achtlos fallen und begann seinen schmalen schwar-zen Schlips zu lösen. »Ich war ein Gespenst, bevor ich dir begegnete«, erwiderte sie. Und das stimmte sogar. Iro-nischerweise hatte sich erst nach ihrer Heirat mit Darby ihre wahre Persönlichkeit entfaltet. Was ihre Kunst betraf, so besaß sie heute wesentlich mehr Inspiration, und ihr Geist und ihre Seele entwickelten sich auf eine Art und Weise, wie sie es sich nie zuvor erträumt hätte. Ihr Mann und ihr Kind vermittelten allem, was sie tat, dachte oder fühlte, eine völlig neue Dimension.

Darby erschauerte und lehnte sich an die Schlafzimmer-tür, als Keighly sein Hemd aufknöpfte und die glatte, braune Haut küßte, die sie nach und nach entblößte. Er ertrug ihre verspielten Zärtlichkeiten, so lange er es konnte, und dann umfaßte er sanft, aber entschieden ihre schma-len Schultern und schob sie ein Stück von sich weg, um seine Stiefel auszuziehen und seinen Gürtel abzulegen.

Während Darby mit der langen Reihe winziger Knöpfe an Keighlys Mieder aus dunkelroter Seide beschäftigt war, öffnete sie seine Hose und streifte sie über seine Hüften. Er stöhnte, als ihre Hand sich besitzergreifend um sein Glied schloß, und barg sein Gesicht an ihrem Nacken, während er ihr das Kleid abstreifte.

Ihr Liebesspiel erfuhr eine kurze Unterbrechung, als sie hastig den Rest ihrer Kleider ablegten, und dann standen Darby und Keighly endlich neben ihrem Bett aus Apfelblüten, nackt und ohne Scham wie Adam und Eva vor dem Sündenfall im Paradies. Diese Welt und dieser Raum, das war ihr Garten Eden – bis auf einen Unterschied: Sie würden nie daraus vertrieben werden, niemals, und das wußten sie beide.

Sie küßten sich wieder, und dann legte Darby Keighly sanft auf die Matratze, deren Apfelblüten ein seidenweiches Kissen bildeten. Doch anstatt sofort zu ihr zu kommen, blieb er in ehrfürchtigem Schweigen vor ihr stehen, betrachtete sie bewundernd und gab ihr mit seinen Blicken das Gefühl, noch schöner zu sein als eine Göttin.

Sanft spreizte er Keighlys Schenkel, aber es lag nichts Forderndes in seinen Bewegungen, sondern nur unendliche Zärtlichkeit und Bewunderung. Nachdem er sie so hingelegt hatte und ihr Haar, das ihr inzwischen bis auf die Schultern reichte, in weichen Locken ihr Gesicht umspielte, begann er sie zu streicheln, sehr sachte nur und fast entnervend zärtlich.

Keighly erschauerte, umklammerte das Bettgestell und überließ sich ihren lustvollen Gefühlen.

Darbys Liebkosungen wurden mit der Zeit intimer; seine Fingerspitzen beschrieben Kreise um ihre Brüste, deren Spitzen sich ihm bereits verlangend entgegendrängten. Er streichelte ihre Rippen, ihren Bauch, ihre Oberschenkel, ihre Knie und schließlich sogar ihre Füße.

Keighly begann zu zittern wie im Fieber, so heftig begehrte sie ihren Mann, aber sie wußte, daß es noch sehr viel mehr als das erfordern würde, bevor sie Erfüllung erlangen würden. Obwohl Darby sie bei jeder sich bietenden Gelegenheit verführte, war er kein Mann, der Eile kannte, wenn es darum ging, seine Frau zu lieben.

Und heute war er geduldiger denn je, schien es.

Entnervend langsam ließ er seine Hand zwischen ihre Schenkel gleiten und streichelte sie so sanft, daß Keighly vor Verlangen aufstöhnte.

»Du hast es heute ziemlich eilig, nicht?« fragte Darby lächelnd.

Keighly schüttelte den Kopf, aber beide wußten, daß sie log. Sie hätte ihn in diesem Augenblick freudig in sich aufgenommen, aber darauf ließ er sich nicht ein. Noch nicht.

Darby lachte leise und spreizte ihre Schenkel noch ein bißchen weiter, bis er sich dazwischenknien konnte. Er hob ihre Beine an und hockte sich vor ihr auf die Fersen, streichelte sie und erfreute sich an den leisen, erstickten Schreien, die sie von sich gab, und an dem unbewußten Heben ihrer Hüften. Dann, endlich, drang er mit zwei Fingern in sie ein und beugte sich vor, um ihre Brustspitzen zu küssen, eine nach der anderen.

Ein feiner Schweißfilm bedeckte Keighlys Haut. Sie stöhnte auf, als Darbys Zärtlichkeiten zuerst drängender wurden und dann wieder so sachte, daß sie vor Lust fast den Verstand verlor.

Als sie es nicht mehr aushielt, umfaßte sie mit beiden Händen seinen Kopf und zog ihn zu einem verzweifelten Kuß an sich heran. Und indem sie es tat, übernahm sie die Führung in diesem süßen Kampf, denn als seine Zunge zwischen ihre Lippen glitt, wurde auch Darby von einer solch lustvollen Begierde erfaßt, daß er nicht mehr in der Lage war, sich noch länger zurückzuhalten.

Mit einer einzigen Bewegung drang er in sie ein, ungestüm und mächtig, aber auch unendlich zärtlich, und noch immer küßten sie sich, und ihre Münder waren so unabänderlich vereint, wie ihre Körper es sich ersehnten. Sehr langsam begannen sie sich zu bewegen, wie ein Bogen, der sich spannte und wieder lockerte. Im gleichen Maße, wie ihr Verlangen wuchs, beschleunigten sich auch ihre Bewegungen, bis der uralte Tanz der Liebe in seinem Tempo fast gewalttätig erschien.

Dann, endlich, erreichten sie den überwältigenden,

glorreichen Höhepunkt ihrer Vereinigung, sie schrien beide auf und umklammerten einander, als sie sich der elementaren Macht ergaben. Als sie endlich Erfüllung fanden, sanken sie erschöpft auf ihr Bett aus Apfelblüten, die jetzt feucht waren, zerdrückt und aromatischer als je zuvor.

Eine lange Zeit verstrich, während sie in inniger Umarmung dalagen und nach Atem rangen. Das Licht draußen vor den Fenstern wechselte von hell zu dunkel, sie hörten Kutschen und Karren abfahren und die Stimmen der Gäste, die einander Lebewohl zuriefen.

Keighly seufzte glücklich. »Es ist wieder geschehen«, sagte sie.

Darby erhob sich ein wenig, um ihr ins Gesicht zu blicken. »Was?« fragte er und klang ein ganz klein wenig unsicher.

Keighly lächelte. »Wir haben gerade unser zweites Kind gezeugt.«

»Wie kannst du das wissen?«

»Ich wußte es vorher auch«, erinnerte sie ihn. »Oder hast du das bereits vergessen?«

Darby küßte sie auf die Lippen, und seine Augen schimmerten vor Stolz und Freude. »Nein, Mrs. Elder, ich habe es nicht vergessen. Fürchtest du dich jetzt? Du hast dich furchtbar aufgeregt, als Harmony geboren wurde.«

»Natürlich hatte ich Angst, und die habe ich jetzt auch«, erwiderte Keighly und unterdrückte ein Lächeln. »Und wahrscheinlich werde ich sie immer wieder haben. Aber das wichtigste ist doch, daß all das nichts mehr bedeutet, sobald ich unseren Sohn oder unsere Tochter in den Armen halte.«

»Habe ich dir eigentlich schon gesagt, daß ich dich liebe?«

Keighly lachte und fuhr durch sein zerzaustes Haar. »Ja«, antwortete sie. »Aber du wirst es noch viel öfter sagen, nicht?«

Die Truhe stand in einer fernen Ecke des Dachbodens der Triple K, von einem alten Tuch bedeckt. Francine hatte sie seit jenem Morgen vor fünf Jahren, als sie und Julian bei Sonnenaufgang zum Friedhof von Redemption gefahren waren, nicht mehr geöffnet.

Damals hatten sie das Grabmal der Kavanaghs natürlich sofort gefunden, aber es war nicht nötig gewesen, die Gräber mit den Fotos zu vergleichen, die Francine zu Beginn des Abenteuers aufgenommen hatte. Die Inschriften bewiesen, daß Keighly und Darby ein hohes Alter erreicht hatten, als Ehemann und Ehefrau, und beide innerhalb von vier Monaten gestorben waren. Der Name auf dem Stein neben Simons trug den Namen *Thora*, und daneben lagen die Gräber ihrer Nachkommen. Von Keighlys Kindern war jedoch kein einziges Grab zu finden.

Um zehn Uhr an jenem Morgen waren Julian und Francine, wie in der Nacht zuvor vereinbart, in die Bibliothek gefahren, um sich mit Miss Minerva Pierce zu treffen, die den Inhalt von Keighlys Truhe mitgebracht hatte – derselben Truhe, die Francine jetzt mit Tränen in den Augen ansah.

Es waren verschiedene Fotoalben darin gewesen, mit Fotografien, Geburts- und Heiratsurkunden, alten Briefen und anderen Andenken. Es stellte sich schon bald heraus, daß Keighly und Darby sechs gesunde Kinder gezeugt hatten, die alle das Erwachsenenalter erreicht, geheiratet und eigene Kinder auf die Welt gebracht hatten. Verschwunden waren die Zeitungsausschnitte, in denen über Darbys Tod im *Blue Garter* berichtet worden war, und obwohl Keighlys Briefe darauf schließen ließen, daß sie zwei Fehlgeburten hatte, schien keiner ihrer Söhne an Scharlach gestorben zu sein.

Nun, ein wenig schwerfällig, weil sie schwanger mit ihrem und Julians Kind war, hob Francine den Deckel der alten Truhe an, um hineinzuschauen. Sie war so glücklich in ihrem neuen Leben mit Julian, Samantha, ihrer kleinen Tochter, und der erfolgreichen Karriere, die sie sich in Los Angeles aufbaute. Auch ihre Beziehung zu Tony, ihrem achtzehnjährigen Sohn, hatte sich verbessert und war sehr liebevoll und herzlich.

Francine hätte Keighly, die für solch kurze Zeit ihre Freundin gewesen war und derer sie noch immer gedachte wie niemand anderem je zuvor, dies alles liebend gern erzählt. Denn ohne Keighly, das war ihr klar, hätte sie weder Julian kennengelernt noch all das Glück erlebt, das sie in den letzten fünf Jahren erfahren hatte.

»Danke«, sagte sie bewegt, während sie über die Stoffverkleidung der alten Truhe strich. »Vielen Dank für alles, Keighly.«

Und da fühlte sie die leichte Ausbuchtung unter dem brüchigen alten Stoff. Vorsichtig schob sie ihn beiseite, und ein Umschlag aus elfenbeinfarbenem Bütten fiel heraus.

Francines Herz schlug schneller, als sie den Brief aufhob, der, obwohl die vertraute Schrift schon ziemlich stark verblaßt war, eindeutig ihren Namen trug. Sie zitterte, und ihr Herz klopfte zum Zerspringen, als sie vorsichtig den Umschlag öffnete und das einzelne Blatt dann herausnahm.

Es trug das Datum ›1. Mai 1910‹.

Meine liebe Francine,
ich hoffe, daß dieser Brief Dich erreichen wird und Dein Leben so erfüllt wie meines ist. Das einzige, was ich bereue, ist, daß unsere Freundschaft ein so jähes Ende fand. Aber das war wohl nicht zu vermeiden, mit einem ganzen Jahrhundert zwischen uns, und nun, wo ich eine alte Frau bin, kann ich ziemlich sicher sein, daß ich mich nie wieder so weit vorwagen werde in der Zeit.

Darby und ich waren unendlich glücklich. Wir haben natürlich auch unseren Anteil an Sorgen und Tragödien erlebt; das geht schließlich allen so. Aber wir waren immer füreinander da, und das machte es erträglicher.

Ich könnte mir nichts Schöneres für Dich wünschen als das, was ich mit meinem Darby habe.

Wenn Du die Alben durchgesehen hast, die ich teilweise nur für Dich anlegte, wirst Du wissen, daß wir unsere jüngsten Töchter — Zwillinge — Juliana und Francine genannt haben. Es war der beste Weg, um Dich zu ehren, dachte ich.

Sie haben den alten **Blue Garter Saloon** *abgerissen, das meiste davon jedenfalls, und jetzt wird ein neues Gebäude darauf errichtet. Eines Tages werde ich in den Ballsaal dieses Hauses gehen und Darby dort im Spiegel sehen. Und dann, vielleicht, wird alles noch einmal von vorn beginnen. Glaubst Du, daß die Zeit sich wirklich nur im Kreise dreht? Ich habe längst aufgehört, mir den Kopf darüber zu zerbrechen, was geschehen ist; wir werden es vermutlich nie erfahren.*

Bitte grüß Julian und Miss Pierce von mir. Ich weiß nicht, was ich ohne Euch getan hätte.

Gott segne Euch ...

Keighly Barrow-Elder
D&K Ranch
Redemption, Nevada

ENDE

Band 18 168
Linda Lael Miller
Dein für alle Ewigkeit
Deutsche Erstveröffentlichung

Gloriana wurde als Kind schon dem fünften Baron von Kenbrook versprochen. Als sie ihn dann nach zehn Jahren wiedersieht, entwickelt sich aus kindlicher Zuneigung leidenschaftliche Liebe. Doch der Baron hat von seinem Feldzug ein junges Mädchen mitgebracht, die schöne Mariette de Troyes, und will sie statt Gloriana zu seiner Frau machen.
Als Gloriana erfährt, daß er ihre Verlobung auflösen will, ist sie völlig verstört. Als sie dann auch noch hört, daß der Baron sie in ein Kloster stecken will, damit sie keine Schwierigkeiten machen kann, erwacht unbändiger Zorn in ihr.
Sie will weder ihre Liebe noch ihre Freiheit aufgeben und ist fest entschlossen, mit allen Mitteln um ihr Glück zu kämpfen. Doch ein bißchen Rache will sie auch ...

Sie erhalten diesen Band im Buchhandel, bei Ihrem Zeitschriftenhändler sowie im Bahnhofsbuchhandel.

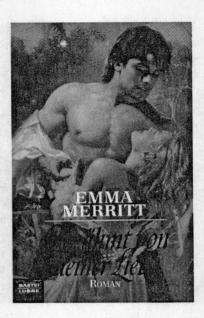

Band 18 177
Emma Merritt
Gezähmt von deiner Liebe
Deutsche
Erstveröffentlichung

Nach dem Tod ihres Mannes willigt Lady Jarvia ein, die Frau des Nordmanns Michael Langssonn zu werden, und das Verlöbnis wird mit dessen Vater besiegelt. Aber dann lernt sie Malcolm Mac Duncan kennen, und sie weiß, daß sie nur ihm gehören will, keinem anderen, schon gar nicht jenem Verlobten, dem sie noch nie begegnet ist.
Doch noch haben die beiden Liebenden viele Hindernisse zu überwinden. Malcolm gerät in große Gefahr – ein Verräter in seinem Clan versucht skrupellos, Malcolms Ruf zu schaden und ihn zu vernichten. Und da kommt ihm die Fremde, die Malcolm geheiratet hat, gerade recht. Er glaubt, Jarvia hätte Schuld an all der Not und dem Unglück, das den Clan befallen hat ...

Sie erhalten diesen Band im Buchhandel, bei Ihrem Zeitschriftenhändler sowie im Bahnhofsbuchhandel.

Band 18 178
Katherine Sutcliffe
Der Zauber deiner Küsse
Deutsche Erstveröffentlichung

Hunger, Elend und Verzweiflung – das ist das einzige, womit das Leben Mercy Dansing reichlich bedacht hat, seit ihre Eltern verstorben sind. Und so scheint es Mercy wie ein Wunder, daß Dominick D'Abanville, der berühmte Magier, sie in sein Haus aufnimmt. Er hilft ihr, er gibt ihr alles, was sie braucht.
Und er verzaubert sie – mit seinen Lippen, seinen Händen, der Glut seines Verlangens. Mercy träumt von Liebe und Glück, doch sie wird brutal aus ihren Träumen gerissen, als eine Serie grausamer, geheimnisumwitterter Morde beginnt. Wohin verschwindet Dominick, wenn er nachts das Haus verläßt? Was treibt er im Schutz der Dunkelheit?
Doch Mercy ist nicht bereit, den häßlichen Verdächtigungen zu glauben. Ihre Liebe gibt ihr die Kraft, für den Mann zu kämpfen, der ihr alles bedeutet ...

Sie erhalten diesen Band im Buchhandel, bei Ihrem Zeitschriftenhändler sowie im Bahnhofsbuchhandel.

Band 18 170
Danette Chartier
Mein Herz gehört nur dir allein
Deutsche Erstveröffentlichung

Nichts im Leben erscheint Treasure McGlavin wichtiger, als nach dem Tod ihres Vaters die große Plantage im Besitz der Familie zu halten. Sie ist bereit, alles dafür zu geben, und scheut weder Mühen noch harte Arbeit.
Doch dann geschieht eines Tages etwas Schreckliches. Ein Mann taucht auf, ein Herumtreiber, ein Spieler, und behauptet, die Plantage gehöre ihm. Er habe sie beim Spiel mit Treasures Vater gewonnen – und dieser habe sogar absichtlich verloren!
Treasure glaubt ihm kein Wort, doch er kann alles beweisen. Was soll sie jetzt nur machen, wie soll es mit ihr weitergehen? Da macht der Fremde ihr einen Vorschlag, der sie noch mehr empört als alles andere: Sie soll ihn heiraten ...

Sie erhalten diesen Band im Buchhandel, bei Ihrem Zeitschriftenhändler sowie im Bahnhofsbuchhandel.